普通高等院校工业工程专业系列教材

生产运作与管理

主　编　孙树栋
副主编　杨宏安

科学出版社
北　京

内 容 简 介

本书以离散制造企业的生产与运作管理为重点，以企业的生产计划编制与控制为主线，将企业生产运作与管理归结为生产系统规划与设计、企业层运作、车间层执行、生产现场控制和先进制造技术五个方面，综合反映了近年来生产运作与管理领域最新的研究成果、工具和方法。全书分为11章，涵盖生产运作与管理的基本概念、生产系统设施规划与布置、需求预测、库存分析与控制、物料需求计划、企业资源计划、车间层的作业计划、车间作业控制和车间信息化管理，以及近年来出现的先进制造理念与技术。

本书可作为高等学校工业工程、信息管理与信息系统、机械设计制造及其自动化等专业的本科生教材，也可作为企业和车间相关生产管理人员的培训教材或参考书。

图书在版编目(CIP)数据

生产运作与管理/孙树栋主编. —北京：科学出版社，2010
(普通高等院校工业工程专业系列教材)
ISBN 978-7-03-029195-0

Ⅰ.①生… Ⅱ.①孙… Ⅲ.①企业管理：生产管理-高等学校-教材
Ⅳ.①F273

中国版本图书馆CIP数据核字(2010)第197753号

责任编辑：朱晓颖 / 责任校对：李 影
责任印制：赵 博 / 封面设计：耕者设计工作室

科学出版社出版
北京东黄城根北街16号
邮政编码：100717
http://www sciencep com
固安县铭成印刷有限公司印刷
科学出版社发行 各地新华书店经销
*
2010年10月第 一 版 开本：787×1092 1/16
2025年 1 月第九次印刷 印张：17 3/4
字数：415 000

定价：68.00元

(如有印装质量问题，我社负责调换)

《普通高等院校工业工程专业系列教材》
编委会

丛 书 序

热烈祝贺“普通高等院校工业工程专业系列教材”的出版！

现代企业有句名言：“三分技术，七分管理。”管理是科学，也是哲学；是工作方法，也是思维方式。伴随工业生产的发展，并同工业生产实践不可分割而成长的工业工程学科本质上就是“管理”。

从弗雷德里克·泰勒创建与倡导的“科学管理运动”以来，工业工程学科发展迄今已经有近百年历史，作为一门融合自然科学、哲学社会科学、工程学与管理学等的交叉型学科，它的核心就是“用软科学的方法获得最高的效率和效益”。工业工程与工业生产实践联系非常紧密，它本身也是源于大工业生产的需求，随着人类社会的工业化文明进程不断发展、完善。在人类社会文明空前繁荣的20世纪，从欧美工业国家的经济发展、日本的战后崛起、亚洲“四小龙”的腾飞、“金砖四国”的高速发展中都能看到工业工程在社会生产中的应用。最初，工业工程主要应用在制造业，大工业时代使工业已成为社会各产业的结合，工业工程从制造业迅速发展到社会其他领域，包括现代农业、政府公共管理事业、服务业等。

我国在计划经济时代，工业工程无用武之地，错过了非常好的发展机会。改革开放后，我国市场经济飞速发展，特别是党中央提出了“以人为本”的科学发展观后，更为工业工程研究提供了极好的土壤和动力，工业工程在这三十年得到了突飞猛进的发展，工业工程技术也得到了非常广泛的应用，并且很多大型企业都设有工业工程方面的职位，社会对工业工程专业人才需求非常旺盛。工业工程的高等教育从1993年高等院校正式招收工业工程专业本科生开始，至今已有17年，最初招生只有两所院校，2000年以后，伴随着高等教育的蓬勃发展，开设工业工程专业的高等院校数量也快速增长，到目前约180多所。

在我国工业工程高等教育发展中，出版的高校教材也层出不穷，对工业工程教学水平的整体提高起到了非常重要的作用。但随着新理论、新领域、新技术、新产品的不断推出，企业、社会对人才的需求与对人才观认识的不断变化，工业工程的教学内容也有了很大变化，迫切需要出版一批适应新形势教学要求的教材。科学出版社历时2年时间，汇聚了国内众多工业工程的著名学者，在对国内外知名大学工业工程课程设置进行深入研讨的基础上，主要面向全国高等院校工业工程及相关专业的本科生，编写了这套《普通高等院校工业工程专业系列教材》。

本系列教材主要有以下特点：

(1) 课程规范，体系完整。对国外工业工程专业名校(如佐治亚理工学院等)的课程体系、人才培养模式进行探讨，结合我国清华大学、上海交通大学、哈尔滨工业大学、西北工业大学等众多名校工业工程教学现状，梳理出了约20门专业核心课程及重要专业课，并明确了每门课程所包含的基本内容及其先修后续课程的衔接内容，形成了一套比较系统、完备的工业工程专业课程体系。

(2) 厚积薄发，培育精品。国内工业工程学科、专业发展时间虽短，但十几年的经济高速发展带来的工业工程经验也非常可观，特别是参与本套丛书的很多作者，在工业工程领域成果丰硕，相应的教材也将尽量体现学科发展及课程改革的最新成果，为培育精品教材奠定基础。

(3) 引进案例教学，重视工程实践。工业工程的应用领域广泛，其本身就是解决工业生产实践的科学，而“实践是创新之根”，因此本系列教材在编写过程中，力求引进工程实际案例，引导学生拓宽视野，重视工程实践，培养解决实际问题的能力。

(4) 立体建设，资源丰富。本系列教材除了主教材外，还将逐步配套学习指导书、教师参考书和多媒体课件等，最终形成工业工程教学资源网，方便教师教学，同时有助于学生自学和复习。

随着工业工程学科、专业的发展，编者将对本系列教材不断更新，以保持其先进性与适用性；编者热忱欢迎全国同行以及关注工业工程教育及发展前景的广大读者对本系列教材提出宝贵意见和建议，以利于本系列教材的水平不断提高。

谨为之序。

中国科学院院士 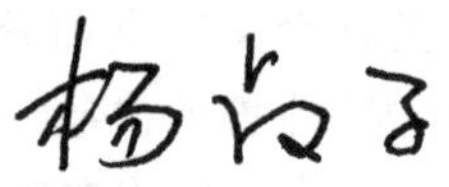

2010 年 7 月

前　言

生产运作与管理是企业经营管理重要内容之一。本书以离散制造企业的生产运作与管理为重点，以企业的计划编制与控制为主线，涵盖了企业从接收生产订单开始，通过主生产计划、物料需求计划、作业计划三级递阶计划控制体系的逐层分解和细化，直至车间现场管理与控制的整个生产运作过程。在系统介绍生产运作与管理的基本理论与方法的基础上，尽可能地反映当代生产运作与管理的新理念、新方法和新工具，使读者对现代企业生产运作与管理的背景、功能、方法和工具有一个较全面的认识和理解，并对当前生产运作与管理的学术研究和发展动态有所了解。

本书致力于为工业工程、信息管理与信息系统、机械设计制造及其自动化等相关专业的大学生和从事生产经营实践的企业各级管理、技术人员提供一本较为实用的现代生产运作与管理专业书籍。本书共11章内容，包括生产与运作管理概述、生产系统设施规划与布置、需求预测、库存分析与控制、主生产计划、物料需求计划、企业资源计划、车间作业计划、车间作业控制、车间信息化管理、先进制造技术等。

本书的特点表现在以下几个方面：

(1)在整体结构上，突出了生产计划在整个企业生产运作与管理中的核心地位。围绕企业生产计划编制，从需求预测或客户订单提取计划编制的数据来源，从库存提取计划编制所需的已有物料数量，通过主生产计划、物料需求计划和车间作业计划的三级计划分解和细化，最终形成可指导车间现场生产的作业指令，并通过多种车间作业控制手段保证生产计划的顺利执行。

(2)在技术层面上，突出了信息化技术与系统在企业中的应用和实施。结合作者十余年来在企业信息化技术研究与应用方面的实践经验，重点介绍了ERP、MRPⅡ、MES、DNC、CAPP和车间生产现场数据采集等内容，并对企业在实施信息化过程中应遵循的原则、方法等进行了论述。

(3)在发展趋势上，突出了近年来出现的先进制造理念的介绍，使读者能够对生产运作与管理最新发展动态和趋势有所了解。主要内容包括精益制造、约束理论、大规模定制、绿色制造、网络化制造、智能制造等。

本书第1章由西北工业大学孙树栋教授编写，第2章由山西科技大学杨晓梅博士编写，第3章由北京科技大学吴秀丽博士编写，第4、8章由华南理工大学余建军博士编写，第5、6章由西安理工大学杨明顺副教授编写，第7章由重庆大学曹乐博士编写，第9、10章由西北工业大学杨宏安副教授编写，第 11 章由西北工业大学王军强副教授编写。全书由孙树栋、杨宏安完成规划和统稿工作。

由于作者水平所限，且生产运作与管理的新理念、新方法层出不穷，书中难免有不足或遗漏之处，恳请读者批评指正。

编 者

2010 年 8 月

目　　录

第 1 章　生产与运作管理概述

人类自从有了生产活动，就开始了生产与运作管理的实践。18 世纪 70 年代西方产业革命之后，工厂制度代替了手工作坊，机器代替了人力，现代意义上的生产与运作管理实践与理论研究才开始系统地、大规模地展开。

19 世纪，中国的民族资本家们力图实业救国，然而由于种种原因，他们中的许多人壮志难酬。新中国成立至今，我们已经建立起了较完备的工业体系，特别是改革开放以来，我国工业的发展受到世界瞩目，但与西方工业化国家相比，在企业的生产与运作管理方面的差距仍然较大。以 1998 年为例，我国工业 500 强平均资产利润率、人均利润和人均收入分别相当于当年世界 500 强的 24.62%、12.31%和 9.51%。

一个国家的人民要生活得好，生产就必须进行得好。西方发达国家所走过的工业现代化历程充分证明了这一点。我国改革开放以来，综合国力的大大增强，也是由于生产制造业的跨越式发展。

生产与运作管理既要解决传统产业普遍存在的资源利用率低、有效产出少、利润率低等问题，也要针对高新技术等新兴产业开展生产过程优化、流程再造等方面的研究与应用。对于目前尚未完成工业化进程的中国来讲，如何缩短工业化进程，加快高新技术产业发展，是摆在我们面前的一个重大课题，生产与运作管理的理论与方法研究与应用必将在其中发挥重要作用。

现代企业仅靠产品、营销和组织等某一方面的单一创新并不能确保企业取得成功。现代企业管理应是一系列创新的组织和实施的综合体，管理创新始终是企业发展的灵魂，生产与运作管理是企业管理的核心。

现代企业的内部分工越来越细，各部分之间的耦合程度越来越高，任何一个环节的失误都可能导致整个生产过程无法顺利进行。为了适应变化多端的市场竞争、提高产品综合竞争能力，采用先进的制造技术和制造模式，提高企业的生产管理水平已势在必行，生产与运作管理不可或缺。

现代企业的生产与运作管理意味着汗水、心血、能力和胆识，企业领导者和组织者要搞好企业的生产与运作管理，尤其是大中型企业的生产与运作管理，必须付出百倍的努力、千倍的勤奋，用科学的方法、快速而精准的第一手资料、敏锐的市场洞察力、稳健而坚决的执行力，才能在全球化市场竞争中带领企业立于不败之地。要实现这一宏伟目标，学习并创新运用生产与运作管理领域不断涌现的新理论、新方法必不可少。事实上，生产与运作管理中的许多理论与方法正是在企业家们不断的管理实践中成长并发展起来的。

1.1　生产与运作管理的任务、目标和职能

1.1.1　生产与运作管理的基本概念

运作的实质是一种生产活动。人们习惯把提供有形产品的活动称为制造型生产，将提

供无形产品（即服务）的活动称为服务型生产。这两种生产都是为社会创造财富的过程。

运作是人类赖以生存的最基本的活动，人类社会很早就有运作活动。早期的运作称为生产，主要指有形产品的制造。随着经济的发展、技术的进步，特别是生产社会化、信息化的高速发展，人们除了对各种有形物质的需求之外，对无形产品（即服务）的需求日益增加；而且，随着社会结构越来越复杂，社会分工越来越细，原来附属于生产过程的一些业务和服务过程相继分离并独立出来，形成了专门的流通、零售、金融、房地产等服务行业，使全社会服务产业的比重越来越大。此外，随着社会生活水平的提高，人们对教育、医疗、保险、理财、娱乐、人际交往等方面的要求也在迅速提高，相关的行业不断发展壮大，对所有这些提供无形产品的运作过程进行管理和研究的必要性也就应运而生。另外，系统论的发展使人们能够从更抽象、更高的角度来认识和把握各种现象的共性。

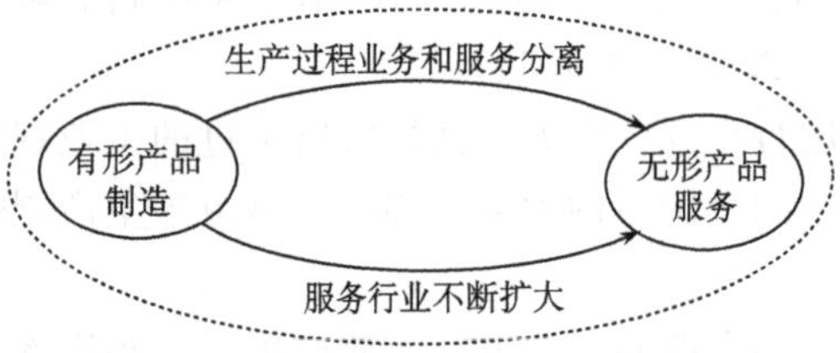

图 1-1 运作——广义生产概念

人们把有形产品的生产与无形产品的服务都纳入生产的范畴，通称为运作。也可以说，运作就是包括制造与服务在内的广义生产概念，见图 1-1。

从系统的角度而言，运作是一个投入产出过程，即输入一定资源，通过转换过程，输出相关的产品或服务，见图 1-2。其中，输出是企业或组织对社会作出的贡献，也是企业或组织赖以生存的基础。一个企业或组织的输出想要在同行业中具有竞争力，就必须使其输出在价格、质量及服务上具有鲜明的特点，表现出与竞争者相比在产品或服务方面的优势，才能在市场竞争中占有一席之地。这种输出的优势是在转化过程中形成的，因此，转化过程的有效性是影响企业竞争力的关键因素之一。转化过程通常涉及人员（people）的知识与技能、车间（plants）的设备、产品制造所需的零件（parts）、生产过程（processes）的设计与优化和生产过程的计划控制（planning and control），只有这五项因素合理配置、通力协调才能保证转化过程高效运转。输入则由输出决定，生产什么样的产品决定了需要什么样的资源和其他输入要素。把输入资源按照顾客需要转化为有用输出的过程，就是运作活动的过程。同时，在运作活动中，为了更好地改进产品或服务，反馈、比较过程是运作活动的重要组成部分。

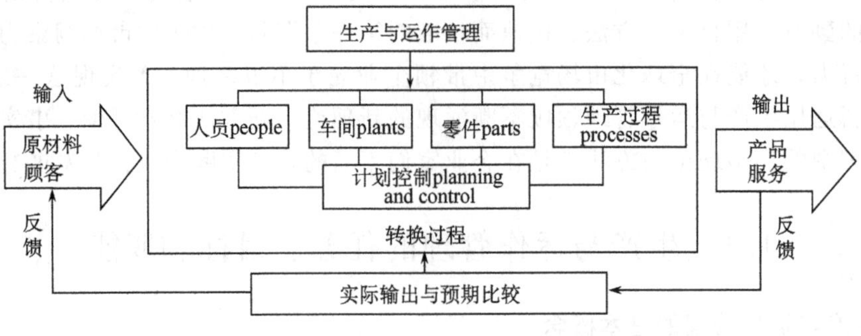

图 1-2 运作活动过程

表 1-1 给出了不同行业、不同社会组织的输入、转换、输出的主要内容。

表 1-1 典型系统的输入—转换—输出

系 统	主要输入资源	转 换	输 出
汽车制造厂	钢材、零部件、设备、工具	制造、装配汽车	汽 车
学校	学生、教师、教材、教室	传授知识、技能	受过教育的人才
医院	病人、医生、护士、药品、医疗设备	治疗、护理	健康的人
商场	顾客、售货员、商品、库房	吸引顾客、推销产品	满意的顾客
餐厅	顾客、服务员、食品、厨师	提供精美食物	满意的顾客

从上述内容可以看出，运作活动具有如下特征：

(1) 运作需要投入一定资源，经过某种转换过程，实现价值增值；

(2) 运作包括有形产品的生产，也包括提供无形产品——服务；

(3) 运作的产出既可以满足一定社会需要，又具有一定使用价值。

事实上，企业的运行有赖于运作、理财和营销这三大基本职能的协调一致。运作就是创造社会所需要的产品和服务，把运作活动组织好，对提高企业的经济效益有很大作用。理财就是为企业筹措资金并合理地运用资金，只要进入企业的资金多于流出企业的资金，企业的财富就会不断增加。营销就是要发现与发掘顾客的需求，让顾客了解企业的产品和服务，并将这些产品和服务送到顾客手中。

由此可见，运作是包括制造与服务在内的广义生产概念；运作是企业的最基本职能之一；运作活动的过程是把输入资源按照社会需要转化为有用输出，实现价值增值的过程。

1.1.2 生产与运作管理的任务

生产与运作管理是指对企业提供产品或服务的系统进行设计、运行、评价和改进的各种管理活动的总称。运作系统的设计包括产品或服务的选择和设计、运作设施的定点选择、运作设施布置、服务交付系统设计和工作设计。运作系统的运行，主要是指在现行的运作系统中如何适应市场的变化，按用户的需求，生产合格产品和提供满意服务。运作系统的运行主要涉及生产计划、组织与控制三个方面。

从生产与运作管理在企业管理系统中的作用可知，生产与运作管理的基本任务是：在计划期内，按照社会需要，在必要的时间，按规定的质量，以限定的成本，高效率地生产必要数量的产品或提供满意的服务。

产品或服务的质量、数量、成本和交货期之间是互相关联、互为影响的，如提高产品或服务的质量水平，可能会增加成本；增大生产产品的批量，又可能降低生产成本。因此，必须从整个生产与运作管理系统出发，运用组织、计划、控制的职能，把投入运作系统中的各种生产要素有效地结合起来，使生产过程中物流、信息流和控制流有机地融为一体，按照最经济的方式，创造出使社会和顾客都满意的产品或服务。

1.1.3 生产与运作管理的目标

生产与运作管理的目标是高效、低耗、灵活、清洁、准时地生产合格的产品或提供满意的服务。

高效是指企业能够在较短时间内，迅速地生产或提供满足用户需要的产品或服务。在当前激烈的市场竞争条件下，哪个企业的供货周期短，就能争取更多的用户或占有更大的市场份额。

低耗是指企业生产同样数量和质量的产品或服务，所消耗的人力、物力和财力最少。企业只有降低消耗才能降低生产或服务的成本，只有降低了生产或服务的成本才有可能使提供给用户的产品或服务价格最低，才能争取更多的用户。

灵活是指企业能够很快地生产出不同品种、开发出新品种的产品或服务，以适应市场需求的变化。

清洁是指企业生产的产品在其生产、储存、使用、回收等环节中对环境污染最小，理想情况下应该是无污染。近年来，绿色制造（Green Manufacturing，GM）的概念越来越深入人心，最重要的就是它提倡在产品设计阶段注重选择对环境污染小的材料，产品生产过程产生的废渣、废气、废液少，产品使用过程对环境造成的污染小，而且废旧产品可以最大程度的回收再利用等。

准时是指企业在用户需要的时间、按用户需要的数量、提供满足用户所需的产品或服务。

合格产品和满意服务一方面是指在产品制造或服务提供过程中符合企业的质量标准，另一方面是指企业提供给用户的产品或服务能够满足用户的需求。

归纳起来，对生产与运作管理的要求包括 T、Q、C、S、F、E 六个方面，即上市时间短（Time to market，T）、质量高（Quality，Q）、成本低（Cost，C）、服务好（Service，S）、柔性大（Flexibility，F）和环境清洁（Environment，E）。

1.1.4 生产与运作管理的职能

1. 生产与运作管理职能

生产与运作管理作为企业管理系统的基本组成部分，包含许多具体的管理工作，其管理职能主要体现在以下五个方面。

（1）运作战略。是指企业总体战略下的职能战略，按照企业所期望达到的目标市场和企业既定的竞争战略，对企业的运作系统进行全局性和长远性的谋划，构造一个能满足企业不断发展的具有高效益、高效率的先进的企业运作模式。

（2）运作准备与运作组织。是指运作的物质准备工作、技术准备工作和组织准备工作。它包括工厂与车间的平面布置、产品开发与设计、工作研究、运作过程组织、物资管理、设备管理、企业文化等。

（3）运作计划。是指与产品和服务有关的生产计划工作和负荷分配工作。它包括生产计划、过程计划、生产作业计划、材料计划、人员计划和负荷分配等。

（4）运作控制。是指围绕着完成计划任务所进行的检查、调整等管理工作。它包括生产进度控制、库存控制、质量控制、成本控制及企业的标准化工作等。

（5）先进的运作模式。为适应企业国际化和企业竞争激烈的新形势，尽快提高企业管理集成度，实现生产经营一体化，已是现代企业运作管理的热点。20 世纪 50 年代的成组技术（Group Technology，GT），20 世纪 70 年代的物料需求计划（Material Requirements Planning，MRP）与制造资源计划（Manufacturing Resources Planning，MRP-Ⅱ），20 世纪 80 年代的准时制生产（Just-in-time，JIT），20 世纪 90 年代精益生产（Lean Production，LP）、网络化制造（Network-based Manufacturing，NM）、业务流程重组（Business Process Reengineering，BPR）、虚拟企业（Virtual Enterprise，VE）等都是先进的生产运作模式。

2. 生产与运作管理组织

企业的生产与运作管理组织是与其职能密切相关的。一个典型制造型企业的生产与运作管理组织包括计划、设计、工艺、设备、质量、物料、成本管理等职能部门和各生产部门，如热加工车间（铸造车间、锻造车间等）、冷加工车间（机加车间、装配车间等）、热表处理车间（热处理车间、表面处理车间等）、供应中心、仓库等，见图 1-3。

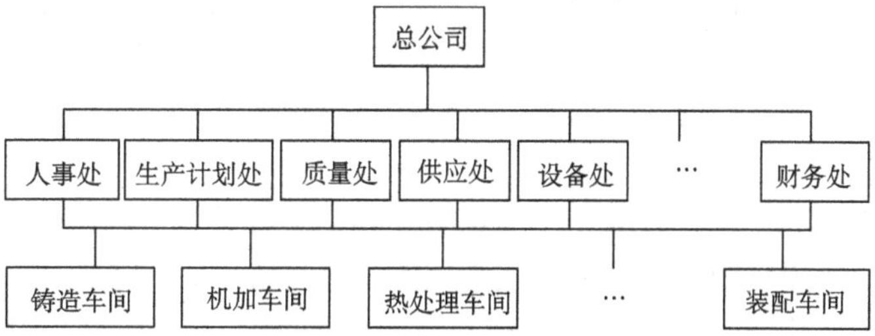

图 1-3　一个制造型企业的运作管理组织

由图 1-3 可见，企业运作管理组织是一种典型的层次结构，这种结构具有结构稳定、职责明确、执行力强等优点，但也存在条块分割、反应迟缓、人浮于事等缺点。伴随现代信息技术的发展及其在制造企业的广泛应用，一种崭新的扁平式企业生产与运作管理组织应运而生，见图 1-4，它能最大限度地满足企业快速适应市场变化的需求。

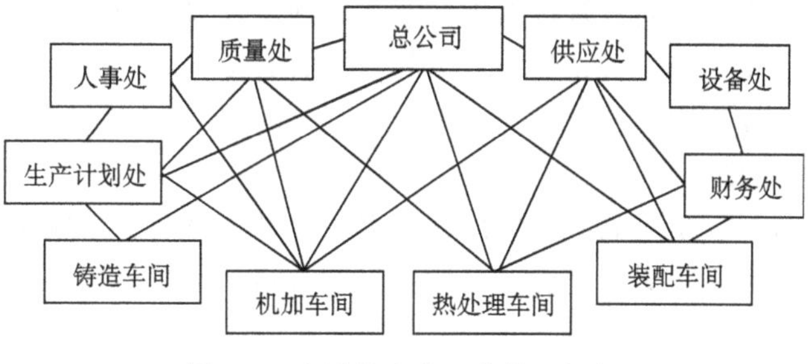

图 1-4　扁平化企业运作管理组织

1.2　生产系统分类

1.2.1　生产流程分类

1. 离散型制造

分别在不同时间、地点生产出零部件，再按一定的设计要求装配成产成品的生产运作方式称为离散型制造。电子、轻工、机械等产品的制造就是典型的离散型制造方式。

离散型制造企业具有如下典型特征：第一，客户需求不容易掌握，产品交货期短，用户的订单变换频繁，要求企业能提供多种配置的产品供用户选择；第二，产品结构复杂，零部件有上千种甚至上万种，采购、装配相对复杂，自制与外购并重，需要对供应商进行考核，对生产计划、物料计划等方面的协调配合要求非常高；第三，生产周期长，且不同零部件加工周期差别很大，配套难度大，对某些影响产品交付的主要零部件需根据市场预测提前购买或保持一定的库存，企业库存成本压力大；第四，不同产品制造工艺流程不同，对制造资源的柔性要求高；第五，多产品混流生产，关键制造资源的占用容易造成冲突。

从生产与运作管理角度而言，离散型制造企业管理困难主要包括：

1）产品设计工作变化快，变更管理困难

离散型制造企业生产的产品更新换代频繁，且产品中有大量的元素需要用户最终确定，如计算机的硬盘、内存大小，汽车的倒车雷达、音响系统等，用户还常常有特殊需求，这造成了产品设计部门的工作繁重，设计变更管理不易。

2）销售预测困难

离散型产品市场变化快，有的产品的销售量和季节有关，有的是逐月变化，有的呈线性增长，给销售预测模型的建立带来了较大困难；另一方面，为了便于根据产品销售预测准备原材料，还需要将产品销售预测分解成对原材料的需求，需要提供若干预测模型供选用。

3）物料管理难度大

离散型企业生产产品所用原材料通常在几十种到上千种之间，还有众多的半成品，部分用户的订单还指定必须选用某种原材料或半成品，一方面，物料采购计划很难既满足企业生产需求，又降低库存成本；另一方面，库存盘点工作繁重，盘点期可能影响正常生产。

离散型制造企业生产车间常常设有现场仓库，现场物料管理复杂。有时因用户订单变更、产品版本更新、供应商供货超量等，废料情况时有发生，造成大量浪费，提前预防及尽早发现废料非常重要。

4）供应商评估难度大

离散型产品原材料、半成品的供应厂商众多，一种原材料、半成品可能有多家厂商供货，如何管理供应商的供货周期、交货品质、采购价格，筛选出合格的供应商是离散型制造企业管理的重点。

5）成本管理困难

离散型制造企业生产的产品所需原材料、半成品种类多、变化快，为了提高周转次数，原材料、半成品采购次数频繁，产品成本核算十分复杂；零部件生产过程工序多，容易产生废品，废品损失较难控制。

2. 连续型制造

连续型制造是指物料按一定的工艺顺序、连续地通过生产过程各环节，在过程中不断地改变其形态和性能，最后转化成产成品的生产方式。化工、石油、冶金、食品、造纸等行业属典型的连续型制造。

从生产与运作管理角度而言，连续型制造企业管理困难主要包括：

1）BOM 变化大

连续型制造企业 BOM（Bill Of Materials，产品配方）多，加工层次少。由于反应机理、设备、环境、操作等方面的原因，使得连续型制造过程的波动性较大，因此配方需要在生产过程中做动态调整。另外，产品结构不能用树状的层次型结构来描述，需要用链式结构（单链式或多链式）来表示，即将产品制造全过程所需经过的生产路线定义为一个流程规格，每个流程规格有各个生产阶段，阶段划分的粗细可根据企业的具体生产情况、管理需求、计量统计手段而定。

2）生产过程不确定性大

连续型生产过程的产出量、物料特性甚至物料的加工路线都会受到原材料成分、工人操作技能、加工温度和压力、设备效率等因素的波动影响，并且具有不可预知性，即物料配方和工艺参数的控制程度将影响产出率，相同的配方或原材料可产出不同产量的产品，原材料消耗比例可变，产品的生产过程中也会产生出一定的回收物和废料，生产计划很难做到事前准确及时地计划具体品种的产量和回收物的比例。为此，连续型制造企业在生产过程中需要有很大弹性来处理实时跟踪、控制纠偏、动态调整等问题。

3）成本核算复杂

连续型生产企业需要根据其产品特性，制定特殊的成本核算方法。如有些产品需要换算成 100%的浓度或者纯度来计算产量和标准成本；有些需要考虑副产品等；而有些原料的投入需要根据产品产量来计算原料投入量；有些管道中的产品或者其他不容易计量的物料，需要根据预先设定的比例来分摊成本。同时，设备投资金额在固定资产中的比重高达 80%～90%以上，尽快收回固定资产投资将成为连续型制造企业成本管理的重点；原辅材料的成本占总成本 70%以上，在物料管理上需对少量成本较高的关键原材料或添加剂加以严格控制；动力成本在总成本中占有较大比重，准确地了解各级能耗部门或设备的水、电、汽等能耗数据，对加强能源管理、节约能源、提高成本核算的准确性、降低产品成本十分重要。

4）设备管理要求高

对连续型制造企业而言，单台设备的故障和停机将会影响整个生产过程的正常运行。为此，设备管理应做到保证设备和生产线的稳定运行和满负荷地生产，同时设备管理要求具有实时动态性，因此要求设备管理做到：

（1）设备的全生命周期管理。即从提交设备采购计划开始直至设备到货验收、安装调试、日常运行、交接班设备状况以及设备维修与设备润滑等过程均应有完整的记录和管理，同时还应准确记录设备的折旧、移装、封存等情况。

（2）设备的周期标定管理。要求自动生成设备的维修计划和维护计划，以提醒设备管理人员定期进行设备的维修、维护、润滑、点检等。

（3）仪器仪表及计量器具的定期校验和标定检验。以保证仪器仪表及计量器具的准确性。

（4）设备的预测性维护和预防性维修。需要根据设备的实时动态信息，防患于未然，确保设备的安全正常运行。

5）质量标准严

连续型制造企业的质量管理不仅是对原材料、产成品的质量检验，更重要的是对生产过程中的质量控制。

由于连续型制造企业的工艺或环境会影响产品质量，需严格控制每个工艺步骤。重视过程质量数据的实时采集和化验分析是防止生产中产生较多的等级品、甚至废品的重要控制手段。另外，连续型制造企业的质量标准和工艺有着严格的规定，产品的包装、标签、工艺、配方比例等需要通过国家相关部门严格的质量认证。

6）管控一体化

连续型制造企业的生产管理不仅要对生产的资源进行有效的控制和管理，还要实时地采集生产过程数据以满足动态生产管理的需要。

自动采集生产过程的实时数据，达到分析、控制工艺参数，保证产品质量；自动采集车间和设备的水、电、汽等动力能源消耗，为成本核算提供基础数据；自动取得底层设备和生产线的运行状态数据，为预测性维护和预防性维修提供科学依据。

3. 离散型制造与连续型制造的比较

离散型制造与连续型制造特征的异同见表1-2。

表1-2　离散型制造与连续型制造特征比较

特　征	连续型生产	离散型生产
用户类型	较少	较多
产品品种数	较少	较多
产品差别	有较多标准产品	有较多用户要求的产品
影响特点	依靠产品的价格与可靠性	依靠产品的特点
自动化程度	较高	较低
设备布置的性质	流水式生产	批量或流水生产
设备布置的柔性	较低	较高
扩充能力的周期	较长	较短
对设备可靠性要求	高	较低
维修的性质	停产检修	多数为局部修理
原材料品种	较少	较多
能源消耗	较高	较低
在制品库存	较低	较高

1.2.2　生产方式分类

1. 备货生产方式（MTS）

备货生产方式（Make-To-Stock，MTS）指企业根据对市场的需求预测来确定生产计划，并组织实施，产成品存入企业的仓库。按照零售商或客户订单的需求将产品提交给用户。

备货生产方式可以较好地满足随机小批量需求，同时企业生产系统运行均衡，质量稳定，人力、设备等资源可以得到较充分的利用。但是，这种生产方式运作过程中产成品占用的流动资金大，具有一定的市场风险，对需求变化的适应性较差。

备货生产方式一般用于通用产品生产，如机床行业、家电行业、服装行业、标准件生产企业等。

采用备货生产方式的企业的管理重点是准确预测市场需求，合理安排生产计划，使得企业既能满足市场需求，又不至于积压过多库存。

2. 订货生产方式（MTO）

订货生产方式（Make-To-Order，MTO）指企业根据用户订单确定生产计划，并组织生产，确保按时、保质、保量将产品提交给用户。

订货生产方式可以大幅度地减少产成品库存量，降低流动资金占用额，避免市场风险。但这种生产方式对生产系统的管理水平要求高，需求随机波动对运作过程影响大，生产计划、人力资源、设备利用、质量保证等工作难度大，要求生产运作系统具有良好的适应性。

订货生产方式一般用于个性产品的生产，正因为如此，用户从订单下达到接收产品通常需要较长时间。采用此类生产方式的企业包括航空行业、航天行业、船舶行业、大型电力设备、大型鼓风机的生产企业等。

采用订货生产方式的企业的管理重点是如何快速满足用户需求，如何保证产品质量的一致性及如何合理保障生产的均衡性。

近年来，随着信息技术在制造企业的推广应用，采用订货生产方式的企业越来越多；甚至可以让用户参与到企业产品的研制过程中，以更好地满足用户需求。

3. 装配生产方式（ATO）

装配生产方式（Assemble-To-Order，ATO）指企业在对市场总量需求进行预测基础上，安排具有通用性零部件的生产计划或采购计划，并存入库房；当企业接收到用户订单后，制定产品的装配计划并进行组装，最后将满足要求的产品提交给用户。

企业按装配生产方式运作的前提条件是产品所使用的零部件的标准化和通用化，因此企业既可以自己生产、也可以采购一定数量的通用零部件，从而满足不同用户的订货要求。这种运作模式兼具备货生产方式和订货生产方式的优点。

汽车行业、计算机行业等是最早采用装配生产方式的企业。事实上，随着市场竞争的加剧、产品研制理念的更新、技术的进步，这种生产方式正越来越多地被不同类型的企业所采用。

采用订货生产方式的企业，其管理重点一方面是准确预测市场需求，另一方面是快速满足用户需求。

上述三种生产方式的比较见表 1-3。

表 1-3 备货、订货、装配生产方式比较

项　目	备货生产方式	订货生产方式	装配生产方式
产品	标准产品	按用户要求生产，无标准产品，大量的变型产品与新产品	标准化零部件，个性化产品
对产品的需求	可以预测	难以预测	部分可预测
价格	事先确定	订货时确定	订货时确定
交货期	不重要，由成品库随时供货	很重要，订货时决定	较重要，订货时决定
设备	多采用专用高效设备	多采用通用设备	专用与通用设备并存
人员	专业化人员	需多种操作技能	专业技能为主

4. 不同批量生产方式特征

企业生产方式按照生产批量大小可以分为多品种小批量生产、批量生产和重复生产类型，见图 1-5。

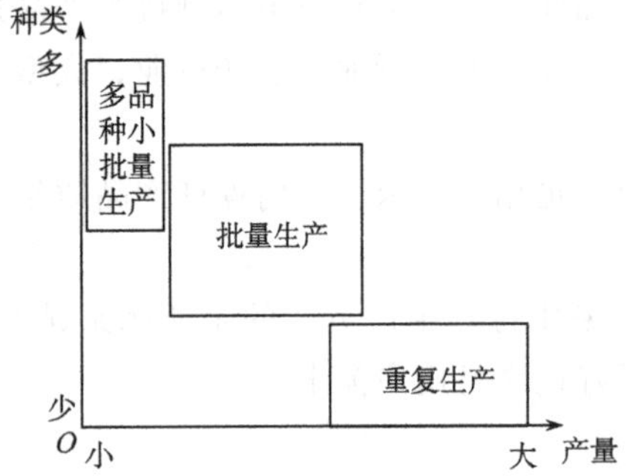

图 1-5 批量生产方式分类

(1) 多品种小批量生产（high-variety low-volume manufacturers）。这类企业通常根据用户订单安排生产，生产产品的品种很多，但产量很少，极端情况下可能是一次性生产，生产过程使用通用设备，对工人的技术水平要求高。

通常，这类企业的生产车间是典型的作业型车间（job shops），每个作业都可能是独一无二的，其生产工艺过程是不可能重复的，因此车间内物流凌乱，在制品（Work In Process，WIP）多，要求物流传输系统柔性高，同时，对车间生产计划、调度提出了极大的挑战。目前为止，这仍然是尚未完全解决的世界难题。

(2) 批量生产（batch manufacturing）。这类企业生产的产品品种较多，每种产品有一定产量，各种产品实行成批轮番生产。企业既拥有专用生产设备，又拥有通用生产设备，设备布局既有按对象原则，又有按工艺原则布置。对工人的技术水平要求较高。

(3) 重复生产类型（repetitive manufacturing，production line）。这类企业生产产品的产量大、品种少、设备专用、工作地专业化程度高；实行流水生产；生产线上的工人只需要完成相对固定的工作，因此对工人的技术水平要求较低。

重复生产类型企业的生产线属于典型的流水车间（flow shops），生产节奏固定，物料传输大多采用自动化设备，在制品数量少且稳定，其计划调度相对于作业车间简单，但仍有许多问题未完全解决。

不同批量生产方式特征的比较见表 1-4。

表 1-4 不同生产批量企业特征的比较

项目	生产类型		
	多品种小批量	批量生产	重复生产
产品品种	很多	较多	单一或很少
产品产量	单个或很少	较大	很大
产品更新	很快	较快	慢
产品成本	高	较高	低
设备布置	基本按工艺原则	既有按对象原则，又有按工艺原则	按对象原则采用流水线
设备类型	通用设备	专用与通用设备并存	专用设备
设备利用率	低	较高	高
劳动生产率	低	较高	高
劳动定额	粗略	有粗有细	详细
原料储备量	少	中等	大
在制品	大	中等	少
计划管理	复杂多变	较复杂	较简单
生产控制	很难	难	容易
工人技术水平	很高	较高	低

1.3 生产与运作管理的历史演变及发展趋势

1.3.1 生产与运作管理的历史演变

自 18 世纪 70 年代产业革命开始之后，工厂制度代替了手工作坊，机器代替了人力。1771 年，斯密劳动分工理论出现，标志着生产与运作管理理论的诞生。但是生产与运作管理真正成为一门科学，是源自泰勒（Frederick Taylor）对生产活动的研究成果而形成的《科学管理原理》。表 1-5 给出了自 1911 年以来生产与运作管理发展演进的重大事件。

表 1-5 1911 年以来运作管理发展演进的重大事件

年 份	概念和方法	发源地
1911	科学管理原理，标准时间研究和工作研究，工业心理学	美国
1913	流水装配线	美国
1914	作业计划图(甘特图 Gantt chart)	美国
1917	库存控制中的经济批量模型	美国
1931	抽样检验和统计图技术在质量控制中应用	美国
1934	工作抽样分析	英国
1940	处理复杂系统问题的多种训练小组方法	英国
1947	线性规划的单纯形解法	美国

续表

年　份	概念和方法	发源地
1950～1960	运筹学快速发展，如模拟技术、排队论、决策论、数学规划；计算机硬、软件技术；网络计划技术（PERT 和 CPM）	美国、欧洲
1970	车间计划，库存控制，工厂布置，预测和项目管理，MRP 和 MRPⅡ等	美国、欧洲
1980	TQM 普及化，各国推行 JIT、TQM 和工厂自动化（CIMS、FMS、CAD、CAM 以及机器人等）	美国、日本和欧洲
1990	ISO—9000 系列，业务流程重组（BPR）、企业资源计划（ERP）、并行工程（CE）、敏捷制造（AM）、精益生产（LP）、电子商务、因特网、供应链管理等	美国、日本和欧洲

1. 科学管理

1911 年，泰勒（Frederick Taylor）创建的科学管理理论给生产与运作管理带来了巨大的变化。他通过对工作方法的观测、分析和改进，以及运用经济手段相结合的方法来提高生产率，取得明显成效。

泰勒理论的基本思想是：①利用动作研究和时间研究方法确定工人每天的劳动定额；②按标准的操作方法训练工人；③实行差别计件工资制度；④明确划分管理职能，使管理工作专业化。

他的杰出贡献是使管理由经验走向科学，因此被誉为科学管理之父。

与泰勒同时代对科学管理作出贡献的还有吉尔布雷思（Frank Gilbreth）和甘特（Henry Gantt）等。

2. 流水装配

1913 年，出现了机器时代最重大的技术革新——福特公司在汽车制造中应用流水装配线进行生产。流水生产以标准化、简单化、专业化为目标，成为大批量生产的一种方式。运用流水装配线，力求实现劳动机械化，促进更细的劳动分工和生产专业化，大大提高了生产效率，降低了成本。福特公司在该装配线引入之前，一个工人完成一辆汽车底盘的装配需要 12.5 小时；而在流水装配线建成之后，由于应用了专业分工，每个底盘的平均装配时间缩短为 93 分钟。

3. 运筹学

第二次世界大战期间，为了解决后勤组织和武器系统设计的复杂问题，促使运筹学向跨学科的数学化方向发展，包括数学、心理学和经济学领域的许多专家学者们都参与到对运筹学的研究中，他们用定量的方法构造和分析问题，寻求数学意义上的最优解。战后，运筹学的优化方法被广泛应用到生产领域，为生产与运作管理提供了许多定量分析工具。20 世纪 50 年代末到 20 世纪 60 年代初，生产与运作管理作为独立学科出现，柏曼（Edward Bowman）和法特（Robert Fetter）合作出版了《生产与作业管理分析》（1957 年）；伯法（Belffa）出版了《现代生产管理》（1961 年）。他们都注意到生产系统面临的问题具有普遍性，以及生产与运作管理作为一个系统的重要性，同时强调了排队论、仿真、线性规划在生产与运作管理中的应用。

需要指出的是，由于运作活动的复杂性，运筹学建立的数学模型很难准确地描述生产系统，使其应用有一定局限性。

4. 计算机技术与物料需求计划

20 世纪 70 年代，计算机技术在运作管理中得到广泛应用。在制造业中，一个重大突破是物料需求计划（MRP）被应用于生产计划与控制。物料需求计划通过计算机软件将企业的各部门联系在一起，共同完成复杂产品的制造。这样，生产计划人员就可以根据需求的变化，及时调整生产计划和库存水平。IBM 公司的奥利克（Joseph Orlicky）和怀特（O1iver Wight）在 MRP 的理论与应用方面做了开创性的工作。随着计算机技术的快速发展，MRP 进一步扩展为制造资源计划（MRPⅡ），其应用范围扩大到销售部门和财务管理，统一了企业的生产经营活动。目前在 MRPⅡ基础上，把办公自动化、后勤、设备维护、过程控制、数据采集和电子通信等结合起来，实现更广泛的管理信息集成，向更高层次的企业资源计划（Enterprise Resources Planning，ERP）方向发展。

1.3.2 生产与运作管理的发展趋势

1. 准时制生产与工厂自动化

20 世纪 80 年代，日本丰田汽车公司经过 20 余年的运作实践，总结出一种全新的生产模式——准时制生产（JIT）。JIT 是一种彻底追求生产的合理性、高效性，能够灵活多样的适合各种需求的高质量产品的生产方式，用最少库存生产最适当数量的产品，实现零缺陷生产，这种生产方式很快得到世界各国的公认，受到普遍重视和推广应用。

同期，工厂自动化技术迅速发展，许多新的生产技术相继产生，如计算机辅助设计（Computer Aided Design，CAD）、计算机辅助工艺设计（Computer Aided Process Planning，CAPP）、计算机辅助制造（Computer Aided Manufacturing，CAM）、分布式控制系统（Distributed Control System，DCS）、现场总线控制系统（Fieldbus Control System，FCS）等，并促进生产与运作管理向系统集成与高效敏捷方向发展。计算机集成制造系统（Computer Integrated Manufacturing System，CIMS）、柔性制造系统（Flexible manufacturing system，FMS）等许多新概念被提出并走向实用化。

计算机应用于工业自动化在早期是按功能独立进行的，现在开放的计算机网络使企业信息连接打破了“自动化孤岛”，不仅可以在企业的经营部门和生产车间之间实现信息互通，基于 Internet 与 WEB 的软件系统还可以为企业的异地部门之间、不同企业之间以及企业与供应商和用户之间形成虚拟整体，为企业生产决策提供准确依据。

2. 全面质量管理与质量认证

20 世纪 80 年代，日本推行全面质量管理（Total Quality Management，TQM），使其产品质量得到提高，极大地增强了日本企业的竞争力。但直到 20 世纪 90 年代，TQM 才得到真正的普及。今天，TQM 已经风靡全球，成为运作管理最重要的领域之一，受到前所未有的重视。

国际标准化组织颁布的 ISO—9000 质量管理和质量保证的系列标准在建立质量体系、开展质量认证方面发挥了重大指导作用，对全球化经济发展起到了极大的推动作用。

3. 流程再造

为了在世界经济竞争格局中恢复和保持优势，美国管理学家和企业界人士产生了改革传统企业组织结构的想法。1993 年，哈默（Michael Hammer）与钱辟（James Champy）合著了《再造公司》一书，提出了“公司再造”、“流程再造”的新概念。他们认为企业再造就是为了在成本、品质、服务及速度等方面的绩效获得大幅度改进，对企业所从事的最关键与最基本的管理工作及作业程序进行再设计和重建。也就是说，企业再造的对象是企业的管理和作业工作的程序，所谓程序，就是流程，即企业内部各种各样的业务流程，这是再造的核心问题。

4. 供应链管理

20 世纪 80 年代，供应链管理（Supply Chain Management，SCM）的新概念提出。它是一种集成的管理思想和方法，完成由供应商、制造商、仓库、配送中心和渠道商等构成的物流网络的计划和控制等。从单一的企业角度来看，供应链管理是指企业通过改善上、下游供应链关系，整合和优化供应链中的信息流、物流、资金流，以获得企业的竞争优势。

供应链管理是企业的有效性管理，表现了企业在战略和战术上对企业整个作业流程的优化，它整合并优化了供应商、制造商、零售商的业务效率，使商品以正确的数量、正确的品质、在正确的地点、以正确的时间、最佳的成本进行生产和销售。供应链管理的目标是提高交货的可靠性和灵活性以提升客户的最大满意度，通过降低库存、减少生产及分销的费用以降低企业的成本，并实现企业整体流程品质的最优化。

5. 全球制造方式

为了提高企业竞争力，世界制造业开始对生产与运作模式进行大规模的改造与重构，建立面向 21 世纪的基于知识和创新的全球制造体系。美国著名管理学家施恩伯格（R. Schonberger）将其称为全球制造方式（World Class Manufacturing，WCM），主要特点是：无缺陷的全面质量管理；准时生产（JIT）；充分授权的团队式管理；满足社会和顾客需求的柔性制造系统。

在创建 WCM 过程中，各种先进的计算机技术、信息技术、生产运作模式和运作理论将得到广泛的重视与应用，如全面质量管理（TQM）、制造资源计划（MRPⅡ）、业务流程再造（BPR）、企业资源计划（ERP）、并行工程（CE）、敏捷制造（AM）、精益生产（LP）、产品数据管理（Product Data Management，PDM）等。全球制造方式兼收并蓄了生产与运作管理的最新成果，代表了当今制造模式的水平和趋势。

1.4 生产与运作管理体系框架

按照生产与运作管理涵盖的基本内容，本书共分 5 篇 11 章，即基础篇（第 1 章）、设计篇（第 2 章）、运作篇（第 3～7 章）、执行篇（第 8～10 章）和先进制造技术篇（第 11 章）。若按照生产与运作管理体系划分，可分成三层结构，即规划层、运作层和执行层，见图 1-6。

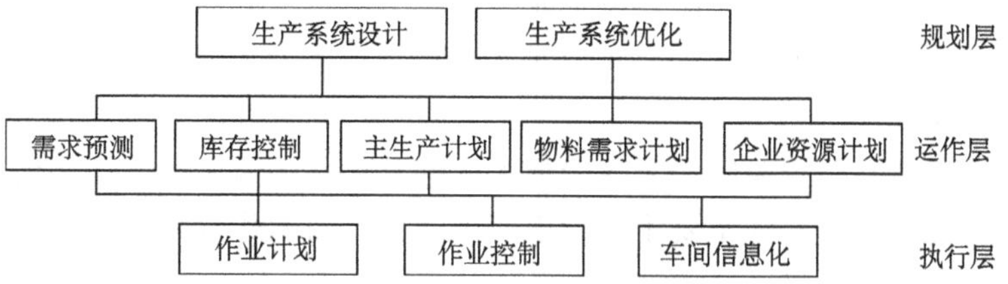

图 1-6 生产与运作管理层次结构

基础篇主要介绍生产与运作管理的概念、任务、目标和职能，以及生产系统分类及各自特征、体系框架和发展沿革。

设计篇主要介绍生产系统的设计与优化，重点阐述了企业各生产单元、设备布局以及内部运输线路等进行统筹规划的方法，从而能够制订出最有利于当前生产经营活动，并使得企业各项资源得到优化配置的设计方案；介绍了基于 Em-plant 对生产系统进行仿真优化的技术。

运作篇面向运作层的企业级的生产管理，以企业物料需求计划（MRP）为核心内容，围绕 MRP 计划的制订，分别从需求预测方法、物料库存分析与控制、主生产计划、物料需求计划编制，以及企业资源计划（ERP）的原理和软件实施等方面进行了阐述。

执行篇面向执行层的生产车间，介绍了生产车间的分类方法、各类车间的生产特点，车间作业计划编制方法、车间智能优化调度算法；车间现场生产的进度、质量、成本控制方法，车间在制品、物料、工具和绩效考核等内容。特别是对车间信息化做了重点论述，包括制造执行系统（Manufacturing Execution System，MES）、计算机辅助工艺设计（CAPP）、分布式数控（Distributed Numerical Control，DNC）、条形码采集和物料追踪等技术与系统。

先进制造技术篇对近年来新出现的先进制造技术概念与系统进行了介绍，包括精益生产（Lean Production，LP）、约束理论（Theory Of Constraints，TOC）、大规模定制（Mass Customization，MC）、绿色制造（GM）、网络化制造（Network-based Manufacturing，NM）和智能制造（Intelligent Manufacturing，IM）等。

1.5 学习生产与运作管理的意义

先进的科学技术和先进的管理科学是推动现代社会发展的两个车轮。管理是现代社会文明发展的三大支柱之一，它与科学和技术三足鼎立。管理是人类不可缺少的重要活动，随着未来社会共同劳动的规模日益扩大，劳动分工协作更加精细，社会化大生产日趋复杂。只有科学的管理，才能使新技术、新能源、新材料充分发挥其作用，管理在未来社会中将处于更加重要的地位。

(1) 生产与运作管理在企业管理中处于核心地位。企业中几乎所有工作，如产品开发、工厂选址、设施布置、工作设计、生产计划、作业控制、进度安排、质量保证、顾客服务、库存管理、财务管理、人力资源管理、后勤供应、营销管理、采购管理等均与生产与运作管理密切相关。

(2) 通过学习运作管理，才能知道企业是怎样组织运作活动的，产品与服务是如何生产出来的。生产与运作管理可以指导我们对运作活动过程进行有效的计划、组织与控制，最大限度提高企业效益。

(3) 运作活动是一切企业组织中耗费最大的部分之一，因而搞好运作管理，是企业降低经营成本，提高经济效益的主要手段。事实上，生产与运作管理是生产产品与服务的组织提高盈利能力的最佳途径。

(4) 运作管理是一门综合性很强的管理科学，管理的对象十分复杂、内容十分丰富，它融入了现代最先进的管理理论、技术和方法，掌握这些管理理论、技术和方法，对提高企业运作管理水平至关重要。

习 题

1-1 试举例说明某一单位的投入、转化与产出，并分析它们之间的关系。

1-2 企业生产与运作管理的目标是什么？为什么？

1-3 有哪些学科对生产与运作管理有重要影响？为什么？

1-4 请说明生产与运作管理在企业管理中的地位与作用。

1-5 从事生产与运作管理的人员应当具备什么样的素质？

1-6 对于信息化在工业现代化进程中如何更好地发挥作用，你有何建议？

第 2 章 生产系统设施规划与布置

作为企业进行正常生产活动的前提条件，生产系统设施规划与布置是指在选定企业厂址之后，对企业各生产单元、设备布局以及内部运输线路等进行统筹规划，从而制定出最有利于当前生产经营活动，并使得各项资源得到优化配置的一系列活动。生产系统设施规划与布置作为制造系统设计的重要组成部分，它和设备利用率、零部件生产/等待/周转时间以及生产线运营效率等都有密切关系。

2.1 生产系统设计要求

生产系统设计是企业进行正常生产的一个前提条件，它是指对于厂址选择、生产部门布置、设备布置等的决策过程。生产系统的设计常常是针对一个新建的企业或是改扩建老厂时所进行的工作。

对于一个新建立企业而言，首先应该分析该企业的外部环境，通过对诸如市场销售、原料供应、资金来源、交通条件等因素的综合考虑，确定出合理的厂址，然后对生产系统的组成及其相互关系进行分析，最终得到合理的布置方案；而对于老企业的扩建、改建等而言，生产系统的设计与分析也起着极其重要的作用。随着产品品种的变化以及新技术的采用，老企业往往都需要不断进行技术改造来调整或扩建原有的生产线，从而改进原有的生产线布置。一旦生产系统设计不合理，会直接影响到企业的生产能力和经营水平。

为了提高经济效益，各企业在生产中不仅需要各生产工序的加工时间衔接紧密，使得生产过程能够有节奏、协调生产，还应尽可能保证平行作业，这样才能缩短生产时间，提高工作效率。因此，企业在设计生产系统时首先必须考虑到如何合理组织生产过程的问题，从而根据对该生产系统的组织结构及其产品的具体生产过程，就可衡量一个生产系统设计的可行性及其运行的有效性。一般而言，体现一个生产系统设计合理性的指标包括生产过程的连续性、比例性、节奏性、平行性及经济性等。

1. 连续性

连续性是指在不同加工阶段、具有多个工序的产品，其生产过程在时间上紧密衔接并一直保持连续生产。即产品在生产过程中始终处于运动状态，不发生或很少发生不必要的停顿和等待时间。连续性包括空间上的连续性和时间上的流畅性。其中，空间上的连续性要求生产过程的各个环节在空间布置上合理紧凑，尽可能缩短产品的加工时间。时间上的流畅性则要求产品在生产过程的各个环节始终处于连续流畅状态，没有或很少发生不必要的停顿与等待的现象。

生产过程的连续性和企业的布局设置、生产技术水平和管理组织工作有着密切的关系。如果企业的布局设计非常合理，而且在生产中采用了先进的科学技术来提高生产的机械化、自动化水平，加之对产品的各个生产环节进行了合理组织，则该企业更容易实现生产过程的连续性。

保持和提高生产过程的连续性，不仅能够有效缩短产品的生产周期，减少在制品数量，加速资金的周转，还有利于更好地利用设备和生产面积，减少产品加工过程中因停机等待可能产生的各种损失。

2. 比例性

比例性又称为协调性，它是指为了适应产品的加工要求，产品加工时的各阶段、各工序之间在生产能力上保持适当的比例关系。即各个生产环节的工人人数、机器设备、生产面积的生产能力都必须互相协调、互相适应，使各个生产环节的工人人数、设备数量和生产效率等不会发生脱节和比例失调的现象。

要保持生产过程的比例性，就要求企业在设计生产系统时，必须限定各生产环节的合理生产能力，并在日常生产中加强企业的生产计划调度，从而保证生产能力的综合平衡。同时对于生产中的薄弱环节需要及时采取有效措施加以修正。只有这样，才能使各生产环节保持必要的比例关系。

生产过程的比例性原则是保证企业生产顺利进行、合理组织生产过程的前提，它是企业实现连续生产的基础。实现生产过程的比例性，有利于企业充分利用现有各项资源，提高工时利用率，减少产品在生产过程中的停顿、等待时间，还能够有效提高劳动生产率，既能提高各产品的产量，还可降低产品的生产成本。

3. 节奏性

节奏性又称为均衡性，它是指产品从开始被加工到最后完工的各工艺阶段，通过合理计划使生产过程保持有节奏地均衡进行。在生产过程中，节奏性表现为在各个工艺阶段的相等时间间隔内，生产的产品数量大致相等或呈递增的趋势。

产品的生产过程能够有节奏地进行，就是要实现不同工艺阶段的资源负荷应该保持相对稳定，不会出现前松后紧或前紧后松的现象。这就为生产过程的组织管理水平提出了更高的要求，在具体实施中需要企业的各个生产、管理部门之间互相协调一致，根据生产计划的安排，合理组织好各个生产环节的工作。

实现生产的节奏性，可以保证生产能力的有效利用，避免了现有资源的浪费及因生产导致的资金积压。

4. 平行性

平行性是指产品在生产过程的各工艺阶段、各工序实行平行交叉作业。其中，平行作业是指相同的在制品同时在数台相同的设备上进行加工；交叉作业是指一批在制品在上道工序还未全部加工完时，将已完成的部分在制品转到下道工序加工。

保持平行性的前提是要求各生产过程之间在生产能力上维持一定的比例关系。无论是对于一个生产环节的基本生产环节或是辅助生产环节，还是对于产品的各道生产工序、工艺阶段，平行性只有在产能平衡的条件下才能得以实现。

实现生产过程的平行性，从时间上缩短了产品的生产过程，通过平行交叉作业来合理组织生产，减少了工时的浪费和损失，使得产品的生产周期大大缩短，并保证了生产过程在时间上的紧密衔接。

5. 适应性

适应性又称为柔性，它是指产品的生产过程能够适应市场的变化，及时调整生产方式或生产能力来不断满足社会的需求。

为了保证生产过程具有适应性，从而体现出产品加工过程中所具有的灵活性、可变性和可调节性，在生产系统设计中不仅需要满足不同产品的加工需求，而且应尽量以最少的资源、用最短的时间从一种产品的生产切换到另一种产品的生产，从而适应市场多样化、个性化的要求。

实现生产过程的适应性，有利于企业更加灵活地适应市场的变化，更大限度地满足市场的需求，从而在激烈的市场竞争中得以维持正常的生产秩序。

6. 经济性

经济性是根据企业的生产管理目标所提出的生产系统设计要求，是指在生产过程中以追求企业经济效益最大化为目的，利用最少的生产费用并占用最少的资金来进行产品的加工。

针对新产品生产的需求，在对原有生产系统进行重建、补充时应尽量节省投资费用。而为了保证生产过程的经济性，在产品生产过程中还要节约产品的各项生产成本，减少资源浪费，有效利用资金。

实现生产过程的经济性，可从产品的加工、运输、销售等各个环节来减少产品成本，对各项资源进行统筹安排，最终为提高企业的经济效益提供物质保障。

2.2 生产系统的空间设计

2.2.1 车间布置设计

车间布置是按照一定的布置原则，来确定车间内部各组成部分及设备间的相互位置，使它们能够组成一个有机整体，实现车间的具体功能和任务。根据布置对象的不同，可将车间布置分为车间总体布置和车间设备布置两部分。其中，车间总体布置是对企业各个组成部分进行总体安排，来确定各部分的位置。在车间各个组成部分中，如何来选定车间内各设备的具体位置就是对车间进行设备布置。下面分别介绍车间布置原则和常见的车间布置方法。

1. 车间布置原则

车间布置应遵循的原则有均衡性原则、灵活性原则、流畅性原则、高效性原则、安全性原则等。

1）均衡性原则

车间布置应尽可能符合生产过程的需要，合理规划车间内组成部分和设备的位置，使加工路线最短，设备、人力负荷均衡。

2）灵活性原则

车间布置要考虑到及时适应产品需求的变化，还应满足工艺和设备的更新及扩大生产能力的需要。

3）流畅性原则

车间布置应充分结合生产类型及设备特点，使得产品加工流程顺畅，避免工序间的往返交叉流动。

4）高效性原则

车间布置要因地制宜地排列设备，既要保证车间的空间利用率尽可能最大，又要提高设备、设施等的综合利用率，实现高效生产。

5）安全性原则

车间布置要方便工人安全生产，要留有足够的空间供工人工作、活动等，为职工提供方便、安全的工作环境，满足《劳动法》、《环境保护法》等规章要求，为企业能够正常生产经营奠定基础。

2. 车间布置方法

常用的车间布置方法包括作业相关图法、从至表法、物料流向图法等。根据布置形式的不同，企业可采用相应的布置方法。

1）作业相关图法

当某些定性因素对车间布置决策起着决定性作用时，一般应采用作业相关图法进行布置。该方法由穆德提出，根据企业各组成部分之间相互联系的紧密程度来对车间进行布置。

该方法主要由三个步骤组成：

（1）首先将各部门关系的紧密程度分为 A、E、I、O、U、X 六个等级，各等级的含义如表 2-1 所示。

表 2-1 关系密切程度等级表

代　号	密切程度
A	绝对重要
E	特别重要
I	重要
O	一般
U	不重要
X	不予考虑

（2）然后列出如表 2-2 所示的各等级所对应的关系密切原因及其代号。

表 2-2 关系密切程度原因表

代　号	密切程度的原因	代　号	密切程度的原因
1	使用共同原始记录	6	工作流程连续
2	共用人员	7	做类似工作
3	共用场地	8	共用设备
4	人员接触频繁	9	其他
5	文件交换频繁	10	不安全或令人不愉快

（3）根据表 2-1 和表 2-2 提供的资料，得到各待布置部门间的关系。然后，按照关系越密切越应靠近布置的原则，通过构造关系树或计算关系密切程度积分，结合所布置部门的实际面积，最终制订出合理的车间布置方案。

例 2-1 某工厂欲将其下属的 9 个部门布置在一个矩形区域内，已知各部门间的关系密切程度如图 2-1 所示，经布置后其各自的面积如表 2-3 所示，请制订出合理的布置方案。

表 2-3 各部门的面积

编 号	名 称	面 积	编 号	名 称	面 积
1	办公楼	35	6	宿舍区	80
2	生产车间	120	7	工具库	75
3	组装车间	45	8	原料库	45
4	维修车间	40	9	成品库	45
5	食堂	38			

解 首先，从 A 关系出现最多的部门——原料库开始，根据图 2-1 构造该部门的 A 关系树，如图 2-2 所示。

然后，画出所有部门的 A 关系树，如图 2-3 所示；接着，画出所有部门的 X 关系树，如图 2-4 所示；随后，可根据所得关系树用实验法布置所有部门，绘制出如图 2-5 所示的初始布置方案。根据表 2-3 中各部门的实际面积，对方案加以调整，得到如图 2-6 所示的最终布置方案。

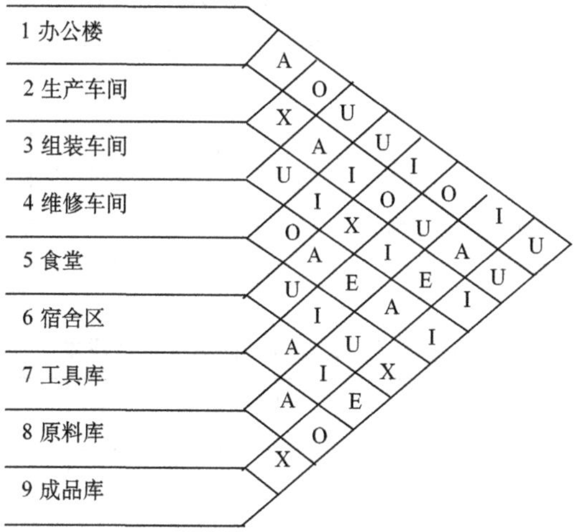

图 2-1 各部门间的联系表

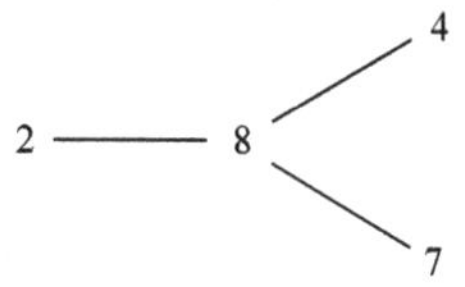

图 2-2 部门 8——原料库的 A 关系树

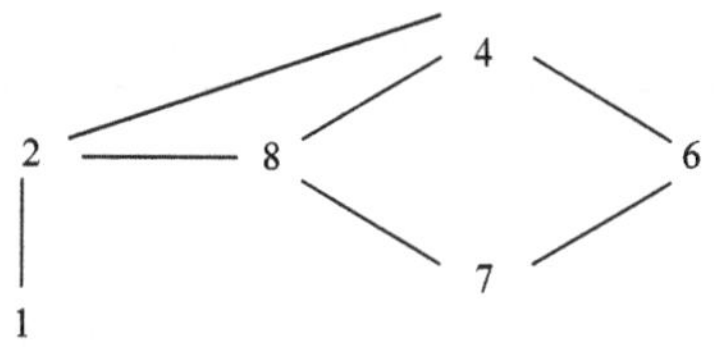

图 2-3 所有部门的 A 关系树

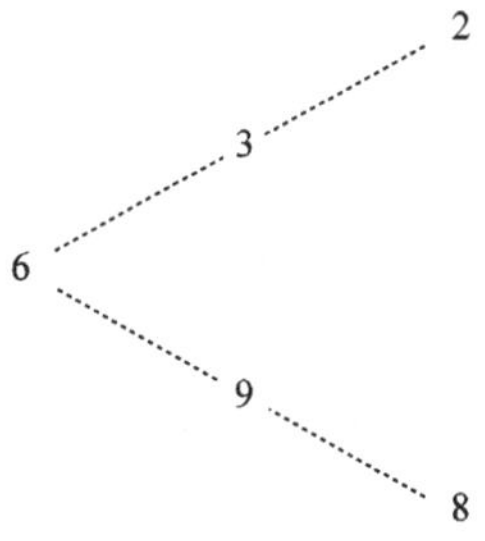

图 2-4 所有部门的 X 关系树

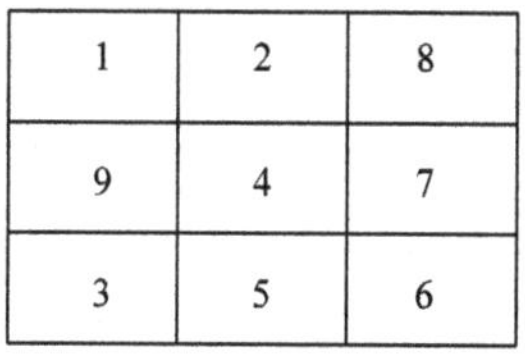

图 2-5 初始布置方案

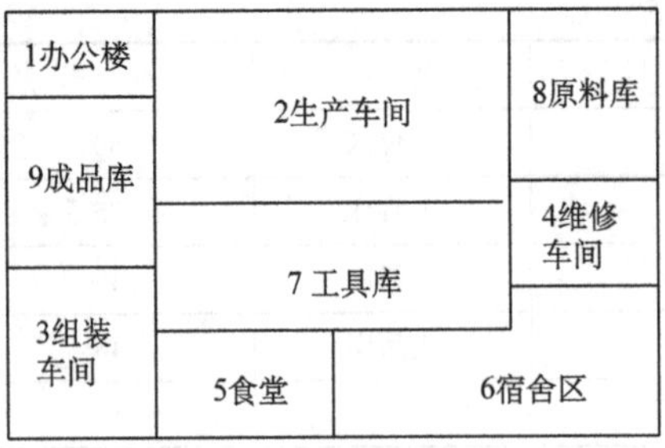

图 2-6　最终布置方案

2）从至表法

从至表法是一种常用的车间布置方法，它通过一种矩阵式图表的形式来记录车间各部门间或车间内各设备间的物料运输情况，以车间或设备之间物料的搬运量为基础进行车间布置。因为其表达清晰、阅读方便，所以得到广泛应用。

从至表法进行车间布置的依据是从至表，根据其所含数据的意义不同，从至表分为三类：表中数据表示从出发部门至到达部门次数的称为运输次数从至表；表中数据表示从出发部门至到达部门距离的称为距离从至表；表中数据表示从出发部门至到达部门运输成本的叫做运输成本从至表。借助所得到的从至表，利用从至表法就可进行车间各组成部分和车间内设备的布置，其具体布置过程可由三个步骤组成：

（1）根据初始布置方案编制从至表。表中数据距离对角线的格数表示两工作地间的距离单位数，因此，越靠近对角线的方格，两工作地间距离越小。

（2）计算总的运输成本从至表，求得各部门（或设备）间的紧密相邻关系。

（3）改进从至表，求最佳部门布置方案。其中，最佳布置方案所满足的条件是：从至次数最多的两个部门（或设备），应该尽可能地靠近。

例 2-2　某工厂欲对其下属的 6 个部门（或车间内 6 台设备）重新布置，已知原始布置方案如图 2-7 所示，各部门（或设备）间每月的运输次数、运输成本分别如表 2-4、表 2-5 所示，请制订出合理的布置方案。

1	2	3
4	5	6

图 2-7　原始布置方案

表 2-4　部门（或设备）间每月运输次数

从＼至	1	2	3	4	5	6
1		20	10	15	80	50
2	10		30	40	10	0
3	15	20		25	50	70
4	0	70	0		20	0
5	30	40	20	60		15
6	10	50	15	40	0	

表 2-5　部门（或设备）间单位运输成本

从＼至	1	2	3	4	5	6
1		4	3	7	5	3
2	6		8	6	1	3
3	8	4		5	9	4
4	9	3	7		7	2
5	5	2	8	6		6
6	4	2	1	5	2	

解　首先计算部门（或设备）每月的运输成本，计算公式为：$C_1 = n_{ij} \cdot c_{ij}$

其中，C_1 为所求的每月运输成本，n_{ij} 表示第 i 个部门（或设备）向第 j 个部门（或设备）每月运输的次数，c_{ij} 表示第 i 个部门（或设备）向第 j 个部门（或设备）运输的单位成本。计算结果如表 2-6 所示。

然后计算部门（或设备）间每月总的的运输成本，计算公式为

$$C_2 = \sum_i \sum_j n_{ij} \cdot c_{ij}$$

其中，C_2 表示所求的各部门（或设备）每月总的运输成本，计算结果如表 2-7 所示。

表 2-6 部门（或设备）的每月运输成本

从＼至	1	2	3	4	5	6
1		80	30	105	400	150
2	60		240	240	10	0
3	120	80		125	450	280
4	0	630	0		140	0
5	150	80	160	360		90
6	40	100	15	200	0	

表 2-7 部门（或设备）每月总运输成本

从＼至	1	2	3	4	5	6
1		140	150	105	550	190
2			320	870	90	100
3				125	610	295
4					500	200
5						90
6						

根据表 2-7 中所列的各部门（或设备）每月总运输成本，对其按照从大到小的次序进行排列后，选取排在前 5 位的排序结果如表 2-8 所示。

由表 2-8 可得到最终的布置方案，如图 2-8 所示。

表 2-8 相邻部门间联系表

编　号	总运输成本	相邻部门（或设备）
1	870	4，2
2	610	5，3
3	550	5，1
4	500	5，4
5	320	3，2

2	3	6
4	5	1

图 2-8 最终布置方案

3）物流流向图法

作为从至表法的一种拓展应用，物料流向图法也是生产运作系统车间布置的一个典型方法，该方法是按照物料的流向及生产各部门间的运量进行车间及设备布置，最终实现各生产单位之间物料搬运量总和最小。它既适合于新建企业，又适合于原有企业生产单位的调整。

需要说明的是，这些方法虽然能够有效地对工厂各车间位置、车间内设备的布置进行安排，但因各方法在分析各部门关系时具有主观性，因此所得的满意方案不止一个。

2.2.2 生产单元布局设计

生产单元是生产系统的基本组成部分，生产单元的数量、空间、范围、位置等要素是生产单元布局设计所研究的对象。按照生产流程类型的不同，生产单元的布局设计包括对象专业化、工艺专业化、混合专业化三种形式。

1. 对象专业化

对象专业化又称对象原则，它是根据加工对象的不同来设置生产单元，在一个生产单元里集中了加工某种产品所需的全部设备。这样一个对象化生产单位中，往往有许多不同工种的工人采用不同类型的设备，来对相同产品的不同工艺进行加工。该类生产单位的产品加工过程是封闭式的，它可完成某一个独立产品的整个生产过程。

采用对象专业化的生产单元有两种主要形式：

- 以产品为对象建立的生产单元。这种生产单元是将加工对象（产品）的全过程集中在一起，如仪表有限公司下设的仪表分厂、电子及传感器研究所等。
- 以同类零件为对象建立的生产单元。这种生产单元中是将结构相似、加工方法相近的同类零件集中起来进行加工，如机车厂下设的齿轮车间、汽车制造厂的发动机车间等。

1）对象专业化的优点

(1) 运输路线短。采用对象专业化原则的生产单元中，缩短了生产过程中产品的运输路线，不仅减少了产品的运输次数，节省了产品的运输费用，还可以缩减在产品的仓库占用量。

(2) 生产周期短。采用对象专业化原则能够减少产品的加工等待时间和在产品积压时间，提高产品生产过程的连续性，从而缩短产品的生产周期。

(3) 管理费用少。由于减少了不同生产单位之间的协作，采用这一原则的生产单元简化了与产品生产相关的生产计划、控制和核算等管理工作，能够有效降低该生产单元的管理费用。

2）对象专业化的缺点

(1) 适应能力差。借助对象专业化原则所设置的生产单元虽然可以实现对某一个独立产品的生产，但一旦需要变化所生产产品的类型时，就必须对整个设备布局进行重新设计，因此难以适应市场对产品品种变化的需求。

(2) 设备利用率低。由于采用对象专业化的生产单元需要的设备数量较多，对它们的投资费用相对较高，而同类设备在使用时比较分散，使得各个设备的负荷难以平衡。加之在生产过程中不易充分利用设备的生产能力，一旦某个设备发生故障，则整个生产过程就会中断。

2. 工艺专业化

工艺专业化又称工艺原则。它是按照生产过程的不同工艺阶段的特点来建立生产单位，即一个生产单元是由工艺相同的工序或工艺阶段所组成。在一个工艺专业化生产单位中，许多相同工种的工人采用同种类型的生产设备，针对不同的产品进行相同工艺的加工。根据工艺专业化原则所建立的每一生产单元只能完成产品的一个工艺阶段或某个工序的加工。例如，在机械加工车间里，所有的车床、磨床可被集中起来，由工人所组成的车工工段、磨工工段来负责具体的产品加工任务。

1）工艺专业化的优点

(1) 适应能力强。采用工艺专业化的生产单元中，产品的加工工序顺序、各工序所在加工的设备可根据实际的产品加工情况进行相应的调整，便于企业根据市场需求的变化及时调整所生产产品的结构或种类。

(2) 设备利用率高。由于同类生产设备可以被集中使用，在采用工艺专业化原则的生产单元中不易出现生产过程的中断，确保了生产的连续性，并使设备得到充分利用。

（3）资源管理便捷。对于所需生产的产品，由于是“同工种”的工人采用“同类型”的设备进行“同工艺”的加工过程，所以在采用工艺专业化的生产单元中，有利于对这些资源进行协调管理。例如有利于对工人集中进行专业技术培训，或便于根据市场需求及时调整工艺生产流程等。

2）工艺专业化的缺点

（1）运输路线长。一个生产单元在采用工艺专业化时，产品加工时的零件运输频繁，加工所经过的运输路线长，必然需要增加运输人力、设备的投入。

（2）生产周期长。采用工艺专业化的生产单元会增加在制品的运输、停放时间，这无疑会延长产品的生产周期及周转资金的占用时间。

（3）管理费用多。为了实现最终产品的生产，各采用工艺专业化原则生产单元需要互相协作，这就增加了管理工作的难度，使得各单位间的组织工作更加复杂，企业的管理费用大大增加。

3. 混合专业化

混合专业化又称混合原则，它是通过将对象专业化原则和工艺专业化原则二者相结合来设置生产单元。由于利用对象专业化和工艺专业化设计生产单元的优缺点互补。在具体企业中有两种表现形式：第一种形式是对企业的不同车间而言，一些车间可能是按工艺原则布置，而其他车间可能按对象原则布置；第二种形式是对车间内部的加工工段而言，在工艺原则布置的车间内有的工段是按对象原则布置。

采用混合专业化所设计的生产单元中兼有对象专业化和工艺专业化两种不同形式的优点，它的布局形式灵活，便于根据企业的实际生产状况来设定合理的生产单元。

2.3 生产系统的时间设计

生产系统的时间设计是来确定所加工的劳动对象在各生产部门、各道工序之间的时间衔接方式。要合理组织生产过程，除了要求企业各生产部门间在空间上紧密协作，还应尽量缩短各生产环节在时间上的衔接速度，减少生产时间的等待和浪费，从而实现零件的节奏性、连续性生产。零件的各加工工序在时间上的移动方式通常有三种：顺序移动方式、平行移动方式和平行顺序移动方式。

2.3.1 顺序移动方式

顺序移动方式是指一批零件的前一道工序全部加工完毕后，才被整批转到下一工序继续进行加工。假设 n 表示零件批量，m 表示产品加工的工序数，t_i 表示第 i 道工序的单件加工时间。则当 $n=5$，$m=4$ 时，表示每批有 5 个零件、各零件有 4 道工序需要加工。已知各道工序的单件加工时间分别为 $t_1=4$ 分钟，$t_2=2$ 分钟，$t_3=6$ 分钟，$t_4=3$ 分钟，则这批零件的顺序移动方式的示意图如图 2-9 所示。

同时，假设这批零件在生产过程中不存在停放等待被加工的时间，同时工序间的运输时间忽略不计，那么该批零件的生产周期就等于它们在所有工序上的加工时间总和。

以 T_1 表示该批零件的生产周期，由图 2-9 则可得到

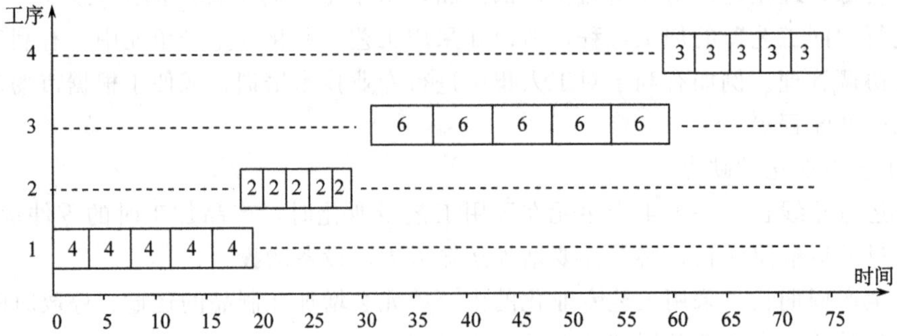

图 2-9 顺序移动方式示意图

$T_1 = nt_1 + nt_2 + nt_3 + nt_4 = n(t_1 + t_2 + t_3 + t_4) = 5(4+2+6+3) = 75$（分钟）

采用顺序移动方式加工的零件的生产周期计算公式表示如下：

$$T_1 = n\sum_{i=1}^{m} t_i \quad (i = 1,2,3,\cdots,m) \tag{2-1}$$

顺序移动方式简化了企业的生产计划工作和组织管理工作，加之整批零件集中被加工和运输，因而提高了设备的利用率。但由于大多数零件在加工时都有等待加工和运输而产生中断的时间，因此所加工的生产周期较长，使得资金周转时间较慢。

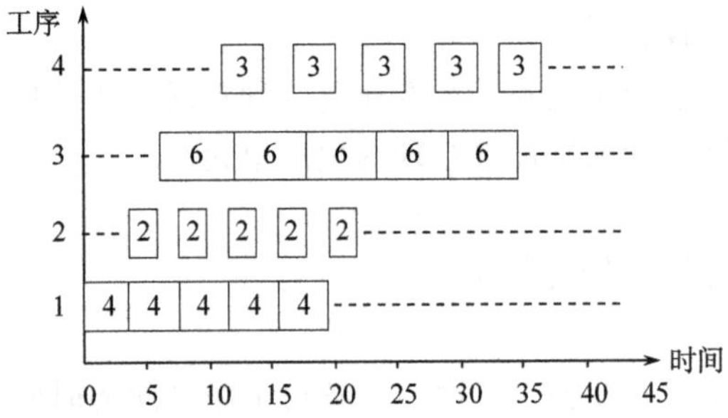

图 2-10 平行移动方式示意图

2.3.2 平行移动方式

平行移动方式是指每个零件在上道工序加工完毕后，立即被转移到下一道工序继续进行加工，即一批零件同时在各个工序上可平行进行加工。以前例的已知条件，根据平行移动方式进行加工的零件的生产流程可如图 2-10 所示。

由图 2-10 可知，所有零件的生产周期为

$$T_2 = t_1 + t_2 + nt_3 + t_4 = t_1 + t_2 + t_3 + t_4 + (n-1)t_3$$
$$= 4 + 2 + 6 + 3 + 4 \times 6 = 39(\text{分钟})$$

则零件采用平行移动方式的生产周期计算公式如下

$$T_2 = \sum_{i=1}^{m} t_i + (n-1)t_l \qquad (i = 1,2,3,\cdots,m) \tag{2-2}$$

其中，T_2 表示该批零件在平行移动方式下进行加工的生产周期；

t_l 表示单件加工时间最长的工序。

这种移动方式由于零件没有等待运输的时间，所以生产周期最短。但运输工作频繁，零件在各工序加工时间不相等或不成倍数关系时会出现停歇时间，使得设备和人力得不到充分利用。

2.3.3 平行顺序移动方式

平行顺序移动方式是把平行移动和顺序移动综合运用的一种方式，根据相邻工序加工时间的不同，零件的加工分为两种情况：

（1）当前道工序的加工时间小于或等于后道工序的加工时间时，加工完毕的每一个零件应及时转入后道工序加工，即按平行方式逐件进行下一道工序的加工。

（2）当前道工序的加工时间大于后道工序的加工时间时，只有在前道工序完工的零件数量足以保证后道工序连续加工时，才可将前道工序加工完毕的零件转入下一道工序进行加工。

这种移动方式是平行移动方式和顺序移动方式的优点的结合，不仅保证各道工序能连续进行加工，而且使得所用的生产周期尽可能被缩短。零件在工序之间的转移有成批的，也有单件的。

仍以前例已知条件，按照平行顺序移动方式加工的产品生产流程如图 2-11 所示。

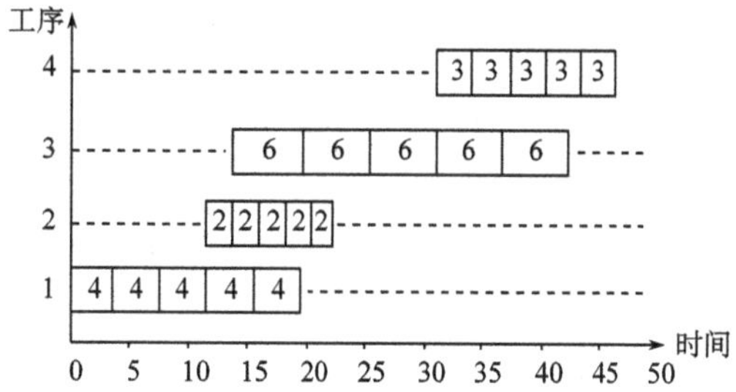

图 2-11 平行顺序移动方式示意图

由图 2-11 可知，所有零件的生产周期为

$$T_3 = 5 \times t_1 - 3 \times t_2 + 5 \times t_3 + t_4 = 5 \times 4 - 3 \times 2 + 6 \times 5 + 3 = 47(\text{分钟})$$

则零件采用平行移动方式的生产周期计算公式为

$$T_3 = \sum_{i=1}^{m} t_i - (n-1)\sum_{j}^{m-1} t_j \qquad (i = 1,2,3,\cdots,m) \tag{2-3}$$

其中，T_3 表示该批零件在平行移动方式下进行加工的生产周期；t_j 表示相邻工序两两比较后较短工序的加工时间。

与平行移动方式相比，平行顺序移动方式使得各道工序在加工过程中不会出现等待停歇时间，设备能够得到充分利用；与顺序移动方式相比，它缩短了产品的生产周期。但这种移动方式加工产品的运输次数多，所以生产组织管理工作较复杂。

实际生产中，在选择零件移动方式时应综合考虑零件的批量大小、加工时间、生产单元布局形式、生产类型等诸多因素。

如表 2-9 所示，顺序移动方式适用于单件小批、加工时间短的生产类型；平行移动方式和平行顺序移动方式适用于批量较大、加工时间长的生产类型。采用工艺专业化的生产单元适合选择顺序移动方式，采用对象专业化的生产单元可选择平行移动或平行顺序移动方式。

表 2-9 选择移动方式应考虑的因素

移动方式	批量大小	加工时间	专业化形式	适用生产类型
顺序移动方式	小	短	工艺专业化	单件小批
平行移动方式	大	长	对象专业化	大批
平行顺序移动方式	小	长	对象专业化	大批

2.4 生产单元组织方式

生产单元组织方式是各生产单元内部在生产过程中劳动力、劳动工具和劳动对象之间互相组合的方式。随着人类社会的进步和科学技术的发展，出现了一系列先进的生产单元组织方式，如流水线、成组技术、柔性制造系统等。企业必须将生产系统的空间组织与时间组织进行有机结合，选择一种适合自身生产特征的组织方式。

2.4.1 流水线设计

流水线是指工人按照一定的工艺路线和生产速度（节拍）依次通过各个工作地，流水式地加工完所有工序，它是一种将对象专业化的空间组织和平行移动的时间组织相结合的生产单元组织方式。

根据不同的划分标准，流水线可被分为以下类型：

- 根据所需生产对象的数量，可将流水线分为单一对象流水线和多对象流水线。
- 根据生产对象的连续性程度，可将流水线分为连续流水线和间断流水线。
- 根据生产对象的移动方式，可将流水线分为固定流水线和移动流水线。
- 根据流水线的节拍性质，可将流水线分为强制节拍流水线和自由节拍流水线。

流水线的设计内容包括技术设计和组织设计。前者主要是指应由工程技术人员承担的加工路线和方案的确定、设备改装方法等工作；后者则是指由生产管理人员负责的如确定流水线节拍、负荷系数的计算等工作。这里仅以单一对象流水线为例来研究组织设计，针对该流水线进行组织设计的步骤如图 2-12 所示。

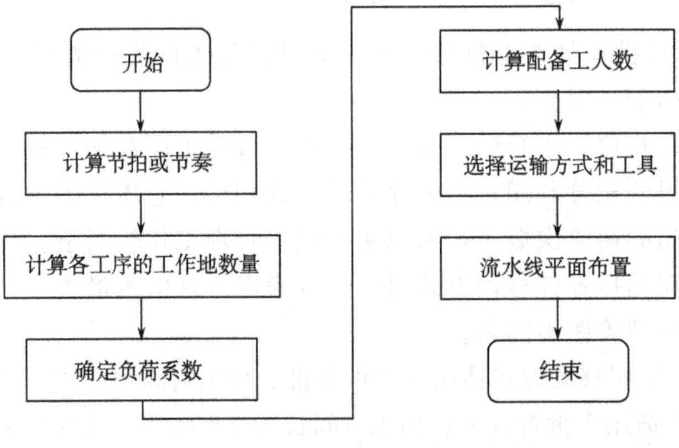

图 2-12 单一对象流水线组织设计步骤

1）节拍计算

节拍是指流水线上相邻两件产品出产的时间间隔。作为衡量流水线效率的重要指标，它可由计划期的有效工作时间和产品产量的比值来确定，具体的计算公式为

$$r=\frac{F_{效}}{N}=\frac{F_{制}\ \eta}{N} \tag{2-4}$$

其中，r 为流水线节拍（min/件）；$F_{效}$ 为计划期有效工作时间（min）；N 为计划期制品

产量（件）；$F_{制}$为计划期制度工作时间（min）；η为时间有效利用系数，η=0.90～0.96。

计划期的制度工作时间 $F_{制}$=全年制度工作日数×班次×每班工作时间。

计划期的产量 N 则包括计划期内的规定产量及不可避免的废品。

若计算得到的节拍以及零件的体积很小时，应对产品进行成批运输，此时将先后连续生产两批相同产品的时间间隔用节奏来表示，则有

$$r_g = r \cdot n \tag{2-5}$$

其中，n 代表生产批量（批量是相同制品一次投入或出产的数量）。

例 2-3 设某产品流水线计划日销售量为 200 件，采用两班制工作，每班 8 小时，计划废品率为 4%，时间有效利用系数 95%，则流水线的节拍应为

$$r = \frac{F_{制} K}{N} = \frac{1 \times 2 \times 8 \times 60 \times 95\%}{200/(1-4\%)} = 4.4(\text{分钟} / \text{件})$$

2）计算各工序的工作地数量

工作地是指工人利用劳动工具对劳动对象进行加工的场所。流水生产过程中各工序加工所需的工作地数 S_i 等于单件产品的各道工序加工时间 t_i 与节拍的比值，即

$$S_i = \frac{t_i}{r} \tag{2-6}$$

若所计算出的工作地数量为整数，则将其作为该工序的实际采用的工作地数 S_{ei}，否则取接近于计算数的整数作为实际采用数，即

$$S_{ei} = [S_i] \tag{2-7}$$

也就是说 S_{ei} 表示不小于 S_i 的最小整数，由上式可知，实际采用的工作地数应取大于或等于计算值的最小整数。

设例 2-3 中，各工序的时间设定为：第一道工序 10min，第二道工序 8min，第三道工序 4min，则各工序所需的工作地数分别为

$$S_1 = \frac{10}{4.4} = 2.3, S_2 = \frac{8}{4.4} = 1.8, S_3 = \frac{4}{4.4} = 0.9$$

由于各道工序所需的工作地数都不为整数，则分别计算各工序实际采用的工作地数得到：第一道工序实际采用的工作地为 3 个，第二道工序实际采用的工作地为 2 个，第三道工序实际采用的工作地为 1 个。

3）计算各工作地负荷系数和流水线的负荷系数

各工作地负荷系数由经计算所得的工作地数和实际采用的工作地数相除后的值来表示，令 K_i 表示各工作地负荷系数，则有

$$K_i = \frac{S_i}{S_{ei}} \tag{2-8}$$

据式（2-8）可知，上例中各工序的工作地负荷系数依次为

$$K_1 = \frac{2.3}{3} = 0.77, K_2 = \frac{1.8}{2} = 0.90, K_3 = \frac{0.9}{1} = 0.9$$

流水线的负荷系数是反映流水线负荷程度的指标，若 m 表示工序数，则整个流水线的负荷系数 K_a 可如式（2-9）计算

$$K_\alpha = \frac{\sum_{i=1}^{m} S_i}{\sum_{i=1}^{m} S_{ei}} \tag{2-9}$$

则式（2-9）中整个流水线的负荷系数为

$$K_\alpha = \frac{2.3+1.8+0.9}{3+2+1} = 0.83$$

流水线负荷系数与间断时间成反比关系。负荷系数越高，生产间断时间越短；反之，负荷系数越低，生产间断时间越长。因此，K_α 常被用来衡量流水生产的连续程度。一般而言，流水线负荷系数不低于 0.75。

4）计算流水生产所需配备的工人人数

流水线上所需配备的工人人数是流水线上所有工作地的累计工人人数。在以手工操作为主的流水线上，所应配备的工人人数应保证各个工作地持续正常工作，因此应考虑到工人的缺勤率。具体计算公式为

$$P = \frac{\sum_{i=1}^{m} S_{ei} W_i g}{1-\alpha} \tag{2-10}$$

式中，P 为流水线所需配备工人数；W_i 为每道工序每个工作地所需工人数；g 为日工作班次；α 为缺勤率。

在以机器加工为主的流水生产线上，所配备的工人人数涉及进行多设备看管、监管的工人及后备工人。这时工人人数的配备计划还应结合流水线工作指示图来制订。

5）确定流水线节拍性质，选择运输方式和工具

首先根据流水线生产的节奏化程度，将流水线的节拍性质归为强制节拍、自由节拍和粗略节拍。它们各有以下特点：

- 强制节拍：工序同期化程度高，连续性好。
- 自由节拍：主要靠工人熟练程度进行调节，工序同期化和连续性较低。
- 粗略节拍：工序同期化程度低、连续性差，节拍由工人自己保证。

对于不同的节拍性质，可选择相应的运输方式和工具：

- 强制节拍生产线：一般采用传送带等机械化的运输装置，有连续式或间歇式传送带。
- 自由节拍生产线：采用分配式传送带、滚道、滑道等运输工具装置。
- 粗略节拍生产线：采用滚道、重力滑道、手推车、叉车、吊车等运输工具。

6）流水线的平面布置

根据各个工序的加工性质，流水线的平面布置需有利于对工作地面积的充分利用，既应便于工人操作，还可尽量使得产品运输路线最短，常见的流水线平面布置形式包括直线形、直角形、开口形、山形、蛇形等，如图 2-13 所示。

每一种形式在工作地进行布置时又可分为单列式和双列式。单列式是将工作地布置在传送带一侧，工序、工作地较少，如图 2-14 所示。双列式是将工作地布置在传送带两侧，工序、工作地数目较多，车间面积小，如图 2-15 所示。

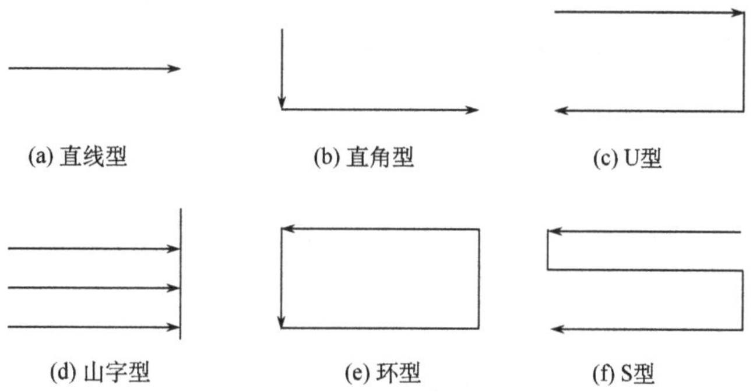

图 2-13 流水线的布置形式

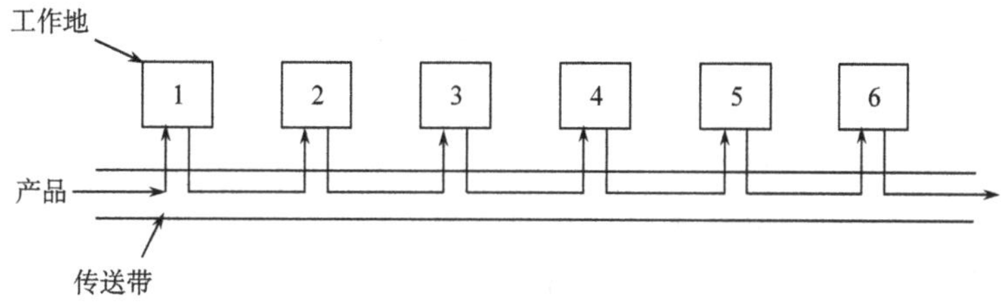

图 2-14 单列布置

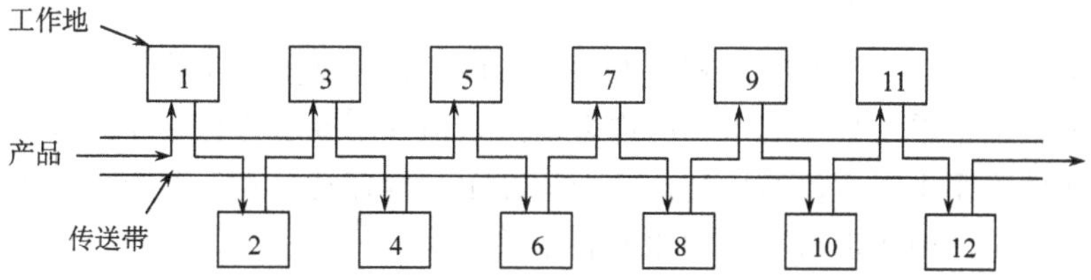

图 2-15 双列布置

2.4.2 成组技术

随着社会的不断进步和先进技术的发展，市场竞争日益激烈，导致市场环境更加复杂多变，企业越来越多地面临着需要满足多品种、中小批量的市场需求。而传统的流水线生产仅适用于大规模生产，为适应这种多品种小批量生产方式的特点，20 世纪 50 年代初，前苏联米特洛范诺夫提出了成组技术原理，随后迅速在各国推广，同时在机械制造、电子设备制造和生产管理等各个领域得到广泛应用。

1. 成组技术的基本原理

成组技术（Group Technology，GT）又称为群组技术，它是将企业生产的多种产品、部件和零件，按照一定的相似性准则对其进行分组，并以这些零件组为基础来组织生产，最终实现多品种的中小批量生产设计以及生产的科学化管理。

成组技术的核心在于鉴别和利用零件结构以及加工工艺上的相同性或相似性，从零件的个性中选取其共性。它不以单一产品作为组织生产的唯一对象，也没有把产品和零件看成是孤立的、相互无关的个体，而是按零件结构或工艺上的相似性对其分类，形成一个零件组。

2. 成组技术的生产组织形式

成组技术的生产组织形式主要有三种基本形式：成组加工单机与单机封闭、成组加工单元、成组加工流水线。

1）成组加工单机与单机封闭

成组加工单机是成组技术中生产组织的最简单的形式。它是在一台机床上实施成组技术。单机封闭则是成组加工单机的特例，它是指一组零件的全部工艺过程可以在一台机床上完成。前者适用于多工序零件的组织生产，后者适用于单工序零件的组织生产。

利用这种方式进行零件加工时，零件组中的每个零件（或某一工序）必须具备如下特点：

- 零件必须具有相同的装夹方式；
- 零件在空间位置和尺寸必须具有相同或相似的加工表面，但并不要求零件的形状相同，而是只考虑加工表面位置和尺寸的相似性。

2）成组加工单元

成组加工单元是指在车间的一定生产面积上来配置一组机床和一组工人，用以完成一组或几组在工艺上相似的零件的全部工艺过程。

成组加工单元和流水生产线形式相似。单元内的机床基本上是按零件组的统一工艺过程排列的。成组加工单元具有流水线的许多优点，但并不要求零件在工序间作单向顺序依次移动，即零件不受生产节拍的控制，又允许在单元内任意流动，具有相当的灵活性，目前已成为中小批生产中实现高度自动化的有效手段。

3）成组加工流水线

成组加工流水线是在机床单元的基础上，将各工作地的设备按照零件组的加工顺序固定布置。它与一般流水线的区别在于：在这一流水线上流动的不是一种零件，而是一组工艺相似程度很高、产量较大的零件，这组零件应有相同的加工顺序，近似相等的加工节拍，允许某些零件越过某些工序，这样其成组加工流水线的适应性较强，能灵活加工多种零件。

3. 成组技术的意义

成组技术改变了传统的生产组织方法，使得同类零件在加工过程中的情况一目了然，便于管理和监督。它不仅是一种新的生产组织方法，而且标志着管理上的一种新的改革。成组技术突破了封闭式车间的生产组织形式，使得零件按成组加工工艺进行，不仅大大缩短了生产周期，提高了生产效率和产品质量，而且精简了生产管理人员，从而降低了产品成本，提高了企业的经济效益。

随着对成组技术的进一步深入研究和广泛应用，它已发展成为合理化和现代化生产的一项基础性技术。为了使计算机辅助设计（CAD）、计算机辅助制造（CAM）、计算机辅助编制工艺规程（CAPP）、自动编制零件数控程序（NCP）、计算机集成制造系统（CIMS）在生产领域中发挥作用，近年来，计算机技术的应用与成组技术如何紧密结合已经成为人们关注的问题。

2.4.3 柔性制造系统

成组技术能解决外形结构和加工工艺相差不大的工件的加工问题，但不能很好地解决多品种、中小批量生产的自动化问题。随着科技、生产的不断进步，人们生活需求的多样化，产品品种规格将不断增加，产品更新换代的周期将越来越短，无论是国际还是国内，多品种、中小批量生产的零件仍占大多数。为了解决机械制造业多品种、中小批量生产的自动化问题，除了用计算机控制单个机床及加工中心外，还可借助于计算机把多台数控机床连接起来组成一个柔性制造系统。

1. 柔性制造系统的概念

柔性制造系统（Flexible Manufacturing System，FMS）是以数控机床，加工中心及辅助设备为基础，将自动化运输、存储系统有机地结合起来，由计算机对系统的软、硬件资源实施集中管理和控制而形成的一个物流和信息流密切结合，没有固定的加工顺序和工作节拍，主要适用于多品种中小批量生产的高效自动化制造系统。

2. 柔性制造系统的类型

柔性制造系统可分为柔性制造单元、柔性制造系统和柔性自动生产线三种类型。

1）柔性制造单元

柔性制造单元是以数控机床或数控加工中心为主体，依靠有效的成组作业计划，利用机器人和自动运输小车实现工件和刀具的传递、装卸及加工过程的全部自动化和一体化的生产组织。它是成组加工系统实现加工合理化的高级形式，具有机床利用率高、加工制造与研制周期缩短、在制品及零件库存量低的优点。柔性制造单元与自动化立体仓库、自动装卸站、自动牵引车等结合，由中央计算机控制进行自动加工，就形成柔性制造系统；而柔性制造单元与计算机辅助设计等功能相结合，就成为计算机一体化制造系统。

2）柔性制造系统

柔性制造系统由两个以上柔性制造单元或多台加工中心组成（4台以上），并用物料储运系统和刀具系统将机床连接起来，工件被装夹在随行夹具和托盘上，自动地按加工顺序在机床间逐个输送。适合于多品种、小批量或中批量复杂零件的加工。柔性制造系统主要应用的产品领域是汽油机、柴油机、机床、汽车、齿轮传动箱及武器等。

3）柔性自动生产线

当生产批量较大而品种较少时，柔性制造系统的机床可以按照工件加工顺序而排列成生产线的形式，这种生产线与传统自动生产线不同，它能同时或依次加工少量不同的零件，而当零件更换时，就需对其生产节拍进行相应调整，而各机床的主轴箱也可自行进行更换。较大的柔性制造系统由两个以上柔性制造单元或多台数控机床、加工中心组成，并用一个物料储运系统将机床连接起来，工件被装夹在夹具和托盘上，自动地按加工顺序在机床间逐个输送，并能够根据加工需要自动调度和更换刀具，直到加工完所有工序。

3. 柔性制造系统的特点

柔性制造系统中的柔性可体现在以下几点：

1）机器柔性

机器柔性是指当要求生产一系列不同类型的产品时，机器可随产品变化而加工不同零件的难易程度。

2）工艺柔性

工艺柔性不仅指工艺流程不变时系统自身适应产品或原材料变化的能力，也可体现为制造系统内为适应产品或原材料变化而改变相应工艺的难易程度。

3）产品柔性

产品柔性既是产品更新或完全转向后，系统能够非常经济和迅速地生产出新产品的能力，也是产品更新后对老产品有用特性的继承和兼容能力。

4）维护柔性

维护柔性是指采用多种方式查询、处理故障，保障生产正常进行的能力。

5）生产能力柔性

生产能力柔性是指当生产量改变时，系统也能经济地运行的能力。

6）扩展柔性

扩展柔性是指当生产需要时，可以很容易地扩展系统结构，增加模块，构成一个更大系统的能力。

7）运行柔性

利用不同的机器、材料、工艺流程来生产一系列产品的能力和同样的产品，换用不同工序加工的能力。

由此，这些柔性所体现的内容及系统自身性质决定了柔性制造系统具有以下优点：

（1）设备利用率高。由于采用计算机对生产进行调度，一旦有机床空闲，计算机便分配给该机床加工任务。在典型情况下，采用柔性制造系统中的一组机床所获得的生产量是单机作业环境下同等数量机床生产量的3倍。

（2）减少生产周期。由于零件集中在加工中心上加工，减少了机床数和零件的装卡次数。采用计算机进行有效的调度也减少了周转的时间。

（3）具有维持生产的能力。当柔性制造系统中的一台或多台机床出现故障时，计算机可以绕过出现故障的机床，使生产得以继续。

（4）生产具有柔性。这可以响应生产变化的需求。当市场需求或设计发生变化时，在FMS的设计能力内，不需要系统硬件结构的变化，系统具有制造不同产品的柔性。并且，对于临时需要的备用零件可以随时混合生产，而不影响FMS的正常生产。

（5）产品质量高。FMS减少了卡具和机床的数量，并且卡具与机床匹配得当，从而保证了零件的一致性和产品的质量。同时自动检测设备和自动补偿装置可以及时发现质量问题，并采取相应的有效措施，保证了产品的质量。

（6）加工成本低。FMS的生产批量在相当大的范围内变化，其生产成本是最低的。它除了一次性投资费用较高外，其他各项指标均优于常规的生产方案。

如上所述，通过柔性制造系统能够克服传统的刚性自动化生产线只能适用于大量生产的局限性，展示了对中小批量、多品种生产的适应性，提高了生产过程的柔性和质量，提高了设备利用率，缩短了产品生产周期，也提高了企业对市场需求变化的响应速度和竞争能力。

2.5 生产系统优化设计

2.5.1 业务流程重组

随着信息技术的发展和市场竞争的日益激烈，以传统的劳动分工为基础的企业管理体制暴露出一些弊病，例如管理过于细化、组织机构臃肿、业务流程分割严重等。这些弊端无疑会降低企业的工作效率，使企业难以适应市场环境和客户的需求变化。

针对这些问题，1990年，Michael Hammer 和 James Champy 首次提出了企业业务流程重组的概念。业务流程重组（Business Process Reengineering，BPR）的基本内涵是以作业过程为中心，摆脱传统组织分工理论的束缚，提倡顾客导向、组织变通、员工授权及正确地运用信息技术，最终达到适应快速变化的环境的目的。

实践表明，采用业务流程重组可使企业在成本、质量、负荷和反应速度等方面具有明显改善，由此使企业能够不断满足复杂多变的市场需求。

1. 业务流程重组的方法

业务流程重组的方法一般由六个阶段组成。

1）战略决策

此阶段的流程再造包括争取公司高层的支持，寻找发现流程再造的机会，评估信息技术的需要，以决定要再造的流程。

2）再造计划

此阶段主要是让组织成员心理有所准备，了解即将进行的改变。为让企业成员心理有所准备，负责再造的单位需与受影响的相关人员沟通，使其了解并认同改变的必要性。

3）流程诊断

此阶段包括两部分：一是记录原有的流程；二是分析原有的流程。前者记录流程涉及的活动、资源、控制机制、作业制定、信息流动的方向等；后者着重探讨病源，以改进流程效率。

4）重新设计

分析原有流程之后，接下来就是重新设计流程。所设计的主要内容如下。

• 设计新流程。新流程不仅是应用新科技，同时也要重视企业的现实情况。

• 设计新的人事结构和组织机构。新流程可能会对原有的组织结构造成冲击，原本讲求分层负责、部门壁垒分明的传统组织结构被横向整合的新组织形态所取代。

• 设计新的信息系统。新的信息系统设计以具有弹性及经济为主，例如以局域网取代封闭式的主机/终端模式的电脑系统。

• 推出新流程原型。此过程颇像发表新的信息系统原型。

5）重新构建

此阶段主要有两方面：一是发展及建构新信息系统以有效完成新流程的目标；二是重

建人事与组织，该阶段的重点在于如何顺利推崭新的组织架构。

6）评估成效

在实施新流程后，评估得失与效率亦是十分重要的课题。因为流程再造是一个持续不断的过程。评估项目包括新流程的表现、信息系统的表现以及生产效率等。

2. 业务流程重组的原则

业务流程重组不是简单的随意设计，它是在依赖有关技术改进和方法改进的基础上，对原有流程再设计和改变，提高流程效率和效用。下面是在设计过程时需遵循的几个基本原则：

（1）围绕输出而不是任务进行组织。通过确定和识别流程服务对象和目标，以最小成本和时间代价进行组织和管理。

（2）由使用输出结果的用户执行流程。设计很好的信息系统最终能综合全部流程，能够使输出结果的最终用户自己引导输出结果。

（3）把信息的处理纳入实际的工作。没有必要再设计一个独立的操作来完成信息的处理，应配合实际工作处理，否则将降低运作效率和效用。

（4）分散资源集中。网络技术使得信息工作者所在地点无关大局，并能保持集中控制。

（5）连接平行活动。业务活动的重复是常有的；信息分析揭示重复，并通过对这些活动背后的信息结构的理解取消重复和减少重复。

（6）将决策置于工作的执行之中。工作流经常被中断以便高级管理人员给予批准；通过搞清楚决策的基础和必要的信息，决策点可能被转移到实际工作中去。

（7）源头依次获取信息。在很多组织中，信息重复的水平令人吃惊，信息重复带来的冗余导致信息的不完整性和模糊性。

3. 业务流程重组的特点

（1）以顾客为中心。全体员工以顾客而不是“上司”为服务中心，每个人的工作质量由其“顾客”作出评价，而不是公司领导。

（2）企业管理面向业务流程。将业务的审核与决策点定位于业务流程执行的地方，缩短信息沟通的渠道和时间，从而提高对顾客和市场的反应速度。

（3）注重整体流程最优化的系统思想。按照整体流程最优化的目标重新设计业务流程中的各项活动，强调流程中每一个环节上的活动尽可能实现增值最大化，尽可能减少无效的或非增值的活动。

（4）重视充分发挥每个人在整个业务流程中的作用。提倡团队合作精神，并将个人的成功与其所处流程的成功当作一个整体来考虑。

（5）强调面向客户和供应商来整合企业业务流程。企业在实施 BRP 过程中，不仅要考虑企业内部的业务流程，还要对企业自身与客户、供应商组成的整个价值链的业务流程进行重新设计，并尽量实现企业与外部只有一个接触点，使企业与供应商的接口界面化、流程化。

（6）利用 IT 手段协调分散与集中之间的矛盾。在设计和优化企业的业务流程时，强调尽可能利用 IT 手段实现信息的一次处理与共享使用机制，将串行工作流程改造为并行工作流程，协调分散与集中之间的矛盾。

总之，当业务流程重组理论在欧美等国家推广之后，凡是获得业务流程重组成功的企业，它们的生产能力和经济效益都大有提高。如首先推行 BRP 的是美国福特汽车公司，它将 BRP 用于汽车生产，形成了汽车流水作业线，使生产效率倍增。IBM 信贷公司通过对提供融资服务过程的改造，利用专家系统，将每个融资申请的处理时间缩短了 90%，大大提高了工作效率和客户满意度。波音公司通过实施“企业再造”方案，一架波音 737 飞机的生产周期由原来的 13 个月减少到 6 个月，经营成本也降低了 20%～30%。

企业的流程再造彻底地抛弃了传统的职能管理模式，对员工角色、管理观念、组织机构等带来了巨大变革。实践证明，企业实施再造工程必然从传统的以职能为中心、以控制为导向、层次重叠的机械式组织结构转变为以过程为中心、以顾客为导向、层次扁平的有机式组织结构形态。这样控制幅度增大，中间管理层次减少，管理成本大为降低，继而组织的个性也发生变化，向自主管理的组织迈进：一方面增强了组织的应变能力，以适应顾客需求的变化，而且节约了中间管理层所产生的巨额费用；另一方面使员工的责任感、积极性增强，从中获得更高的满足感和成就感。

2.5.2 优化设计方法

在生产单元优化设计过程中，计算机仿真是一种不可缺少的优化设计方法。目前国际上领先的建模仿真软件包括 eM-Plant、Witness、Flexsim 等，它们被广泛应用于生产系统管理与优化、流程再造、车间布置的模拟与规划等并发挥了极大作用。这里主要对 eM-Plant 这一仿真工具进行说明。

eM-Plant 是 Tecnomatix 公司于 2000 年发布的一个车间和生产线的设计工具，它主要用于生产系统与生产过程的建模与仿真。在 eM-Plant 环境下，客户能够分析和优化生产系统的各种性能指标：生产率、在制品水平、设备利用率、工人负荷平衡情况和产品生产的顺畅程度等。

1. eM-Plant 的功能

- 提供了典型生产设备对象库，包括上下料工位、生产工位、物料运输设备、物料存储设备、托盘、工人等，并且可自定义设备参数，如生产时间、故障率、维修时间等。
- 用户可在 eM-Plant 提供的典型设备对象库的基础上，根据实际情况自定义符合要求的生产设备对象。
- 提供 SimTalk 编程语言，使用户可通过编程实现对仿真流程的控制。
- 提供对仿真结果的统计分析以及图表显示工具，例如自动的系统瓶颈分析工具和设备利用率的柱状图生成工具。
- 提供用于系统参数优化一些通用算法。
- 具有开放的系统结构，提供多种相关软件接口，如 CAD、ERP、ODBC 等。

2. eM-Plant 软件的特点

- 能模拟生产线并进行优化，使其适应各种批量和混合产品的生产。
- 输出的图表和曲线图功能帮助分析缓冲器区的运用、机器、运输系统和工人的利用情况，消除“瓶颈”，设计出具有较好负荷平衡的生产线和车间。
- 可以设计和验证生产线，控制生产过程并使各个生产环节保持同步状态，试用不同方案以达到最大、最优的生产量。
- 实时的信息交流促进了企业信息系统，如 CAD、CAPE 和 ERP 的集成。

3. eM-Plant 软件的作用

eM-Plant 软件适用于项目规划、物流仿真和优化制造厂、生产系统和工艺过程时的仿真模拟的实现。它有助于客户开发项目规划中所有层次的解决方案，许多世界级的制造商和生产系统开发商都用该软件做全局规划，来评估不同的布置方案以进行科学的生产、经营决策。该软件面向对象的技术可生成结构合理的层次模型，在这一模型中考虑到了外部和内部的供应链、生产资源和所有与生产和经营过程相关的环节，这就便于通过对该软件的操作来估算不同的方案和对车间重新布置，从而能够对工厂的布局、生产能力和业绩做进一步优化设计。

同时，通过运用 eM-Plant 不仅可以模拟生产线并进行优化，使其适应各种批量和混合产品的生产，而且借助 eM-Plant 的图表和曲线图功能能够分析缓冲器区的运用、机器、运输系统和工人的利用情况，从而有利于设计出具有较好负荷平衡的生产线和车间。

习　题

2-1　说明进行生产系统设计有哪些要求？

2-2　进行车间布置时应满足哪些原则？

2-3　生产单元布局设计有几种形式，各有什么特点？

2-4　目前有哪些先进的生产单元组织方式？

2-5　业务流程重组的基本内涵是什么？说明进行业务流程重组的具体方法。

2-6　车间当前需要加工 6 批零件，每批零件有 4 道工序。已知各道工序的单件加工时间分别为 $t_1=5$ 分钟，$t_2=2$ 分钟，$t_3=4$ 分钟，$t_4=3$ 分钟，请计算这批零件在三种移动方式下的生产周期。

2-7　设某产品流水线计划日销售量为 150 件，采用两班制工作，每班 4 小时，计划废品率为 2%，时间有效利用系数 90%，请计算该流水线的节拍和负荷系数。

第3章 需求预测

企业编制生产计划的前提条件是必须要有明确的订单量或任务量，但对于MTS型企业而言，由于该类企业没有明确的市场订单，其内部组织生产的依据主要依赖于需求预测，科学、准确的需求预测是企业编制物料需求计划、制订销售计划和物资采购计划、有效配置制造资源、合理控制成品库存等经营活动的重要数据来源。

3.1 预测基本概念及分类

古人云，“凡事预则立，不预则废”，说的是做任何事情都必须未雨绸缪，提前“预”，才可能成功。在当今激烈的竞争中，企业的决策层只有审时度势，对企业未来的变化趋势运筹帷幄，制定出有利于企业长远发展的决策，才能使企业立于不败之地。而在纷繁复杂的各类决策中，如何准确预测企业产品在未来一段时间的市场需求水平最为重要，它与企业的生产经营活动关系最为紧密。

3.1.1 基本概念

预测是指根据历史数据或经验，对尚未发生或还不明确的事物进行预先的估计和推测。在预测过程中，有些因素是预测者可以影响甚至控制的，例如产品的质量、企业的社会信誉、产品的设计等；有些因素则随着未来情况的变化而有很大的不确定性和随机性，例如同行的竞争、顾客的喜好、产品生命周期等，这些因素很多时候是预测者不可控的，因此预测的结果不可能绝对准确。

预测的目的是为科学决策提供依据。任何社会组织存在的目的都是为了向社会提供各种产品或服务，为此，决策者常常面临如下的问题：

(1) 用户是谁（Who）?

(2) 提供什么样的产品或服务（What）?

(3) 为何要提供这种产品或服务（Why）?

(4) 何时提供（When）?

(5) 提供多少（How much）?

(6) 在哪里提供（Where）? 等等。

要回答这些问题，离不开科学的预测。

3.1.2 预测的分类

在预测过程中采用的科学方法的总和称为预测技术。迄今为止，预测技术已有上百种，从不同的角度可以分为不同类型。

1. 按照预测结果分类

（1）定性预测。定性预测主要凭借预测人员以往的经验和技术，以及掌握的一些直观材料，对未来的发展趋势做出粗略的判断，具有很大的主观性。常用的方法有德尔菲法(Delphi)、主观概率法、集思广益法等。

（2）定量预测。定量预测采用数学的方法，把已经掌握的比较完备的历史数据以及现场材料建模成一定的数学模型，从而揭示各种变量之间的关系，找出影响未来发展的一些内在的规律。相对于定性预测，定量预测的主观成分较少，比较客观。常用的方法有时序预测法和因果分析法，每一种方法还可以细分成更多类型，如图3-1所示。

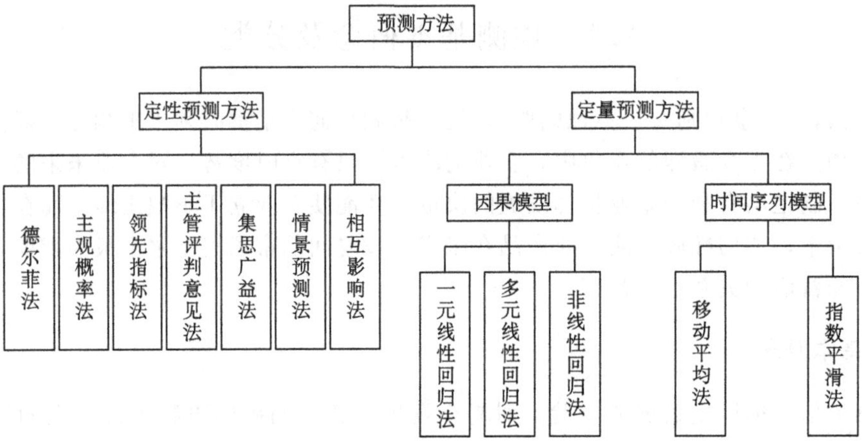

图3-1 预测方法分类

2. 按照预测范围分类

（1）长期预测。长期预测是针对很长一段时间，一般是5年或5年以上的前景的预测，是企业制定长期发展规划的重要依据。由于预测范围很长，一般很难给出精确的定量预测结果，很多时候只能是定性的描述。

（2）中期预测。中期预测是针对1年以上，5年以下的预测，是制定年度生产计划、季度生产计划、销售计划、生产与库存预算的依据。中期预测可以在长期预测的定性趋势下，综合采用多种方法进行判断。

（3）短期预测。短期预测是指以1年为期限的预测，是制订年度计划、半年计划的依据。由于时间范围较短，对很多因素的影响可以做更为精确的估计，因此短期预测往往比中、长期预测更精确些。

（4）近期预测。近期预测是指以一季度为期限的预测，企业根据近期预测分月、周、日制订具体的生产运作计划。相对而言，近期预测最为准确。

3. 按照预测内容分类

（1）科学预测。科学预测是对科学的未来发展趋势提出的有根据的预测。它主要是用科学的方法去分析研究现代科学各个领域的内在联系，寻求科学发展的目标，为制定科学政策和科研计划提供参考依据，以促进科学研究取得较大的进展和突破。

(2) 技术预测。技术预测是针对未来较长时期的科学、技术、经济和社会发展所进行的系统研究，其目标是确定具有战略性的研究领域，选择对经济和社会利益具有最大贡献的技术群。通过采用科学、规范的调查研究方法，综合集成社会各方面专家的创造性智慧，形成战略性智力，为正确把握国家的技术发展方向奠定基础。

(3) 经济预测。经济预测是对将来经济发展的一种预测，旨在减少不确定性对经济活动影响，为未来问题的经济决策服务。它是以科学的理论和方法、可靠的资料、精密的计算及对客观规律性的认识所做出的分析和判断。为了提高决策的正确性，需要由预测提供有关未来的情报，使决策者增加对未来的了解，把不确定性或无知程度降到最低限度，并有可能从各种备选方案中做出最优决策。

(4) 需求预测。需求预测是为企业给出了其产品在未来一段时间里的需求期望水平，并为企业的计划和控制决策提供依据。企业生产的目的是向社会提供产品或服务，某产品或服务的需求取决于该产品或服务的市场容量以及该企业所拥有的市场份额，可以说，需求预测与企业生产经营活动关系最紧密。因此，需要尽可能准确地进行需求预测。

(5) 社会预测。社会预测是对社会未来发展过程和结果的估计和推断，一般涵盖生态、人口、资源、科学技术发展、经济增长、文化等诸多方面。

3.2 定性预测方法

在工程实践中，定性预测被广泛使用，尤其适合于对预测对象的数据资料掌握不充分，或者影响因素众多，关系复杂，很难用具体的数字描述的场合。定性预测主要靠预测者的个人知识和经验，根据已掌握的历史资料和直观的现实资料，对事物的未来发展趋势做出判断，着重于对事物的发展趋势、发展方向等进行预测。预测的结果与预测者对事物的熟悉程度、经验丰富程度，以及分析判断能力密切相关，因此，定性预测方法具有很大的主观性。

3.2.1 德尔菲法

德尔菲法是20世纪40年代末由美国兰德公司提出，并于20世纪60年代广泛使用的一种预测方法。

德尔菲法的主要思想是依靠专家小组背靠背的独立判断来代替面对面的会议，使不同专家意见分歧的幅度和理由都能够表达出来，经过客观的分析，达到符合客观规律的一致意见。

德尔菲法预测的具体步骤是：

①挑选专家。聘请企业内、外若干专家，对所需预测的问题组成技术专家小组，但组内成员一般没有人是整个问题的专家。具体人数由预测课题的大小而定，一般问题需20人左右。在整个预测的过程中，由预测组织者负责与专家联系，不能让专家互相联系，即专家选择的匿名性。

②进行函询。向选定的专家组成员发放预测问卷和预测资料，要求专家们根据预测资料，针对预测目标，独立做出自己的回答，提出个人独立的预测结果。在这一轮里，专家

可以自由发挥，完全不受条条框框约束，可以向预测组织者索取更加详细的预测资料。

③函询修正。将专家预测结果进行综合编辑，将不同的专家预测结果整理成新一轮预测的参考资料。可以根据专家意见的分歧，提供新的参考资料和修改预测问卷，然后提供给专家做新一轮的分析和预测。经过多次的重复（一般是三到四轮），直至问题能得到相对集中、意见能相对统一为止。

④得出预测结果。根据专家们提供的预测结果做出最终的预测结果。

上述步骤是德尔菲法预测的全过程，可以看出它是专家调查法的一种。其主要优点是简明直观，避免了专家会议的许多弊端，如可以获得各种不同但有价值的观点和意见，节省预测费用和时间等；主要缺点是专家的选择、函询调查表的设计、答卷处理等难度较大，对于分地区的顾客群或产品的预测则可能不可靠，专家的责任比较分散，给出的预测可能不完整或不切实际。总之，德尔菲法具有反馈性、匿名性和统计性特点，选择合适的专家是做好德尔菲法预测的关键环节。

在应用德尔菲法时，注意遵循以下原则：

① 问题要集中。

② 不能将调查小组的意见强加专家，防止诱导。

③ 避免组合事件。

④ 考虑可能的偏差。

⑤ 适用范围：通常用于采集数据成本太高或不便于进行技术分析时采用，主要用于长期趋势和对新产品的预测。在历史资料不足或不可测因素较多时尤为适用。

3.2.2 主观概率法

德尔菲法在多次征询意见的过程中，难以避免有意或无意的专家意见的趋一化，为避免这种不足，可以不要求专家对预测事件给出肯定或否定的回答，而只给出概率性的估计。每位专家对某一事件未来的发展趋势做出的概率估计称为主观概率，也叫个人概率。主观概率是人们凭经验或预感而估算出来的概率。它与客观概率不同，客观概率是根据事件发展的客观性统计出来的一种概率。在很多情况下，人们没有办法计算事情发生的客观概率，因而只能用主观概率来描述事件案发生的概率。

主观概率法就是以若干专家的主观概率的平均值作为某事件发生的概率估计，它是一种适用性很强的统计预测方法，可以用于人类活动的各个领域。

用主观概率法有如下步骤：

①准备相关资料；

②编制主观概率调查表；

③汇总整理，计算主观概率；

④判断预测。

3.2.3 部门主管集体讨论法

部门主管集体讨论法，就是由企业的负责人把与市场有关或者熟悉市场情况的各种负责人员和中层管理部门的负责人召集起来，这些人员来自销售、生产、采购、财务、研究和开发等企业的各个部门，由他们对未来的市场发展形势或某一种大市场问题发表意见，做出预测。然后，由召集人将各种意见汇总起来，采用一定的方法（如简单平均或加权平均）进行分析研究和综合处理，得出市场预测结果。

部门主管集体讨论法简单易行，无需准备和统计历史资料，预测结果汇集了各主管的经验和判断，非常适合于缺乏足够历史资料的预测过程。不足的是，这种方法主要靠各主管的主观判断，与会人员彼此之间容易相互影响，因此预测结果缺乏严格的科学性；而且效率较低，由于是集体讨论，所以无人对其正确性负责，实用性较差。

3.2.4 销售人员估计法

销售人员估计法也称基层意见法，通常是由不同地区的销售人员根据其个人的判断做出预测（有时企业也将各地区往年的销售资料发给各销售人员作为预测的参考），然后由企业对各地区的预测进行综合处理后，即得企业范围内的预测结果，有时企业的总销售部门还根据自己的经验、历史资料、对经济形势的估计等做出预测，并与各销售人员的综合预测值进行比较、修正，从而得到更加正确的预测结果。

由于销售人员一般都很熟悉市场情况，因此，这一方法具有一些显著的优势。例如，预测值很容易按地区、分支机构、销售人员、产品等细目区分开，由于销售人员众多，取样较多，所以预测结果比较稳定。

这种方法的缺点是预测结果带有销售人员的主观性，预测受销售人员所在地区的影响，结果容易出现偏差。当企业将预测结果作为销售人员未来的销售目标时，预测值容易被低估；当预测涉及时下最畅销、最紧俏的商品时，预测值容易被高估。

3.2.5 交叉影响法

交叉影响法也称交叉概率法，是美国学者 Gordon 和 Hayward 于 20 世纪 60 年代在德尔菲法和主观概率法基础上发展起来的一种新的预测方法。这种方法是主观估计每种新事物在未来出现的概率，以及新事物之间相互影响的概率，从而对事物发展前景进行预测。

已知一系列事件 E_j（E_1，E_2，…，E_n）及其概率 P_j（P_1，P_2，…，P_n），各事件之间存在相互影响，当其中某一事件 E_j 发生的概率为 P_j 时，对其他事件发生的概率会产生影响。事件 E_j 发生使另一事件发生的概率增加称为正影响；反之，事件 E_j 发生使另一事件发生的概率减少称为负影响；也可能事件 E_j 发生对另一事件发生的概率无影响。交叉影响法就是充分考虑事件之间相互关系的一种预测方法，具体步骤如下：

① 确定其他事件对某一事件的影响关系。例如表 3-1 所示的影响关系。

② 评定各事件的初始概率（表 3-2）。

表 3-1 其他事件对某一事件的影响关系

事件	对其他事件的影响		
	E_1	E_2	E_3
E_1	/	+	−
E_2	−	/	+
E_3	+	+	/

表 3-2 各事件的初始概率

事件	初始概率 P_j	对其他事件的影响		
		E_1	E_2	E_3
E_1	0.75	/	+	−
E_2	0.5	−	/	+
E_3	0.25	+	+	/

③ 专家调查，评定各事件的相互影响概率（程度）。比如将影响程度分为五等，分别赋以 0～1 之间的数值（表 3-3）。结合各事件之间相互影响关系表，可以计算相互影响概率（表 3-4）。

表 3-3　影响程度

交叉影响程度分类	赋值 S
无影响	0
弱影响	0.25
中影响	0.5
强影响	0.75
极强影响	1

表 3-4　各事件的相互影响概率

事件	初始概率 P_j	对其他事件的影响		
		E_1	E_2	E_3
E_1	0.75	0	0.5	−0.5
E_2	0.5	−0.25	0	0.75
E_3	0.25	0.5	0.25	0

④ 计算变化概率 P'_j 并得出分析结果。

从全部事件中随机抽取一个事件，如 E_1，用随机数法确定 E_1 是否发生，即从 0～1 中随机抽取一个数 i，与事件 E_1 的初始概率 P_1 相比较，如果 $i>0.75$，则事件 E_1 不发生。否则，事件 E_1 发生。如果事件 E_1 不发生，将不影响其他事件，其他事件的初始概率均不变；如果事件 E_1 发生，则受其影响的其他事件的概率将按照相互影响关系矩阵，利用公式计算其过程概率 P'_j，用 P'_j 代替其初始概率。在没有抽到的事件中重复上述步骤，直至全部事件被随机抽取到，方完成一次实验。通过多次反复实验，最后由各事件发生的次数与试验总次数相比得到该事件的校正概率 P_j^*，用 P_j^* 代替 P_j 进行决策。

交叉影响法能考虑事件之间的相互影响的程度和方向，能把有大量可能结果的数据整理成易于分析的形式，这些都是其能预测得更为准确的优势所在。不足的是，该方法根据主观判断的数据，利用公式将初始概率转变成校正概率，不可避免地带有主观任意性；而且各个事件之间的交叉影响因素的定义有待更加明确、具体和严格。

3.2.6　情景预测法

情景预测法是一种新兴的预测法。它是假定某种现象或某种趋势将持续到未来的前提下，对预测对象可能出现的情况或引起的后果做出预测的方法。通常用来对预测对象的未来发展做出种种设想或预计，是一种直观的定性预测方法。由于它不受任何条件限制，应用起来灵活，能充分调动预测人员的想象力，考虑比较全面，有利于决策者更客观地进行决策，在制定经济政策、公司战略等方面有很好的应用。但在应用过程中一定要注意具体问题具体分析，同一个预测主题，根据有其所处环境不同，最终的情景可能会有很大的差异。

情景预测法的基本步骤如下：

① 确定预测主题。

② 根据预测主题，寻找资料，充分考虑主题将来会出现的状况。

③ 寻找影响主题的环境因素，要尽可能周全地分析不同因素的影响程度。

④ 将上述影响因素归纳为几个影响领域，分析不同影响领域下主题实现的可能性，同时分析是否有突发事件的影响，如果有，影响如何。

⑤ 对各种可能出现的主题状态进行预测。

情景预测法的特点在于使用范围很广，不受任何条件限制，只要对未来的分析都可使用；考虑比较全面，能及时发现未来可能出现的难题，应用起来灵活；而且，通过定性定量分析相结合，为决策者提供主、客观相结合的未来情景。

3.2.7 领先指标法

领先指标法就是通过将经济指标分为领先指标、同步指标和滞后指标，并根据这三类指标之间的关系进行分析预测。领先指标法不仅可以预测经济的发展趋势，而且可以预测其转折点。

• 领先指标：在变化时间上早于预测对象，即波峰或波谷的出现时间均早于预测对象。

• 同步指标：变化时间与预测对象完全同步，即出现波谷与波峰的时间与预测对象相一致。

• 滞后指标：在变化时间上迟于预测对象。

领先指标法的预测步骤如下：

①根据预测的目标和要求找出领先指标；

②画出领先指标、同步指标、滞后指标的时间序列图；

③进行预测。

总之，以上 7 种方法都属于定性预测方法。定性预测方法简单易行，预测速度快，但只能对事物的发展做出大概的估计，准确度低。一般来讲，往往将定性预测作为定量预测的基础，在定性预测给出大致的趋势后，再采取定量预测方法给出精确预测结果。

3.3 定量预测方法

定量预测方法最常用的两种方法是时间序列模型和因果模型。其中，时间序列模型以时间为独立变量，利用历史需求随时间变化的规律来预测未来的需求；因果模型是利用变量之间的相互关系，通过一种变量的变化来预测另一种变量的未来变化。

3.3.1 时间序列构成

时间序列亦称为动态数列或时间数列（Time Series），就是把反映某一现象的同一指标在不同时间上的取值，按时间的先后顺序排列所形成的数列。例如，企业里的每天、每周、每旬或每月的销售量按照时间的先后所构成的序列，就是一个时间序列结构。一般来讲，时间序列的构成要素包含以下两点。

（1）被研究现象所属时间，可以是一段时期，时期可长可短，可以以日为时间单位，也可以以年为时间单位，甚至更长；也可以是时间点，如年末、月末、年初、月初。

（2）反映该现象一定时间条件下的统计数据，注意：同一时间序列中，各统计数据的时间单位一般要求相等，可以是年、季、月、日。

通常，时间序列有 4 种变动因素。

（1）长期趋势（T），是指客观现象在一个相当长的时期内，由于受某种基本因素的

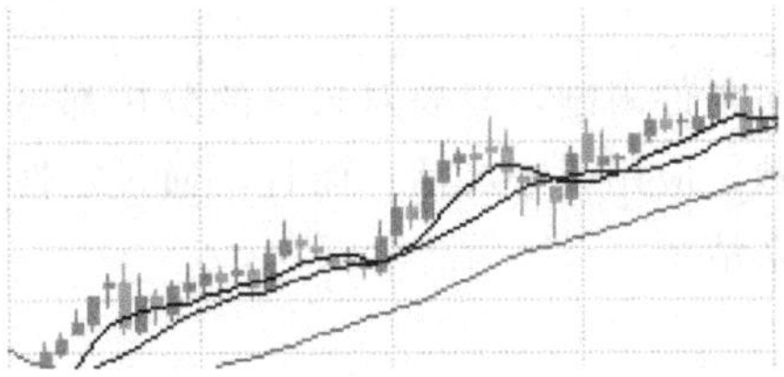

图 3-2　股票“牛市”K 线图

影响所呈现出来一种渐增或渐减的基本走势。尽管在这个时期内，事物的发展仍有波动，但基本趋势不变。如股票市场的“牛市”和“熊市”，如图 3-2 所示。

（2）周期变动（C），有时亦称为循环变动。以某一时间间隔为周期围绕趋势做上下有规则的波动，如经济由危机、萧条、复苏、繁荣的一个周期再到下一个周期的交替；一般需要数十年的数据才能描绘出这种周期。虽然每一个周期可能长短不同，但盛衰起伏、周而复始。事物的周期变动，也是由事物发展的内在原因决定的。

（3）季节变动（S），是指由于自然条件、社会条件的影响，以一年或更短的时间为周期随着季节的转变而引起的周期性变动，例如服装行业销售额的季节性波动。

（4）偶然变动（I），由很多不可控因素（如天灾、人祸、战乱等突发事件或偶然因素）引起的、不规则的变动，又称随机变动。

3.3.2　时间序列平滑模型

时间序列平滑模型是定量预测技术中最常用的方法。当由于随机成分的影响而导致需求偏离平均水平时，应用时间序列平滑模型，将不规则的历史数据加以“平滑”，可以有效地消除或减少随机成分的影响，以使预测结果较好地反映平均需求水平。

时间序列平滑预测模型常用于进行短期预测和近期预测。按照采用的“平滑”技术的不同，可以分为移动平均法和指数平滑法。

1. 移动平均法

1）一次移动平均法

一次移动平均方法是收集一组观察值，计算这组观察值的均值，利用这一均值作为下一期的预测值。计算一次移动平均数的公式为

$$SMA_{t+1} = \frac{1}{n} \sum_{i=t+1-n}^{t} A_i \tag{3-1}$$

其中，SMA_{t+1}是 t 周期末一次移动平均值，可作为 $t+1$ 周期的预测值；A_i 是 i 周期的实际需求；n 是移动平均采用的周期数。

由移动平均法计算公式可以看出，每一个新预测值是对前一个移动平均预测值的修正，n 越大，平滑效果越好，但是计算量也越大。一般来讲，当数据的随机因素较大时，宜选用较大的 n，这样有利于较大限度地平滑由随机性所带来的严重偏差；反之，当数据的随机因素较小时，宜选用较小的 n，这有利于跟踪数据的变化，并且预测值滞后的期数也少。

例 3-1　某企业的市场需求信息如表 3-5 所示，分别取 $n=3$ 和 $n=6$，计算其移动平均值。

表 3-5 市场需求信息

周	需 求	n=3时的预测值	n=6时的预测值
1	650		
2	678		
3	720		
4	785	682.67	
5	859	727.67	
6	920	788.00	
7	850	854.67	768.67
8	758	876.33	802.00
9	892	842.67	815.33
10	920	833.33	844.00
11	789	856.67	866.50
12		867.00	854.83

解 当 $n=3$ 时，由公式（3-1）

$$SMA_{t+1}=\frac{1}{n}\sum_{i=t+1-n}^{t}A_i=\frac{1}{3}(A_{t-2}+A_{t-1}+A_t)$$

如预测第 4 周的需求量 $SMA_4=\frac{1}{3}(A_1+A_2+A_3)=682.67$

当 $n=6$ 时，由公式

$$SMA_{t+1}=\frac{1}{n}\sum_{i=t+1-n}^{t}A_i=\frac{1}{6}(A_{t-5}+A_{t-4}+A_{t-3}+A_{t-2}+A_{t-1}+A_t)$$

如预测第 7 周的需求量 $SMA_7=\frac{1}{3}(A_1+A_2+A_3)=768.67$

全部计算结果如表 3-5 所示，从表中可以看出，预测值与一次移动平均法所选的时段长 n 有关。n 越大，对干扰的敏感性越低，预测的稳定性越好，“平滑”的效果就越好。

一次移动平均法对数据一视同仁，不分时间的远近，同等对待。然而有时，最近的数据更贴近地反映了需求的趋势，用加权平均法更合适些。加权平均法弥补了简单移动平均法的不足，它通过给不同时间的指标值赋予不同的权重来体现数据的相对重要性。对近期数据给予较大的权数，对较远的数据给予较小的权数，这样来弥补简单移动平均法的不足。例如：在例 3-1 中，当 $n=3$ 时，取 $w_1=0.2$，$w_2=0.3$，$w_3=0.5$，则新的预测结果见表 3-6。

表 3-6 新的预测结果

周	需求值	$n=3$ 时的预测值
1	650	
2	678	
3	720	
4	785	693.40
5	859	744.10
6	920	809.00
7	850	874.70
8	758	872.80
9	892	818.00
10	920	843.40
11	789	879.20
12		848.90

用加权移动平均法求预测值，对近期的趋势反映较敏感，但如果一组数据有明显的季节性影响时，用加权移动平均法所得到的预测值可能会出现偏差。因此，有明显的季节性变化因素存在时，最好不要加权。

2）二次移动平均法

运用一次移动平均法求得的移动平均值，存在滞后偏差。特别是在时间序列数据呈现线性趋势时，移动平均值总是落后于观察值数据的变化。二次移动平均法正是要纠正这一滞后偏差，建立预测目标的线性时间关系数学模型，求得预测值。二次移动平均预测法解决了预测值滞后于实际观察值的矛盾，适用于有明显趋势变动的市场现象时间序列的预测，同时它还保留了一次移动平均法的优点。二次移动平均法适用于时间序列，呈现线性趋势变化的预测。

为了避免利用移动平均法预测有趋势的数据时产生系统误差，发展了线性二次移动平均法。这种方法的基础是计算两次移动平均，即在对实际值进行一次移动平均的基础上，再进行一次移动平均。

二次移动平均法的计算公式为

$$M_t^{(1)} = \frac{1}{n}\sum_{i=t+1-n}^{t} A_i \tag{3-2}$$

$$M_t^{(2)} = \frac{1}{n}\sum_{i=t+1-n}^{t} M_i^{(1)} \tag{3-3}$$

式中，A_i 为 i 周期的实际观察值；$M_t^{(1)}$ 为第 t 期的一次移动平均值；$M_t^{(2)}$ 为第 t 期的二次移动平均值；n 是移动平均采用的周期数。

二次移动平均预测法的预测模型为

$$Y_{t+T} = a_t + b_t T \tag{3-4}$$

式中，T 为由 t 向后推移的期望。a_t、b_t 为平滑系数，其计算公式为

$$a_t = 2M_t^{(1)} + M_t^{(2)} \tag{3-5}$$

$$b_t = \frac{2}{n-1}(M_t^{(1)} - M_t^{(2)}) \tag{3-6}$$

式中，$M_t^{(1)}$ 为指计算得出的一次移动平均数序列中的最后一个一次移动平均数；$M_t^{(2)}$ 为指计算得出的二次移动平均数序列中的最后一个二次移动平均数。

很明显，二次移动平均法是关于时间变量 T 的一元线性函数，但是它与一元线性回归模型不同，其平滑系数 a_t 与 b_t 是随着计算期 t 的改变而改变。

例 3-2 已知某商场 1988～2008 年的年销售额如表 3-7 所示，试预测 2009 年该商场的年销售额。

表 3-7 1988～2008 年的年销售额

T	年份	销售额	$M_t^{(1)}$	$M_t^{(2)}$	a_t	b_t	y_{t+1}
1	1988	32					
2	1989	41					
3	1990	48					
4	1991	53					
5	1992	51	45.00				
6	1993	58	50.20				
7	1994	57	53.40				
8	1995	64	56.60				
9	1996	69	59.80	53.00	66.60	3.40	70.00
10	1997	67	63.00	56.60	69.40	3.20	72.60
11	1998	69	65.20	59.60	70.80	2.80	73.60
12	1999	76	69.00	62.72	75.28	3.14	78.42
13	2000	73	70.80	65.56	76.04	2.62	78.66
14	2001	79	72.80	68.16	77.44	2.32	79.76
15	2002	84	76.20	70.80	81.60	2.70	84.30
16	2003	86	79.60	73.68	85.52	2.96	88.48
17	2004	87	81.80	76.24	87.36	2.78	90.14
18	2005	92	85.60	79.20	92.00	3.20	95.20
19	2006	95	88.80	82.40	95.20	3.20	98.40
20	2007	101	92.20	85.60	98.80	3.30	102.10
21	2008	107	96.40	88.96	103.84	3.72	107.56

解 由式（3-2）、式（3-3）、式（3-5）、式（3-6）分别计算 $M_t^{(1)}$、$M_t^{(2)}$、a_t、b_t 并填入表 3-7，由表中数据可得

$$a_{21} = 2M_{21}^{(1)} - M_{21}^{(2)} = 2 \times 96.4 - 88.96 = 103.84$$

$$b_{21} = \frac{2}{5-1}(M_{21}^{(1)} - M_{21}^{(2)}) = 0.5 \times (96.4 - 88.96) = 3.72$$

$$y_{21+T} = 103.84 + 3.72T$$

所以预测 2009 年该商场的年销售额为

$$y_{21+T} = 103.84 + 3.72 = 107.56$$

图 3-3 是预测趋势线，可以看出，近似为线性关系。

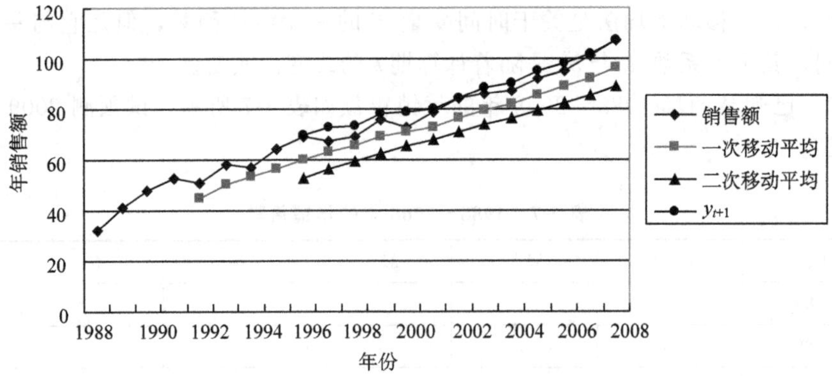

图 3-3 预测趋势线

2. 指数平滑法

移动平均法的预测值实质上是以前观测值的加权和，且对不同时期的数据给予相同的加权。这往往不符合实际情况。指数平滑法则对移动平均法进行了改进和发展，其应用较为广泛。根据平滑次数不同，指数平滑法分为：一次指数平滑法、二次指数平滑法和三次指数平滑法等，但它们的基本思想相同，即预测值是以前观测值的加权和，且对不同的数据给予不同的权，新数据给较大的权，旧数据给较小的权。

1）一次指数平滑法

设时间序列为 x_1，x_2，...，x_t，则一次指数平滑公式为

$$S_t^{(1)} = \alpha x_t + (1-\alpha)S_{t-1}^{(1)} \tag{3-7}$$

式中，$S_t^{(1)}$ 为第 t 周期的一次指数平滑值；α 为加权系数，$0<\alpha<1$。

将上述公式依次展开，可得

$$\begin{aligned} S_t^{(1)} &= \alpha x_t + (1-\alpha)S_{t-1}^{(1)} \\ &= \alpha x_t + (1-\alpha)[\alpha x_{t-1} + (1-\alpha)S_{t-2}^{(1)}] \\ &= \alpha x_t + \alpha(1-\alpha)x_{t-1} + (1-\alpha)^2 S_{t-2}^{(1)} \\ &= \alpha x_t + \alpha(1-\alpha)x_{t-1} + \alpha(1-\alpha)^2 x_{t-2} + \cdots + (1-\alpha)^t S_0^{(1)} \end{aligned}$$

由于 $0<\alpha<1$，当 $\alpha\to 8$ 时，$(1-\alpha)^t\to 0$，于是上述公式变为

$$\begin{aligned} S_t^{(1)} &= \alpha x_t + \alpha(1-\alpha)x_{t-1} + \alpha(1-\alpha)^2 x_{t-2} + \cdots + (1-\alpha)^t S_0^{(1)} \\ &= \alpha\sum_{i=0}^{t-1}(1-\alpha)^i x_{t-i} + (1-\alpha)^t S_0^{(1)} \\ &\approx \alpha\sum_{i=0}^{t-1}(1-\alpha)^i x_{t-i} \end{aligned}$$

由此可见 $S_t^{(1)}$ 实际上是 x_1，x_2，…，x_t 的加权平均。加权系数分别为 α，$\alpha(1-\alpha)$，$\alpha(1-\alpha)^2$，…，是按几何级数衰减的，越近的数据，权数越大；越远的数据，权数越小，且权数之和等于1，即 $\alpha\sum_{i=0}^{\infty}(1-\alpha)^i=1$。因为加权系数符合指数规律，且又具有平滑数据的功能，所以称为指数平滑。

用上述平滑值进行预测，就是一次指数平滑法。一次指数平滑预测模型为

$$\hat{y}_{t+1}=S_t^{(1)}=ax_t+(1-a)\hat{y}_t \tag{3-8}$$

即以第 t 周期的一次指数平滑值作为第 $t+1$ 期的预测值。

一次指数平滑法的初值的确定有几种方法：

- 取第一期的实际值为初值；
- 取最初几期的平均值为初值。

例 3-3 已知某钢铁厂 1988～2008 年的钢产量如表 3-8 所示，试用一次指数预测法和二次指数预测法预测 2009 年该厂的钢产量。（加权系数 $a=0.3$）

解 将前 2 年的实际产量的平均值作为初始预测量，即

$$S_0=\frac{(x_1+x_2)}{2}=\frac{(676+825)}{2}=750.5$$

则

$$a=0.3\text{ 时},\hat{y}_{t+1}=ax_t+(1-a)\hat{y}_t=0.3x_t+0.7\hat{y}_t$$

$$\text{当 } t=1\text{ 时},\hat{y}_2=0.3x_1+0.7\hat{y}_1=0.3\times676+0.7\times750.5=728.15$$

$$\text{当 } t=2\text{ 时},\hat{y}_3=0.3x_2+0.7\hat{y}_2=0.3\times825+0.7\times728.15=757.21$$

…

计算结果见表 3-8。实际数值和预测值曲线比较见图 3-4。

表 3-8 计算结果

年份	钢产量	$a\times$上年产量	上年预测产量	$(1-a)\times$上年预测产量	本年平滑预测产量
1988	676.00				750.50
1989	825.00	202.80	750.50	525.35	728.15
1990	774.00	247.50	728.15	509.71	757.21
1991	716.00	232.20	757.21	530.04	762.24
1992	940.00	214.80	762.24	533.57	748.37
1993	1159.00	282.00	748.37	523.86	805.86
1994	1384.00	347.70	805.86	564.10	911.80
1995	1524.00	415.20	911.80	638.26	1053.46
1996	1668.00	457.20	1053.46	737.42	1194.62
1997	1688.00	500.40	1194.62	836.24	1336.64
1998	1958.00	506.40	1336.64	935.65	1442.05
1999	2031.00	587.40	1442.05	1009.43	1596.83

续表

年份	钢产量	a×上年产量	上年预测产量	$(1-a)$×上年预测产量	本年平滑预测产量
2000	2234.00	609.30	1596.83	1117.78	1727.08
2001	2566.00	670.20	1727.08	1208.96	1879.16
2002	2820.00	769.80	1879.16	1315.41	2085.21
2003	3006.00	846.00	2085.21	1459.65	2305.65
2004	3093.00	901.80	2305.65	1613.95	2515.75
2005	3277.00	927.90	2515.75	1761.03	2688.93
2006	3514.00	983.10	2688.93	1882.25	2865.35
2007	3770.00	1054.20	2865.35	2005.74	3059.94
2008	4107.00	1131.00	3059.94	2141.96	3272.96

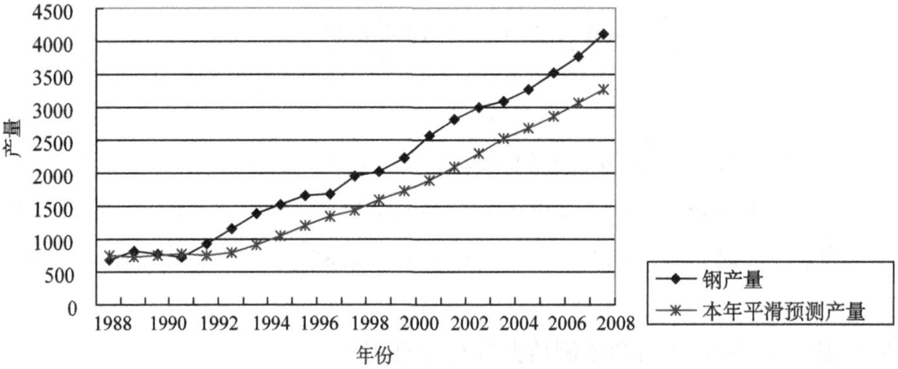

图 3-4 实际数值和预测值曲线比较

一次指数平滑法比较简单，但也有问题。问题之一便是力图找到最佳的 a 值，以使均方差最小，这需要通过反复试验确定。预测理论和经验证明，当 a 的取值较大时，预测结果受随机因素干扰的程度也较大，因此在进行预测时既要重视近期信息，又要注意 a 取值大时随机因素影响比较大的问题。

一次指数平滑模型适用于资料数据中不包含某种持续的增长或下降趋势的情况。如果数据资料中含有线性趋势，应采用二次指数平滑预测模型。

2）二次指数平滑法

设一次指数平滑为 $S_t^{(1)}$，则二次指数平滑 $S_t^{(2)}$ 的计算公式为

$$S_t^{(2)} = \alpha S_t^{(1)} + (1-a)S_{t-1}^{(2)} \tag{3-9}$$

若时间序列 x_1，x_2，…，x_t 从某时期开始具有直线趋势，且认为未来时期亦按此直线趋势变化，则与二次移动平均类似，可用如下的直线趋势模型来预测。

$$\hat{y}_{t+T} = a_t + b_t T \qquad T = 1,2,\cdots$$

式中，t 为当前时期数；T 为由当前时期数 t 到预测期的时期数；$\hat{y}_{t+T}$ 为第 $t+T$ 期的

预测值；a_t、b_t 为二次指数平滑系数，其计算公式为

$$a_t = 2S_t^{(1)} - S_t^{(2)} \tag{3-10}$$

$$b_t = \frac{a}{1-a}(S_t^{(1)} - S_t^{(2)}) \tag{3-11}$$

例 3-4 某商场 1996～2005 年的销售额（万元）数据见表 3-9，试求二次指数平滑预测模型，预测 2006 年的销售额。

解 ①确定初始值和假设加权因子。

$$S_0^{(1)} = S_0^{(2)} = x_1 = 750$$

$$a = 0.8$$

②按式（3-7）和式（3-9）分别计算 $S_t^{(1)}$、$S_t^{(2)}$，并列入计算表 3-9 中。

$$S_t^{(1)} = \alpha x_t + (1-\alpha)S_{t-1}^{(1)}, S_t^{(2)} = \alpha S_t^{(1)} + (1-\alpha)S_{t-1}^{(2)}$$

当 $t=1$ 时

$$S_1^{(1)} = \alpha x_1 + (1-\alpha)S_0^{(1)} = 0.8 \times 750 + (1-0.8) \times 750 = 750$$

$$S_1^{(2)} = aS_1^{(1)} + (1-a)S_0^{(2)} = 0.8 \times 750 + (1-0.8) \times 750 = 750$$

当 $t=2$ 时

$$S_2^{(1)} = \alpha x_2 + (1-\alpha)S_1^{(1)} = 0.8 \times 835 + (1-0.8) \times 750 = 818$$

$$S_2^{(2)} = aS_2^{(1)} + (1-a)S_1^{(2)} = 0.8 \times 818 + (1-0.8) \times 750 = 804.4$$

依此类推，把所有的数据计算出来填入表 3-9。

③由公式（3-10）和式（3-11）计算平滑系数，即

$$a_t = 2S_t^{(1)} - S_t^{(2)}$$

$$b_t = \frac{a}{1-a}(S_t^{(1)} - S_t^{(2)})$$

当 $t=1$ 时

$$a_1 = 2S_1^{(1)} - S_1^{(2)} = 2 \times 750 - 750 = 750$$

$$b_1 = \frac{a}{1-a}(S_1^{(1)} - S_1^{(2)}) = \frac{0.8}{1-0.8}(750-750) = 0$$

当 $t=2$ 时

$$a_2 = 2S_2^{(1)} - S_2^{(2)} = 2 \times 818 - 804.4 = 831.6$$

$$b_2 = \frac{a}{1-a}(S_2^{(1)} - S_2^{(2)}) = \frac{0.8}{1-0.8}(818-804.4) = 54.4$$

依此类推，把所有的数据计算出来填入表 3-9。

④建立预测模型，并预测 2006 年的销售额，得

$$\hat{y}_{2006} = \hat{y}_{2005+1} = a_{2005} + b_{2005} \times 1 = 1508.81 + 90.28 = 1599.09$$

因此，该商场 2006 年的销售额为 1599.09。

指数预测趋势图见图 3-5。

表 3-9 计算数据

年 份	销售额	一次指数平滑预测	二次指数平滑预测	a_t	b_t	$T=1$ 时的预测值
0.00		750.00	750.00			
1996.00	750.00	750.00	750.00	750.00	0.00	
1997.00	835.00	818.00	804.40	831.60	54.40	750.00
1998.00	916.00	896.40	878.00	914.80	73.60	886.00
1999.00	996.00	976.08	956.46	995.70	78.46	988.40
2000.00	1079.00	1058.42	1038.03	1078.81	81.56	1074.16
2001.00	1158.00	1138.08	1118.07	1158.09	80.05	1160.37
2002.00	1240.00	1219.62	1199.31	1239.93	81.24	1238.14
2003.00	1330.00	1307.92	1286.20	1329.65	86.89	1321.16
2004.00	1417.00	1395.18	1373.39	1416.98	87.19	1416.54
2005.00	1509.00	1486.24	1463.67	1508.81	90.28	1504.17
总 计	1599.09					

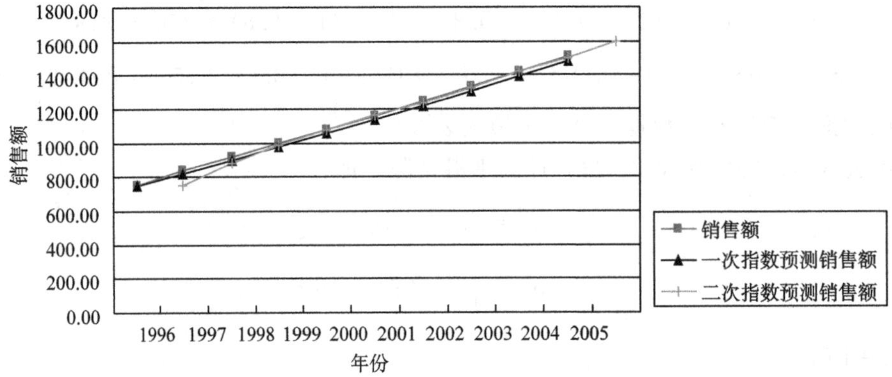

图 3-5 指数预测趋势图

3.3.3 因果模型

因果关系模型是定量预测方法的一种。它通过假设系统变量之间存在某种前因后果关系，找出影响某种结果的几个因素，采用数理统计的回归模型建立因果之间的数学模型，根据因素变量的变化预测结果变量的变化，既预测系统发展的方向又确定具体的数值变化规律。一般因果关系模型中的因变量与自变量在时间上是同步的。

根据影响因素的多少，因果模型可分为一元回归法和多元回归法；根据影响因素和预测目标之间的关系，可分为线性回归和非线性回归。

1. 一元线性回归法

一元线性回归预测法是分析一个因变量与一个自变量之间的线性关系的预测方法。它

根据自变量 x 和因变量 y 的相关关系，建立 x 与 y 的线性回归方程进行预测。设给定一组观察值（x_1，y_1），（x_2，y_2），…，（x_i，y_i），…，（x_n，y_n），对该批数据进行一元线性回归到预测模型为

$$\hat{y}_t = a + bx_t \tag{3-12}$$

式中，a、b 是一元线性回归系数；x_t 是 t 自变量的值；$\hat{y}_t$ 代表 t 因变量的值。按照最小二乘法，可求出回归系数，得

$$a = \bar{y} - b\bar{x} \tag{3-13}$$

$$b = \frac{\sum x_i y_i - \bar{x}\sum y_i}{\sum x_i^2 - \bar{x}\sum x_i} \tag{3-14}$$

其中，

$$\bar{x} = \frac{1}{n}\mathring{a} x_i$$

$$\bar{y} = \frac{1}{n}\mathring{a} y_i$$

为了简化计算，令

$$l_{xx} = \sum x^2 - \frac{1}{n}(\sum x)^2$$

$$l_{yy} = \sum y^2 - \frac{1}{n}(\sum y)^2$$

$$l_{xy} = \sum xy - \frac{1}{n}(\sum x)(\sum y)$$

则 a、b 由下列简易公式求得

$$a = \bar{y} - b\bar{x} \tag{3-15}$$

$$b = \frac{\sum x_i y_i - \bar{x}\sum y_i}{\sum x_i^2 - \bar{x}\sum x_i} = \frac{l_{xy}}{l_{xx}} \tag{3-16}$$

将 a、b 代入一元线性回归方程 $\hat{y}_t = a + bx_t$，就可以建立预测模型，那么只要给定 x_t 值，即可求出预测值 $\hat{y}_t$ 值。

在回归分析预测法中，需要对 x、y 之间相关程度做出判断，此时需要计算相关系数 r，其公式如下：

$$r = \frac{l_{xy}}{\sqrt{l_{xx} l_{yy}}} \tag{3-17}$$

相关系数 r 的特征有：

- 相关系数取值范围为 $-1 \leqslant r \leqslant 1$。
- r 与 b 符号相同。当 $r > 0$ 时，称正线性相关，x_i 上升，y_i 呈线性增加；
  当 $r < 0$ 时，称负线性相关，x_i 上升，y_i 呈线性减少。
- $|r| = 0$，x 与 y 无线性相关关系；
  $|r| = 1$，完全确定的线性相关关系；

$0<|r|<1$，x 与 y 存在一定的线性相关关系；

$|r|>0.7$，为高度线性相关；

$0.3<|r|\leqslant 0.7$，为中度线性相关；

$|r|\leqslant 0.3$，为低度线性相关。

显著性检验步骤：

①计算相关系数 r 值。

②由给定的显著性水平 α，按自由度 $n-2$，查表（表 3-10）查出相应临界值 ra$(n-2)$。

表 3-10 临界值表

ra$(n-2)$	α	
	0.05	0.01
1	0.997	1
2	0.950	0.990
3	0.878	0.959
4	0.811	0.917
5	0.754	0.874
6	0.707	0.834
7	0.666	0.798
8	0.632	0.765
9	0.602	0.735
10	0.576	0.708
…	…	…

③比较 $|r|$ 与 ra$(n-2)$ 的大小

若 $|r|>$ra$(n-2)$，则称回归方程在 α 水平上显著，有 $1-\alpha$ 的把握认为 x 与 y 之间有线性相关关系，回归直线有意义；若 $|r|<$ra$(n-2)$，则称回归方程在 α 水平上不显著，即对显著性水平 α，不能认为 x 与 y 之间有线性相关关系，回归直线无实际意义。

例 3-5 有系统实测数据如下，用线性回归法求系统的近似数学模型。

i	1	2	3	4
x_i	2	4	6	8
y_i	2	11	28	40

解 ①列表求值：

i	x_i	y_i	x_i^2	x_iy_i
1	2	2	4	4
2	4	11	16	44
3	6	28	36	168
4	8	40	64	320
$\sum$	20	81	120	536

②由式（3-15）和式（3-16）计算回归系数，即

$$a = \bar{y} - b\bar{x} = -12.5$$

$$b = \frac{\sum x_i y_i - \bar{x}\sum y_i}{\sum x_i^2 - \bar{x}\sum x_i} = \frac{l_{xy}}{l_{xx}} = 6.5$$

③由式（3-12）建立回归预测模型：$y = -12.5 + 6.55x$

④显著性检验

由式（3-17）计算相关系数：$r = \frac{l_{xy}}{\sqrt{l_{xx} l_{yy}}} = 0.9938$

若给定 $a = 0.05$，查表 3-10 得

$$r_{0.05}(2) = 0.950$$

$$r = 0.9938 > r_{0.05}(2)$$

故 x 与 y 的线性关系在 $a = 0.05$ 上是显著的，回归方程有实用价值。

由于市场现象一般是受多种因素的影响，而并不是仅仅受一个因素的影响，所以应用一元线性回归分析预测法，必须对影响市场现象的多种因素做全面分析。只有当诸多的影响因素中，确实存在一个对因变量影响作用明显高于其他因素的变量，才能将它作为自变量，应用一元相关回归分析市场预测法进行预测。

2. 二元线性回归法

一元线性回归是以一个主要影响因素作为自变量来解释因变量的变化，在现实问题研究中，因变量的变化往往受几个重要因素的影响，此时就需要用两个或两个以上的影响因素作为自变量来解释因变量的变化，这就是多元回归亦称多重回归。当多个自变量与因变量之间是线性关系时，所进行的回归分析就是多元性回归。

已知 N 组试验数据，x_1、x_2 表示两个输入，y 表示输出，即

$$(x_{11}, x_{21}, y_1), (x_{12}, x_{22}, y_2)(x_{13}, x_{23}, y_3), (x_{14}, x_{24}, y_4), \cdots, (x_{1n}, x_{2n}, y_n)$$

则多元线性回归模型为

$$\hat{y} = a_0 + a_1 x_1 + a_2 x_2 \tag{3-18}$$

式中，a_0，a_1，a_2 是回归系数。

与一元线性回归模型类似，二元线性回归也是按照最小二乘法原理，其回归系数可用下列方法求解，得

$$Q = \sum_{i=1}^{n} \delta_i^2 = \sum_{i=1}^{n} [y_i - h(x_i)]^2 = \sum_{i=1}^{n} [y_i - (a_0 + a_1 x_{1i} + a_2 x_{2i})]^2 \Rightarrow \min$$

$$\frac{\partial Q}{\partial a_0} = -2\sum_{i=1}^{n} [y_i - (a_0 + a_1 x_{1i} + a_2 x_{2i})] = 0$$

$$\frac{\partial Q}{\partial a_1} = -2\sum_{i=1}^{n} [y_i - (a_0 + a_1 x_{1i} + a_2 x_{2i})] x_{1i} = 0$$

$$\frac{\partial Q}{\partial a_2} = -2\sum_{i=1}^{n} [y_i - (a_0 + a_1 x_{1i} + a_2 x_{2i})] x_{2i} = 0$$

由第一个方程得：$\sum_{i=1}^{n}[y_i-(a_0+a_1x_{1i}+a_2x_{2i})]=0$

化简得：$a_0=\bar{y}-a_1\overline{x_1}-a_2\overline{x_2}$

将 a_0 代入第 2 和第 3 个方程，问题转化为求 a_1、a_2，求出 a_1、a_2 后代回 a_0，从而可得回归方程。a_1、a_2 可用下列正则方程组求解：

$$\begin{cases}l_{11}a_1+l_{12}a_2=l_{1y}\\l_{21}a_1+l_{22}a_2=l_{2y}\end{cases}$$

$$l_{11}=\sum x_{1i}^2-\frac{1}{N}\left(\sum x_{1i}\right)^2$$

$$l_{22}=\sum x_{2i}^2-\frac{1}{N}\left(\sum x_{2i}\right)^2$$

$$l_{12}=l_{21}=\sum x_{1i}x_{2i}-\frac{1}{N}\left(\sum x_{1i}\right)\left(\sum x_{2i}\right)$$

$$l_{1y}=\sum x_{1i}y_i-\frac{1}{N}\left(\sum x_{1i}\right)\left(\sum y_i\right)$$

$$l_{2y}=\sum x_{2i}y_i-\frac{1}{N}\left(\sum x_{2i}\right)\left(\sum y_i\right)$$

多元性回归模型与一元线性回归模型一样，在得到参数的最小二乘法的估计值之后，也需要进行必要的检验与评价，以决定模型是否可以应用。

例 3-6 一家百货公司在 10 个地区设有经销分公司。公司认为商品销售额与该地区的人口数和年人均收入有关，并希望建立它们之间的数量关系式，以预测销售额。有关数据如表 3-11 所示。试确定销售额对人口数和年人均收入的线性回归方程。

表 3-11 销售额、人口数和年人均收入数据

地区编号	销售额（万元）y	人口数（万人）x_1	年人均收入（元）x_2
1	33.3	32.4	1250
2	35.5	29.1	1650
3	27.6	26.3	1450
4	30.4	31.2	1310
5	31.9	29.2	1310
6	53.1	40.7	1580
7	35.6	29.8	1490
8	29.0	23.0	1520
9	35.1	28.2	1620
10	34.5	26.9	1570

解 列表（见表 3-12）求值。

表 3-12 计算过程需要的数据

地区编号	y	x_1	x_2	x_1^2	x_2^2	$y*x_1$	$y*x_2$	x_1*x_2
1	33.3	32.4	1250	1049.76	1562500	1078.92	41625	40500
2	35.5	29.1	1650	846.81	2722500	1033.05	58575	48015
3	27.6	26.3	1450	691.69	2102500	725.88	40020	38135
4	30.4	31.2	1310	973.44	1716100	948.48	39824	40872
5	31.9	29.2	1310	852.64	1716100	931.48	41789	38252
6	53.1	40.7	1580	1656.49	2496400	2161.17	83898	64306
7	35.6	29.8	1490	888.04	2220100	1060.88	53044	44402
8	29	23	1520	529	2310400	667	44080	34960
9	35.1	28.2	1620	795.24	2624400	989.82	56862	45684
10	34.5	26.9	1570	723.61	2464900	928.05	54165	42233
求和	346	296.8	14750	9006.72	21935900	10524.73	513882	437359

$$l_{11}=\sum x_{1i}^2-\frac{1}{N}\left(\sum x_{1i}\right)^2=9006.72-\frac{1}{10}\times 296.8^2=197.696$$

$$l_{22}=\sum x_{2i}^2-\frac{1}{N}\left(\sum x_{2i}\right)^2=21935900-\frac{1}{10}\times 14750^2=179650$$

$$l_{12}=l_{21}=\sum x_{1i}x_{2i}-\frac{1}{N}\left(\sum x_{1i}\right)\left(\sum x_{2i}\right)=437359-\frac{1}{10}\times 296.8\times 14750=-421$$

$$l_{1y}=\sum x_{1i}y_i-\frac{1}{N}\left(\sum x_{1i}\right)\left(\sum y_i\right)=10524.73-\frac{1}{10}\times 296.8\times 346=255.45$$

$$l_{2y}=\sum x_{2i}y_i-\frac{1}{N}\left(\sum x_{2i}\right)\left(\sum y_i\right)=513882-\frac{1}{10}\times 14750\times 346=3532$$

则求 a_1、a_2 的正则方程为：$\begin{cases}l_{11}a_1+l_{12}a_2=l_{1y}\\ l_{21}a_1+l_{22}a_2=l_{2y}\end{cases}$ 代入数值，得

$$\begin{pmatrix}197.696 & -421\\ -421 & 179650\end{pmatrix}\begin{pmatrix}a_1\\ a_2\end{pmatrix}=\begin{pmatrix}255.45\\ 3532\end{pmatrix}$$

求解矩阵方程得

$$\begin{pmatrix}a_1\\ a_2\end{pmatrix}=\begin{pmatrix}1.3407\\ 0.0228\end{pmatrix}$$

将 a_1、a_2 后代回 a_0，即

$$a_0=\bar{y}-a_1\overline{x_1}-a_2\overline{x_2}=34.6-1.3407\times 29.68-0.0228\times 1475=-38.82$$

因此，回归方程为

$$y=a_0+a_1x_1+a_2x_2=-38.82+1.3407x_1+0.0228x_2$$

显著性检验过程略。

3. 非线性回归预测法

非线性回归分析是线性回归分析的扩展，也是传统计量经济学的结构模型法分析。在社会现实经济生活中，很多现象之间的关系并不是线性关系，对这种类型现象的分析预测一般要应用非线性回归预测，通过变量代换，可以将很多的非线性回归转化为线性回归。因此，可以用线性回归方法解决非线性回归预测问题。

常见的非线性函数可以通过变量代换转为线性函数：

1）抛物线函数：$y=a+bx+cx^2$

可令 $x_1=x$，$x_2=x^2$，则有 $y=a+bx_1+cx_2$，可以利用二元线性回归的方法处理。

2）双曲线函数：$y=a+\frac{b}{x}$

可令 $x_1=\frac{1}{x}$，则有 $y=a+bx_1$，可以利用一元线性回归的方法处理。

3）幂函数：$y=ax^b$

两端取对数，得：$\lg y=\lg a+b\lg x$

令 $y'=\lg y$，$x'=\lg x$，则 $y'=\lg a+bx'$，转换成以 x'为自变量，y'为因变量的一元线性回归函数，可以采用一元线性回归的方法处理。

4）指数函数：$y=a\mathrm{e}^{bx}$

两端取对数，得：$\ln y=\ln a+bx$，

令 $y'=\ln y$，$A=\ln a$，则有：$y'=A+bx$，转换成以 x 为自变量，y'为因变量的一元线性回归函数，可以采用一元线性回归的方法处理。

5）对数函数：$y=a+b\lg x$

令 $x'=\lg x$，则有 $y'=a+bx'$，转换成以 x 为自变量，y'为因变量的一元线性回归函数，可以采用一元线性回归的方法处理。

6）多项式方程：$y=a_0+a_1x+a_2x^2+\cdots+a_px^p$

令 $x_1=x$，$x_2=x^2$，…，$x_p=x^p$，则

有 $y=a_0+a_1x_1+a_2x_2+\cdots+a_px_p$，转换成以 x_1，x_2，…为自变量，y 为因变量的多元线性回归函数，可以采用多元线性回归的方法处理。

总之，进行定量预测，通常需要积累和掌握历史统计数据。如果把某种统计指标的数值，按时间先后顺序排列起来，以便于研究其发展变化的水平和速度。这种预测就是对时间序列进行加工整理和分析，利用数列所反映出来的客观变动过程、发展趋势和发展速度，进行外推和延伸，借以预测今后可能达到的水平。需要注意的是，时间序列模型和因果关系模型，都有一个隐含的假设：过去存在的变量间关系和相互作用机理，今后仍将存在并继续发挥作用。这个假设是使用这两种定量预测模型的基本前提。

3.4 预测误差与监控

3.4.1 预测评价指标

由于需求受不确定因素影响，不可避免地存在预测误差。所谓预测误差，就是实际值

与预测值之间的差异。预测误差有正负之分，当预测值大于实际值时，误差为正；当预测值小于实际值时，误差为负。最好的预测模型是无偏的模型，即出现正误差的概率和出现负误差的概率大致相同。评价预测模型常用的指标有四个：平均绝对偏差指标、平均平方误差指标、平均预测误差指标和平均绝对百分误差指标。

1. 平均绝对偏差指标

平均绝对偏差就是整个预测期内每一次预测值与实际值的绝对偏差的平均值，计算公式为

$$\mathrm{MAD}=\frac{\sum_{t=1}^{n}|A_t-F_t|}{n} \tag{3-19}$$

式中，A_t 表示时段 t 的实际值，F_t 表示时段 t 的预测值，n 表示整个预测期内预测的次数。

MAD 的作用与标准偏差类似，但是比标准偏差更容易求得。如果预测误差是正态分布的，MAD 约等于 0.8 倍的标准偏差。

MAD 指标是能很好地衡量预测的精度，但是不容易衡量预测的无偏程度。

2. 平均平方误差指标

平均平方偏差就是对误差的平方和取平均值，计算公式为

$$\mathrm{MSE}=\frac{\sum_{t=1}^{n}(A_t-F_t)^2}{n} \tag{3-20}$$

式中，参数含义与 MAD 相同。

MSE 与 MAD 类似，虽可以较好地反映预测精度，但无法衡量无偏程度。

3. 平均预测误差指标

平均预测误差是指预测误差的和的平均值，计算公式为

$$\mathrm{MFE}=\frac{\sum_{t=1}^{n}(A_t-F)}{n} \tag{3-21}$$

式中，$\sum_{t=1}^{n}(A_t-F)$ 被称作预测误差滚动和 RSFE。如果预测模型是无偏的，预测误差滚动和应接近于 0，相应地，MFE 也应接近于 0。因此，MFE 能很好地衡量预测模型的无偏性，但它不能反映预测值偏离实际值的程度。

4. 平均绝对百分误差指标

平均绝对百分误差的计算公式为

$$\mathrm{MAPE}=\left(\frac{100}{n}\right)\sum_{t=1}^{n}\left|\frac{A_t-F}{A_t}\right| \tag{3-22}$$

MAD、MFE、MSE、MAPE是几种常用的衡量预测误差的指标，但任何一种指标都很难全面地评价一个预测模型，在实际应用中常常将它们结合起来使用。

3.4.2 预测监控

在预测学领域，有一个基本假设：一定形式的需求模型过去、现在和将来起着基本相同的作用。然而，过去已经建立的预测模型现在是否仍然符合实际呢？预测监控可以回答这个问题。

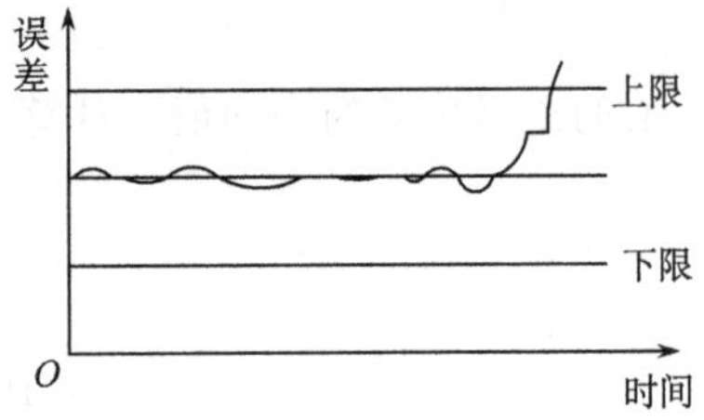

图3-6 误差波动

预测监控常用的两个方法：一是将最近的实际值与预测值进行比较，看偏差是否在可以接受的范围以内；二是应用跟踪信号（TS），跟踪信号是指预测误差滚动和与平均绝对偏差的比值，即

$$\mathrm{TS}=\frac{\mathrm{RSFE}}{\mathrm{MAD}}=\frac{\sum_{t=1}^{n}(A_t-F)}{\mathrm{MAD}} \tag{3-23}$$

每当实际需求发生时，就应该计算TS指标。如果预测模型仍然有效，TS应该比较接近于0。反之，只有当TS在一定范围内时（图3-6），才认为预测模型可以继续使用。否则，就应该重新选择预测模型。

3.5 预测的最新发展技术

随着社会的发展和科学技术的突飞猛进，预测技术也由传统的方法逐渐向人工智能化方向转变。目前主要的人工智能预测技术包括神经网络预测技术、灰色系统预测技术、数据挖掘预测技术等。本节主要介绍上述三种预测技术。

3.5.1 神经网络预测技术

目前以神经网络作为预测方法时，主要采用BP神经网络（图3-7）。BP神经网络全称为误差反向传播算法（Error Back-Propagation Training），它可以逼近任意连续函数，具有很强的非线性映射能力，而且网络的中间层数、各层的处理单元数及网络的学习系数等参数可根据具体情况设定，灵活性很大，所以它在许多应用领域中起到重要作用。

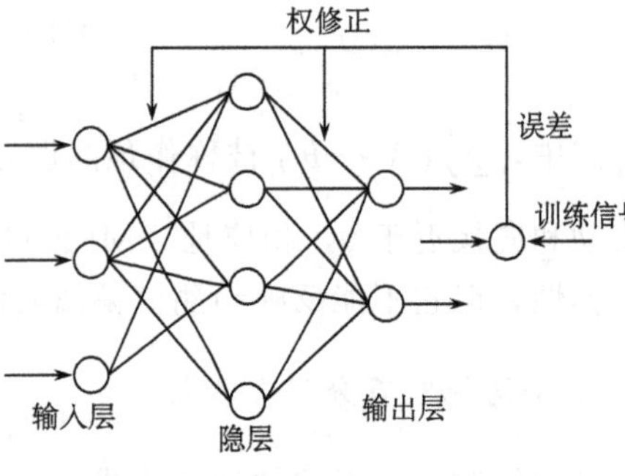

图3-7 神经网络图

BP神经网络是一种隐式模型，相当于一个黑箱，它将系统的结构含于网络的数值当中。一般将外生变量样本观察值或时间序列数据作为网络的输入向量，将内生变量样本值作为输出，通过训练网络可以预测因变量（或内在变量）下一步走向。无论系统模型是何种类型，用于描述模型的框架结构是不变的，也正是由于这种特性，神经网络才拥有了学习能力。

神经网络模型突破了传统预测方法的局限性。但它并不是万能的，至少存在许多不足，例如缺乏统计合理性，不容易解释输入与输出之间的关系，而且也缺乏稳健性；模型建立过程需要耗费大量的时间对模型进行训练，在BP模型的构建上也有难度，无法准确选择最佳的隐层数和节点数等，这些不足使得神经网络很难用于要素众多、关系复杂的宏观预测。

3.5.2 灰色预测技术

灰色预测是就灰色系统所做的预测。所谓灰色系统是介于白色系统和黑箱系统之间的过渡系统，其具体的含义是：如果某一系统的全部信息已知为白色系统，全部信息未知为黑箱系统；部分信息已知，部分信息未知，那么这一系统就是灰箱系统。一般地说，社会系统、经济系统、生态系统都是灰色系统。例如物价系统，导致物价上涨的因素很多，但已知的却不多，因此对物价这一灰色系统的预测可以用灰色预测方法。

灰色系统理论认为对既含有已知信息又含有未知或非确定信息的系统进行预测，就是对在一定方位内变化的、与时间有关的灰色过程的预测。尽管过程中所显示的现象是随机的、杂乱无章的，但毕竟是有序的、有界的，因此这一数据集合具备潜在的规律，灰色预测就是利用这种规律建立灰色模型对灰色系统进行预测，这个过程就是灰建模。灰建模的主要思路是：从序列的角度剖析一般微分方程，以了解其构成的主要条件，然后对那些近似地、大致地满足这些条件的序列建立近似的（信息不完全的）微分方程模型，其实质就是用有限差异信息建立一个无限差异信息模型。灰建模的数据必须符合灰因白果律，使其至少是默认原理下的全信息。

灰色预测一般有四种类型：数列预测、灾变预测、系统预测和拓扑预测。

- 数列预测。对某现象随时间的顺延而发生的变化所做的预测定义为数列预测。例如对消费物价指数的预测，需要确定两个变量，一个是消费物价指数的水平。另一个是这一水平所发生的时间。
- 灾变预测。对发生灾害或异常突变时间可能发生的时间预测称为灾变预测。例如对地震时间的预测。
- 系统预测。对系统中众多变量间相互协调关系的发展变化所进行的预测称为系统预测。例如市场中替代商品、相互关联商品销售量互相制约的预测。
- 拓扑预测。将原始数据作曲线，在曲线上按定值寻找该定值发生的所有时点，并以该定值为框架构成时点数列，然后建立模型预测未来该定值所发生的时点。

习　　题

3-1　什么是预测？预测有哪些分类？

3-2　定性预测和定量预测有何区别，各适用于什么场合？

3-3　某百货公司2009年6个月的销售额数据如表3-13所示。

表3-13　某百货公司的销售额统计表　　单位：万元

月份	1	2	3	4	5	6	7	8	9	10	11	12
销售额	423	358	434	445	527	429	426	502	480	385	427	446

（1）建立当 $N=3$ 和 $N=5$ 时的一次移动平均模型和二次移动平均模型，分别用两个模型预测 2010 年 1～5 月份的销售额。

（2）以 1 月份的销售额为初始值，取 $a=0.3$，分别建立一次指数平滑模型和二次指数平滑模型，分别用两个模型预测 2010 年 1～6 月份的销售额。

3-4　如表 3-14 所示是某商品的月销售记录，根据表中数据，计算：

（1）当平滑系数 $a=0.2$，初始预测值 $SA_0=100$ 时的一次指数平滑预测值。

（2）平滑系数 $a=0.4$，初始预测值 $SA_0=100$ 时的一次指数平滑预测值。

（3）上述两种情况下的 MAD 和 RSFE 指标。

表 3-14　某商品的销售记录表　　单位：个

月份	1	2	3	4	5	6	7	8	9	10	11	12
销售额	104	104	100	92	105	95	95	104	104	107	110	109

第 4 章　库存分析与控制

库存是生产企业物料流的蓄水池和调节阀，同时也是企业制订物料需求计划、计算材料或成品净需求量的重要依据。通过调节物资库存量，一方面，用来满足企业正常生产的物资供应；另一方面，又需要尽可能压缩库存量以减少企业的流动资金积压。因此，合理控制企业的物资库存量是现代企业精细化管理的基本要求。

4.1　库存的类型与作用

4.1.1　库存的定义及类型

目前比较流行的库存的定义是：库存（Inventory）是为了满足未来需求而暂时处于闲置状态的有价值的资源。库存管理是在满足顾客服务水平的前提下，通过对企业存货的管理和控制，尽可能降低库存水平，提高库存系统的效率，以强化企业的竞争力。

库存管理的目标是在合理的库存成本范围内，达到满意的顾客服务水平。其目的是要确定一个资金占用少、费用省，既足够又是最低限度的物资存储量，使库存系统有效地保证生产消费的需要并获得最好的经济效益。

库存普遍存在于国民经济生产的各个领域，并且它们会表现出不同的形态。按照不同的分类标准，可以把库存分成不同的类型。

1. 按照库存的经济用途划分

- 商品库存：特征是实物的形态不变。
- 生产库存：实物形态或功能会改变，如原材料、在制品、半成品、成品。
- 其他库存：生产经营的辅助性物品，如包装材料。

2. 按照库存存放地点划分

- 库存存货：已经运到企业并且验收入库的各种材料和商品。
- 在途库存：包括运入和运出在途库存，已经取得或者未转让所有权。
- 委托加工库存。
- 委托代销库存。

3. 按照库存在生产过程中所处的领域划分

- 制造库存：制造库存是制造商为了满足未来生产需求，保证生产的顺利进行而建立的物资储备。
- 流通库存：流通库存是为了满足生产或消费需要，补充生产和消费储备的不足而建立的库存。
- 国家储备：国家储备是流通库存的一种形式，是国家为了应对自然灾害、战争和其他意外事件而建立的长期储备。

以上介绍的都是有形实物的库存类型。通常需要用一些设施和设备来存放和维护货物，例如仓库、货架等。

当然，库存也可以是无形的物质，这类库存类型多存在于服务型企业，例如电影院的电影、出租车的座位等。这类产品可以满足未来人们的需求，不过不需要专门的仓库等设施和设备进行存放和维护。而且通常这些产品一旦过期就会变得毫无价值，对于这类产品同样也要按照库存管理的原则进行管理。

4.1.2 库存的作用

库存成本在企业总运营成本中占有很大比例，企业压缩或节约的库存成本则可以视为其利润；同时，库存掩盖了企业实际存在的很多问题，如质量、计划、物资供应等问题。实际上，作为保证企业正常生产的必要库存具有以下作用：

（1）应对不确定性因素。一个企业在经营过程中，往往要面对很多不确定的因素，如需求的不确定、供应商交货的不确定等。由于在现实中这些因素都是很难准确把握的，当企业的生产无法满足市场需求时，往往对企业会造成很多不必要的损失。因此，企业为了不失去更多的客户，会储备一定量的库存来应对这些不确定性因素。

（2）保持生产运作的独立性。在工作中心保持一定的原材料或在制品，以防因缺货造成工作中心的停机，并可以提高工作重心的柔性。在各个工作中心之间保持一定存量的库存，可以使工作中心之间得到平衡，进而使产品产量平稳化。另外，一定量的在制品和成品库存，可以避免生产经营过程中因意外事故引起停工而造成的各类损失。

（3）获取规模效益。企业在进行一项业务的运作过程中，往往需要做一些准备或启动工作。例如一个生产型企业，当开始一种产品生产时，要先进行生产设备的安装调试等，这些都需要支付一定的固定成本。一旦完成这些准备工作，企业就希望能多生产一些产品，以充分发挥出规模效益，使产品的边际成本下降。正是为了获取这种规模效益，企业常常将业务量扩大，导致了库存的增加。

（4）利用经济订购量的好处。为了避免未来材料价格的上涨，或为了获得大批量采购的折扣收益，订单量增大，订单数会减少，订购成本也会降低，同时，大订单也会降低单位运输成本。但是存储成本则会上升，故要利用经济订购批量的概念寻求总成本最小。

（5）库存的衔接作用。从供应链流程看，库存存在于供应链的各个环节。通过库存，供应链上下两个环节可以得到连接，同时，它可以缓解各个环节由于供求品种、数量以及质量等不一致产生的矛盾，起到润滑剂的作用。在供应链中，库存在拉动式和推动式并存的分歧点上起着重要的衔接作用。

4.2 库存 ABC 分类管理

ABC 分类法的理论基础为“关键的少数和一般的多数”，也就是我们平时所提到的 80/20 法则。在一个系统中，少数事物具有决定性的影响；相反，其余的绝大部分事物却不太有影响。很明显，如果将有限的力量重点用于解决这些关键的少数事物上，与将有限力量平均分摊在全部事物上进行比较，当然是前者可以取得较好的成效，而后者成效较差。

4.2.1 ABC分类基本思想

当将ABC分析法应用于库存管理中时，叫做ABC分类法，它的主要原理是把库存的商品进行A、B、C分类，然后对不同类别的商品采取不同的管理方法。

一般来说，企业按照年度货币占用量将库存分为三类：

- A类商品：其价值占库存总值的70%～80%，品种数为总品种数的5%～15%；
- B类商品：其价值占库存总值的15%～25%，品种数为总品种数的20%～30%；
- C类商品：其价值占库存总值的5%～10%，品种数为总品种数的60%～70%。

库存的ABC分析可以用图4-1来描述。这种分类并不是影响物料重要性的唯一标准，除此之外，还有其他标准，如物料的单位成本、物料的缺货成本、生产物料的资源和人力是否容易获得等。

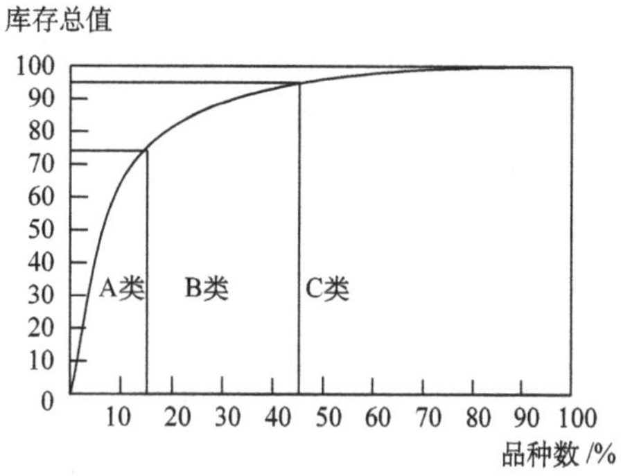

图4-1 库存ABC分析图

运用ABC法的关键，在于如何以“关键的少数和次要的多数”作为依据，通过定性和定量的分析，将管理对象的库存物料按照分类指标划分为A、B、C三类，然后采取相应的针对性控制策略。

4.2.2 ABC分类管理实施步骤

ABC分类管理实施步骤如下：

① 收集数据。按分析对象和分析内容，收集资料。一般来说，需要收集的资料有：每种库存物资的平均库存量和每种物资的单价。

② 处理数据。对收集来的数据进行整理，按要求计算和汇总。以平均库存乘以单价，计算每种物资的平均资金占用额。

③ 制作ABC分析表，如表4-1所示。

表4-1 ABC分析表

物品名称	品种数累计	品种数累计百分数	物品单价	平均库存	平均资金占用额累计	平均资金占用额累计百分数	分类结果

④ 根据ABC分析表确定分类

按照ABC分析表，观察第3栏品种数累计百分数和第8栏平均资金占用额累计百分数：

- 将品种数累计百分数为5%～15%，而平均资金占用额累计百分数为70%～80%的物品，确定为A类；
- 将品种数累计百分数为20%～30%，而平均资金占用额累计百分数为15%～25%的物品，确定为B类；

- 其余的为C类，其品种数累计百分数为60%～70%，而平均资金占用额累计百分数仅为5%～10%。

⑤ 绘制ABC分析图。

⑥ 确定重点管理要求。

- 对A类物资应该进行重点管理，现场管理应该更加严格，应放在更安全的地方。为了保持库存记录的准确，要经常进行检查和盘点；对A类物资的库存进行预测应该更加仔细。
- 对B类物资进行次重点管理，现场管理不必投入比A类物资更多的精力。库存检查和盘点周期可以比A类物资更长一些。
- 对C类物资只进行一般的管理，现场管理可以更粗放一些。但是由于品种多，差错出现的可能性也比较大，因此也必须定期进行库存检查和盘点，周期可以比B类物资长一些。

4.3 库存控制概述

库存控制的核心问题：在尽可能低的库存水平下满足企业正常生产。库存控制的基本任务就是通过订货点和订货量来控制库存系统的运行成本，即确定最优的订货点和最优的订货量，使库存系统的运行成本达到最小。

4.3.1 库存控制的关键问题

库存控制的两个关键参数是订货点（即何时发出订货）和订货量（即一次订多少）。

1）确定订货点

所谓订货点，是指当库存量降至某一数量时，应立即发出订货请求的点或界限。订货点与安全库存量和提前期有关。如果订货点抓得过早，则将使库存增加，相对增加了货物的库存成本；如果订货点抓得太晚，则有可能因为库存得不到及时的补充，而影响对于客户的交货。

2）确定订货量

订货量是指库存量达到订货点时，需要补充的数量，按此数量订购，方能配合最高库存量与最低库存量的基准。订货量太多，会增加库存成本；订货量太小，则会造成缺货。

4.3.2 库存成本的构成

库存是包含经济价值的物资资产，购置和储存都会产生费用。库存系成本主要包含采购成本、订货费用、存储成本（持有成本）及缺货成本等。

1）采购成本

某种物品的购入成本有两种含义：当物品从外部购买时，采购成本指单位购入价格；当由企业内部制造时，采购成本指单位生产成本，单位生产成本始终要以进入库存时的成本来计算。对外购物品来说，采购成本应包括商品价格加上运费。对于自制物品来说，采购成本则包括人工费、直接材料费和企业管理费用等。

2）订货费用（订购成本）

订货费用是从需求的确认到最终的到货，通过采购或其他途径获得物品或原材料所发生的费用。订购成本包括提出订货申请单、分析货源、填写采购订单、来料验收、跟踪订货等各项费用，主要包括内部各部人员的费用和管理费用。

3）存储成本（持有成本）

为存储保管库存所需的成本，通常称为存储成本，也称为保管成本。一般有以下几方面组成：处理与存储成本、过时损坏与失窃成本、保险与税收成本、资金投资成本等。

对于很多实际库存系统，资金占用成本远远高于其他成本。因此在库存系统计算中，一般可将单位货物的存储成本表示为

$$h = I \times c \tag{4-1}$$

式中，h 为持货系数，c 为单位货物的价值即订货单价，I 为资金回报率。

4）缺货成本

缺货成本是由于外部或内部供应中断，而使客户的订货不能得到很好的满足而失去的销售机会。这主要表现在两个方面：一是现时损失，二是未来损失。现时损失是指失去了销售机会造成的损失。对于未来损失是指由于缺货所造成的顾客对商家失去信誉而带来的潜在损失。

4.3.3 库存控制的绩效衡量

在通常情况下，企业是通过库存周转率来衡量库存控制水平。库存周转率（Inventory Turnover Rate，ITR）是在一定期间内原材料、在制品和成品的周转次数，是衡量库存管理水平的重要指标，其计算如下：

库存周转率 = 年度销售额 / 库存金额

例如：若企业年销售额为 10 亿元，库存金额为 1 亿元，则库存周转率即为 10/1=10；若企业年销售额为 18 亿元，库存周转率目标为 12，则合理的库存金额为 18/12=1.5 亿元。

判断库存周转率的合理性通常有以下两个方法：

方法 1：参考同行业其他公司的数据；

方法 2：参考本公司的历史业绩。

需要注意的是，年度销售额包括销售额和销售成本两种，销售额就是销售单价乘以数量的金额，销售成本是与其相对应的制造成本；而库存金额包括库存额和库存成本两种，库存额就是库存单价乘以库存数量的金额，库存成本是与其相应库存产品的制造成本。就是说，销售额和库存金额分别有销售价计算方法和成本计算方法，它们的不同组合有以下四种：

（1）库存周转率=年度销售额/库存成本

（2）库存周转率=年度销售成本/库存成本

（3）库存周转率=年度销售额/库存额

（4）库存周转率=年度销售成本/库存额

可以发现：

（1）式求出的周转率要比实际周转率好。

（2）式求出的周转率能反映实际情况。

（3）式由于分子分母是相同条件的销售价，故求得的周转率能反映实际情况。

（4）式在实际中并无意义。

4.4 EOQ 模型

经济订货批量（Economic Order Quantity，EOQ）的原理是平衡订货成本和存储成本，寻求使得包含采购成本、订货成本、存储成本在内的总库存成本最小的订货批量。作为库存理论里程碑的 EOQ 产生于 1913 年，它的出现标志着运作管理领域开始步入定量化的科学管理阶段。

4.4.1 EOQ 库存模型

通常情况下，一个库存系统并不仅仅是其自身的仓储系统，它的管理范围牵涉到上游的补货过程，自身的仓储以及下游的市场。库存管理的最终目的就是要确定订货点以及订货量，使系统的运作成本最小化。假定系统所有参数都是确定性的，比如市场需求是恒定的一个常数等，这种情况下的库存系统则称为确定性库存系统。

在很多情况下，系统参数确定性假设并非一定符合实际情况，但如果系统参数的随机变化不是很明显，或者为了贴近实际情况，以随机变量进行处理会复杂化整个库存模型分析时，可以考虑将这类系统视为确定性模型。这样，既可以简化问题的分析过程，又可以使所得的结果具有实际价值。

作为经典的确定性库存模型，EOQ 的假设条件如下：

- 库存需求速率是固定的，且在整个时间段内保持一致。
- 单位产品的价格是固定的。
- 单位产品存储成本固定。
- 订购成本或生产准备成本固定。
- 不允许发生缺货。
- 所订产品瞬时到货。

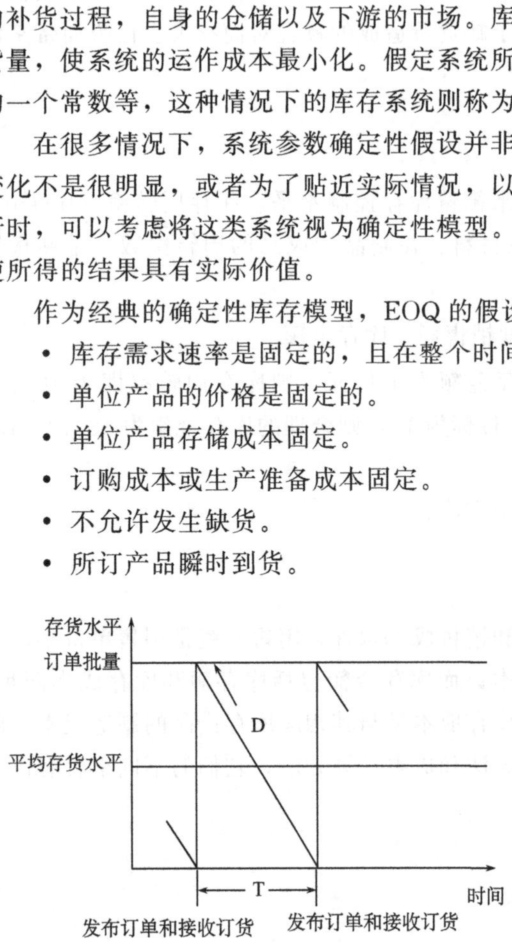

图 4-2 EOQ 的库存量变化曲线

从上述的假设条件得知，由于不允许缺货，且所订产品瞬间到货（即订货提前期为 0），当产品库存量降至 0 时，就应该及时补货。因此，在经济订货批量模型中，重点是要确定库存控制关键参数中的订货量。

假设系统运行无限长时间，经济订货批量模型的库存量随时间的变化曲线如图 4-2 所示。每次补货的批量是 Q，之后库存满足需求率为 D 降低。当库存量降到 0 时，立即发出订货请求，下一批量 Q 马上补货到位。如此循环，每个周期事实上就是一个补货周期。

这里需要说明一些参数：

- 库存年需求：D。
- 订货费用：S。
- 单位持有成本：H。
- 单位采购成本：C。

模型的目标是系统整个运行成本的最小化，需要确定的变量是每次补货的批量。我们研究的是系统在单位时间内的总成本，即系统的年总成本。

系统的成本有以下几部分构成：

- 年采购成本：DC
- 年订货成本：$\frac{D}{Q}S$
- 年持有成本：$\frac{Q}{2}H$

那么，年总成本为：$\mathrm{TC}=DC+\frac{D}{Q}S+\frac{Q}{2}H$ (4-2)

三种成本的关系参见图 4-3。

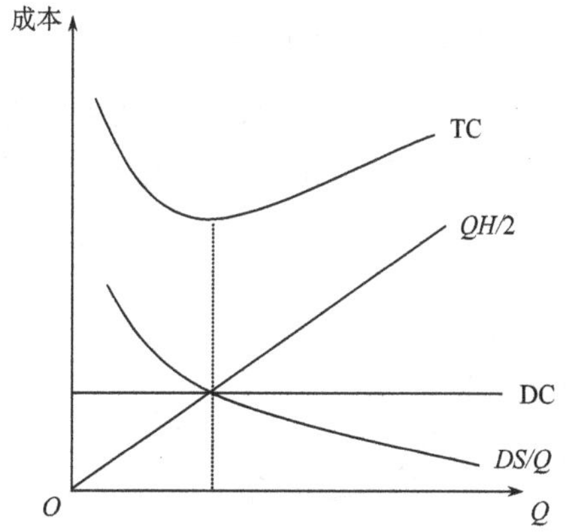

图 4-3 三种成本关系图

由图 4-3 可知，在三种成本中，年采购成本是个定量；年订货成本随着订货量的增加呈现递减的趋势；年持有成本随着订货量的增加呈现递增的趋势；年总成本则是典型的 U 形曲线，存在最低点。而且该最低点就是年订货成本与年持有成本的交点。对式（4-2）进 TC 求一阶导数，有

$$\frac{\mathrm{dTC}}{\mathrm{d}Q}=-\frac{DS}{Q^2}+\frac{H}{2}$$

令上式等于 0，可得

$$Q^*=\sqrt{\frac{2DS}{H}} \tag{4-3}$$

很容易知道式（4-2）的二阶导数$\frac{\mathrm{d}^2\mathrm{TC}}{\mathrm{d}Q^2}>0$，因此 Q^* 为（4-2）极小值点并且是全局的最小值点，即最佳经济订货批量：

$$Q^*=\sqrt{\frac{2DS}{H}}$$

例 4-1 已知某电子产品的年需求量 $D=1000$ 单位，单位采购成本 $C=12.5$，订货费用 $S=5$，单位持有成本 $H=1.25$，试根据经济订货批量模型求出最佳经济订货批量。

解 最优订购批量为

$$Q^*=\sqrt{\frac{2DS}{H}}=\sqrt{\frac{2\times1000\times5}{1.25}}=89.4$$

年总成本为

$$\begin{aligned}TC &= DC+\frac{D}{Q}S+\frac{Q}{2}H\\ &= 1000\times 12.50+\frac{1000}{89}\times 5+\frac{89}{2}\times 1.25\\ &= 12611.81\end{aligned}$$

例 4-2 A 公司的某种部件是以批量的形式进行生产的，生产线每启动一次的成本为 1640 元，装配工人的工资为 280 元。该部件每年的需求量为 1250 个单位产品，每个单位产品的售价为 300 元，售价的 60%来自于原料和生产的直接成本。试问，如果这家工厂设定的预期资金回报率为 20%的话，最佳的生产批量和相关的成本是多少？

解 已知每年的需求量 $D=1250$；单位成本 $C=60\%\times 300=180$ 元；每年的存货持有成本 $HC=0.2\times 180=36$ 元；再订货成本 $S=1640+280=1920$ 元。则有：

$$Q^*=\sqrt{\frac{2DS}{H}}=\sqrt{\frac{2\times 1250\times 1920}{36}}=365$$

最佳订货时间间隔 $T=Q^*/D=365/1250=0.29=15$（周）

最小化的可变成本 $VC=HC\times Q^*=36\times 365=13140$（元）

最小化总成本 $TC=C\times D+VC=180\times 1250+13140=238140$（元）

4.4.2 EOQ 模型的拓展

在实际物资采购中，产品的采购批量一般都是整数。而通过公式（4-3）计算出来的 Q^* 往往是带有小数的情况。这时需要进行适当调整以获得最优的 Q^*。

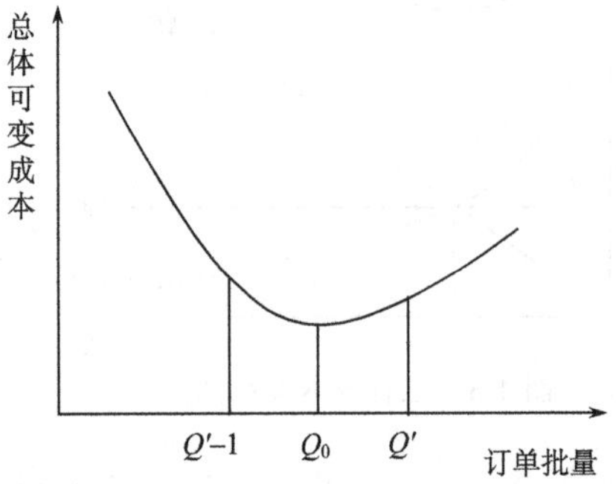

图 4-4 非整数情况下的 EOQ 模型

调整的步骤如下：

① 计算出 EOQ 中的 Q^*，记为 Q_0 值。

② 确定在 Q_0 值两旁的整数 Q' 和 $Q'-1$ 的值。

③ 如果 $Q'^*(Q'-1)\leqslant Q_0^2$，订单批量采取 Q' 值。

④ 如果 $Q'^*(Q'-1)>Q_0^2$，订单批量采取 $Q'-1$ 值。

EOQ 模型尽管存在着很多约束性很强的假设条件，但是却在现实中有着广泛的运用，这点可以从模型的敏感度进行分析。这里需要说明的是，由于在总成本函数中，常数 DC 不影响最佳经济订货批量的确定，因此，此处分析敏感度时忽略了 DC。设经济订购批量 Q^* 对应的总成本为 TC^*，非经济订购批量 Q 对应的总成本为 TC，二者计算如下

$$TC^*=\frac{D}{Q^*}S+\frac{Q^*}{2}H$$

$$TC=\frac{D}{Q}S+\frac{Q}{2}H$$

$$\frac{TC}{TC^*}=\frac{\frac{D}{Q}S+\frac{Q}{2}H}{\frac{D}{Q^*}S+\frac{Q^*}{2}H}$$

由经济订购批量公式 $Q^*=\sqrt{\frac{2DS}{H}}$，代入得

$$\frac{TC}{TC^*}=\frac{1}{2}\left(\frac{Q}{Q^*}+\frac{Q^*}{Q}\right)$$

图 4-5 就是 TC 关于 Q 的敏感度关系图。

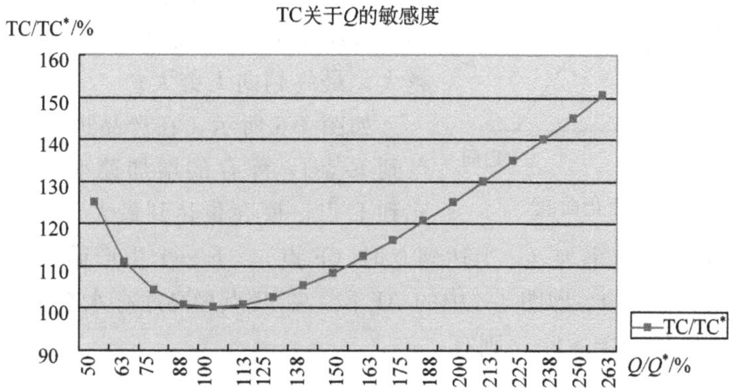

图 4-5　TC 关于 Q 的敏感度关系图

由图 4-5 可以看到，Q/Q^* 的波动区间在 50%～200%，TC/TC^* 却只在 130% 内波动。这说明，即便对于补货批量的误差达到了 100%，所造成的成本增加也不会超过 30%，也就是说成本函数对于补货批量的敏感性较低。

4.4.3　经济生产模型

经济生产批量（Economic Production Lot，EPL）又称经济生产量（Economic production quantity，EPQ）。由于生产系统调整准备时间的存在，在补充成品库存时存在一次生产多少最经济的问题，这就是经济生产批量。在经济订货批量模型中，相关成本最终确定为两项，即变动订货成本和变动储存成本，在确定经济生产批量时，以生产准备成本替代订货成本，而储存成本内容不变。

EOQ 模型假设所订购的产品成批到达，但事情往往并非如此。在许多情况下，都是边生产边消耗库存物资。在生产系统中，当某一部门是另一部门的供应商时，这种模型比较适用。经济生产批量是生产中大量使用的模型，在包装企业中，经济批量生产应用比较广泛。即便像包装机械的组装中，也有部分工作是进行批量生产的。这主要是因为，在确定的条件下，生产某个零部件的实际产量超过该零部件的使用量，只要生产持续不断的进行，库存就会不断增加。在生产周期中，库存的形成速度是生产率和使用率的差值。

EPL 模型的假设条件：

- 对库存系统的需求率为常量；
- 一次订货量无最大最小限制；
- 订货提前期已知，且为常量；
- 维持库存费是库存量的线性函数；
- 不允许缺货；
- 需要连续补充库存。

经济生产模型的库存量随时间的变化情况如图 4-6 所示。

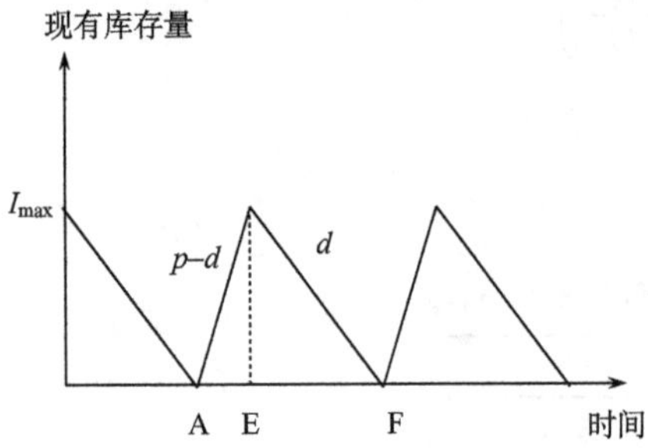

图 4-6 EPQ 库存变化曲线

假设企业的生产能力为 p，且 p 为常数，即 p 为每天供货率（生产率）。对库存的需求是 d，同样 d 也是常数，即 d 为每天用货率（需求率）。要保证系统正常运行，首先要满足条件：$p \geqslant d$，否则，系统将有缺货现象的产生，并且缺货将越来越大，最终趋向无穷大。

如图 4-6 所示，在产品进行补充的过程中（A 点到 E 点），库存的增加速率为 $p-d$。在库存补充到 E 点，库存量达到最大。然后企业停止生产，库存满足需求，减少的速率为 d。当达到 0 时（F 点），下一个生产循环再开始。

设产品的补充时间为 t，即图 4-6 中的 AE 段。在 E 点最高库存水平 $I_{max}=(p-d)\times t$。在 t 时间段的总供应量 $Q_p=p\times t$，则有

$$I_{max}=(p-d)\frac{Q_p}{p}=Q_p(1-\frac{d}{p})$$

很容易发现，该系统的年平均库存量是$\frac{I_{max}}{2}$。

那么，年持有成本：$\frac{I_{max}}{2}H=\frac{HQ_p}{2}(1-\frac{d}{p})$

年生产（订货）成本：$\frac{D}{Q_p}S$

年采购成本：DC

故年总成本：$TC=DC+\frac{D}{Q_p}S+\frac{HQ_p}{2}(1-\frac{d}{p})$

对上述式子求 Q_p 一阶导数，得

$$\frac{dTC}{dQ_p}=-\frac{DS}{Q_p^2}+\frac{H}{2}(1-\frac{d}{p})$$

令$\frac{dTC}{dQ_p}=0$，得

$$Q_p^*=\sqrt{\frac{2DS}{H(1-d/p)}} \tag{4-4}$$

很容易知道二阶导数$\frac{d^2TC}{dQ_p^2}>0$，则 Q_p^* 为极小值点并且是全局的最小值点。

即最佳经济订货批量

$$Q_p^*=\sqrt{\frac{2DS}{H(1-d/p)}}$$

例 4-3 某公司生产无痛注射针供应医院，为了减少存货成本，试分别用经济订货模型与经济生产模型求最佳的每批批量。已知：年需求量为 1000 单位；每次订货成本：$S=10$；持有成本：每年每单位 $H=0.5$；每天供货率，即生产率 $p=8$；每天需求率 $d=6$。

解 ① 采用经济订货模型：

$$Q^*=\sqrt{\frac{2DS}{H}}=\sqrt{\frac{2\times1000\times10}{0.5}}=200$$

② 采用经济生产模型

$$Q_p^* = \sqrt{\frac{2DS}{H(1-d/p)}} = \sqrt{\frac{2\times 1000\times 10}{0.5(1-6/8)}} = 400$$

4.5 数量折扣模型

在现实生活中，供应商为了销售更多的产品，往往会向企业提供一定的价格折扣，而价格折扣又与订货批量有关。企业订购的批量越大，供应商提供的价格就越优惠。下面讨论的就是在价格具有数量折扣下的库存模型。

由于各个行业具有不同的特点，产品也具有不同的特点，所以会存在各种不同的折扣形式。比较常见的折扣形式有两种：一种是全数量折扣，这种折扣是指订购的货物价格与批量有关，当订购的批量超过供应商规定的一定值时，供应商会给企业提供一个价格，这个批量的产品都是以这个优惠价格进行采购；另一种是分量折扣，这种折扣是指企业订购的产品根据供应商的规定，分成多个部分，每个部分都有不同的价格。

本节讨论的是全数量价格折扣的经济订货批量模型。假设价格与订货批量存在以下关系：

当订货批量在 $0\leqslant Q<Q_1$ 时，订货单价为 C_1；

当订货批量在 $Q_1\leqslant Q<Q_2$ 时，订货单价为 C_2；

当订货批量在 $Q_2\leqslant Q<Q_3$ 时，订货单价为 C_3；

…

当订货批量在 $Q_{n-2}\leqslant Q<Q_{n-1}$ 时，订货单价为 C_{n-1}；

当订货批量在 $Q_{n-1}\leqslant Q$ 时，订货单价为 C_n。

根据订货批量的多少将订货价格分为 n 个，且满足 $C_1>C_2>\cdots>C_n$。价格折扣与订货批量关系见图 4-7。

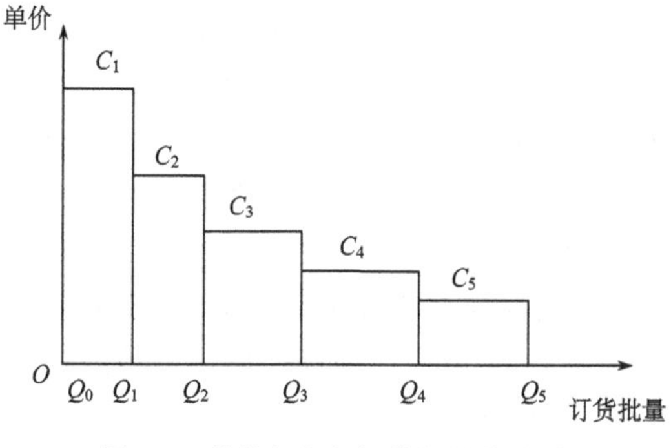

图 4-7 价格折扣与订货批量关系图

假设持货成本系数 h 主要由资金占用成本 IC 决定（见 4.3.2 小节）。那么在全数量折扣下，当订货单价为 C_i 时，持货成本系数 $h_i=I\times C_i$，显然，由于 $C_1>C_2>\cdots>C_n$，故 $h_1>h_2>\cdots>h_n$。

那么，在 $Q_{i-2}\leqslant Q<Q_{i-1}$ 的情况下，对应的总成本 TC_i

$$TC_i = \frac{D}{Q}S + \frac{Q}{2}IC_i + DC_i$$

与基本 EOQ 模型有所区别的仅仅在于订货单价 C_i 从常数变为了根据 Q 变化的变量。将上式根据不同批量而定出的不同价格分段写出

$$TC_1 = \frac{D}{Q}S + \frac{Q}{2}IC_1 + DC_1$$

$$TC_2 = \frac{D}{Q}S + \frac{Q}{2}IC_2 + DC_2$$

$$TC_3 = \frac{D}{Q}S + \frac{Q}{2}IC_3 + DC_3$$

$$\vdots$$

$$TC_n = \frac{D}{Q}S + \frac{Q}{2}IC_n + DC_n$$

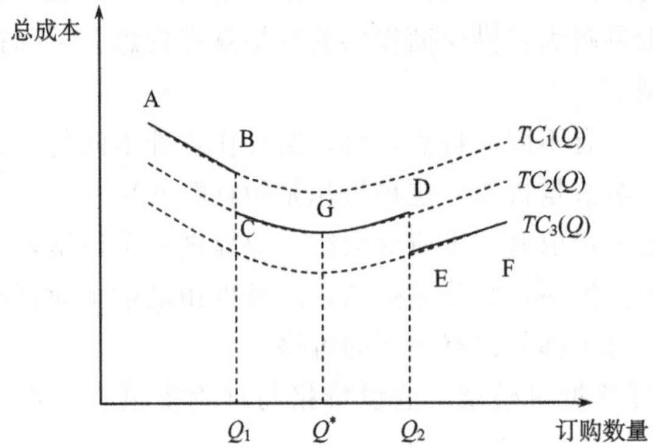

图 4-8 总成本与订货批量关系图

则总成本与订货批量关系如图 4-8 所示。

仔细观察，我们可以发现它们具有以下特点：

(1) $C_1 > C_2 > \cdots > C_n$，对于同样的 Q，很容易证明 $TC_1 > TC_2 > \cdots > TC_n$。

(2) 在 $Q_{i-2} \leqslant Q < Q_{i-1}$ 的情况下，对应的最近订货批量为

$$Q_i^* = \sqrt{\frac{2DS}{IC_i}} \tag{4-5}$$

很容易发现，$Q_1^* < Q_2^* < \cdots < Q_n^*$。那么怎么求解全数量折扣的问题呢？以下是求解步骤：

① 计算出所有范围内的 Q_1^*，Q_2^*，…，Q_n^*。

② 在所有的 Q_1^*，Q_2^*，…，Q_n^* 中找出符合 $Q_{i-2} \leqslant Q_i^* < Q_{i-1}$ 的点，并在其中找到最大的 i，把 Q_i^* 记为 Q_j^*。由图 4-8 我们很容易发现，第一个最佳经济订货批量没有处在区间 $0 \leqslant Q < Q_1$，而第二个最佳经济订货批量则是正处在区间 $Q_1 \leqslant Q < Q_2$，第三个最佳经济订货批量没有处在区间 $Q_2 \leqslant Q < Q_3$。也就是说，要在 Q_1^*，Q_2^*，…，Q_n^* 中寻找出有效的 Q_i^*。

③ 计算出所有的 $\mathrm{TC}_{j+1}(Q_j)$，$\mathrm{TC}_{j+2}(Q_{j+1})$，…，$\mathrm{TC}_n(Q_{n-1})$ 值。虽然在之前已经找出最大有效的最佳经济订货批量 Q_j^*。但它不一定就是整个模型的最优解。如图 4-8 所示，虽然找到了 Q_2^*，但是很容易发现 E 点比 Q_2^* 所造成的总成本更低。此外还很容易发现，在最优点 Q_j^* 左边的区间不用考虑，因为他们肯定都会比 $TC_j(Q_j^*)$ 大。

④ 比较 $\mathrm{TC}_j(Q_j^*)$ 和 $\mathrm{TC}_{j+1}(q_j)$，$\mathrm{TC}_{j+2}(q_{j+1})$，…，$\mathrm{TC}_n(q_{n-1})$ 大小，找出最小的即为全数量折扣模型的最佳经济订货批量的总成本，对应的 Q 即为最佳的经济订货批量。

例 4-4 某电子产品经销商，市场需求量恒定为 100 吨/周，订货费用 $S=500$ 元/次，假设资本年度回报率 $I=30\%$。上游供应商为了鼓励经销商更多的采购，提供了以下价格折扣优惠，如表 4-2 所示。试计算最佳经济订货批量。

表 4-2 订购批量的数量折扣关系

批量范围/t	单价/元
$0 \leqslant Q < 100$	780
$100 \leqslant Q < 300$	750
$300 \leqslant Q < 600$	730
$600 \leqslant Q$	720

解 首先将所有参量根据量纲换算为以年度为时间单位的量。把每周的需求量换算成以每年的需求量：假设每年有 52.14 周，那么年度需求量 $D=5214\text{t}/$年。

然后根据式 4-5 计算出各自价格区间的最佳经济订货批量，结果如下

$$Q_1^* = \sqrt{\frac{2DS}{IC_1}} = \sqrt{\frac{2\times 5214\times 500}{0.3\times 780}} = 149.27(\mathrm{t})$$

$$Q_2^* = \sqrt{\frac{2DS}{IC_2}} = \sqrt{\frac{2\times 5214\times 500}{0.3\times 750}} = 152.23(\mathrm{t})$$

$$Q_3^* = \sqrt{\frac{2DS}{IC_3}} = \sqrt{\frac{2\times 5214\times 500}{0.3\times 730}} = 154.30(\mathrm{t})$$

$$Q_4^* = \sqrt{\frac{2DS}{IC_4}} = \sqrt{\frac{2\times 5214\times 500}{0.3\times 720}} = 155.37(\mathrm{t})$$

则最大有效的经济订货批量为 $Q_2^*=152.23\mathrm{t}$。

下面计算 $TC_2(Q_2^*)$、$TC_3(Q_2)$ 和 $TC_4(Q_3)$ 大小。

$$TC_2(Q_2^*) = TC_2(152.23) = 39944751.28\ (\text{元})$$

$$TC_3(Q_2) = TC_3(300) = 3847760.00\ (\text{元})$$

$$TC_4(Q_3) = TC_4(600) = 3823225.00\ (\text{元})$$

因此，$TC_4(Q_3)$ 是最小的，最佳的订货批量应取 $Q^*=Q_3=600$（t）。

4.6 报童模型

在很多实际库存系统中，有些参数可能是不确定的，例如，最常见的是需求的不确定性。如果说有一些参数属于系统内部参数，在一定程度上还可以控制，那么市场是最难以控制的。在库存系统中往往根据多变不确定的市场需求，采用多种形式来描述，例如泊松分布等。本节主要是介绍库存控制中常见的非确定型模型。

所谓报童模型就是指卖报纸的小孩每天应当进多少份报纸是最合理的。这里的产品类型是报纸，报纸由于更新快，且在当天内只能进货一次，当天未售出的报纸只能降价处理。

因此，报童模型是泛指一次性的进货决策，实质上属于单期库存决策问题。给定市场需求的分布规律、销售单价、回收单价，从而确定最优的进货量。特别需要说明的是，这里的报童模型，库存系统本身是多期连续不断运行的，但期和期之间无任何关联性，每一期的决策不对其他期的决策产生任何影响，今天的进货多少不影响明天的进货量。

这里讨论的报童模型为离散类型的产品，关于连续类型的产品可以按照离散类型的思路进行推导。

报童每天销售的报纸数量是个随机变量，每出售一份报纸赚 k 元，若当天报纸未售出则每份赔 h 元。根据以往经验，每天报纸需求量为 r 的概率为 $P(r)$。假设报童每天订 Q 份报纸：

当 $Q\geqslant r$ 时，报童损失 $h(Q-r)$ 元；

当 $Q<r$ 时，报童损失的机会成本为 $k(r-Q)$ 元。

由于 r 是离散的，故报童定购 Q 份报纸的期望损失为

$$C(Q) = h\sum_{r=0}^{Q}(Q-r)P(r) + k\sum_{r=Q+1}^{\infty}(r-Q)P(r)$$

使期望损失达到最小的最佳订购量 Q^* 必须满足以下两个条件：

(1) $C(Q^*) \leqslant C(Q^*+1)$；

(2) $C(Q^*) \leqslant C(Q^*-1)$。

由条件 (1) 得

$$C(Q^*) = h\sum_{r=0}^{Q^*}(Q^*-r)P(r) + k\sum_{r=Q^*+1}^{\infty}(r-Q^*)P(r)$$

$$\leqslant h\sum_{r=0}^{Q^*+1}(Q^*+1-r)P(r) + k\sum_{r=Q^*+2}^{\infty}(r-Q^*-1)P(r) = C(Q^*+1)$$

简化得，$h\sum_{r=o}^{Q^*}P(r) - k\sum_{r=Q^*+1}^{\infty}P(r) \geqslant 0$，即 $\sum_{r=0}^{Q^*}P(r) \geqslant \frac{k}{k+h}$

由条件 (2) 得

$$C(Q^*) = h\sum_{r=0}^{Q^*}(Q^*-r)P(r) + k\sum_{r=Q^*+1}^{\infty}(r-Q^*)P(r)$$

$$\leqslant h\sum_{r=0}^{Q^*-1}(Q^*-1-r)P(r) + k\sum_{r=Q^*}^{\infty}(r-Q^*+1)P(r) = C(Q^*-1)$$

简化得，

$$\sum_{r=0}^{Q^*-1}P(r) \leqslant \frac{k}{k+h}$$

故最佳订购量 Q^* 符合下列不等式

$$\sum_{r=0}^{Q^*-1}P(r) \leqslant \frac{k}{k+h} \leqslant \sum_{r=0}^{Q^*}P(r) \tag{4-6}$$

例 4-5 某超市，在圣诞节前要确定圣诞帽的进货量。通过对过去多年销售数据的分析总结，得到表 4-3 所示的概率分布规律。假设每卖一顶帽子赚 5 元，没卖出一顶帽子亏 7 元。请求出最优的订货量 Q^*。

表 4-3 概率分布

市场需求/顶	100	200	300	400	500
概率	0.01	0.05	0.09	0.10	0.14
市场需求/顶	600	700	800	900	1000
概率	0.16	0.22	0.13	0.08	0.02

解 首先根据式 (4-6) 计算出 $\frac{k}{k+h} = \frac{5}{5+7} = 0.417$

由于在本例中，货物基本是以 100 个单位的，通过概率分布，可以算得：

$$P(r=500) = 0.01 + 0.05 + 0.09 + 0.10 + 0.14 = 0.39$$

$$P(r=600) = 0.01 + 0.05 + 0.09 + 0.10 + 0.14 + 0.16 = 0.55$$

由于 $0.39 \leqslant 0.417 \leqslant 0.55$，故该超市应该订购 600 顶帽子。

4.7 定期订货模型

定期订货法是按预先确定的订货时间间隔进行订货补充库存的一种管理方法。定期订货法的原理为：预先确定一个订货周期和最高库存量，周期性地检查库存，根据最高库存量、实际库存、在途订货量和待出库商品数量，计算出每次订货量，发出订货指令并组织订货。

1. 定期订货模型

定期订货系统中，只在特定的时间进行库存盘点，不同时间的订购量不尽相同，订购量的大小主要取决于各个时期的使用率。定期订货系统比定量订货系统有更高的安全库存量。定期订货模型的库存变化如图 4-9 所示，其中，需求在订货周期内为随机情况。

定量订货模型要对库存连续盘点，一旦库存水平到达再订购点，立即进行订购。相反，标准定期订货模型仅是在盘点期进行库存盘点。有可能在订货刚到时由于大批量的要求而使库存降至 0，这种情况只有到下一个盘点期才能被发现。而新的订货需要一段时间才能到达，这样，在盘点期和提前期内有可能缺货。安全库存应当保证在盘点期和提前期内不发生缺货，因此，定期订货模型的库存量要高于定量订货模型的库存量。

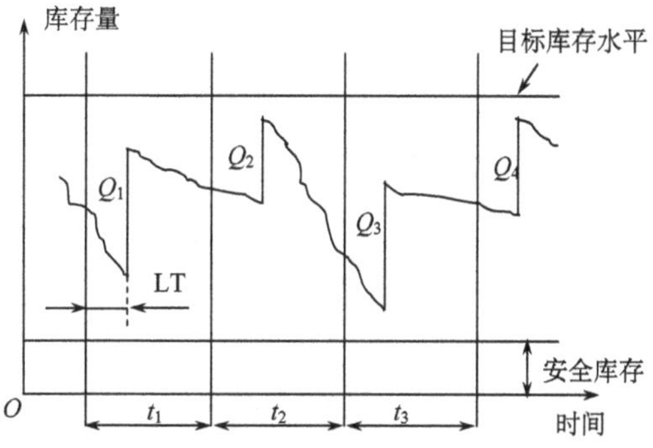

图 4-9　定期订货模型库存变化

定期订货模型适用以下场合：

- 通常为独立需求的产品；
- 物料从仓库中出货比较难以记录，且连续记录花费比较昂贵；
- 采购同一供应商的一组物料，集成为一张订单，会大幅度降低每个物料的总准备成本；
- 容易腐烂的物品，适合用定期订货模型；
- 整车运送或完全利用可使用的能力，可享受经济上的优惠。

在定期订货系统中，当在盘点期进行再订购时，安全库存必须为 $z\sigma$，若盘点期为 t，固定提前期为 LT。需求量是随机分布的且为均值。订货量 Q 用下式表示：

订货量＝盘点期和提前期内的平均需求＋安全需求－现有库存

$$Q=\bar{d}(T+L)+z\sigma-I$$

式中，Q 为订购量；T 为两次盘点的间隔期；L 为订货提前期；$\bar{d}$ 为日平均需求量；z 为既定服务水平下的置信系数；σ 为标准差；I 为现有库存量。

例 4-6　某公司根据分析，认为提前期中需求变化为正态分布，均值为：$u=350$ 单元，标准差：$\sigma=10$ 箱。公司策略是：出现缺货的概率为 5%，求：安全库存 SS。

解　从正态分布表查到 0.95 的分位数 $z=1.65$

$$SS=z\sigma=1.65\times10=16.5\text{（单元）}$$

2. 定量订货模型与定期订货模型比较

二者对比可以归结见表4-4。

表4-4 两种模型的不同点

特征	定量订货模型	定期订货模型
订购量	Q是固定的	Q是变化的
何时订购	当库存量降低到再订购点时	即在盘点期到来时
库存记录	每次出库都作记录	只在盘点期记录
库存大小	比定期模型小	比定量订货模型大
维持所需时间	由于纪录持续，所以较长	较短
安全库存量	小	大

定量订货模型的逻辑图见图4-10，定期订货模型的逻辑图见图4-11。

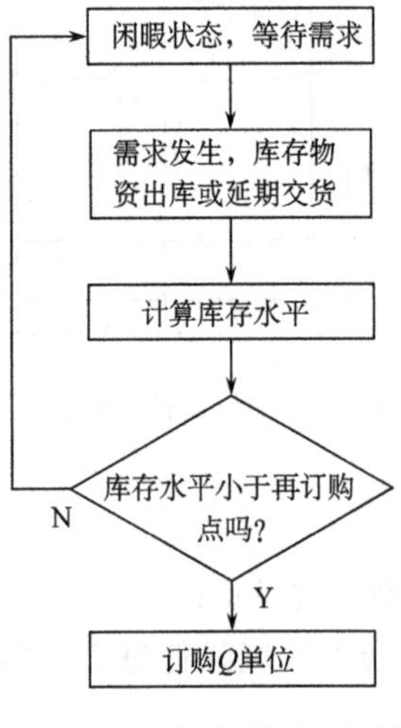

图4-10 定量订货模型的逻辑图

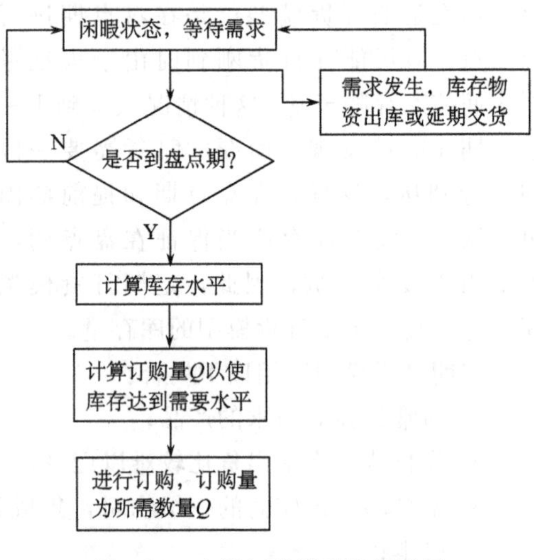

图4-11 定期订货模型的逻辑图

习　题

4-1 什么是库存?

4-2 什么是库存管理? 库存管理的目标是什么?

4-3 库存的类型有哪些?

4-4 解释为什么有人说库存是把“双刃剑”?

4-5 ABC分类法的基本思想是什么?

4-6 如何在企业中实施ABC分类法?

4-7 库存控制的两个关键问题是什么?

4-8 常见的库存成本有哪些? 如何理解持货系数与资金回报率的关系?

4-9 什么是库存周转率? 库存周转率的计算公式?

4-10 EOQ 模型的假设条件有哪些？

4-11 如何理解经济订货批量模型中最优解？

4-12 列举生活中存在的数量折扣现象。

4-13 报童模型的应用范围？

4-14 定期订货模型的适用范围？

4-15 定量订货模型与定期订货模型的不同点？

第 5 章　主生产计划

在生产企业中，主生产计划是确定每一具体的最终产品在每一具体时间段内生产数量的一类计划。它根据客户订单和市场需求预测，将综合生产计划中的产品系列具体化，使之成为展开物料需求计划的主要依据，起到了从综合生产计划向物料需求计划过渡的承上启下的作用。

5.1　主生产计划的基本概念

5.1.1　主生产计划的概念

综合生产计划（Aggregate Planning）是在工厂设施规划、资源规划和长期市场预测的基础上做出的，它是指导企业各部门生产经营活动的纲领性文件。综合生产计划是企业对未来一段时间内不同产品系列的生产活动所做的概括性安排。它是将企业策略和生产能力转化为产量、库存量和劳动力水平等变量的一种优化组合，同时尽可能保证生产总成本最小。

而主生产计划（Master Production Schedule，MPS）则是对企业综合生产计划的细化，它处理的是企业外部的独立需求，目的是寻求外部需求与内部能力和供应之间的平衡，充分利用企业的生产能力和外部资源满足顾客需求。

主生产计划主要用于解决三个问题，即在可用资源条件下：①企业计划生产什么？②什么时候生产？③生产多少？其输入、输出如图 5-1 所示。MPS 以市场预测、综合生产计划、客户订单为驱动，以能力和产品提前期为限制，来识别生产品种、安排生产时间和确定生产数量。

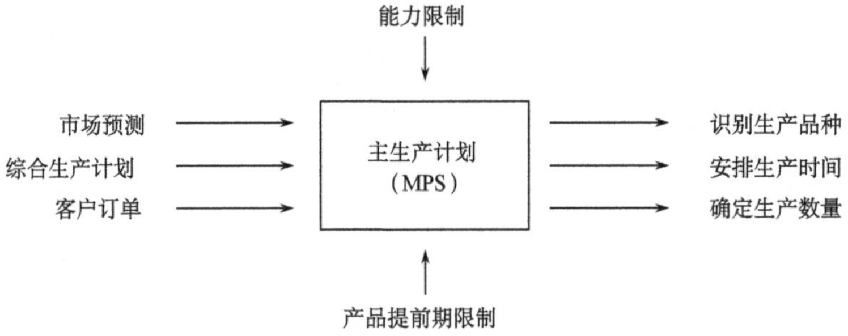

图 5-1　MPS 的输入、输出

5.1.2　MPS 的作用与意义

MPS 作为生产计划系统的核心，在三个计划模块（即综合生产计划、主生产计划和物料需求计划）中起着从宏观计划到微观计划过渡的作用。MPS 是在综合生产计划的基础上制定的运作计划；是所有短期生产活动（包括材料采购、零件外协、制造和装配等活动）的依据；是将综合生产计划转换为作业计划的关键。MPS决定了后续的所有计划及制造行为的目标，是物料需求计划的主要驱动。

从短期来讲，MPS是物料需求计划、零件生产、订货优先级和短期能力需求计划的依据。从长期来讲，MPS是估计本厂生产能力（厂房面积/机床数量/人力等）、仓库容量、技术人员和资金等资源需求的依据。之所以被称为“主”生产计划，就是因为它在企业的计划体系中起着“主控”的作用。

为什么不能跳过MPS，直接根据顾客订单或需求预测来确定物料需求计划？如果缺少了MPS这一层次，理论上，得到的计划就可以在数量上和时间上与客户订单或预测需求完全匹配。实际上，预测和客户订单是动态的、不均衡的，直接用来安排生产将会出现有时加班加点也无法完成任务，有时又会出现设备长时间闲置、没有生产任务的现象。加上MPS这一环节后，通过人工干预，使得在一段时间内主生产计划量和预测及客户订单在总量上相匹配，而不追求在每一时刻上都与需求相匹配，从而均衡地安排生产。因此，制定MPS是绝对必要的。

5.1.3 MPS的计划对象

MPS是针对产品系列中具体的产品而做的计划，其计划对象主要是综合生产计划中的产品系列具体化以后的出厂产品，称为最终成品（End Item），即指对于企业来说最终完成、具有独立需求特征的整机、部件或零件，它可以是直接用于消费的成品，也可以是将要装配的部件或配件。

在不同的制造环境下，MPS的计划对象是不同的，下面针对三种制造环境分别说明MPS的计划对象。

（1）备货生产MTS企业：备货生产是先将产品生产出来，然后依靠库存来满足需求，它是根据对市场需求的预测和安全库存及期初库存来制定MPS的。在备货生产环境下，通常是用很多种原材料和部件制造出少量品种的标准产品，对于产品系列下有多种具体产品的情况，要根据市场分析来估计各类产品占产品系列总量的百分比来制定MPS。因此在这种情况下，产品、备品备件等独立需求项目通常成为MPS的计划对象。

（2）装配生产ATO企业：装配生产是把很多已装配好的结构零件进行组装，产品通常是一系列结构基本相同的模块化产品，都是由若干基本组件和通用部件组成。通过对多种组件、部件的搭配组合，形成一系列不同规格的产品。这种情况下，MPS的计划对象通常是那些基本组件、通用部件和可选件，相当于X形产品结构中“腰部”的物料。

例如：电脑制造公司可用零配件来简化MPS的排产。多种电脑型号，可由不同的零部件组合而成。假设可供选择的零配件包括：5种主板、6种CPU、4种声卡、6种显卡、3种硬盘、3种光驱、2种内存、4种显示器，且假设这些零配件完全兼容，则可以装配出的电脑有$5\times6\times4\times6\times\cdots\times4=51840$种，但主要零配件只有$5+6+4+6+\cdots+4=33$种，零配件的种类总数比成品的总数少得多。显然，选择零配件作为MPS的计划对象较为合理。

在装配生产环境下，一般将MPS设立在基本零部件这一级，不必预测确切的、最终产品的配置，辅助以成品装配计划（Final Assembly Schedule，FAS）来简化MPS的处理过程。FAS也是一个实际的生产制造计划，它可以表达用户对成品项目的、特定的多种配置需求，包括从部件和零配件的制造到产品发货这一部分的生产和装配，如产品的最终装配、测试和外包等。对于有多种选择项的产品，采用FAS时，可简化MPS编制。

（3）订货生产MTO企业：订货生产的最终产品一般就是标准定型产品或按订货要求设计的产品，MPS的计划对象可以放在相当于T形或V形产品结构的底层。例如对于生产钢材的企业，同一型号的钢坯可轧制出规格多样的钢材，这时MPS的计划对象可以放在按钢号区分的钢坯上，以减少计划的物料数量。之后按具体的客户订单来计划生产相应的钢材。

在上述3种生产环境下，MPS的计划对象如图5-2所示。

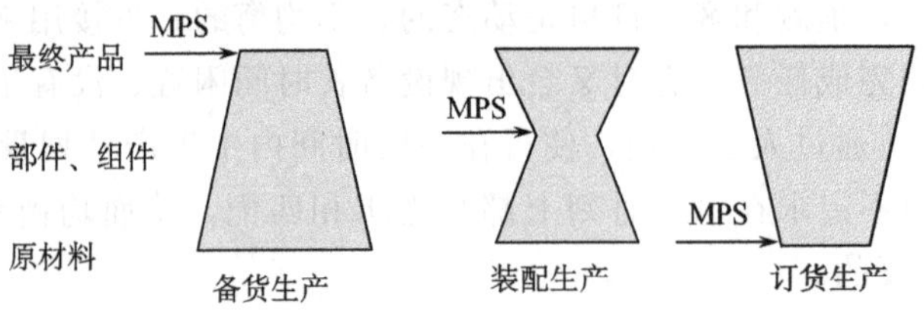

图5-2　不同生产环境下MPS的计划对象

5.2　MPS的计算逻辑

5.2.1　MPS的时间基准

由于MPS是按照时间基准进行计划编制的，因此在进行具体的计算之前，有必要了解MPS时间基准的相关概念。MPS的时间基准主要有计划展望期、时段、时区以及时界。

1）计划展望期（Planning Horizon）

MPS的计划展望期一般为3～18个月，应至少等于总的累计提前期或多出3～6个月。

2）时段（Time Bucket/Time Period）

时段就是时间段落、期间、间隔或时间跨度（本章中时段和期间不加区分），即微观计划的时间周期单位，如每天、每周等，通常按周划分。划分时段只是为了说明在各个时间跨度内的计划量、产出量、需求量，以固定时间段的间隔汇总计划量、产出量、需求量，便于对比计划，从而可以区分出计划需求的优先级别。

3）时界（Time Fence）

时界是MPS中计划的参考点，是控制计划变化的参考与根据，用以保持计划的严肃性、稳定性和灵活性。MPS设有两个时界点：需求时界和计划时界。

需求时界（Demand Time Fence，DTF）：需求时区与计划时区的分界线。当时间到达DTF时，需提醒计划人员：已进入机器总装，除特殊情况，一般计划不能再做调整。

计划时界（Planning Time Fence，PTF）：计划时区与预测时区之间的分界线。PTF总是大于或等于DTF。在PTF以内，计划已经确定，采购或生产周期较长的物料已经备好，资金已投入，能力开始耗用，MPS系统不能自动确定MPS订单计划，变动必须由计划人员手工完成。在PTF之后，MPS将自动编制主计划订单，但须由主计划员审核调整。

4）时区（Time Zone）

DTF和PTF将计划展望期划分成需求时区、计划时区和预测时区。当时间跨过某一时界到达下一时区时，对应的计划编制策略将发生变化。

- 需求时区：需求依据实际合同，计划已下达并执行，计划变动代价极大，很难变动。产品已经投入生产，装配已在进行，变动需由厂领导决定，应该尽量避免更改。
- 计划时区：需求依据合同与预测，可以取合同、预测、合同与预测之和、合同或预测的最大值。计划已确认及下达，变动代价大，系统不能自动变动更改，只能由人工干预。
- 预测时区：计划以预测为主，或取预测与合同的最大值。计划允许变动，系统可自动更改。

上述4个概念的相互关系如图5-3所示。

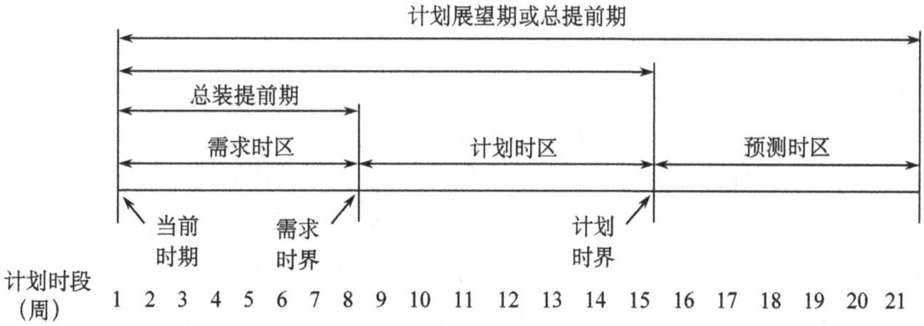

图5-3 计划展望期、时段、时界、时区的关系

MPS通过时界将计划展望期划分为3个时区，同时形成3种不同的订单状态。在当前时期至DTF这一段时间之内，相应的订单称为制造订单；在DTF与PTF之间，称为确认订单；在PTF至计划期结束时间之间，称为计划订单。

- 制造订单：制造订单是已下达生产的订单，授权制造指定的数量。这种订单通常不能更改，只有企业最高层管理人员才有权处理。
- 确认订单：计划订单的数量和时间已固定下来，计算机不能自动地改变它们，只有计划员才可以改变它们，确认订单是叙述MPS的常用方法。
- 计划订单：所有的订单只是系统生成的建议性计划订单，在情况出现变动时允许系统自动修改。

5.2.2 编制MPS的基本思路

MPS的编制主要取决于：①客户订单；②经销商订单；③库存补货订单；④个别成品的预测；⑤厂际需求；⑥配销中心需求；⑦成品的库存水准；⑧安全库存量；⑨已发出的完成品指令单；⑩库存的限制。

MPS 的建立，首先必须以进行市场的需求预测为前提。然而在整个计划期不同的时段内，MPS 的输入数据是不一样的，在 DTF 内需要根据顾客订单来编制 MPS，所以除了进行市场需求预测外，还要对客户订单进行需求管理。在编制完初步的 MPS 后，要用粗能力计划核算生产能力是否满足需求，如果无法满足，就需要对计划进行调整，直到负荷平衡。

编制 MPS，可按以下步骤进行：

① 根据生产规划和计划清单确定对每个最终产品的生产预测。

生产预测反映某产品类的生产规划总产量中预期分配到该项产品的部分，可用于指导 MPS 的编制，使得编制 MPS 时能遵循生产规划的目标。

② 根据生产预测、已收到的客户订单、配件预测以及该最终产品作为非独立需求项的需求数量，计算毛需求量。

需求的信息来源主要有：当前库存、期望的安全库存、已存在的客户订单、其他实际需求、预测及其他各项综合需求等。除预测与订单合同外，有时把其余各项单独列出为“其他需求”。某个时区的毛需求量即为本时区的客户合同订单、未兑现的预测和非独立需求的关系和。这里，MPS 的毛需求量已不再是预测信息，而是具有指导意义的生产信息。上述“关系和”是指把预测值和实际的合同值等组合得出毛需求，这在各个时区的取舍方法是不同的。

③ 根据毛需求量和事先确定好的订货策略和批量，以及安全库存量和期初库存量，计算各时区的主生产计划产出量和预计可用库存量。

首先计算预计可用库存量。可用库存量同“现有量”不同，它是现有库存中，扣除了预留给其他用途的已分配量，可以用于需求分配的那部分库存。预计可用库存量满足不了毛需求以及安全库存目标需求时，就出现了净需求。由计算所得净需求的值将决定之后是否下达生产订单或采购订单。具体计算和相关说明将在 5.2.3 小节详细介绍。

当预计可用库存量为正值时，表示满足需求量，则不需要安排生产计划产出量；反之，就要计划安排一个该周期 MPS 的生产批量，使 MPS 的生产批量在考虑制造和库存目标的同时尽可能与需求相接近，从而推算出 MPS 在计划展望期内各时段的生产量和生产活动，给出一份在生产提前期条件下安排生产的 MPS 备选方案。在此过程中，要注意均衡生产的要求。

④ 计算可供销售量供销售部门决策选用。

在某计划产出时段范围内，计划产出量超出下一次出现计划产出量之前各时段合同量之和的数量，这部分是可以随时向客户出售的产品，其数量称之为可供销售量。

⑤ 用粗能力计划评价 MPS 备选方案的可行性。

粗能力计划是对关键工作中心进行能力和负荷平衡的分析，以确定关键工作中心的能力是否能够满足主生产计划的要求。关键资源通常指瓶颈工作中心、关键供应商、有限的自然资源、专业技能、资金、仓库等。粗能力计划用于核定主要生产资源的情况，即关键工作中心、人力和原材料能否满足 MPS 的需要，以使得 MPS 在需求与能力之间取得平衡。编制主生产计划的具体方法将在 5.2.4 小节详细说明。

⑥ 评估 MPS。

在使用粗能力计划对关键工作中心进行测试并将 MPS 与生产能力进行平衡后，还需对 MPS 进行评估。若同意实施 MPS，则利用它继续生成后续的物料需求计划；如否定实施 MPS，则要对能力和 MPS 进行调整和平衡。可改变预计负荷或改变生产能力，如：重新安排订单、拖延订单、终止订单、申请加班、外协加工等。

⑦ 批准和下达 MPS。

MPS 经评估确认后，应召开会议批准 MPS，阐明解决 MPS 问题的方法及选用该方法的原因，并使用文字说明和图表示意。正式批准后的 MPS，应下达给有关的使用部门，包括生产制造部门、采购部门、工程技术部门、市场销售部门、财务部门以及其他有关人员等。

5.2.3 MPS 的计算

MPS 的计划展望期一般为 3～18 个月，可按周或按月分解。编制 MPS 时，要以时间分段记录来说明毛需求量、预计可用库存量、净需求量、计划订单产出量、计划订单投入量和可供销售量之间的关系，并在进行相关计算之前要确定一些原始参数。

1. 原始参数表

编制 MPS 时所需要的一些原始计算参数，如物料号、物料名称、期初库存量、批量、需求时界、计划时界、提前期等，将这些参数汇总成表格的形式，如表 5-1 所示。

表 5-1　原始参数表

参数名称	参数值	参数名称	参数值
物料号	TX029	提前期（周）	1
物料名称	杯具	需求时界（周）	3
期初库存量	25	计划时界（周）	8
安全库存量	10	计划日期	04/05/01
批量	50	计划员	ALI

编制 MPS 除上述原始参数外，还需知道需求预测量和合同订货量，如表 5-2 所示。

表 5-2　需求预测量与合同订货量

时段/周	1	2	3	4	5	6	7	8	9	10
需求预测量	30	30	30	30	30	30	30	30	30	30
合同订货量	28	35	22	19	33	36	22	28	29	25

下面依次说明相关参数及其计算方法。

2. 毛需求

毛需求（Gross Requirements，GR）不是预测信息，而是生产信息。不同时段的毛需求其取值方法也不同，计算毛需求的方法也没有固定的形式。其中较常用的是分时段的计算方法，设需求时界为 t_d，计划时界为 t_p，产品在期间 t 的需求预测量为 $X(t)$，在期间 t 的合同订货量为 $H(t)$，产品在期间 t 的毛需求为 $GR(t)$，则 $GR(t)$ 可由式 5-1 计算

$$GR(t)=\begin{cases}H(t),t\leqslant t_d\\ \max[H(t),X(t)],t_d<t\leqslant t_p\\ X(t),t_p<t\end{cases} \tag{5-1}$$

例如，由表5-1可知：$t_d=3$，$t_p=8$，根据表5-2可计算得

$t=1$时，$t<t_d$，则$GR(1)=H(1)=28$；

$t=5$时，$t_d<t\leqslant t_p$，则$GR(5)=\max[H(5),X(5)]=33$；

$t=9$时，$t>t_p$，则$GR(9)=X(9)=30$。

应该说明的是，不同企业根据实际情况可有不同的毛需求的确定方法，式（5-1）只是确定毛需求的一种方法。

3. 计划接收量

计划接收量（Scheduled Receipts，SR）表示已经订购或已经生产，预计在期间t到货的物料量。计算净需求量和可用库存量时应考虑计划接收量。

4. 预计可用库存量

预计可用库存量（Projected Available Balance，PAB）是现有库存中，扣除了预留给其他用途的已分配量，可以用于需求计算的那部分库存。设某产品在第t期的预计可用库存量为PAB(t)，计划接收量为SR(t)，毛需求为GR(t)，计划订单产出量为PORC(t)，其中初始可用库存量PAB(0)是已知的，则PAB(t)的计算式为

$$PAB(t)=PAB(t-1)+SR(t)-GR(t)+PORC(t) \tag{5-2}$$

上式中，若等号右侧前三项计算的结果为负值，应立即通过该期的主生产计划量来补上，否则将出现短缺。这是确定主生产计划的生产量和生产时间的基准之一。实际应用中，有的系统把这三项的值定义为PAB初值或现有库存量（Projected On-Hand，POH），即

$$POH(t)=PAB(t-1)+SR(t)-GR(t) \tag{5-3}$$

5. 净需求

净需求（Net Requirements，NR）是满足毛需求和安全库存裕量的目标数量。净需求是一个实际的需求，和毛需求不同，因为毛需求是一个比较粗的需求，没有考虑物料的可用库存量、计划接收量和安全库存。例如，某产品在某期的毛需求是150单位，现有库存70单位，若不设置安全库存，则实际需求并非150单位，而是150－70＝80单位；若考虑计划接收量为20单位，则实际需求变为80－20＝60单位；若考虑安全库存，设安全库存为25单位，则实际需求变为60＋25＝85单位。所以说，净需求的确定要根据该产品的毛需求、现有库存量、计划接收量和安全库存量来计算。

设计划接收量为SR(t)，毛需求为GR(t)，若不考虑安全库存，则NR(t)为

$$NR(t)=GR(t)-SR(t)-PAB(t-1) \tag{5-4}$$

如果计算结果为负，表明预计可用库存量与在计划接收量之和能够满足毛需求量，则不产生净需求，即净需求为0，此时，不需要下达生产订单或采购订单；反之，说明可供量小于需求量，则计算结果即为此时的净需求量。

若考虑安全库存，并设安全库存为 SS，则 NR(t) 为

$$NR(t) = SS + GR(t) - SR(t) - PAB(t-1) \tag{5-5}$$

6. 计划订单产出量

当某一期的净需求出现大于零的情况，即可提供的量无法满足需求量时，则在这一期就需要一定的产出量来弥补无法提供的量，称为计划订单产出量（Planned Order Receipts，PORC）。计划产出量的确定一般按照批量（Lot Size）的整数倍来计算，批量的大小通常在计划编制之前即已确定。设批量为 L，批量倍数为 $L_{N(t)}$，产品在期间 t 的净需求 $NR(t)>0$，计划产出量为 PORC(t)，则

$$PORC(t) = L \times L_{N(t)} \tag{5-6}$$

$$L_{N(t)} = \begin{cases} Int(NR(t)/L)+1, & Mod(NR(t)/L) \neq 0 \\ NR(t)/L, & Mod(NR(t)/L) = 0 \end{cases} \tag{5-7}$$

式中，Int(*) ——整除；Mod(*) ——求余。

例如：NR(3)=24,L=50,则 $L_{N(3)}$=Int(NR(3)/L)+1=1,PORC(3)=50×1=50；

NR(6)=72,L=50,则 $L_{N(6)}$=Int(NR(6)/L)+1=2,PORC(6)=50×2=100。

7. 计划订单投入量

订单的下达到交货通常有个周期，这个周期就是所谓的提前期。计划订单投入量（Planned Order Release，POR）应等于相应计划订单的产出量，且要比计划订单的产出期早出 1 个提前期。设产品在期间 t 的计划订单产出量为 PORC(t)，提前期为 LT，则计划订单投入量及其时间为

$$POR(t - LT) = PORC(t) \tag{5-8}$$

例如，某产品在第三周的计划订单产出量为 50，提前期为 1 周，则计划订单应在第二周下达，且计划订单投入量应为 50。

8. 可供销售量

由于按设定的批量投产，计划产出量会出现大于净需求的情况；此外，若预测值大于合同值，毛需求取预测值，也会出现产大于需的情况。在某个计划产出时间范围内，计划产出量超出下一次出现计划产出量之前，各时段合同量之和的数量是可以随时向客户出售的，这部分数量就是可供销售量（Available to Promise，ATP)(也称可签约量、可承诺量或待分配库存)。该信息主要为销售部门提供决策信息，向客户承诺订单交货期，它是销售人员与临时客户洽谈供货条件时的重要依据。在某时段内，若 ATP 为正值，表示这些数量的产品在此时段内随时可以向客户提供。

ATP 计算分以下两种情况：第一期的 ATP 等于期初现有库存量加本期的计划接收量减去直至主生产计划量到达前（不包括该期）各期的全部订货量；以后各期只有主生产计划量时才存在 ATP，其计算方法是该期的主生产计划量减去从该期至下一主生产计划量到期前（不包括该期）各时段的合同量之和。若某时段内计算得出的 ATP 为负值，则表示业务员超量接受订单。

设初始可用库存量为 PAB(0)，计划接收量为 SR(t)，合同量为 $H(t)$，则第一期的可供销售量计算公式为

$$\text{ATP}(1) = \text{PAB}(0) + \text{SR}(1) - \sum_{j=1}^{X_T} H(j) \tag{5-9}$$

以后各期存在主生产计划量时才存在 ATP，其计算方式为

$$\text{ATP}(t) = \text{PORC}(t) - \sum_{j=t}^{X_T} H(j) \tag{5-10}$$

式中，X_T——下一次出现计划产出量前的期间。

应该指出的是，式（5-9）仅考虑了主生产计划量，如果相应时段内有计划接收量，也应考虑进去。

将上述计算参数及其计算结果汇总成表格形式，形成主生产计划报表。下一节将以具体例子详细说明上述参数的计算过程，最终形成主生产计划报表。

5.2.4 MPS 编制示例

例 5-1 某灯具制造企业的生产计划相关原始参数、需求预测量与合同订货量分别如表 5-3、表 5-4 所示，且已知第一周计划接收量为 20。

表 5-3 原始参数表

参数名称	参数值	参数名称	参数值
物料号	LA001	提前期（周）	1
物料名称	灯具	需求时界（周）	3
现有量	15	计划时界（周）	8
安全库存量	5	计划日期	××/××/××
批量	60	计划员	PES

表 5-4 需求预测量与合同订货量

时段/周	1	2	3	4	5	6	7	8	9	10
需求预测量	20	20	20	20	20	20	20	20	20	20
合同订货量	25	18	23	16	28	15	24	18	20	18

制定主生产计划表初表。首先，计算第一周的相关参数，可按以下步骤进行：

① 绘出原始主生产计划表，并填写已知参数的值，如表 5-5 所示。

表 5-5 原始主生产计划表

时段/周	当期	1	2	3	4	5	6	7	8	9	10
需求预测量		20	20	20	20	20	20	20	20	20	20
合同订货量		25	18	23	16	28	15	24	18	20	18
毛需求											
计划接收量		20	0	0	0	0	0	0	0	0	0

续表

时段/周	当期	1	2	3	4	5	6	7	8	9	10
预计可用库存量	现有量 15										
净需求											
计划订单产出量											
计划订单投入量											
可供销售量											

② 根据表 5-3 提供的需求时界和计划时界，结合式（5-1），得出各时段的毛需求量。

③ 第一周的计划订单产出量为 0，第一周预计可用库存量 PAB(1)＝PAB(0)＋SR(1)－GR(1)＋PORC(1)＝15＋20－25＋0＝10。

④ 计算第一周的净需求，安全库存量 SS＝5，NR(1)＝5＋25－20－15＝－5＜0，不产生净需求，即净需求为 0。

第一周的相关参数（除计划订单投入量）和所有周的毛需求量计算完毕，将结果填入表 5-5 中相应位置，如表 5-6 所示。

表 5-6 主生产计划表

时段/周	当期	1	2	3	4	5	6	7	8	9	10
需求预测量		20	20	20	20	20	20	20	20	20	20
合同订货量		25	18	23	16	28	15	24	18	20	18
毛需求		25	18	23	20	28	20	24	20	20	20
计划接收量		20	0	0	0	0	0	0	0	0	0
预计可用库存量	现有量 15	10	52	29	9	41	21	57	37	17	57
净需求		0	13	0	0	24	0	8	0	0	8
计划订单产出量		0	60	0	0	60	0	60	0	0	60
计划订单投入量		60	0	0	60	0	60	0	0	60	0
可供销售量		10	3	—	—	17	—	−2	—	—	42

其次，依次计算其他周的相关参数。下面以第二周为例，说明其他周的相关参数的计算步骤：

① 计算净需求，NR(2)＝5＋18－10＝13。

② 由于 NR(2)＞0，则该期必须有计划订单产出量，由批量 L＝60，得第二周的计划订单产出量为：PORC(2)＝[Int(NR(2)/L)＋1]×L＝[Int(13/60＋1)]×60＝60。

③ 计算计划订单投入量，提前期 LT＝1，则 POR(1)＝PORC(2)＝60。

④ 计算预计可用库存量，PAB(2)＝POH(2)＋PORC(2)＝－8＋60＝52。

按照第二周的计算步骤，可依次计算出其他周的相关参数，将这些参数填入到表 5-5 中相应位置，如表 5-6 所示。

由于在计算可供销售量时，必须知道每一次出现计划产出量的时段，因此，只有在计算完所有周的其他参数，确定各个时段的计划订单投入量之后，才能计算各个时段的可供销售量。

例如：ATP(1) =PAB(0) +SR(1) −H(1) =15+20−25=10

$$\text{ATP}(2)=\text{PORC}(2)-\sum_{j=2}^{4}H(j)=60-(18+23+16)=3$$

$$\text{ATP}(5)=\text{PORC}(5)-\sum_{j=5}^{6}H(j)=60-(28+15)=17$$

计算完第二周至第十周的可供销售量之后，填入计算结果，形成完整的主生产计划表，如表5-6所示。

至此，就完成了MPS报表的编制。

5.3 粗能力计划校核

主生产计划的初步方案是否可行，需要根据资源约束条件来衡量。而资源约束条件主要是指生产能力的约束，实际上就是检查生产能力是否能够满足负荷需要。同主生产计划相伴运行的能力计划则是粗能力计划。

5.3.1 RCCP概述

粗能力计划（Rough-cut Capacity Planning，RCCP）将成品的生产计划转换成相关工作中心（Work Center）的能力需求，将主生产计划对关键资源的能力需求与关键资源的计划能力进行比较，发现可能发生严重超负荷或欠负荷的期间，然后采取措施，平衡负荷与能力的缺口，以确保主生产计划的有效性。其编制过程直接表达了主生产计划与执行这些生产任务的加工和装配工作中心的能力供求关系，所以它可以在能力的使用方面评价主生产计划的可行性。

粗能力计划一般只考虑关键工作中心等关键资源能力，所以是一种计算量较小、占用计算机机时较少、比较简单、粗略、快速的能力核定方法。关键资源通常指：关键工作中心、特别供应商、自然资源、专业技能、资金、仓库等。

工作中心是各种生产能力单元的统称，工作中心可以是一台功能独特的机床或生产装置、一组功能和费率相同的设备、一条生产线或装配线、一个成组单元、由若干工人组成的班组、某种生产单一产品的封闭车间等。对外协工序来讲，对应的工作中心则是一个外协单位的代码。

关键工作中心的定义可以是：经常满负荷或加班加点；需要熟练技术工人使用，不能任意替代或随时招聘；工艺独特的专用设备，不能替代或分包外协；设备昂贵，且不可能随时增添；受成本或生产周期限制，不允许替代等。通俗地说，关键工作中心主要是能力小时等于或小于需求小时的工作中心。注意：不要把关键工作中心同设备管理中的“重点设备”混淆起来。关键工作中心主要用于能力计划，是计划范畴内的概念。必须注意，不同产品工艺特点不同，生产数量不同，占用各工作中心的时间也不同，因此，关键工作中心会随产品组合和产量而变化，并不是一成不变的，要注意分析和维护。

粗能力计划配合主生产计划的处理过程，一般每月一次。即使主生产计划的计划周期为周，粗能力计划也可以每月做一次，将主生产计划中每周的生产量汇总为月的生产量，这样转换成对以月为计划周期的主生产计划而编制粗能力计划，更加便于进行能力管理。

但是，粗能力计划也有一些缺点。例如，粗能力计划忽略了现有库存量和在制品数量的影响，无法反映计划的动态实际变化；粗能力计划的计划对象只包含关键资源，无法彻底保证计划的可信度等。

5.3.2 RCCP的编制方法

粗能力计划的编制步骤主要分为三步：①计算主生产计划初步方案对各种关键资源在各个期间上的要求能力；②比较各个期间上关键资源的要求能力与计划能力，发现那些要求能力严重超出计划能力的关键资源及所在期间；③必要时，采取措施调整主生产计划，包括调整关键资源的计划能力或要求能力，以使二者平衡。编制粗能力计划有很多种方法，以下主要介绍综合因子法和能力清单法。

1. 综合因子法

综合因子法是一种相对简单的能力计划方法，需要以下输入数据：产品主生产计划、产品结构图（或物料清单）、加工路线和加工时间、每个工作中心所占总加工时间的百分比以及产品的单位能力需求。

例 5-2 有两种产品 X 和 Y，三个关键工作中心。已知数据如表 5-7～表 5-9 及图 5-4 所示。

表 5-7 产品 X 和 Y 的主生产计划

产品/时段/周	1	2	3	4	5	6	7	8	9	10
X	30	30	30	40	40	40	32	32	32	35
Y	20	20	20	15	15	15	25	25	25	30

表 5-8 产品 X 和 Y 的工艺路线和工时数据 单位：h

物料	所需工步	工作中心	单位准备时间	单位作业时间	单位总时间
X	1	100	0.0250	0.0250	0.0500
Y	1	100	0.0500	1.2500	1.3000
A	1	200	0.0250	0.5750	0.6000
	2	300	0.0250	0.1750	0.2000
B	1	200	0.0330	0.0670	0.1000
C	1	200	0.0200	0.0800	0.1000
D	1	200	0.0200	0.0425	0.0625

表 5-9 各工作中心所占总加工时间的百分比

工作中心	100	200	300
工时比例	60%	30%	10%

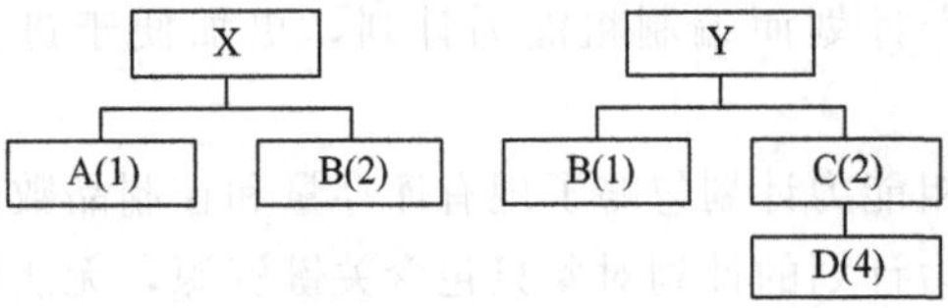

图 5-4　产品 X 和 Y 对应的结构图

下面说明综合因子法的计算步骤。

① 根据表 5-8 和图 5-4，计算产品 X 和 Y 的能力需求，能力需求等于产品各部件的数量与单位总时间的乘积之和，再加上成品本身的单位总时间。例如：对于产品 X，对应 1 个部件 A 和 2 个部件 B，部件 A 对应的单位总时间为 0.6＋0.2＝0.8h，部件 B 对应的单位总时间为 0.1h，产品 X 对应的单位总时间为 0.05h，则产品 X 对应的单位能力需求为 0.8＋0.1×2＋0.05＝1.05h。Y 的能力需求与 X 计算同理。最后汇总如表 5-10 所示。

② 根据表 5-7 所列的产品 X 和 Y 的主生产计划和表 5-10 所列的产品 X 和 Y 的能力需求，计算未来 10 周的总的能力需求，如第一周的能力需求为 1.05×30＋1.85×20＝68.5h，计算结果如表 5-11 所示。

表 5-10　产品 X、Y 的能力需求　　单位：h

最终产品	单位能力需求
X	1.05
Y	1.85

表 5-11　总能力需求　　单位：h

时段/周	1	2	3	4	5	6	7	8	9	10
总能力需求	68.50	68.50	68.50	69.75	69.75	69.75	79.85	79.85	79.85	92.25

③ 根据表 5-11 所示的总能力需求和表 5-9 所示的各工作中心所占总加工时间的百分比，计算每一周的各关键工作中心的能力需求，例如：对于第一周的 3 个关键工作中心的能力需求为：

工作中心 100 所需工时：68.5×60％＝41.1h；

工作中心 200 所需工时：68.5×30％＝20.55h；

工作中心 300 所需工时：68.5×10％＝6.85h。

各工作中心所占总加工时间的百分比一般按前一年分配的比例确定。在计算完所有周的各关键工作中心的能力需求后，将结果汇总成表，如表 5-12 所示。

表 5-12　各关键工作中心能力需求计划（综合因子法）　　单位：h

工作中心	历史比例/%	时段/周									
		1	2	3	4	5	6	7	8	9	10
100	60	41.10	41.10	41.10	41.85	41.85	41.85	47.91	47.91	47.91	55.35
200	30	20.55	20.55	20.55	20.93	20.93	20.93	23.96	23.96	23.96	27.68
300	10	6.85	6.85	6.85	6.98	6.98	6.98	7.99	7.99	7.99	9.23
总计	100	68.5	68.5	68.5	69.75	69.75	69.75	79.85	79.85	79.85	92.25

这样就得到了各关键工作中心所需的工时数。综合因子法计算过程简单，可通过手工完成。该方法适用于工作分配基本不变的企业。

2. 能力清单法

能力清单是针对物料或零件，根据主要资源和物料所需能力列出的清单。能力清单不是为了计划之用，而只是估计特定物料所需生产能力的方法。可为每一独立需求物料或相关需求物料的群组建立资源清单，并根据排定的数量来延伸，以决定生产能力需求。

和综合因子法相比，能力清单法是根据产品物料清单展开得到的，各关键工作中心所需时间并非像综合因子法一样，根据历史数据的百分比和总能力相乘得到，而是根据产品的工艺路线及标准工时数据得到的。

例 5-3 仍以综合因子法的例子为例，说明能力清单法的计算步骤。

第一步：根据表 5-8 所示产品 X 和 Y 的工艺路线和工时数据，以及图 5-4 所示产品 X 和 Y 的结构图，计算能力清单法下各关键工作中心对于产品 X 和产品 Y 的能力需求。

以关键工作中心 200 为例，由表 5-8 可知，工作中心 200 加工部件 A 的第一工步，以及部件 B、C 和部件 D，并由图 5-4 可知，一件产品 X 对应 1 个部件 A 和 2 个部件 B，一件产品 Y 对应 1 个部件 B、2 个部件 C、4 个部件 D，所以工作中心 200 对应产品 X 的能力需求为 $0.6\times1+0.1\times2=0.8$h，工作中心 200 对应产品 Y 的能力需求为 $0.1\times1+0.1\times2+0.0625\times4=0.55$h。同理，可计算其他关键工作中心对于产品 X 和 Y 的能力需求，最后汇总成能力清单，如表 5-13 所示。

表 5-13 产品 X、Y 的能力清单 单位：h

工作中心	X	Y
100	0.05	1.30
200	0.80	0.55
300	0.20	0.00

由表 5-8 所示的产品 X 和 Y 的主生产计划和表 5-13 所示的产品 X 和产品 Y 的能力清单，计算每个期间各关键工作中心对应的能力需求。以第一期为例，3 个关键工作中心的能力计划分别为：

工作中心 100 所需工时：$0.05\times30+1.3\times20=27.5$h；工作中心 200 所需工时：$0.8\times30+0.55\times20=35$h；工作中心 300 所需工时：$0.2\times30=6$h。

将各个期间各关键工作中心的所需工时汇总成表，形成工作中心需求计划表，如表 5-14 所示。至此就完成了能力清单法的计算。

表 5-14 各关键工作中心能力需求计划（能力清单法） 单位：h

工作中心	时段/周									
	1	2	3	4	5	6	7	8	9	10
100	27.50	27.50	27.50	21.50	21.50	21.50	34.10	34.10	34.10	40.75
200	35.00	35.00	35.00	40.25	40.25	40.25	39.35	39.35	39.35	44.50
300	6.00	6.00	6.00	8.00	8.00	8.00	6.40	6.40	6.40	7.00
总计	68.50	68.50	68.50	69.75	69.75	69.75	79.85	79.85	79.85	92.25

如上所述，通过计算可以获得整个主生产计划对各关键工作中心不同期间的要求能力，根据各关键工作中心不同期间内的可用能力，可以确定哪些时期负荷过重，哪些时期负荷不足，进而可以判断所编制的计划是否合理，以便加以协调。

习　　题

5-1　为什么在进行物料需求计划之前，需要进行主生产计划的编制？

5-2　主生产计划的计划对象是什么？

5-3　简述计划展望期、时段、时界、时区的关系。

5-4　已知某产品在未来十周的需求预测量和合同订货量如表5-15所示，需求时界为3个周，计划时界为6个周，期初库存量为160单位，第二周有90单位的计划接收量，提前期为两周，批量为150单位。试完成主生产计划表的编制。

表5-15　需求预测量与合同订货量

时段/周	1	2	3	4	5	6	7	8	9	10
需求预测量	140	130	140	90	110	80	100	90	80	110
合同订货量	130	120	110	100	120	100	90	80	100	90

5-5　简述粗能力计划及其优缺点。

5-6　简述综合因子法编制粗能力需求计划的步骤。

5-7　已知两种产品X和Y，三个关键工作中心。已知相关数据如表5-16、表5-17，以及图5-5所示。试利用以下已知条件，及能力清单法编制粗能力需求计划。

表5-16　产品X和Y的主生产计划

产品/时段/周	1	2	3	4	5	6	7	8	9	10
X	40	40	40	50	50	50	46	46	46	48
Y	30	30	30	35	35	35	25	25	25	40

表5-17　产品X和Y的工艺路线和工时数据　　单位：h

物料	所需工步	工作中心	单位准备时间	单位作业时间	单位总时间
X	1	100	0.020	0.020	0.040
Y	1	100	0.050	1.150	1.200
A	1	200	0.030	0.670	0.700
	2	300	0.025	0.275	0.300
B	1	200	0.035	0.115	0.150
C	1	200	0.020	0.060	0.080
D	1	200	0.040	0.110	0.150

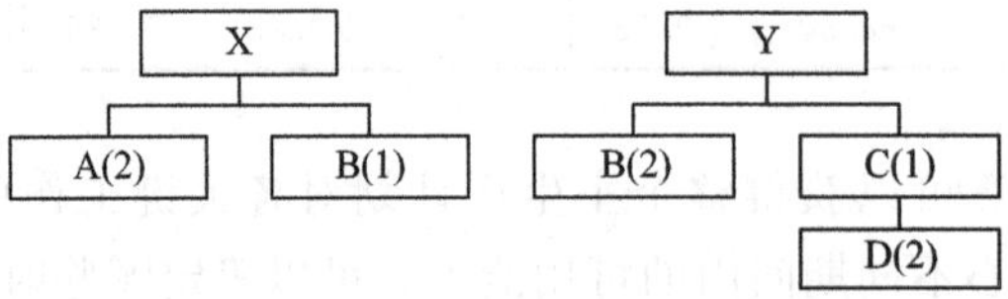

图5-5　产品X和Y对应的结构图

第 6 章　物料需求计划

主生产计划的计划对象是产成品，而物料需求计划则是对主生产计划的进一步细化和分解，即需要制定构成产成品的零部件的生产计划和原材料需求计划。依据主生产计划的数量和时间安排，物料需求计划根据产品的需求数量自动推导出构成产品的零件和材料的需求量，由产品的交货期展开为零部件的生产进度日程和原材料、外购件的需求日期。细能力计划校核环节的引入将大大提高物料需求计划的可行性。

6.1　物料需求计划基本概念

主生产计划是针对最终成品的计划，然而一个产品可能由成百上千种相关物料组成，如果把企业所有产品的相关需求汇总起来，数量更大；同时，一种物料可能会用在几种产品上，不同产品对同一种物料的需用量又不相同；另外，不同物料的加工周期或采购周期不同，需用时期也不同。那么如何才能保证每种物料能在需要的时间内配套备齐，既能满足装配或交货期的要求，又能满足合理的生产或采购批量，并能使库存保持在一个适当的水平？又如何才能保证在规定的时间，按照规定的数量得到真正需要的物料？物料需求计划（Material Requirements Planning，MRP）的出现解决了人们提出的这些问题。

所谓的物料需求计划，是指在产品生产中对构成产品的各种物料的需求量与需求时间所做的计划。美国生产与库存控制协会对物料需求计划所作的定义为：物料需求计划就是根据主生产计划、物料清单、库存记录和已订未交的订单等资料，经过计算而得到各种相关需求物料的需求状况，同时补充提出各种新订单的建议，以及修正各种已开出订单的一种实用技术。其中的物料是一个广义概念，指的是为了产品出厂，需要列入计划的所有不可缺少的物品的统称，包括部件、零件、外购件、标准件以及制造零件所用的毛坯与原材料等。

主生产计划的计划对象是产成品，而物料需求计划则是要制订构成产成品的原材料、零部件的生产计划：该计划可以保证采购企业什么时候采购什么物料，订货量是多少；也可以为生产企业生产什么，什么时候开始生产，生产批量是多少提供依据，等等。例如：某企业生产自行车的主生产计划要求第三周生产出 20 辆自行车，第四周生产出 10 辆自行车。那么经过 MRP 进一步细化后得到的就可能是：第一周需要多少车把、车梁……第二周需要多少车轮……因此，MRP 是 MPS 需求的进一步展开，也是实现 MPS 的保证和支持。

MRP 作为一种优先计划方法，其基本思想是：①根据产品主生产计划倒推出相关物料的需求；②根据物料相关需求信息，制定未来的生产计划；③根据物料的相关需求计划和预测，组织制造资源，实现按需的准时生产。总之，MRP 将产品的主生产计划分解成从产品到原材料的一系列订货过程，强调以物料为中心组织生产，体现了为顾客服务的宗旨和按需定产的思想。通过实施 MRP，实现“在需要的时候，向需要的部门，按需要的数量，提供需要的物料”，既要防止物料供应滞后于对它们的需要，也要防止物料过早地生产或采购，以免增加库存，造成物料的积压。

MRP 处理的是物料的相关需求，从而克服了订货点法将所有物料都看成是独立需求物料的缺点。它按照主生产计划和产品物料结构，采用倒排计划的方法，确定每个物料在每个时间分段上的需求量，以保证在正确的时间内提供正确数量的所需物料。因此，MRP 不仅在数量上解决了缺料问题，更关键的是从时间上解决缺料问题，实现了制造企业销售、生产和采购三个核心业务的信息集成与协同运作。具体地讲，实施物料需求计划可以达到如下目的：

（1）为生产和供应部门提供准确和完整的物料需求数据，主要包括需求数量和需求时间等；

（2）利用库存信息来调控采购量和购进时间，充分发挥库存信息在计划管理中的重要作用，在满足生产需要的前提下最大限度地降低库存（包括中间库存和在制品库存），保证库存处在一个适当的水平，从而减少在库存方面的资金积压；

（3）根据产成品的需求和成品零部件的工艺路线及规定工时，计算出各时段内相关工作中心的生产能力需求量，为能力需求计划的制订提供依据；

（4）根据企业的实际情况制定出零件及半成品生产的优先级，并列出每一时间段内应当完成的生产装配任务，从整体上把握产成品的出产进度，提高计划的可执行性，实现均衡生产。

6.2 MRP 编制

6.2.1 独立和相关物料需求

物料需求计划编制过程中，按照需求的来源不同，企业内部的物料需求可分为独立需求和相关需求两种类型。

（1）独立需求（Independent Demand，ID）是指对一种物料的需求与对其他物料的需求之间是无关的。独立需求一般是随机的、企业自身无法控制而由市场决定的需求。例如，客户订购的产品、科研试制需要的样品、售后维修需要的备品备件等。独立需求中各种物料的需求是互不相关的。

（2）相关需求（Dependent Demand，DD）是指对一种物料的需求与对其他物料的需求之间具有内在的相关性。相关需求通常是根据物料之间的结构组成关系，由独立需求的物料所产生的需求。例如，半成品、零部件、原材料等的需求。相关需求中任一物料的需求是对其他物料需求的直接结果。在制造业中，一个产品的制造过程可能会涉及成千上万种不同类型的物料，其中，绝大多数属于相关需求。相关需求是 MRP 的核心概念，是制定物料需求计划的基础。

6.2.2 MRP 的基本原理

MRP 的基本原理是：根据需求和预测来确定未来物料的供应和生产计划，提供物料需求的准确时间和数量。具体而言，MRP 根据产品结构的具体特征，将主生产计划分解成零部件生产进度计划和原材料、外购件的采购进度计划，确定自制件的投产日期与完工日期以及原材料、外购件的订货采购和入库的日期。MRP 遵循 JIT（Just in Time）的方法，实现适时、适量的生产与采购，尽量减少生产中的在制品，压缩外购物料的库存量，缩短生产周期，保证按期交货。

编制 MRP 需要处理的问题以及需要用到的信息，如表 6-1 所示。

表 6-1　MRP 处理的问题及需用信息

处理的问题	需用信息
1. 生产什么？生产多少？何时完成？	1. 现实、有效、可信的 MPS
2. 要用到什么？	2. 准确的 BOM，及时的设计更改通知
3. 已有什么？已订货量？到货时间？已分配量？	3. 准确的库存信息；下达订单跟踪信息；配套领料单、提货单
4. 还缺什么？	4. 批量规则、安全库存、成品率
5. 下达订单的开始日期	5. 提前期

因此，要正确编制物料需求计划，首先必须落实产品的生产进度计划，即主生产计划（Master Production Schedule，MPS），这是 MRP 展开的依据；MRP 还需要知道产品的零件结构，即物料清单（Bill of Material，BOM），才能把主生产计划展开成零件计划；同时，必须知道库存信息才能准确计算出零件的采购数量。这三项成为 MRP 的主要输入，其主要输出是零件的生产作业计划和采购计划。

MRP 输入输出之间的逻辑流程关系如图 6-1 所示。该图给出了一个开环物料需求计划系统的构成，包括主生产计划子系统、物料清单维护子系统、库存管理子系统与物料需求计划编制子系统。

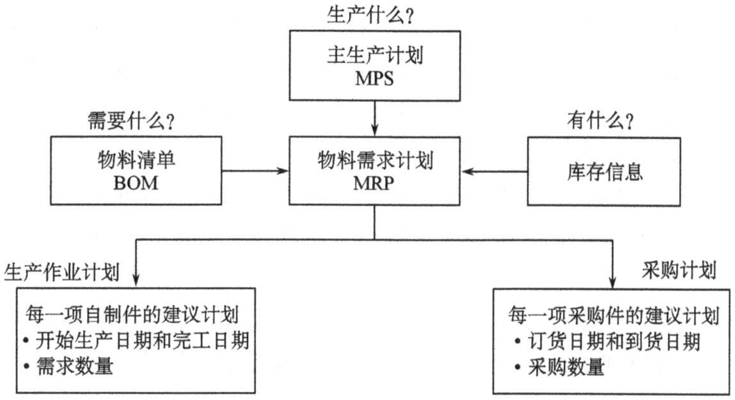

图 6-1　MRP 的输入与输出

1）主生产计划

主生产计划根据客户合同和市场预测，把综合生产计划中的产品系列具体化，使之成为展开物料需求计划的主要依据，起到了从综合计划向具体计划过渡的作用。它是确定每一具体的最终产品在每一具体的时间段内生产数量的独立需求计划。关于主生产计划的相关内容详见第 5 章。

2）产品结构与物料清单

要正确地计算出物料需求的时间和数量，特别是相关需求物料的数量和时间，首先要知道企业所制造产品的结构和所有要使用到的物料。为了直观地反映产品结构，采用产品结构树的方法，可以以图形的方式列出构成成品或装配件的所有部件、组件、零件等的组成、装配关系和数量要求，图 6-2（a）就是产品 X 的一个简单的产品结构树。

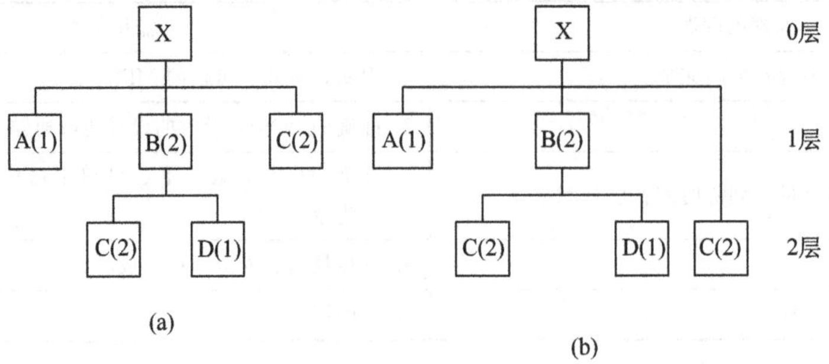

图 6-2　产品 X 的结构树

在产品结构树中，上一层的项目是与其相关的若干下一层项目的“父项”，下一层项目是与其相关的上一层项目的“子项”，例如，对于图 6-2（a）所示的产品 X，X 是 A、B、C 的父项，C、D 是 B 的子项。通常树根部反映的是最终产品项目（0 层，如 X），以后依次是组成产品的部件或组件（1 层，如 A、B、C）和零件（2 层，如 C、D）。0 层为最高层，其次为 1 层，数字越大则层次越低。

在图 6-2（a）中，可以发现项目 C 在层次 1 和 2 中同时出现，通常把这种项目称为通用件。一个多层次通用件可能出现在同一产品的不同层次上，也可能出现在不同产品的不同层次上。在进行计算时需要对不同项目所属的层次进行编码，为了解决多层次通用件的编码问题，引入了最低层次代码，称为“低位码”（Low Level Code）。所谓低位码是指某个物料在所有产品结构树中所处的最低层数，因此可以通过零部件所在产品结构树中的层次来决定它的低位码。在图 6-2（a）中，项目 C 的低位码为 2。为了便于后面计算物料需求量，要求树状图按照最低层级规则绘制，同一种物料只能出现在同一层级上，即将其集中表示在它们所处的所有层级中最低的层级上。将图 6-2（a）中所示结构树按照最低层规则绘制，如图 6-2（b）所示。

产品结构树能直观地描述产品与所需物料的结构关系，但其图形方式不便于计算机处理。为了便于计算机识别，把用图示表达的产品结构转化成某种数据格式，这种以数据格式来描述产品结构的文件就是物料清单。如果说产品结构树从视觉上比较直观地反映了产品结构，那么 BOM 就是以一种特殊的方式将产品结构存储于计算机中。

在 BOM 中，包含了一个产品在生产或装配时所需的各种组件、零件及原材料的清单，它不仅反映出一个产品的物料构成项目，同时还指出这些项目之间的实际结构关系，即从原材料、零件、组件、部件直到最终产品，每一层之间的隶属关系。例如，图 6-2（a）所示的产品结构用 BOM 来描述，如表 6-2 所示。

表 6-2 产品 X 的 BOM

零件号	描述	装配数量	单位	层次
10010	A	1	个	1
10020	B	2	个	1
10099	C	4	个	2
10095	D	2	个	2
10099	C	2	个	1

物料清单是 MRP 的核心文件，它在物料分解与产品计划过程中占有重要的地位，是物料计划的控制文件，也是制造企业的核心文件。

3）库存信息

每一项物料的库存记录都作为一个库存信息被保存于数据库中。库存信息包括了企业所有产品、零部件、在制品、原材料等库存物料的数据资料。数据资料分为两类：一类是静态数据，又称为主数据，它说明物料的基本特征，在一定的计划期内不会变动，是在运行 MRP 之前就确定的数据，包括物料的代码、名称、材质、单价、供应类型（自制、外购或外协）、供应提前期、批量规则、安全库存量、库存类别、允许的残料率（或废品率）等；另一类是动态数据，如总需求量、库存量、净需求量、计划发出（订货）量等。MRP 在运行时，不断变更的是动态数据。为了便于计算机识别，必须对物料进行编码。物料编码是 MRP 系统识别物料的唯一标识。

6.2.3 MRP 的计算项目

MRP 的核心是计算物料需求量，计算过程中涉及的主要计算项目有

(1) 总需求量或毛需求量（GR）：物料在不同时段的预计需求量。

(2) 净需求量（NR）：当可用库存量不能够满足当期总需求量时，其短缺部分就转化为净需求量。

(3) 预计可用库存量（PAB）：表示在满足本期总需求量后，剩余的可供下一个周期使用的库存量。

(4) 计划接收量（SR）：表示已订购或已生产，预计在计划周期内到货入库的物料数量。

(5) 计划产出量（PORC）：一般净需求量就是生产批量或订货批量，但考虑到生产的经济性或其他生产约束条件，计划产出量需要按批量规则将净需求调整为生产批量或订货批量的整数倍。

(6) 计划投入量（POR）：投入生产或提出采购的数量，其数量与计划产出量相同，但时间需要按计划产出量的时间反推一个提前期。

MRP 的计算项目与 MPS 几乎是相同的。MRP 的计划对象是相关需求件，其毛需求主要是由上层物料的计划投入量确定，同预测或合同没有直接关系；也没有可供销售量（Available to Promise，ATP）。在此，仅简要讨论毛需求量的计算，其他项目的含义及计算可参考第 5 章中相关内容。

在 MRP 中，毛需求量主要是为了满足父项物料的订货（可以是多个订货）要求而发

出的，而不是最终产品所消耗的数量，因此各物料的毛需求量主要根据其父项的计划投入量以及父项对子项的需求数量而定。设物料在期间 t 的毛需求量为 GR(t)，其中独立需求量为 DI(t)(如主生产计划量)，相关需求量为 $DD(t)$，父项的个数为 m，父项对子项的需求数量为 $N(t, 1)$，$N(t, 2)$，…，$N(t, m)$，各父项的计划投入量为 POR(t, 1)，POR(t, 2)，…,POR(t, m)，则有

$$\mathrm{GR}(t) = \mathrm{DI}(t) + \mathrm{DD}(t) = \mathrm{DI}(t) + \sum_{i=1}^{m} \mathrm{POR}(t,i) \times N(t,i) \tag{6-1}$$

6.2.4 MRP 的计划因子

在进行 MRP 计算时，会涉及若干被称为计划因子的参数，这些计划因子必须在计划制定前确定，并且它们在整个 MRP 的运算过程中起着重要作用。

1）计划期（Planning Horizon）与计划周期

计划期是指相邻两次 MRP 计算的时间间隔，它由若干个被称为计划周期或时段（Time Bucket）的小时间段组成。计划周期长度的大小反映了 MRP 的细致程度，并与整个计算的工作量成反比，一般取其为一周。随着计算机技术的提高，计划周期可缩短为以天为单位，此时其他与时间有关的信息也需精确到天，如主生产计划、提前期、库存记录等。一般计划期的长度应大于或等于产品的最长生产周期（含采购周期或外协周期）。

2）提前期（Lead Time）

提前期是指以交货或完工日期为准，倒推到加工或采购的开始日期的这段时间。MRP 中的提前期通常是指从订单发出至订单接收的这段时间，一般可分为外购件提前期和自制件提前期。外购件提前期是指从发出采购订单开始，经供应商供货、在途运输、到货验收、入库所需的总时间；自制件提前期是指从订单下达开始，经过准备物料，准备工具、工作地和设备，加工制造，直到检验入库所需的总时间。

3）批量（Lot Size）规则

MRP 中计划订单的投入量应为批量的整数倍，批量可以是固定的，也可以是动态变化的。一般来讲，一次订货的数量应能满足一个或多个时段的物料需求。所谓批量，对于生产零部件而言，就是一次所要生产的数量；对于采购件而言，就是一次性向供应商订货的数量。MRP 系统中，批量作为已知数据输入。以下是常用的几种确定批量的方法。

（1）固定批量法（Fixed Order Quantity，FOQ）。FOQ 法是指每次订货间隔期不同，但每次订购数量固定不变。MRP 计算时将净需求量与固定批量值相比较，若净需求量小于或等于该批量，则计划订购量等于固定批量；否则计划订购量等于净需求量。固定批量值通常由下列因素确定：制造过程生产能力的限制（如：一炉钢生产量为 100 吨或热处理炉能力为 200 公斤，订货数量低于生产负荷能力，经济效益会受影响），运输能力及包装容器大小的限制，物料尺寸和重量的限制，逻辑上的订货倍数（如打、箱等）。

（2）经济批量法（Economic Order Quantity，EOQ）。EOQ 法是指某种物料的订购费用和保管费用之和为最低时的最佳批量法。EOQ 法一般用于需求是常量并且已知，成本和提前期也是常量并且已知，库存能力及时补充的情况之下，即它是用于需求连续、库存消耗稳定的场合。EOQ 法的最佳批量计算参见第 4 章相关内容。

(3) 直接批量法。也称逐批订货批量法（Lot-for-Lot），即根据净需求的计算结果确定批量，订购批量恰好和净需求相匹配，计划订单的产出量正好等于每期的净需求量。

(4) 固定订货间隔期法。在固定订货间隔期法中，批量的大小等于未来 P 时段的总需求量减去前一时段的可用库存量。此方法的重点在于保证未来 P 时段的需求，并不意味着每隔 P 个时段必须发出一个订单。P 的大小与物料单件价值有关，价值越大，P 取值越小；反之，P 取值越大。

(5) 最大零件周期收益法（Maximum Part-period Gain，MPG）。MPG 法用于处理离散周期需求下的批量问题。一般假设周期内需求连续均匀，不允许缺货。其基本思想是：当把某周 t 的需求 $D(t)$ 合并到相对 t 的第一周一起订货时（第一周有需求），可节省一次订货费用 S，但却增加了库存保管费用 $(t-1)\cdot D(t)\cdot H$，H 为单位产品每周期的保管费。因此，只要 $(t-1)\cdot D(t)\cdot H<S$ 时，即 $(t-1)\cdot D(t)<S/H$，就将 $D(t)$ 合并到第 1 周一起订货。第 1 周是相对 t 周而言的。$(t-1)\cdot D(t)$ 越小，则合并订货越划算。$(t-1)\cdot D(t)$ 的单位为“零件-周期”，将一个零件提前一周订货称为一个“零件-周期”。

MPG 法的实质是将未来若干期的需求量合并为一批，比较由于合并而带来的订货成本的节省费用与由此而导致的保管成本增加量，若前者大于或等于后者，则合并；否则，不合并。由于保管费用等于订货费用时，总费用最小，则有

$$S = H\cdot D(2)+2H\cdot D(3)+\cdots+k\cdot H\cdot D(k+1),$$
$$S/H = D(2)+2D(3)+\cdots+k\cdot D(k+1) \tag{6-2}$$

例 6-1 考虑一产品，其需求为确定型非均匀的，具体数据如下。假定：库存维护成本为 0.20 元/周·件，订货成本为每次 30 元，期初库存为 0。现用 MPG 法求解最佳订货方案，并计算出总费用（当月订货当月消耗的产品不计库存费用）。

周次	1	2	3	4	5	6	7	8	9	10	11	12
需求量	50	80	180	80	0	0	180	160	10	100	180	130
期初库存												
期末库存												

由于 $S/H=30/0.2=150$ 件·周，根据 MPG 法的原理，可以获得如下所示的订货方案：共有 6 次订货，分别在第 1、3、7、8、10、11 周产生订货，订货量分别为 130、260、180、170、100、310。

周次	1	2	3	4	5	6	7	8	9	10	11	12
需求量	50	80	180	80	0	0	180	160	10	100	180	130
期初库存	130	80	260	80	0	0	180	170	10	100	310	130
期末库存	80	0	80	0	0	0	0	10	0	0	130	0

例如，考虑把第2周需求合并到第1周订货，$t=2$，$(t-1)\cdot D(t)=1\times80<150$，表明前2周需求可以合并；若把第3周需求也合并到第1周，则有$1\times80+2\times180>150$，因此不能将第3周需求合并到第1周进行订货。需要在第3周产生订货，首先考虑第3、4周合并订货，有$1\times80<150$，可以合并；第5、6周需求为0，不予以考虑；考虑第7周需求是否可以合并入第三周：$1\times80+2\times0+3\times0+4\times180>150$，所以不能合并，第7周需要产生订货。该周及以后各期的订货策略同理可得。

则订货费用为：$30\times6=180$（元）；库存保管费用为：$80\times1\times0.2+80\times1\times0.2+10\times1\times0.2+130\times1\times0.2=60$（元）；因此总费用为：$180+60=240$（元）。

4）安全库存

安全库存是为了应付市场波动以及供应商的不可靠性而设置的库存量，用以防止生产过程中产生缺料现象，避免造成生产或供应中断。尽管MRP处理的是相关需求，但仍有不确定性。比如，不合格品的出现、外购件交货延误、设备故障、停电、缺勤等。因此，相关需求也有安全库存问题。从产品结构树的角度看，安全库存的位置主要处于BOM顶层级和低层级物料。其具体数量可根据物料项目的历史资料和要求的服务水平（缺货率）等，采用统计分析的方法计算得到。

6.2.5 基本MRP的运算逻辑

MRP的运算是根据反工艺路线的原理，按照主生产计划规定的产品生产数量及期限要求，利用产品结构、零部件和在制品库存情况、各生产阶段（或订购）的提前期、安全库存等信息，反工艺顺序地推算出各个零部件的出产数量与期限。其处理步骤主要为：准备MRP处理所需的各种输入，将MPS作为确认的生产订单下达给MRP，然后根据产品的BOM，从第一层项目起，逐层处理各个项目直至最低层处理完毕为止。MRP的计算原理及过程如图6-3所示。

6.2.6 MRP的更新方法

MRP系统的一个重要功能是根据计划实际执行情况及时对计划进行更新，更新的方式有以下两种：

1）再生法

也称重新生成方式，即按主生产计划从0层级开始，对物料需求量重新展开计算。更新的时间间隔一般为1周或2周，采用批处理方式对两次更新之间的所有变化一起进行处理。此种更新方式的处理工作量较大，一般用于比较稳定的生产环境。在使用再生法时，其处理过程包括的内容有：①主生产计划中列出来的每一个最终项目的需求都要加以分解；②每一个BOM文件都被访问到；③每一个库存状态记录都要经过重新处理。

2）净改变法

用于生产环境不稳定且频繁地需要在较短时间周期内更新计划的场合。净改变方式只对有变化的物料项目进行重新计算和新的计划安排，这样使得计算工作量大大减少，计划更新的频次加快，增强了系统适应变换的能力。净改变式系统的实施可以采用以下两种方式：①较频繁地重排计划（通常每天批处理一次）；②连续地重排计划，即实时处理。

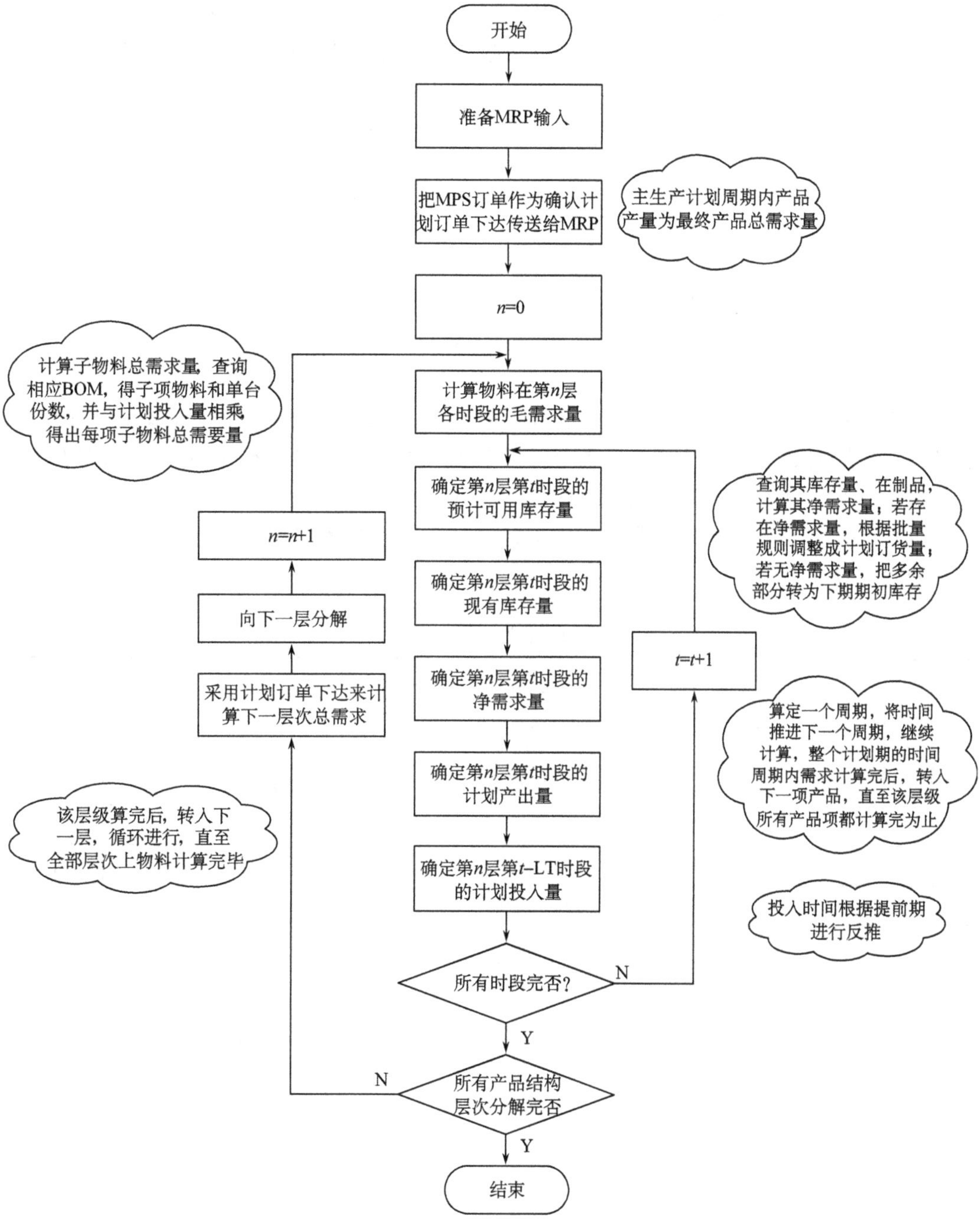

图 6-3 MRP 的计算原理图

6.2.7 MRP 的范例

例 6-2 假定有 X、Y 两种产品，其所包含的层次子项和需用的数量及产品结构树如图 6-4所示。假定两种产品已经过主生产计划推算出计划投入量和产出量，其余所含子物料的提前期、批量、安全库存、现有量、已分配量等均为已知（见以下相关数据表）。X、Y、

A、B 的批量规则为按需确定批量法（在数据表中记为 1），C、D、E、F 的批量规则为固定批量法（批量分别为 20、20、40、20）。试编制子项 C 的物料需求计划表及完整的 MRP 表。

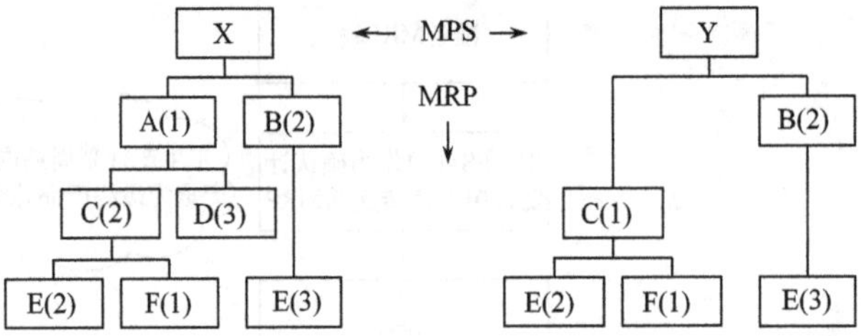

图 6-4　产品 X、Y 的结构树

由于物料 C 有两个父级物料：A 和 Y，而 A 又是 X 的子物料，因此在确定 C 的毛需求时，首先根据 X 主生产计划确定各个时段 X 对 A 的需求，从而确定 A 对 C 的需求，再合并根据 Y 的主生产计划确定的各个时段 Y 对 C 的需求得到 C 的总需求。

（1）推算 A 的物料需求计划，根据前述物料需求计划的编制原理，可得 A 的物料需求计划表如表 6-3 所示。

表 6-3　物料 A 的 MRP 表

批量	提前期	现有量	已分配量	安全库存	低位码	物料号	时段/周	当期	1	2	3	4	5	6	7	8
1	1				0	X	MPS 计划产出量			7		10		15		12
							MPS 计划投入量		7		10		15		12	
1	2	15			1	A	毛需求		7		10		15		12	
							计划接收量									
							预计可用库存量	15	8	8	0	0	0		0	
							净需求				2		15		12	
							计划产出量				2		15		12	
							计划投入量		2		15		12			

对于毛需求的计算

$$GR_A(1) = POR_X(1) \times N_A = 7 \times 1 = 7$$

$$GR_A(3) = POR_X(3) \times N_A = 10 \times 1 = 10$$

对于预计可用库存量的计算

$$PAB_A(0) = 15 - 0 = 15（现有量 - 已分配量）$$

$$PAB_A(1) = 15 + 0 - 7 = 8$$

A 的安全库存为 0，对于 A 净需求计算

$$NR_A(3) = 10 + 0 - 8 = 2$$

$$NR_A(5) = 15 + 0 - 0 = 15$$

由于 A 采用按需批量法，所以 A 在任何时段的计划产出量与净需求相等，如

$$PORC_A(3) = NR_A(3) = 2$$

其他时段计算同理。

由计划投入量等于计划产出量，且提前期 LT=2，可得各相应时段 A 的计划投入量。

(2) 推算 A 对 C 的毛需求量

推算 A 对 C 的毛需求量与推算 X 对 A 的毛需求量同理，结果如表 6-4 所示。

表 6-4 物料 A 对物料 C 的毛需求量

批量	提前期	现有量	已分配量	安全库存	低位码	物料号	时段	当期	1	2	3	4	5	6	7	8
1	2	15			1	A	MRP 计划产出量				2		15		12	
							MRP 计划投入量		2		15		12			
20	2	40	5	10	2	C	毛需求		4		30		24			

(3) 推算 Y 对 C 的毛需求量，结果如表 6-5 所示。

表 6-5 物料 Y 对物料 C 的毛需求量

批量	提前期	现有量	已分配量	安全库存	低位码	物料号	时段	当期	1	2	3	4	5	6	7	8
1	2				0	Y	MPS 计划产出量				10		20		15	5
							MPS 计划投入量		10		20		15	5		
20	2	40	5	10	2	C	毛需求		10		20		15	5		

(4) 合并表 6-4 和表 6-5，并将 X 的相关信息加入表中，可得产品 X、Y 对 C 的总毛需求量，如表 6-6 所示。

表 6-6 物料 X、Y 对物料 C 的总毛需求量

批量	提前期	现有量	已分配量	安全库存	低位码	物料号	时段	当期	1	2	3	4	5	6	7	8
1	1				0	X	MPS 计划产出量			7		10		15		12
							MPS 计划投入量		7		10		15		12	
1	2				0	Y	MPS 计划产出量				10		20		15	5
							MPS 计划投入量		10		20		15	5		
1	2	15			1	A	MRP 计划产出量				2		15		12	
							MRP 计划投入量		2		15		12			
20	2	40	5	10	2	C	毛需求		14		50		39	5		

(5) 推算 C 的相关参数。

依次计算物料 C 各期的相关参数，得到 C 的物料需求计划表，如表 6-7 所示。

同理可得其他物料的需求计划，完整的 MRP 如表 6-8 所示。

表 6-7 物料 C 的 MRP 表

批量	提前期	现有量	已分配量	安全库存	低位码	物料号	时段	当期	1	2	3	4	5	6	7	8
1	1				0	X	MPS计划产出量			7		10		15		12
							MPS计划投入量		7		10		15		12	
1	2				0	Y	MPS计划产出量				10		20		15	5
							MPS计划投入量		10		20		15	5		
1	2	15			1	A	MRP计划产出量				2		15		12	
							MRP计划投入量		2		15		12			
20	2	40	5	10	2	C	毛需求		14		50		39	5		
							计划接收量		20							
							预计可用库存量	35	41	41	11	11	12	27	27	27
							净需求				19		38	3		
							计划产出量				20		40	20		
							计划投入量		20		40	20				

表 6-8 完整的 MRP 表

批量	提前期	现有量	已分配量	安全库存	低位码	物料号	时段	当期	1	2	3	4	5	6	7	8
1	1				0	X	MPS计划产出量			7		10		15		12
							MPS计划投入量		7		10		15		12	
1	2				0	Y	MPS计划产出量				10		20		15	5
							MPS计划投入量		10		20		15	5		
1	2	15			1	A	MRP计划产出量				2		15		12	
							MRP计划投入量		2		15		12			
1	2	40			1	B	毛需求		34		60		60	10	24	
							计划接收量									
							预计可用库存量	40	6	6						
							净需求				54		60	10	24	
							计划产出量				54		60	10	24	
							计划投入量		54		60	10	24			
20	2	40	5	10	2	C	计划产出量				20		40	20		
							计划投入量		20		40	20				
20	2	20	5	10	2	D	毛需求		6		45		36			
							计划接收量		10							
							预计可用库存量	15	19	19	14	14	18	18	18	18

续表

批量	提前期	现有量	已分配量	安全库存	低位码	物料号	时段	当期	1	2	3	4	5	6	7	8
							净需求				36		32			
							计划产出量				40		40			
							计划投入量		40		40					
40	1	100	10	20	3	E	毛需求		202		260	70	72			
							计划接收量		30							
							预计可用库存量	90	38	38	58	28	36	36	36	36
							净需求		102		242	32	64			
							计划产出量		120		280	40	80			
							计划投入量	120		280	40	80				
20	1	30	5	10	3	F	毛需求		20		40	20				
							计划接收量		10							
							预计可用库存量	25	15	15	15	15	15	15	15	15
							净需求				35	15				
							计划产出量				40	20				
							计划投入量			40	20					

6.3 细能力计划校核

6.3.1 闭环 MRP 系统

初期的开环 MRP 系统能根据有关数据计算出相关物料需求的准确时间与数量，对制造业物料管理有重要意义。但是它不够完善，其主要缺陷是没有解决如何保证零部件生产计划成功实施的问题。它缺乏对完成计划所需的各种资源进行计划与保证的功能；也缺乏根据计划实施实际情况的反馈信息，对计划进行调整的功能。闭环 MRP 系统则增加了生产能力需求计划和车间作业控制两个子系统，考虑了系统的反馈作用和计划调整功能，实现了生产任务与生产能力的统一计划与管理，如图 6-5 所示。

闭环 MRP 与开环 MRP 系统的区别是：在生成物料需求计划后，依据生产工艺，推算出生产这些物料所需的生产能力，即制订细能力计划；然后与现有的生产能力相对比，检查该计划的可行性；若不可行，则返回修改物料需求计划或主生产计划，直至达到满意的平衡为止。随后进入车间作业控制子系统，监控计划实施情况，并及时进行反馈。车间作业控制的主要功能是实现作业分派和作业统计。车间作业控制的具体内容参见第 9 章。

在闭环 MRP 系统中，各子系统通过信息的反馈相互连接成一个有机整体，整个系统既能真正适应市场需求变化，又能保持任务与能力的动态平衡，从而使 MRP 系统真正成

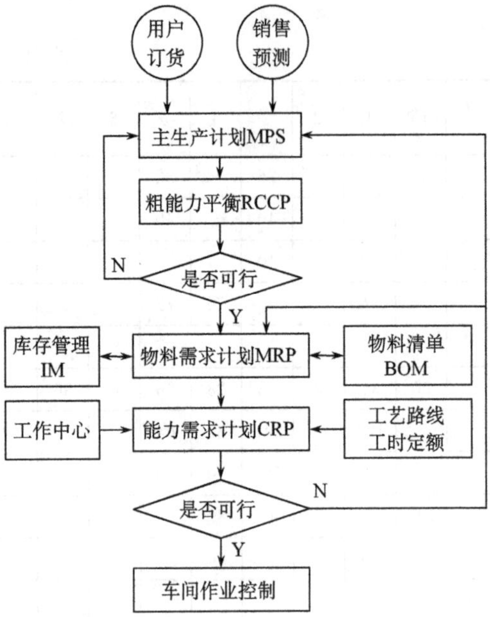

图 6-5 闭环 MRP 系统的构成

为一个有效的计划与控制系统。下面详细介绍能力需求计划的制订。

6.3.2 细能力计划的概念

能力需求计划（Capacity Requirements Planning，CRP）也叫细能力计划，是对物料需求计划所需能力进行核算的计划管理方法。

物料需求计划的对象是物料，能力需求计划的对象是工作中心的能力。对物料而言，由于它随生产效率、人员变动、设备完好率等因素的影响而变化，不定因素较多，比较抽象。运行能力需求计划，是根据物料需求计划中加工工件的数量和需求时段、它们在各自工艺路线中使用的工作中心及占用时间，对比工作中心在该时段的可用能力，生成能力需求表。该过程可用图 6-6 表示。

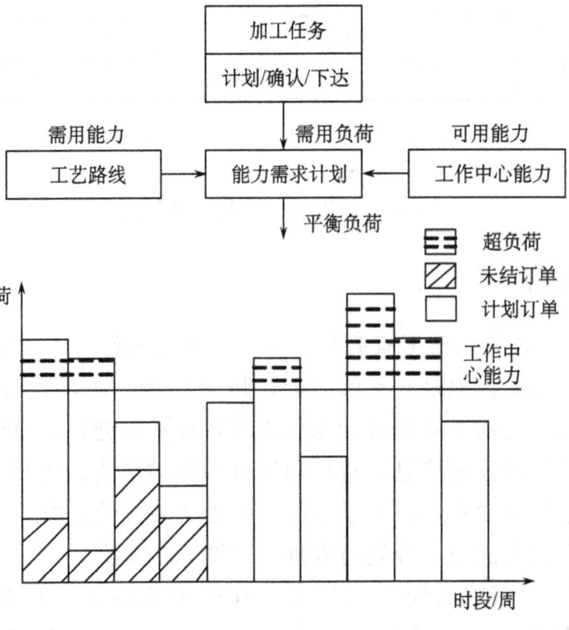

图 6-6 能力计划逻辑流程图

CRP 与 MRP 有类似之处，主要解决以下几个问题：

(1) 生产什么？何时生产？

(2) 使用什么工作中心？负荷（即需用能力）是多少？

(3) 工作中心的可用能力是多少？

(4) 分时段的能力需求情况如何？

由于 MRP 和 MPS 之间内在的联系，所以 CRP 和 RCCP 之间也是一脉相承的。实际上，MRP/CRP 的运算是建立在 MPS/RCCP 的基础上的。CRP 是 RCCP 的升华，它们之间的区别如表 6-9 所示。

表 6-9 CRP 与 RCCP 的区别

对比项	RCCP	CRP
计划对象	关键工作中心	各个工作中心
所处的计划阶段	MPS	MRP
需求对象	独立需求件	相关需求件
计划的订单类型	计划和确认订单	全部订单

总之，CRP 是把物料需求转换为能力需求。它不但考虑 MRP 的计划订单，还要考虑已下达但尚未完成的订单所需的负荷。结合工作中心的工作日历，考虑工作中心的停工及维修等非工作日，确定各工作中心在各个时段的可用能力。但能力需求计划只说明能力需求情况，提供信息，不能直接提供解决方案。处理能力与需求的矛盾，还是要靠计划人员的分析和判断，通过模拟功能寻找解决办法。

能力需求计划的对象是工作中心的能力，工作中心是各种生产能力单元的统称，也是发生加工成本的实体。它是一个特定的区域，可视为粗能力需求计划和细能力需求计划的一个单位，可以是一台设备，也可以是一组设备。因此，它主要是计划与控制范畴，而不是固定资产或设备管理范畴的概念。不要把工作中心同加工中心混淆起来，后者是一种有多种加工功能、带刀具库的高精度数控机床。编制工艺路线之前，先要划定工作中心，建立工作中心主文件。在工艺路线中，一般每道工序要对应一个工作中心。

工作中心能力是指工作中心每日可提供的工时或台时数（或每小时可加工的件数，可生产的吨数)，是否为关键工作中心、平均等待时间等。一般可表示为

$$\text{工作中心能力} = \text{每日班次} \times \text{每班工时数} \times \text{效率} \times \text{利用率(小时/日)} \quad (6\text{-}3)$$

效率和利用率这两个因素是为了使工作中心的可用能力更符合实际，从而使计划和成本也更加符合实际。效率用来说明实际消耗工时或台时与标准工时或台时的区别，它与工人的技术水平或者机床的使用年限等有关，其计算公式为

$$\text{工作中心效率} = \text{完成的标准定额小时数} / \text{实际直接工作小时数} \quad (6\text{-}4)$$

而利用率同设备的完好率、工人的出勤率、任务的饱满程度，以及自然休息时间等有关，是一种统计平均值，通常小于 100%。其计算公式为

$$\text{工作中心利用率} = \text{实际直接工作小时数} / \text{计划工作小时数} \quad (6\text{-}5)$$

工作中心的能力应当是能持续保持的能力，要稳定可靠。制定工作中心能力计划时，涉及实际能力（Demonstrated Capacity)、计划能力（Planned Capacity)、需用能力（Required Capacity)、最大能力（Maximum Capacity）等概念。实际能力是指历史上某个有代表性时期能力的统计平均值。计划能力是同需用能力进行对比后，对实际能力进行修正（如修订效率或利用率）后获得的能力，即实际能力加计划期内计划增加（或减少）的能力。为了说明工作中心的理想能力，有时也要标明最大能力。所谓最大能力，是指在不增

加资本支出的情况下工作中心可能达到的最大能力，一般是采取临时措施增加的能力，具有短期性质。

6.3.3 CRP 的分类

通常有两种制定 CRP 的方式，即：无限能力计划和有限能力计划。

无限能力计划是不考虑能力的限制，而将工作中心负荷进行相加，找出超负荷和少负荷。当负荷工时大于能力工时的情况时，称为超负荷。对超过的部分进行负荷调整的策略有：延长工作时间，使用替代加工级别，转移工作中心负荷，做出购买决策，选择替代工序，进行外协加工等。在采取以上各项措施均无效的情况下，可以延期交货。负荷与能力平衡工作是反复进行的，直到得到较为满意的计划方案为止。所谓的无限能力只是暂时不考虑能力的约束，尽量去平衡与调度能力，发挥最大能力，或进行能力的扩充，目的是为了满足市场的需求。多数现行系统均采用这种方式，这也体现了企业以市场为中心的战略思想。

有限能力计划是指工作中心的能力是不变的或有限的，计划的安排按照优先级进行。先把能力分配给优先级高的物料，当工作中心负荷已满时，优先级别低的物料被推迟加工，即订单被推迟。该方法计算出的计划可以不进行负荷与能力平衡。此处的优先级是指物品加工的紧迫程度，通常，优先级数字越小，说明优先级越高，不同系统有不同的设置方法。

6.3.4 CRP 分析过程

细能力计划的分析步骤主要包括收集数据、计算负荷、计算能力、能力负荷的比较、能力负荷的调整以及形成最终的能力计划。首先，由物料需求计划获得物料任务的数量和需要时间，按照物料的工艺路线，计算出各个工序的加工周期，推算出初始的工序进度计划；然后，分别按照工作中心汇总每个时间周期内各项任务所需的能力，即可得到生产能力需求计划；最后，检查各工作中心各个周期的实际生产能力，与生产能力需求计划进行对比，如果生产能力不足，则返回，采取适当措施调整初始的工序进度计划或物料需求计划甚至主生产计划，重新计算生产能力需求计划，通过如此反复，直至达到生产任务与生产能力的平衡；根据平衡结果，输出最后的工序进度计划。

收集的数据主要有加工单数据、工作中心数据、工艺路线数据和工厂生产日历数据等。其中：加工单是执行 MRP 后产生的、面向工作中心的加工任务书；工作中心数据涉及每天的生产班次、每班小时数、每班人数、设备效率、设备利用率等。

工艺路线是制造某种产品过程细化的描述，包括要执行的作业顺序、作业名称、有关的工作中心、每个工作中心所需的设备、设备或工作中心的准备时间、运行时的标准时间、作业所需的零部件、配置的人力以及每次操作的产出量等。工艺路线的主要作用是：①计算加工件的提前期，提供运行 MRP 的计算数据；②计算占用工作中心的负荷小时，提供运行能力计划的数据；③计算派工单中每道工序的开始时间和完工时间；④提供计算加工成本的标准工时定额；⑤按工序跟踪在制品。

工厂日历是用于编制计划的特殊形式的日历，它是由普通日历除去周末休假、假日、停工和其他不进行生产的日子，并将日期表示为顺序形式而形成的。工厂日历实际上是一种能够简化计算的特殊的十进制日历，对周和（或）天进行连续编号。工厂日历主要用于说明企业各部门、车间或工作中心在一年中可以工作或生产的日期。

数据收集完毕后，计算各个工作中心的负荷及能力，将能力和负荷进行比较，并在出现偏差时对能力或负荷进行调整，或者修改能力，或者修改负荷，最后形成详细的能力需求计划，最终的能力需求计划必须满足能力需求。

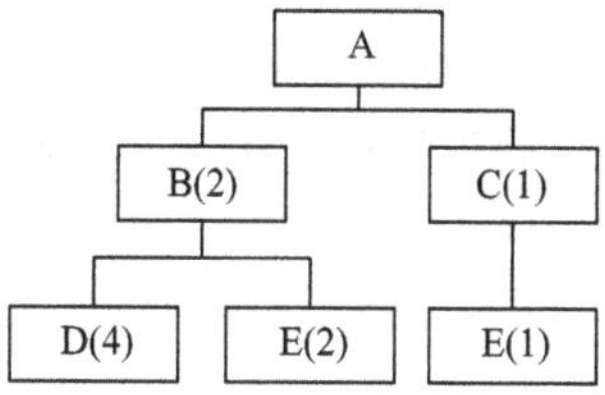

图 6-7 产品 A 的结构树

例 6-3 图 6-7 为某产品 A 的产品结构树，产品 A 在未来 8 周的 MPS 如表 6-10 所示。本例中不考虑各物料的安全库存。各物料的批量、现有库存量、计划接收量等数据如表 6-11 所示。下面详细说明 CRP 的编制过程。

表 6-10 产品 A 的 MPS

时段（周）	1	2	3	4	5	6	7	8
计划数量	180	200	220	210	200	150	200	160

表 6-11 所有物料的基本数据

物料	批量	已有库存	计划接收量/到达时段（周）	提前期（周）
A	100	100	100/1	1
B	200	450	200/2	1
			200/3	1
C	200	300	200/2	1
D	600	1600	600/2	1
E	400	1000	400/2	1

假设已知所有物料都要经过 3 个工作中心 1、2 和 3，所有物料的工艺路线及相应的准备时间和操作时间如表 6-12 所示。

表 6-12 生产 A 所需的所有物料工艺和时间数据 单位：min

物料	工作中心	批量	每批准备时间	每件加工时间
A	1	100	25	3.0
B	2	200	20	0.5
	1	200	15	0.9
C	3	200	10	1.0
	2	200	20	0.8
D	3	600	25	0.4
	1	600	20	0.3
	2	600	15	0.5
E	3	400	15	0.4
	2	400	20	0.3
	1	400	10	0.5
	3	400	25	0.6

假定3个工作中心各时段可用能力分别为2200h、2000h和2400h。

1）各工作中心负荷计算

计算物料占用工作中心负荷时，单件作业时间即完成该工序的时间为

$$\begin{aligned}单件作业时间 &= 每批准备时间/批量+单件加工时间\\ &= 单件准备时间+单件加工时间 \qquad (6\text{-}6)\end{aligned}$$

工作中心负荷计算如表6-13所示。

表6-13 各工作中心的负荷 单位：min

物料	作业序列	工作中心	批量	每批准备时间	单件准备时间	每件加工时间	每件作业时间	BOM中数量	总作业时间
A	1	1	100	25	0.250	3.000	3.250	1	3.250
B	1	2	200	20	0.100	0.500	0.600	2	1.200
	2	1	200	15	0.075	0.900	0.975	2	1.950
C	1	3	200	10	0.050	1.000	1.050	1	1.050
	2	2	200	20	0.100	0.800	0.900	1	0.900
D	1	3	600	25	0.042	0.400	0.442	8	3.536
	2	1	600	20	0.033	0.300	0.333	8	2.664
	3	2	600	15	0.025	0.500	0.525	8	4.200
E	1	3	400	15	0.038	0.400	0.438	5	2.19
	2	2	400	20	0.050	0.300	0.350	5	1.75
	3	1	400	10	0.025	0.500	0.525	5	2.625
	4	3	400	25	0.063	0.600	0.663	5	3.315

2）各工作中心分时段总负荷计算及负荷曲线绘制

将表6-13中各工作中心对应不同物料的不同工序的总作业时间相加，可得各工作中心对于单件产品A的总负荷，分别为10.489min、8.050min和10.091min。将此结果与表6-10中产品A的MPS表中各时段计划数量相乘，即可得到未来每周每个工作中心的总负荷，如表6-14所示。结合表6-14和表6-10，可以绘制各工作中心的负荷曲线，如工作中心1的负荷曲线如图6-8所示。

表6-14 3个工作中心的分时段总负荷 单位：min

工作中心/时段/周	1	2	3	4	5	6	7	8
1	1888.02	2097.80	2307.58	2202.69	2097.80	1573.35	2097.80	1678.24
2	1449	1610	1771	1690.5	1610	1270.5	1610	1288
3	1816.38	2018.20	2220.02	2119.11	2018.20	1513.65	2018.20	1614.56

其余各工作中心负荷曲线绘制同工作中心1，在此不做详细说明。

3）产品A及相关物料需求计划

RCCP是建立在MPS的基础上的，它直接根据MPS结果对其中关键工作中心进行负荷和能力平衡分析，当MPS对应的RCCP在某些时段不能满足符合要求时，可以进行适当的调整，即将部分超出的负荷调整至低负荷的时段。若要编制全部工作中心的能力需求计划，即细能力计划，则应首先展开得到的物料需求计划。几种物料的需求计划如

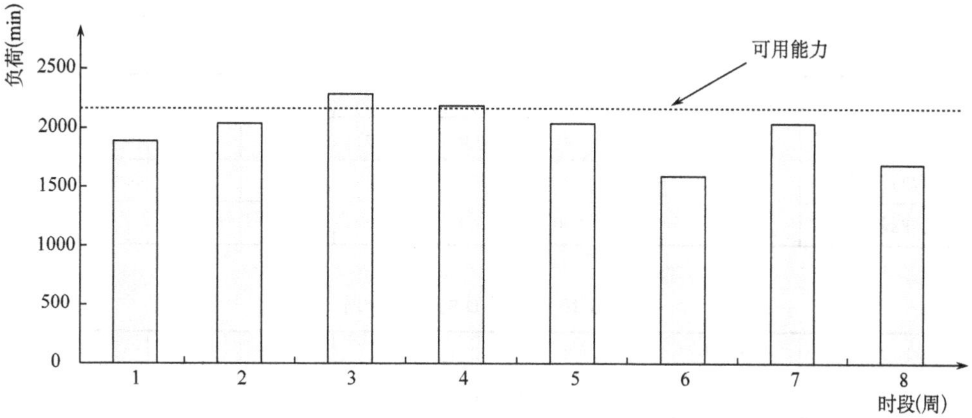

图 6-8 工作中心 1 的负荷曲线

表 6-15～表 6-19 所列，假定最后一期计划订单下达量为批量的大小，本例中，在确定计划订单投入时，最后一期的数值均为假定的。

表 6-15 产品 A 的需求计划

时段/周	期初	1	2	3	4	5	6	7	8
毛需求		180	200	220	210	200	150	200	160
计划接收量		100							
预计可用库存量	100	20	20	0	90	90	40	40	80
净需求		0	180	200	210	110	60	160	120
计划订单产出量		0	200	200	300	200	100	200	200
计划订单投入量		200	200	300	200	100	200	200	100

表 6-16 物料 B 的需求计划

时段/周	期初	1	2	3	4	5	6	7	8
毛需求		400	400	600	400	200	400	400	200
计划接收量			200	200					
预计可用库存量	450	50	50	50	50	50	50	50	50
净需求		0	150	350	350	150	350	350	150
计划订单产出量		0	200	400	400	200	400	400	200
计划订单投入量		200	400	400	200	400	400	200	200

表 6-17 物料 C 的需求计划

时段/周	期初	1	2	3	4	5	6	7	8
毛需求		200	200	300	200	100	200	200	100
计划接收量			200						
预计可用库存量	300	100	100	0	0	100	100	100	0

续表

时段/周	期初	1	2	3	4	5	6	7	8
净需求		0	0	200	200	100	100	100	0
计划订单产出量		0	0	200	200	200	200	200	0
计划订单投入量		0	200	200	200	200	200	0	200

表 6-18 物料 D 的需求计划

时段/周	期初	1	2	3	4	5	6	7	8
毛需求		800	1600	1600	800	1600	1600	800	800
计划接收量			600						
预计可用库存量	1600	800	400	0	400	0	200	0	400
净需求		0	200	1200	800	1200	1600	600	800
计划订单产出量		0	600	1200	1200	1200	1800	600	1200
计划订单投入量		600	1200	1200	1200	1800	600	1200	600

表 6-19 物料 E 的需求计划

时段/周	期初	1	2	3	4	5	6	7	8
毛需求		400	1000	1000	600	1000	1000	400	600
计划接收量			400						
预计可用库存量	1000	600	0	200	0	200	0	0	200
净需求		0	0	1000	400	1000	800	400	600
计划订单产出量		0	0	1200	400	1200	800	400	800
计划订单投入量		0	1200	400	1200	800	400	800	400

4）产品 A 及相关物料的时间计算

建立准备时间矩阵和加工时间矩阵，准备时间矩阵如表 6-20 所示，加工时间矩阵如表 6-21 所示。

表 6-20 产品 A 及相关物料的准备时间 单位：min

工作中心	物料	时段/周							
		1	2	3	4	5	6	7	8
1	A	50	50	75	50	25	50	50	25
	B	15	30	30	15	30	30	15	15
	D	40	40	40	40	60	20	40	20
	E	0	30	10	30	20	10	20	10
	合计	105	150	155	135	135	110	125	70

续表

工作中心	物料	时段/周							
		1	2	3	4	5	6	7	8
2	B	20	40	40	20	40	40	20	20
	C	0	20	20	20	20	20	0	20
	D	30	30	30	30	45	15	30	15
	E	0	60	20	60	40	20	40	20
	合计	50	150	110	130	145	95	90	75
3	C	0	10	10	10	10	10	0	10
	D	50	50	50	50	75	25	50	25
	E	0	120	40	120	80	40	80	40
	合计	50	180	100	180	165	75	130	75

表 6-21 产品 A 及相关物料的加工时间 单位：min

工作中心	物料	时段/周							
		1	2	3	4	5	6	7	8
1	A	600	600	900	600	300	600	600	300
	B	180	360	360	180	360	360	180	180
	D	360	360	360	360	540	180	360	180
	E	0	600	200	600	400	200	400	200
	合计	1140	1920	1820	1740	1600	1340	1540	860
2	B	100	200	200	100	200	200	100	100
	C	0	160	160	160	160	160	0	160
	D	600	600	600	600	900	300	600	300
	E	0	360	120	360	240	120	240	120
	合计	700	1320	1080	1220	1500	780	940	680
3	C	0	200	200	200	200	200	0	200
	D	480	480	480	480	720	240	480	240
	E	0	1200	400	1200	800	400	800	400
	合计	480	1880	1080	1880	1720	840	1280	840

5）各工作中心能力需求计算

综合考虑表 6-20 和表 6-21，可得 3 个工作中心的能力需求，如表 6-22 所示。

表 6-22 3 个工作中心的能力需求 单位：min

工作中心	物料	时段/周							
		1	2	3	4	5	6	7	8
1	A，B，D，E	1245	2070	1975	1875	1735	1450	1665	930
2	B，C，D，E	750	1470	1190	1350	1645	875	1030	755
3	C，D，E	530	2060	1180	2060	1885	915	1410	915

6）已核发订单的能力需求计算

考虑已经核发的订单，已核发订单作业时间如表6-23所示。

表6-23 已核发订单的作业时间 单位：min

物料	时段/周	工作中心	已核发量	每批准备时间	每件加工时间	总加工时间	总作业时间
A	1	1	100	25	3.0	300	325
B	2	2	200	20	0.5	100	120
	3	1	200	15	0.9	180	195
C	2	2	200	20	0.8	160	180
D	2	2	600	15	0.5	300	315
E	2	3	400	25	0.6	240	265

计算得到核发订单所需3个工作中心的能力，如表6-24所示。

表6-24 已核发订单的能力需求 单位：min

工作中心	物料	时段/周		
		1	2	3
1	A、B	325	0	195
2	B、C、D	0	615	0
3	E	0	265	0

7）各工作中心总能力需求计算及能力计划图绘制

综合考虑表6-22、表6-24，可得3个工作中心最终总能力需求，如表6-25所示。

表6-25 3个工作中心的总能力需求 单位：min

工作中心	时段/周							
	1	2	3	4	5	6	7	8
1	1570	2070	2170	1875	1735	1450	1665	930
2	750	2080	1190	1350	1645	875	1030	755
3	530	2325	1180	2060	1885	915	1410	915

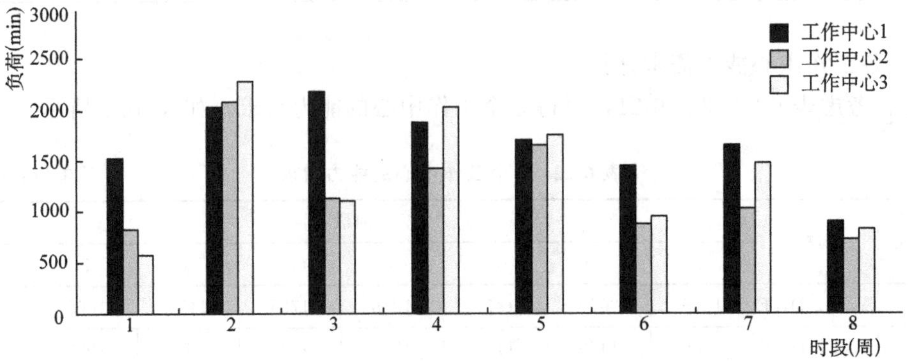

图6-9 三个工作中心的能力计划

根据表 6-25 所示数据，可绘制相应的能力需求图，如图 6-9 所示。至此，细能力计划编制完成。

细能力计划和粗能力计划一样，都能对能力和负荷的平衡做出分析。在上例中，最终可以通过编制的能力计划来检验物料需求计划是否可行，以及平衡各工序的能力与负荷，并检查在计划期间是否有足够的能力来处理全部订单。

习 题

6-1 MRP 的主要输入有哪些？

6-2 什么是独立和相关物料需求？它们之间有什么区别？

6-3 什么是 BOM？它在 MRP 中起何作用？已知某产品 X 的结构树如图 6-10 所示，将此产品结构树转化成 BOM。

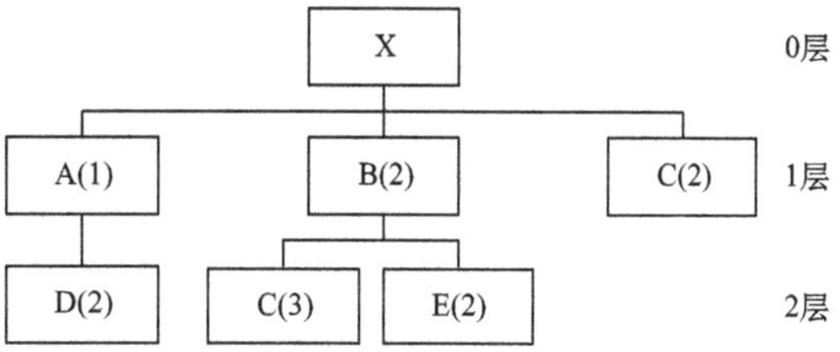

图 6-10 产品 X 的结构树

6-4 简述按需确定批量法、固定批量法、经济批量法各自的特点。

6-5 简述 MRP 的运算逻辑流程。

6-6 根据第 6.2.7 小节中例题的已知条件，并设 C 的批量规则为按需确定批量，提前期为 2，现有量为 20，已分配量为 5，安全库存为 10，设 E 的批量规则为固定批量，且批量为 20，提前期为 2，现有量为 30，已分配量为 15，安全库存为 10。试制定子件 E 的 MRP 计划。

6-7 细能力计划与粗能力计划的区别有哪些？

6-8 简述细能力计划的编制方法。

第7章　企业资源计划

企业资源计划（Enterprise Resources Planning，ERP）与产品数据管理PDM、制造执行系统MES共同组成了企业信息化的三大支撑平台。ERP概念是由美国著名的IT咨询公司Garter Group Inc. 首先提出的，其宗旨是对企业所拥有的人、财、物、信息、时间和空间等资源进行综合平衡和优化管理，为企业提供决策、计划、控制与业绩评估的全方位和系统化的管理平台。

7.1　MRPⅡ原理

虽然闭环MRP较好地解决了企业层次的计划与控制问题，但其运行过程主要是物流过程。产品从原材料投入到成品产出的全过程都伴随着企业资金的流通过程，而企业资金的运作又会影响到生产的运作。对于这一点，闭环MRP无法反映出来。因此，为了将生产管理中的物流同与之密切相关的资金流结合起来，人们将物料需求计划MRP进行不断扩充逐步形成了制造资源计划MRPⅡ。

制造资源计划（Manufacturing Resources Planning，MRPⅡ）是指以物料需求计划MRP为核心的闭环生产计划与控制系统，它将MRP的信息共享程度扩大，使生产、销售、财务、采购、工程紧密结合在一起，共享有关数据，组成了一个全面生产管理的集成优化模式，即制造资源计划。制造资源计划是在物料需求计划的基础上发展起来的，与后者相比，它更具有丰富的内容。因物料需求计划于制造资源计划的英文缩写相同，为了避免名词的混淆，将物料需求计划称作狭义MRP，而将制造资源计划称作广义MRP或MRPⅡ。

MRPⅡ的基本思想是把企业作为一个有机整体，从整体最优的角度出发，通过运用科学方法对企业各种制造资源和产、供、销、财各个环节进行有效的计划、组织和控制，使它们得以协调发展，并充分发挥作用。从一定意义上讲，MRPⅡ系统实现了物流、信息流与资金流在企业管理方面的集成。

MRPⅡ的逻辑流程图如图7-1所示。流程图的右侧是计划与控制的流程，包括决策层、计划层和执行控制层，可理解为经营计划管理的流程。中间是基础数据，这些数据信息的集成把企业各个部门的业务沟通起来，可理解为计算机数据库系统。左侧主要是财务系统，在此只列出应收账、总账和应付账。各连接线表明信息的流向及相互之间的集成关系。

MRPⅡ具有计划的可行性、数据共享性和模拟预见性以及物流、资金流的统一性等特点，能为企业生产经营提供一个完整而详尽的计划，可使企业内部各部门的活动协调一致，形成一个整体，从而能提高企业的整体效率和效益。目前，MRPⅡ已经成为制造业所公认的管理标准系统，是实现制造企业整体效益的有效管理模式。

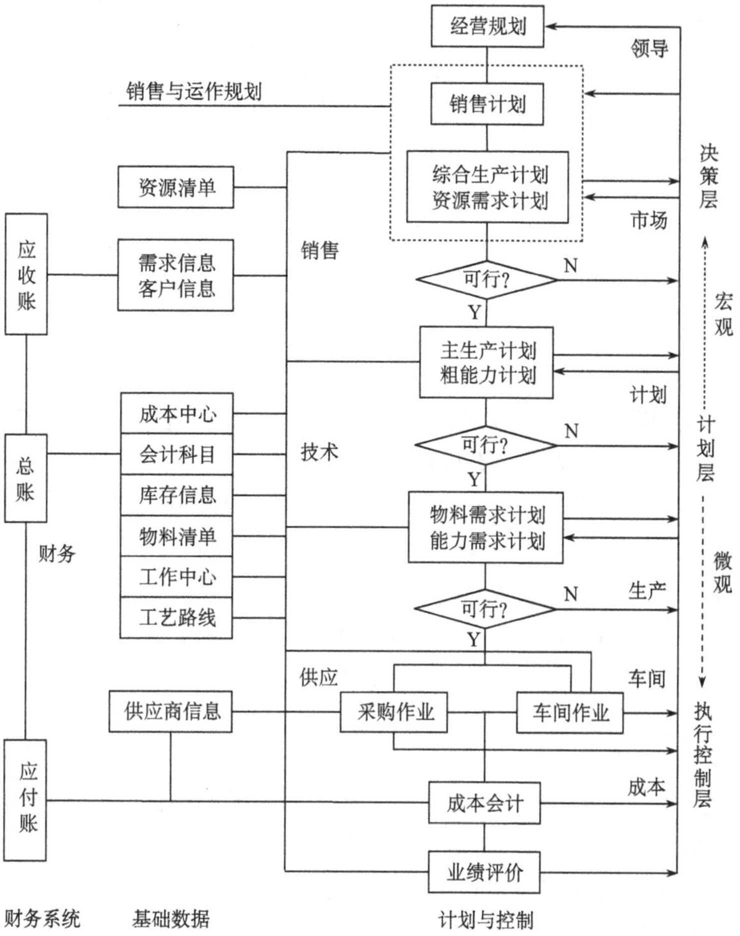

图 7-1 MRPⅡ逻辑流程图

7.2 ERP概念与功能

7.2.1 ERP概念

ERP是建立在信息技术基础上，利用现代企业的先进管理思想，集成了企业的物料流、资金流和信息流，为企业提供决策、计划、控制与经营业绩评估的全方位和系统化的管理平台。ERP不仅仅是一个信息软件，更重要的是它包含了丰富的企业管理理念和思想。

ERP是从MRPⅡ发展而来的，它除了继承MRPⅡ的基本思想（制造、供销及财务）外，还大大地扩展了管理功能，如质量管理、设备管理、运输管理、分销资源管理、过程控制接口、数据采集接口、电子通信等模块。因此，ERP不是对MRPⅡ的否认，而是继承与发展。MRPⅡ的核心是物流，主线是计划。伴随着物流的过程，同时存在着资金流和信息流。ERP的主线也是计划，但ERP已将管理的重心转移到财务上，在企业整个经营运作过程中贯穿了财务成本控制的概念。ERP的管理范围涉及企业的所有供需过程，

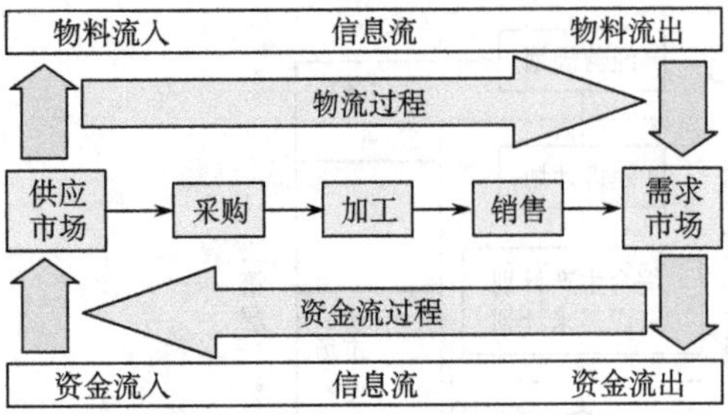

图 7-2 企业运作的供需链图

是对供应链的全面管理和企业运作的供需链结构，如图 7-2 所示。

ERP 具有以下特点：

（1）ERP 更加面向市场，面向经营，面向销售，能够对市场快速响应。它包含供应链管理功能，强调了供应商、制造商与分销商之间新的伙伴关系，并且支持企业后勤管理。

（2）ERP 更强调企业流程与工作流，通过工作流实现企业的人员、财务、制造与分销之间的集成，支持企业过程重组。

（3）ERP 更强调财务，具有较完善的企业财务管理体系。这使得价值管理概念得以实施，资金流与物流、信息流更加有机地结合。

（4）ERP 较多地考虑人的因素作为资源在生产经营规划中的作用。

（5）在生产制造计划中，ERP 支持 MRPⅡ 与 JIT(Just-In-Time) 的混合生产管理模式，也支持多种生产方式（离散制造、连续流程制造等）的管理模式。

（6）ERP 采用了最新的计算机技术，如客户/服务器分布式结构、面向对象技术、多数据库集成技术、图形用户界面、第 4 代语言及辅助工具、电子商务平台等。

7.2.2 ERP 软件模块

ERP 发展至今，各 ERP 软件厂商基本上都已采用了模块化的设计理念，每个模块可以分别形成一个相对独立的功能子系统，使 ERP 系统在功能和模块的组合上具有充分的灵活性。ERP 系统包含的功能模块和相互之间的关系如图 7-3 所示，这些模块可划归为物流、生产、财务等大类别。

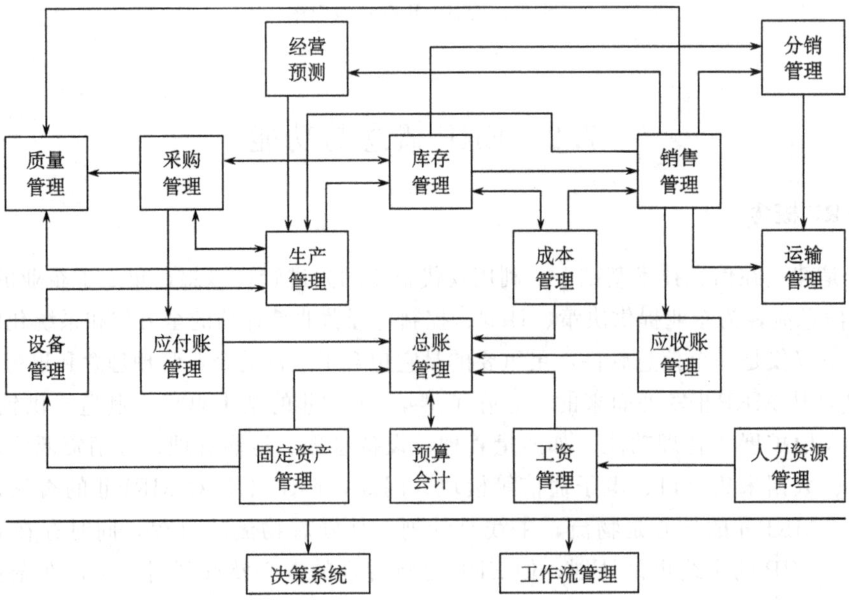

图 7-3 ERP 系统功能模块图

1. 物流模块

物流管理主要包括分销、采购、库存管理。

1）分销管理

销售管理是从产品的销售计划开始的，是对其销售产品、销售地区、销售客户等各种信息的管理和统计，并可对销售数量、金额、利润、绩效、客户服务做出全面的分析。具体来说，在分销管理模块中大致有三方面的功能。

（1）对客户信息的管理和服务。在分销管理模块中建立有一个客户信息档案，通过对其进行分类管理，对客户进行针对性的服务，可达到最高效率的保留老客户、争取新客户的目的。在这里，要特别提到的是最近新出现的 CRM 软件，即客户关系管理软件，ERP 与 CRM 软件的结合必将大大增加企业的效益。

（2）对销售订单的管理。销售订单是 ERP 的入口，所有的生产计划都是根据它下达并进行排产。而销售订单的管理贯穿了产品生产的整个流程。它包括：

- 客户信用审核及查询（客户信用分级及审核订单交易）。
- 产品库存查询（决定是否要延期交货、分批发货或用代用品发货等）。
- 产品报价（为客户作不同产品的报价）。
- 订单输入、变更及跟踪（订单输入后的变更或修正，订单的跟踪分析）。
- 货期的确认及交货处理（决定交货期和发货事务安排）。

（3）对销售的统计与分析。系统依据各种指标对销售订单的完成情况做出统计，比如客户分类统计，销售代理分类统计等，然后就这些统计结果来对企业实际销售效果进行评价。

- 销售统计（根据销售形式、产品、代理商、地区、销售人员、金额、数量来分别进行统计）。
- 销售分析（包括对比目标、同期比较和订货发货分析，从数量、金额、利润及绩效等方面做相应的分析）。
- 客户服务（客户投诉记录、原因分析）。

2）库存控制

库存控制用来控制存储物料的数量，以保证稳定的物流来支持正常的生产，但又最小限度的占用资本。它是一种相关的、动态的、真实的库存控制系统。库存控制能够满足相关部门的需求，随时间变化动态地调整库存，精确地反映库存现状。这一系统的功能涉及如下几个方面：

- 系统为所有的物料建立库存，决定何时订货采购，同时作为交予采购部门采购以及生产部门做生产计划的依据。
- 系统收到订购物料，经过质量检验入库，生产的产品也同样要经过检验入库。
- 系统收发料的日常业务处理工作。

3）采购管理

采购管理确定合理的订货量、优秀的供应商，保持最佳的安全储备。系统能够随时提供订购、验收的信息，跟踪和催促外购或委外加工的物料，保证货物及时到达。系统建立供应商档案，用最新的成本信息来调整库存成本。具体有：

- 供应商信息查询（查询供应商的能力、信誉等）。
- 催货（对外购或委外的物料进行跟催）。
- 采购与委外加工统计（统计、建立档案，计算成本）。
- 价格分析（对原料价格分析，调整库存成本）。

2. 企业生产模块

企业生产模块主要以MRPⅡ为主，它是ERP的核心功能。

1）主生产计划

主生产计划是根据综合生产计划、需求预测和客户订单来综合安排未来一段时间内的产品种类和数量。

2）物料需求计划

物料需求计划是对主生产计划的进一步分解和细化，通过物料清单BOM展开为零部件制造需求计划和材料采购计划。

3）能力校核计划

能力校核计划包含粗能力计划和细能力计划两种，分别对主生产计划和物料需求计划进行负荷和能力的综合平衡和校验。

4）车间控制

车间控制是随时间变化的动态作业计划，它将作业分配到各个车间，再进行作业排序、作业管理及作业监控。

5）制造标准

在编制生产计划中需要许多生产基本信息，而这些基本信息就是制造标准，包括零件、物料清单、工艺路线、工作中心、工厂日历、加工周期及批量等。

3. 财务模块

ERP中的财务模块与一般的财务软件不同，作为ERP系统中的一部分，它和系统的其他模块有相应的接口，能够相互集成。比如：它可将生产活动、采购活动输入的信息自动计入财务模块生成总账、会计报表，取消了输入凭证繁琐的过程，几乎可完全替代以往传统的手工操作。

财务管理的功能主要是基于会计核算的数据，再加以分析，从而进行相应的预测、管理和控制活动。它侧重于计划、控制、分析和预测：

- 财务计划。根据前期财务分析做出下期的财务计划、预算等。
- 财务分析。提供查询功能和通过用户定义的差异数据的图形显示进行财务绩效评估，账户分析等。
- 财务决策。这是财务管理的核心部分，中心内容是做出有关资金的决策，包括资金筹集、投放及资金管理。

4. 供应链和客户关系模块

ERP软件中的供应链管理模块主要包括供应商、原材料、库存、渠道、价格体系、市场渗透、品牌宣传等内容。而客户关系管理模块则是把客户，尤其是潜在客户和现有客户作为管理的重心，将企业的运营围绕着客户来进行，无论是市场、销售或是售后服务，只要是跟客户打交道的环节，都能够知道客户的最新信息，得到关于客户完整的、统一的交往记录。

5. 其他模块

除了上述基本功能模块外，随着现代企业对人力资源管理的日益重视，现在已经有越来越多的 ERP 厂商将人力资源管理作为一个独立的模块纳入 ERP 系统中，涉及人力资源规划的辅助决策、绩效考核、工资核算、工时管理、差旅核算等。人力资源管理和 ERP 系统中的财务、生产系统组成了一个高效的、具有高度集成性的企业资源系统。

7.3 ERP 软件实施

“ERP 的成功三分靠软件，七分靠实施，十二分靠数据”。由于 ERP 涉及企业管理的方方面面，因此，它的实施是一项复杂的系统工程，只有在优良可靠的 ERP 软件基础上，在确保 ERP 基础数据和过程数据的准确性和及时性的前提下，通过科学的系统实施，才能真正发挥 ERP 应有的强大功能。

7.3.1 软件选型

选择合适的 ERP 系统软件可以使作业人员能够快速地掌握操作规范，缩短适应环境的周期，这些系统选型过程中的特征要素都会显著影响到 ERP 系统实施应用的效果。在选择 ERP 软件与实施服务时，一般应注意以下几个方面。

1）软件功能

了解软件的功能是否体现了 ERP 的主要思想，是否涵盖了企业的主要业务范围，功能的强弱是相对而言的，主要看是否适应本企业的业务管理。有的 ERP 功能很大，涵盖的企业类型也很多，但有相当多的功能是本企业用不上的，而且可能会增加企业使用及维护的工作量，实施的周期也会加长。

但这里要说明的是，软件的管理流程不可能与企业实际流程一致，其中一个重要的原因可能是因为企业的流程不是最佳的，甚至有些企业会因为软件的流程与企业实际管理流程不符，就对软件进行否认，这是 ERP 的选型中必须避免的错误导向。

企业在实施 ERP 系统后，企业的流程会有一些或者很大的变化，这正是实施 ERP 带来的管理效益之一。由于企业的报表形式多样，因而也要了解 ERP 软件可能提供的报表，但更应该注重实际数据，而不要片面地追求报表的形式。

总之，在功能上要考虑本行业的特点需求，不要追求包罗万象的完美，根据前期的需求分析，制定一些量化的评估标准来衡量 ERP 的软件功能也是一种可行的方法。

2）软件供应商的维护和二次开发支持能力

对软件供应商的服务能力和服务态度要重点考察。因为企业的技术和经验都相对比较缺乏，在 ERP 项目的实施过程中，它们对软件供应商的服务依赖程度还是比较高的，所以软件供应商的服务质量对项目的成功有着决定性的影响。软件供应商在同行业中的地位和专业性，也决定了它所提供的服务的质量。

在软件选型时，除了要计划出初次购买软件的费用，还要对实施后期的一些系统维护、二次功能开发等隐性成本有个预算。选择一个服务能力和态度好的软件供应商，软件的初次购买费用会比那些价格低廉、服务质量差的软件供应商要高，但在项目实施的中后期，特别是系统上线后的运行维护阶段，它所要花费的隐性成本就要少很多。而这些隐性成本往往是整个项目成本中最重要的，也是最不被注意的，软件供应商的服务质量不好造成隐性成本增加，把原本简单的问题复杂化，影响到整个项目的进程，使项目不能按计划完成，增加了实施成本。因此，对软件供应商的考察一定要全面而慎重。

3）文档资料的规范与齐全性

ERP 软件的使用文档资料、安装手册、培训教材、实施手册等是否齐全可以从一个侧面反映软件供应商的管理规范水平和实施服务供应商的实施水平与效率。同时，这些资料也是企业进行培训与应用 ERP 非常重要的参考资料。

4）软件供应商与实施服务供应商的持续发展能力与服务能力

一个成熟的 ERP 软件与成熟的实施方法不是一朝一夕的事情，这里包含管理知识的积累与沉淀，软件流程的成熟及稳定性。要注重软件流程体现的 ERP 管理理论已与思想以及对企业管理解决方案的优化程度。软件供应商与实施服务供应商的持续发展能力一方面取决于市场对该软件与服务的肯定。另外，ERP 软件供应商与实施服务供应商应建立长期的合作关系，而不是简单的供需关系，维持这样的关系才能为企业的持续发展提供优质服务与支持。

5）走进实施 ERP 的成功企业

对实施 ERP 成功的企业进行实地考察，虚心请教，通过走访增加对 ERP 软件与实施方法的了解。同时了解整个市场的应用情况，吸取经验和教训，这些对企业的选型以及今后的 ERP 实施工作都非常顺利。

6）注重软件的运行环境

注重软件的运行环境，如操作系统平台、硬件及网路环境等。一般来说，每种 ERP 软件都会对客户操作系统、客户端计算机配置、网络操作系统、服务器配置、打印和备份配置、网络构架及网络速度等提出要求，这些与企业的文化环境、人员素质、资金与场地资源等有关系。

7）ERP 软件与实施服务的价格

应该说，价格不能作为决定因素，应重点对以上几个方面加以考察，再综合价格的因素，一般实施 ERP 项目的费用（报价）组成为

软件费用＋二次开发费用＋服务支付费用＋硬件费用

软件费用由 ERP 软件、数据库软件及操作系统等组成。服务的支出费用可能会根据系统实施阶段的不同而应用不同的费用要求。

8）方案比较

可以让相对比较满意的 ERP 软件供应商提出一个系统的解决方案，阐述软件功能及如何构建信息管理，并为企业提供管理解决方案、实施方案、预计带来的效益及预计的投资等。当然这只是粗略的方案，不可能是详细的方案，详细方案要在进行详细的系统调研后才能提出，要注意量的适度问题，因为要求过于详细的方案对软件供应商与应用服务供应商是不合理也是不切合实际的。

7.3.2 实施策略

目前，ERP 软件实施已经形成了一套比较成熟的方法论。但是国内外的管理环境不同，各公司的 ERP 软件产品也不同（对于不同的行业，管理的思路也有所不同），因而也有各自不同的实施方法。一般来说，ERP 的实施按项目管理的原则进行，下面是企业实施 ERP 的一般流程。

1. 成立项目组织

项目一旦确立，首先将要面临两个问题：第一，必须确定项目与公司的关系，即项目的组织结构；第二，必须确定项目内部的组成。ERP 项目由于需要业务与技术的紧密结合，不能仅依赖于业务部门或者信息技术部门，还需要业务部门和信息技术部门密切配合。对发起人而言，如果在一个职能型的组织中，那么要求某个职能部门领导一个项目。如果该项目需要几个不同职能部门的大力支持，那么必须以更高级管理者作为项目发起人，向各有关职能部门征得支持，确保各职能部门在该项目上保持合作，并在需要时可以调用合适的人员。

在 ERP 项目的组织建立中，多从各职能部门抽调合适的人员代表部门参与项目，构成项目组。在项目组中设立项目领导组和项目实施组，项目领导组负责项目目标、投资、时间期限等大的原则事项；项目实施组负责具体落实，向项目领导组负责。项目实施组在项目经理的领导下，根据工作内容分成业务组、技术组和综合组。业务组负责与信息系统业务流程、业务规则等方面相关的事宜；技术组负责保证信息系统正常运行所需的硬件、网络条件方面的事宜；综合组负责文档管理、综合联络方面的事宜。

参与项目的企业方和软件供应商以及可能存在的项目监理方都必须对应地建立同样结构的项目组织，以共同组成全范围的项目组织。

1）项目领导小组

项目领导小组简称领导小组，由企业一把手主持，与系统有关的副厂长及项目实施小组组长（项目经理）为领导小组成员，约 5～7 人。领导小组的主要工作是制定方针策略，指导项目小组；设定项目目标、范围及评价考核标准；批准项目计划，监控项目进程；调配人力和资金；推动培训工作；解决项目小组不能解决的问题；研究企业管理改革措施；研究企业工作流程的调整与机构重组；审批软件二次开发方案并验收；审批新系统的工作准则与工作规程，保证项目能够正常进行；对项目成败全面负责。领导小组至少每两周举行一次例会，但是领导小组组长（一把手）需要经常关心、参与和指导实施工作，及时处理各种问题。

2）项目实施小组和项目组长

项目实施小组的协同工作在公司范围内实施 ERP 软件，有可能会使组织、业务流程与功能发生变化。因此，成立一个由企业最高管理层及各个业务部门人员组成的项目实施小组显得尤为重要，而不是单纯由 IT 部门去实施整个过程。项目实施小组通称项目小组，也称核心小组（Core Team）以示其重要性。

项目小组由项目组长或经理负责，实施 ERP 系统的日常工作。项目组长是一个非常关键的岗位，人选非常重要，关系到项目的成败。项目组长最好是副厂长级干部，便于协调各业务部门在ERP项目实施中的工作。项目组长是领导小组的成员，除了领导项目小组外，还要指导各职能组或专业组，并直接向厂长和领导小组报告工作。项目组长需经过认真选拔任命，在ERP项目成功实施之前，不得轻易变动。

项目小组的成员应包括各主要业务部门的主管或业务骨干，这些人员不仅熟悉本部门的工作，也了解其他相关部门的情况及相互关系。为了保证项目实施，项目小组的成员至少应有80%以上的时间和精力投入实施工作中去。对项目组长来讲，则必须完完全全脱开其原来承担的各项工作，用100%的时间和精力，全力以赴地投入ERP系统的实施。总之，人事安排需要企业领导重视并亲自调配，这关系到项目的成败。

项目小组对公司领导和领导小组负责，人数约6～10人，主要的工作包括以下几项内容：

- 制订实施计划，保证计划的实现；
- 指导、组织和推动职能组的工作；
- 负责数据准备，保证录入数据的准确、及时和完善；
- 负责组织原型测试和模拟运行，对管理改革的问题提出解决方案和建议；
- 组织和开展企业内部的培训，担负起教员的工作；
- 主持制定新的工作准则和工作规程；
- 提交各个阶段的工作成果报告。

2. 制订实施计划

1）实施计划总体概述

国外曾经有人对项目失败原因进行调查，其中“计划”被放到了首位，可见它在项目管理中的重要性。项目计划阶段是ERP项目进入系统实施的启动阶段，主要进行的工作包括确定详细的项目实施范围，定义递交的工作成果，评估实施过程中主要的风险，制定项目实施的时间计划、成本和预算计划、人力资源计划等。

项目实施计划是ERP项目计划的关键内容。ERP项目实施计划过程包括定义、准备、集成和协调所有的构成计划，形成项目管理计划所必要的活动。项目管理计划的内容将依据应用领域和项目复杂性的不同而不同。作为这个过程的结果的项目管理计划通过综合变更控制过程进行更新和修订。项目管理计划定义了项目如何执行、监督和控制。实施计划包括如下内容：

- 项目管理团队选择的过程；
- 由项目管理团队确定每个选定的过程的实施级别；
- 对用于完成这些过程的工具和技术的描述；
- 选择的项目的生命周期和相关的项目阶段；
- 如何用选定的进程来管理特定项目，包括过程之间的依赖与交互关系的输入输出；
- 如何执行工作来完成项目目标；
- 如何监督和控制变更；
- 如何实施配置管理；
- 如何维护项目管理基线的完整性；
- 与项目干系人进行沟通的要求和技术；

- 对于内容、范围和时间的关键管理评审，以确定悬留问题和未决决策；
- 项目管理计划可以是概要的或详细的，并且可以包括一个或多个辅助计划；
- 由于ERP历时较长，因而所编制的实施计划需要体现层次，时间精度根据计划层级的不同而进行调整，顶层计划时间点一般为月、周，中间级计划时间点一般为周，末级计划时间点为日，甚至到小时。

2）计划管理失败的影响

企业ERP建设所涉及的因素很多、也很复杂，它是一项庞大的系统工程。在企业将系统的建设任务以合同的形式承包出去之后，对于业主来说，虽然找到了系统的开发商，但由此产生的进度控制问题所带来的风险就显得很重要。这是因为，承包商在得到项目之后，根据自己的利益需要制定系统的开发战略，成本问题是他们最为关注的问题，其次才是进度和质量；另外，承包商的加入增加了系统建设的一个环节，管理的难度也就相应地增加。

有时系统开发进度的失控可能并不是出于承包商的原因，而是由于业主的原因造成。因此，业主只有在加强对承包商的全面监督与控制的同时，也加强自身的管理，才能减少由于系统开发进度失控对系统的影响。不管是谁的原因造成的进度失控，都会对本企业的信息化和管理系统建设产生消极的影响。下面简述其中主要的问题。

（1）业主不得不推迟系统投入正常运行的计划时间。

这是进度失控导致的直接后果。这个后果因企业建设该系统的目标不同而具有不同的严重程度，对于希望尽早将系统投入运行的企业来说，问题显然是比较严重的。即使对不急于使系统投运的企业，进度失控也会增加业主的负担，包括时间、人力、物力和财力的继续投入。

（2）导致系统开发质量方面的问题。

一般来讲，质量控制和进度控制是一对孪生兄弟，是相互起连锁反应的，进度失控可能导致质量失控；同样，质量的失控也会导致进度失控。软件的质量是管理信息系统的生命，如果它的质量得不到保证，用户那一关是无法通过的。

（3）突破项目的计划投资额度。

项目执行的进度拖后之后，需要投入足够的资源去解决存在的问题，重新制订计划。即使工作量没有增加，时间的增加就是费用的增加，也就是投资的增加。

（4）连带影响。

在系统建设过程中，并不会只涉及一家承包商，还有设备供货商、网络供货商、第三方软件商等外部单位。他们都处在业主或承包商事先制定的计划链条中，这个链条的一个环节发生了问题，必然要影响整个链条。这种连带影响的严重程度也取决于各种具体情况，不能一概而论。

（5）影响业主和承包商的关系。

在人们的法律意识越来越强的当今社会，法律成为人们处理纠纷的首选途径。ERP系统开发的双方是合同关系，即法律关系。如果双方关系比较融洽，对一些问题比较容易达成谅解，则进度失控的问题对双方之间的关系不会造成多大的影响；否则，索赔、调解、仲裁这类的事情必然会使双方的关系恶化。

3. 制定实施计划的工具和技术

1）项目管理方法论

项目管理方法论帮助项目管理团队制订项目管理计划和控制项目管理计划的变更。

2）项目管理信息系统

项目管理信息系统被项目管理团队用来支持项目管理计划的生成，促进文档制定后的反馈，控制项目管理计划的变更，发布已批准的文件。微软公司的 Project 可以有效支撑计划编制，简单的计划编制也可以采用 Excel。

3）专家判断

专家判断用于制定包含在项目管理计划中的技术和管理细节。在计划编制的过程中，需考虑 ERP 系统实施过程所涉及的更改过程、冲突过程与创新管理过程。

4. ERP 知识培训

ERP 知识培训是软件实施中的重要环节，培训工作要贯穿整个实施过程。

1）ERP 知识培训的重要性

培训含有教育和训练两重意义。前者侧重于哲理和概念，讨论 ERP 系统的原理和运行机制，如何运用 ERP 系统解决经营生产业务中发生的问题，主要说明"为什么要这样做，有什么必要，有什么效益"，是一种面向业务的培训。后者侧重于应用方法，主要说明"怎样做"，是一种面向软件的培训，一般安排在"教育"之后，结合 ERP 软件的实施进行。

ERP 同手工管理的主要区别之一在于它是一种规范化的系统，要求各级管理人员有严肃的工作作风，要求各个岗位人员都要用严谨的态度对待各种信息。在 ERP 模式中，每一项数据、名词和术语都有严密的定义，每一项事务处理都有严格的程序。它要求每个人员不仅知道本岗位的工作要求，也应了解本岗位的工作质量对其他岗位工作的影响，要求每个人员都从全局和系统的观点来理解和做好本职工作。为此，必须十分重视和突出培训工作。在培训工作中要防止单纯讲解软件和技术问题，忽视观念更新和行为规范方面的教育。ERP 软件的功能再强，也还要靠人去运用。而 ERP 的威力只有在人们学会运用它时才能真正发挥出来。

2）ERP 知识培训内容

培养企业自己的软、硬件技术队伍，是系统有效运行的重要条件。在 ERP 实施过程中，培训是十分重要的环节，培训工作要贯穿实施的全过程，培训工作要分层次不断深化。从内容分，有 ERP 理论培训、计算机和网络知识培训、应用软件使用培训等；从人员分，有企业领导层培训、工程项目工作组培训、计算机专业人员培训和业务管理人员培训。针对不同的对象，培训还可分为以下几种。

（1）对 ERP 系统管理理念的培训。

在完成立项分析并初步决定应用 ERP 之后，需要对企业高层领导及今后 ERP 项目组人员组织进行 ERP 应用理念培训。这是 ERP 系统应用成功的思想基础，也是一个极其重要而又被企业经常忽视的一个阶段，即 ERP 应用前的"洗脑"阶段。这种培训就是在选型时，对企业高层领导做的培训。培训目的是让他们达成共识，理解为什么 ERP 是管理改造项目，离不开高层领导的支持；另外一个目的就是让他们对 ERP 有一个正确的预期。

（2）对项目小组的培训。

对项目小组的培训包括项目管理的培训、实施方法的培训及 ERP 软件功能的培训。ERP 实施对企业来说也是一个大型项目，成功的 ERP 实施离不开成功的项目管理，所以项目小组成员必须了解项目管理的一般概念和方法。

（3）对最终用户软件操作的培训。

对最终用户的培训就是用户知道怎么操作软件，是企业最能够接受的。

（4）对技术人员的培训。

对技术人员的培训包括系统管理员的培训、开发人员的培训等。

（5）对新流程的培训。

ERP 实施中技术虽然很重要，工作量也很大，但并不是最难的。最难的是 ERP 实施必须要对管理做很大改变，即进行业务流程重组。这样，ERP 实施完成后，企业员工都面临着全新的业务流程，对新流程的培训也就意义重大了。

（6）对数据分析的培训。

ERP 系统正常运行后，会有很多有用的数据。如果不去利用这些数据，就不会很好地发挥 ERP 系统的作用。因此，必须教会企业如何去分析数据，为企业决策提供依据。

5. 数据准备

1）数据准备的重要性

数据准备是企业实施 ERP 的基础，这项工作完成得好坏，直接影响系统的上线效果。根据美国机械制造协会（AMT）的研究，在上线不成功或者上线后停止使用的案例中，有高达 70%的项目都有一个共同的直接原因，那就是在数据上出了问题。有的是数据还没有准备好，诸多数据在不准确、不完整的情况下就仓促上线；有的则是业务没有理顺，出现一数多据的情况，不知道该相信哪个数据；还有的是上线运行后操作人员未及时更新业务数据导致系统内的数据失真等。虽然数据问题的表现不尽相同，但最终的结果都是一样的，那就是经过数月忙碌得到的是一个没有数据的 ERP 系统。

随着企业对 ERP 的认识逐步深入，数据准备工作也受到了一定的重视。经验表明，作为管理改造工程的 ERP 项目，花在系统实现和技术准备上的时间并不多。80%以上的时间是花在了贯穿全程的三大任务上，即全程的宣传培训、全程的数据准备和全程的管理变革。这三个全程缺一不可，尤以数据准备工作量最大。

2）如何进行数据准备

由于数据准备是一项庞大而烦琐的工作，所以越早进行越好，并且应该贯穿 ERP 项目实施的全过程。那么一个 ERP 项目应该如何从一团乱麻中理出头绪，在 ERP 系统上线前后分步骤地做好数据准备呢？

（1）搞清楚有哪些数据要准备。

可以简单地将 ERP 实施所要准备的数据分为两大类，即静态数据和动态数据，也可称为基础数据和事务数据。

静态数据是指开展业务活动所需要的基础数据，如物料信息、客户、供应商数据、财务的科目体系等。静态数据的特点是它在整个数据的生命周期中基本保持不变，同时它是动态数据的基础，公司所有业务人员通过调用静态数据来保持同一数据在整个系统中的唯一性。

动态数据是指每笔业务发生时产生的事务处理信息，例如销售订单、采购订单、生成指令等。动态数据按照时点来分，又可以分为期初数据和日常数据。其中，上线时点的数据对 ERP 上线前的数据准备尤其重要，它代表系统在期初上线的时间点上。公司动态数据的当前状态称为期初数据（或者称为初始数据）。期初数据既包括上线时点所有物料库存的数量、余额、财务科目的余额，也包括那些未完未结的业务单据，如未交货的销售订单、未付款的采购订单等。

不论是静态数据还是动态数据，在 ERP 系统中都必须是唯一的。为了保证数据的唯一性，就要给这些数据编码，因此，在进行两大类数据准备之前，另一项更基础的工作必须先完成，那就是制定编码规则。

（2）制定编码规则和完成基础数据收集。

在明确有哪些数据要准备后，就可以着手编码了。实际上，数据准备工作中最难的是制定编码规则，这也是最占用时间的工作。一个考虑周全的编码体系需要跨部门反复讨论。实际上，编码问题绝不仅仅是一个技术问题，也不只是 ERP 实施小组的事情。由于它牵涉到不同的部门，需要考虑管理现状、业务特点、历史数据等方方面面，因而合理组织人力和安排充足的时间十分重要。一般的做法是在项目实施小组中成立跨职能部门的数据小组，由专人负责，各职能部门的人员都要参加数据小组，视工作难度和工作量来确定是专职还是兼职参与。

（3）期初数据准备和系统上线。

有了基础数据，就有了 ERP 运行的基础。但 ERP 上线后，系统里的数据是否能够反映现实情况，就要看期初数据能否及时准确地录入系统了。

由于期初数据反映的是上线时间点的数据，因此过早准备是没有意义的。同时，这些事务处理数据都是动态的，每天都在变化，因此完成期初数据准备需要更精密的时间表，通常会这样安排计划。

由于 ERP 的系统实现不是简单的模拟手工作业，因此在系统上线前后，业务处理方式可能会有不同，也会有一些数据是对不上的。对不上的原因除了确实账实不符、账账不符外，前后的统计和管理的口径不一致也是导致数据对不上的一个重要原因，毕竟数据的标准都不同。比如为了核算准确而增加的过渡科目会导致另一些科目余额不一致，虽然这并不影响最终的财务报表。

在处理这类数据时，要从理解系统的逻辑关系出发，寻求数据的平衡，懂得哪些应该删除、哪些应该合并、哪些应该完善，懂得如何取舍是上上功夫。

（4）数据生命周期管理。

至此，整个 ERP 项目上线之前的数据准备宣告完成。但作为一个完整的系统，上线还只是 ERP 应用的开始。相比前期工作，上线后保持数据的“纯洁”更显得重要。所谓“打天下难，守天下更难”。在数据从产生到消亡的整个生命周期中，保持数据的准确性、时效性是一项长期的工作。

3）保证数据质量的方法

数据质量是数据的生命，因为错误的数据没有任何现实的意义，反而是系统无法上线或者掉线的导火索。保证数据质量是时时刻刻要做的事情。在这方面，经验更显宝贵，不过还是可以探寻出一些成型的方法：

- 在上线前做数据收集时，要事先做好规范表格。如果数据量较少，可以用 Excel 模板做表格，并锁定允许修改的部分，以利于汇总、排序；如果数据量比较大，最好另编一个小程序，以自动控制重复的数据，同时便于同步检查。
- 在上线时，先通过管理措施减少期初数据量，再对每一条期初数据都力保准确；要尽早对账，因为越晚对账数据的差异大，越难对得上。
- 在上线后，要从管理上严格要求业务处理与数据录入同步进行，不能积压单据一次性补录。

做好以上几点，可以控制住数据质量。但不管如何努力，数据都不大可能百分百的准确。所谓的数据准确，是指数据的错误率控制在可以接受的范围之内，并逐步求精。企业要有一套高效的管理制度保证及时发现并处理数据差异。在 ERP 实施期间，企业要为数据的损失做好“买单”的准备，有时重复工作是不可避免的，也可能会因处理账实不符而需要财务费用。在 ERP 应用期间，短期对不上账，只要是控制在范围之内，就可以接受，只要坚持严格管理和定期核查，数据质量很快就会提高。

咨询公司有一套数据质量的评估方法，在系统运行一段时间后做数据评估是提高数据质量必不可少的工作。实际上，不少企业通过数据评估，往往能够发现以前所忽视的管理上的问题，经过几轮调整后，企业实施 ERP 的效益就体现出来了。

6. 开发与测试

在 ERP 系统实施过程中，由于用户需求特殊性以及需求的变更，所以 ERP 产品需要进行开发与测试。现介绍常见的面向对象的开发方法与测试的目的和方法。

1）面向对象开发

对象是建立面向对象程序所依赖的基本的单元。用更专业的话来说，所谓对象就是一种代码的实例，这种代码执行特定的功能，具有自包含或者封装的性质。封装代码通常叫做类、对象类或者模块。类是对象的抽象定义，是一组具有相同数据结构和相同操作的对象集合。类的定义包括一组数据属性和数据的上一组合法操作。类定义可以视为一个具有类似特征与共同行为的对象的模板，可用来产生对象。

面向对象分析方法是先是对问题空间的理解和分析，分析阶段通过类或对象的认定，确定类之间的关系，然后对它们的属性、所提供的方法和所需要的方法进行描述，并按照它们之间的关系进行组织，最终得到类结构。

面向对象分析基于以下几点：

- 在分析和规格说明的总体框架中贯穿结构化方法，如对象和属性分类和成员等；
- 用消息进行用户和系统之间以及系统中实例间的相互通信；
- 在识别每个部分所提供方法的总体框架中对性能进行分类；
- 面向对象设计方法包括 Booch 方法、OMT 方法、Coad 方法及 Jacobson 方法等。

2）测试目的

系统测试是为发现错误而执行程序的过程，是根据程度开发阶段的规格说明及程序内部结构而精心设计的一批测试用例，并利用这些测试用例去运行程序，以发现程序错误的过程。

从软件开发者的角度出发，则希望软件测试成为表明软件产品中不存在错误的过程，并验证该软件已正确地实现了用户的要求，确立人们对软件质量的信心；从用户的角度出发，则希望通过软件测试暴露出软件中隐藏的错误和缺陷，以考虑是否可接受该产品。因此，系统测试的目的如下：

- 以最少的时间和人力，系统地找出软件中潜在的各种错误和缺陷，如果成功地实施了测试，就能够发现软件中的错误。
- 测试的附带收获是它能够证明软件的功能和性能与需求说明相符合。
- 测试过程中收集到的测试结果数据为对靠性分析提供依据。
- 测试不能表明软件中不存在的错误，只能说明软件中存在错误。

3）常用测试方法

（1）黑盒测试。

黑盒测试把测试对象看作为一个空盒子，不考虑程序的内部逻辑结构和内部特性，只依据程序的需求规格说明书，检查程序的功能是否符合它的功能说明。黑盒测试方法主要是在程序的接口上进行测试，主要是为了发现以下错误：

- 是否有不正确或遗漏了的功能；在接口上能否正确接收输入，能否输出正确结果。
- 是否有数据结构错误或外部信息访问错误；在性能上是否能够满足要求；是否有初始化或终止性错误。
- 黑盒测试需要在所有可能的输入条件和输出条件终了时确定测试数据，以检查程序是否都能产生正确的输出。

（2）白盒测试。

白盒测试把测试对象看作为一个透明的盒子，它允许测试人员利用程序内部的逻辑结构和有关信息，设计或选择测试用例，对程序所有逻辑路径进行测试；还允许通过在不同点检查程序的状态，以确定实际的状态是否与预期的状态一致。

白盒测试主要对程序模块进行如下检查：

- 对程序模块的所有独立的执行路径至少测试一次。
- 对所有的逻辑判定，取“真”与取“假”的两种情况都至少测试一次。
- 在循环的边界和运行界限内执行循环体。
- 测试内部数据结构的有效性。

4）测试注意事项

软件测试从不同的角度出发会派生出两种不同的测试原则：从用户的角度出发，就是希望通过软件测试能充分暴露软件中存在的问题和缺陷，从而考虑是否可以接受该产品；从开发者的角度出发，就是希望测试能表明软件产品不存在错误，已经正确地实现了用户的需求，确立人们对软件质量的信心。

为了达到上述的原则，需要注意以下几点：

- 应当把“尽早和不断地测试”作为开发者的座右铭。
- 程序员应该避免检查自己的程序，测试工作应由独立的专业的软件测试机构来完成。
- 设计测试用例时应该考虑到合法的输入和不合法的输入以及各种边界条件；特殊

情况下要制造极端状态和意外状态，比如网络异常中断、电源断电等情况。

- 一定要注意测试中的错误集中发生现象，这和程序员的编程水平和习惯有很大关系。
- 对测试错误结果一定要有一个确认的过程，一般有A测试出来的错误，一定要有一个B来确认，严重的错误可以召开评审会进行讨论和分析。
- 制定严格的测试计划，并把测试时间安排得尽量宽松，不要期望在极短的时间内完成一个高水平的测试。
- 回归测试的关联性一定要引起充分的注意，修改一个错误而引起更多的错误出现的现象并不少见。
- 妥善保存一切测试过程文档，意义是不言而喻的，测试的重现性往往要靠测试文档。

7. 系统切换

1）系统切换遵循的原则

ERP系统实施到将要切换时，成功已经近在咫尺，不过还有“咫尺天涯”的说法，在最后阶段栽跟头也不鲜见。切换时需要做些什么，不需要做些什么，应遵循以下原则。

（1）要充分准备数据，不要偷工减料。

“ERP的成功三分靠软件，七分靠实施，十二分靠数据”，这句话很多人都听到过，也能理解，但不一定知道如何做才算数据准备充分。诚然，选择不同的软件系统、不同的顾问对数据准备的要求都不尽相同，但是差别不会很大。关键在于数据准备详细到什么程度，如物料的计划参数，按照严格的要求每个物料都需要定义，而且定义的计划参数应该同现实一致，否则ERP系统的计划功能不可能顺利运转。

（2）要坚持应用系统，不要随意另搞一套。

世上没有十全十美的事物，ERP也不例外。理论上说ERP可以覆盖企业管理的方方面面，实际上并非如此。即便能够实现也是一个过程，通常在实施的几个月内是不可能达到的。

（3）要有应急处理方案，不要搞全部的并行操作。

并行操作可能源自会计电算化的要求，会计电算化要求“在实施用计算机替代手工记账前，用计算机进行会计核算与手工须同步运行一定时间，并取得相一致的结果”。政府部门要求财务部分必须并行操作一段时间，通常是三个月，虽然这种并行被认为没有必要，但也没有不执行的余地。不过即便如此，也仅是财务部分需要并行操作，不意味着整个ERP系统尤其是生产管理需要并行操作。

支持并行操作的理由之一是新的系统刚开始使用，为了保证日常业务正常运行，不受数据准备、系统稳定性、人员熟练度等影响，有必要将旧系统并行操作一段时间。看上去有道理，经过推敲，实际并非如此。

2）系统切换策略

在系统测试之后，项目组应从实施时间安排、系统模块选配、业务人员配置、系统数据支持、节点问题反馈等方面，进行综合考虑，通过项目会议，与企业内各部门的关键业务管理和执行人员反复交流后，共同制订切换计划和目标。

（1）分割系统降低难度。

为降低整体切换的实施难度，可将系统切换划分为财务和物流系统、生产制造系统两部分，进行阶段性实施。

之所以如此划分，是由于财务数据和物流数据是密切相关的，如库存、进货等物流数据，都会反映在财务上，因此，把它们一起进行切换是比较合理的选择。相对财务数据和物流数据，生产数据比较独立，单独切换不会严重影响应用效果。

（2）主线工作尽快上线。

切换阶段要把握重点，先解决主要需求，后调整末端流程和实施次要需求。因此，主线业务必须尽快上线应用，如财务处理。只有关键业务运转起来，才能推动整体实施进度。

实施中必须处理好关键环节。这些关键环节大多发生在业务衔接的节点上，往往牵涉到各部门各人员间的责任、利益和工作量，容易引发冲突和扯皮现象。

沟通就显得尤为重要，要把问题上升到一定高度，进行分析。冲突和扯皮现象的实质是原有责、权、利之间的冲突，是业务流程或业务执行的问题，可以通过分化矛盾和会议讨论，群策群力，给出解决办法。

（3）基础数据务必准确。

在ERP项目中，由于部分业务操作人员不能准确理解业务流程和业务操作的联系，造成系统切换的开始阶段数据处理混乱、错误率高或整体数据不准确，这直接影响后续业务操作的准确率。

基础数据的准备必须充分，尤其是仓储等物流数据。ERP系统实施后，见效最快的是物流系统，如果初始数据不准确，会造成有劳无功的后果。

（4）团队化实施策略。

ERP系统的切换成功是通过业务操作人员来实现的，必须消除人员的惧怕和抵触心理，“授人以鱼，不如授人以渔”，要使员工感到能与企业一起成长，从而实现员工的个人价值。

对业务操作人员的培训必须到位。如果业务部门对ERP系统业务操作流程与工作内容、业务流程和管理流程界定不清，将影响实施的准确执行。尤其是项目切换的特殊阶段，项目实施团队必须向业务部门管理者和业务操作人员，解释清楚各个操作流程，培养业务操作负责人。每个部门应培养出1到2名业务操作骨干，使他们能在完成切换工作的同时，对本部门内部人员也进行基础培训，以滚雪球的方式壮大实施团队。

（5）让“一把手”任组长。

项目切换阶段是提升原始的业务操作，并将其移植到信息管理平台上的过程。原有的业务管理和业务操作格局，将面临重新调整和定位，有些部门、有些人的工作内容可能减轻；同时，另外一些部门和人员的工作内容可能会增加，相关的权力和利益也将重新划分。这个阶段容易引发冲突和扯皮现象。如何使企业的管理和业务人员快速适应这种变化，是企业高层管理者和项目实施团队必须面对的现实问题。此时，必须保证项目有一位权力集中、裁决公正、指挥有力的公司高级领导出任项目组长。在遇到矛盾时，他能给予方向性的指导和行政上的支持，同时创造良好的实施环境。

(6) 引入绩效考核。

引入绩效考核和部门审计制度，使所有业务操作人员必须对本职工作负责，如建立执行规范的业务审核监督机制。在系统切换阶段，允许出现业务操作失误，但是在同一节点上的业务操作失误重复出现两次，将受到处罚。建立由财务管理部门负责ERP系统数据业务执行的审计机制，可以及时发现问题，并通知相关业务部门，降低错误单据的数量。比如，数据系统的源头是单据，保证在规定的时间完成规范的单据的输入，可以解决80%的数据管理问题。此外，可将由于业务操作失误对经营管理造成的损失列入公司质量管理体系文件中，作为质量事故给予处理。

3) 系统切换的风险控制

ERP系统实施设计完成后，将进入系统试运行阶段，然而在系统的运行过程中存在着数据、转换、二次开发、制度、安全等风险，必须对这些风险加以控制来保证ERP系统的安全顺利运行。

(1) 提高数据的准确性与合理性。

数据在ERP系统实施过程中很重要。企业在运行ERP时，要做好数据收集、数据输入、数据处理等工作，保证数据的准确性与合理性。

(2) 建立完善的系统试运行内部控制制度。

保证ERP系统的正常运行是一个复杂的系统工程，应该根据企业的实际建立起完善的系统试运行内部控制制度。

① 建立健全的ERP岗位责任制。建立健全的ERP岗位责任制，要明确每个工作的职责范围，切实做到事事有人管，人人有专责，办事有要求，工作有检查。ERP岗位设置可以根据企业的实际情况按照不同的思路划分为不同的岗位，比如可以把工作岗位分为基本职能岗位和ERP系统岗位。其中，基本职能岗位可以设置为销售、生产、库存、采购、财务、出纳、稽核、产品开发、物流、投资、战略等岗位。

② 建立ERP操作管理制度。通过ERP操作管理制度的建立，明确规定上机操作人员对ERP软件的操作工作内容和权限，对操作密码的严格管理等；杜绝未经授权人员操作ERP软件；预防未经审核的各种原始凭证输入系统；操作人员离开机房前，要执行相应的退出命令；根据本单位的情况，由专人保管必要的上机操作日记，记录操作人、操作时间、操作内容、故障情况等内容。

③ 建立计算机硬件、软件和数据管理制度。通过硬件、软件和数据管理制度的建立，要经常对有关设备进行保养、保持机房与设备的整洁等措施，来保证机房设备和计算机正常运行；确保ERP数据和ERP软件的安全保密，防止对数据和软件的非法修改和删除；对有关磁性介质数据进行双备份，并且存放在不同的位置；对ERP软件更换、修改、升级和硬件设备进行更换时，要有一定的审批手续，并由有关人员进行监督，以保证ERP数据的连续和安全；健全硬件和软件的定时维护措施和有关防止计算机病毒、黑客等入侵的措施。

④ 建立ERP档案管理制度。通过ERP档案管理制度的建立，实现对ERP数据档案的管理，并由专人负责；做好ERP数据的防磁、防火、防潮和防尘等工作；对重要的ERF档案进行双备份，并存放在不同的地点；实现对磁性介质档案的定期检查与复制，防止磁性介质的损坏而使ERP数据丢失；同时对有关ERP开发设计有关的档案资料也要

进行保管。

(3) 认真进行模拟运行。

实施ERP这样一个大型的信息集成系统，涉及企业所有的主要业务部门，关系到各个业务流程细节，不“排练”就直接拿到实际中去应用，具有极大风险性。不论是哪个模拟阶段，都要事先拟出模拟提纲，记录模拟过程和结果，寻求正确的运行方法。总之，要建立模拟运行的档案，作为项目管理的阶段成果和下一步改进工作的依据。

(4) 系统安全控制。

ERP系统是一个集成的系统，通过业务流程实现不同子系统的数据相互传递，不仅包括部门内的、同一企业内的，也包括不同企业间的。同时，可以通过网络实现不同地域间的数据传递，所以在系统运行过程中也必须加强系统安全的控制，包括服务器安全控制、登录安全控制以及数据库安全控制。

综上，系统在试运行过程中会遇到各种各样的干扰，应该在ERP系统运行前做好各项运行风险的识别与控制工作准备，为ERP系统持续安全运行减少风险隐患。

系统切换完成后即可进入项目完成阶段——整个实施项目的最后一个阶段。此时，工作接近尾声，已经取得了项目实施成果。在最后这个阶段，仍有重要的项目管理工作需要开展，这些工作包括行政验收、项目总结、经验交流以及正式移交等。

7.3.3 实施评估

ERP软件的投入能否带来利润和回报是企业最为关注的问题。要想知道ERP为企业带来了什么就必须对项目实施进行评估。ERP项目实施业绩评估是在项目完成的基础上进行的，对项目的目的、效益、影响和执行等情况进行全面系统的分析与评价，有助于改进投资效益。

ERP项目管理是一项较为复杂的工作，因此在建立评价指标体系时一定要把与应用ERP有着紧密关联的管理模式、管理方法、管理基础、业务流程、组织结构、员工素质、信息处理以及反映企业综合能力和过程控制状况的相关经济指标等评价内容包括进来，重点突出企业通过应用ERP后在管理方面有哪些改进、提高和创新。一般可以从以下几个方面对ERP项目的实施进行评估：

(1) 项目实施进度评估。ERP项目的进度是否能够按照设计规划进行是影响项目效果的关键因素，所以评估项目的成功与否，首先必须评估项目的进度是否按照预期的进度进行。

(2) 项目成本评估。项目成本是评价一个项目是否成功的第二个关键因素，ERP项目本身的费用就很高，成本的变化将直接影响项目的成功，如果一味追求项目的功能和进度，而忽视成本，那将是不成功的项目。

(3) 项目功能评估。ERP是功能性产品，最终项目是否成功很重要的一点要看功能是否达到了预期的要求。在项目结束之前，对照与软件商约定的功能清单，逐个确认，如果每个功能都实现了，项目一定能够成功。

(4) 项目效果评估。功能具备只是基本的要求，关键还要看效果。在ERP软件中有很多功能，实际上功能和效果是有很大的区别，比如MRP计划，可能大多数的ERP软件现在都能实现这个功能，但是否准确，是否可以通过MRP计划直接指导生产，甚至直接根据计划产生的结果安排采购，这并不是任何一个 ERP 软件都可以做到的，因此一个项目的实施是否有效的最后归结点是看它的效果。

（5）可操作性评估。ERP 软件的最终目的是让企业广大职工都能够使用，所以可操作性如何是项目成功与否的另一项重要指标。企业的大多数使用者，尤其是一线的职工，计算机的水平都不会太高，如何让软件具有很容易操作的界面，让普通的职工也能够使用软件来操作，确保每一位使用者能够方便快捷地使用 ERP 软件是项目成功实施的重要条件，也是一个主要的检验标准。

（6）项目的延续性评估。ERP 项目是企业赖以发展的长期投资项目，所以项目是否能够伴随着企业的发展而持续得到应用是评估项目成败的另一项重要指标。主要包括持续性升级能力、功能的扩展能力、客户化能力、跨平台能力等几方面。

以上几点评估 ERP 项目实施的内容，可以具体到量化的指标，并可以根据不同的项目加以确定。总之，企业实施 ERP 是否有效的最终评价标准是它与原有系统相比的优劣程度和它与同行业企业相比的优劣程度。只有新系统运行平稳的同时又具有原系统的不具备的优势，并有助于保持企业目前长远的竞争利益，才能认为企业成功地实施了 ERP。评估还要从项目的普遍性效益方面入手，考虑对企业的战略效益、经济效益、技术指标、社会效益等方面的影响。

在确定了考察方面后，开始收集数据，着手对指标进行权重确定和消除指标间差异的量化工作，然后代入相应的数学评价模型进行计算，并取得计算结果。用这个计算结果同原有系统的相应计算结果进行比较，就可以得出系统改进的具体量化值。

现在国内外主要应用的 ERP 项目评价指标体系有：

- 《ABCD 优秀企业运作考核提纲》；
- 美国的标准化研究机构 Benchmarking Partners 的 ERP 项目评价体系。

这些指标体系可以为项目评估提供参考，但企业采用时都要根据自身的条件和环境加以修正和取舍。

7.4 ERP 软件产品

7.4.1 国际流行 ERP 软件产品

1. SAP 的 R/3

SAP 公司是 ERP 思想的倡导者，成立于 1972 年，总部设在德国南部的沃尔道夫市。SAP 公司的主打产品 R/3 是用于分布式客户机（服务器）环境的标准 ERP 软件，主要功能模块包括销售和分销、物料管理、生产计划、质量管理、工厂维修、人力资源、工业方案、办公室和通信、项目系统、资产管理、控制、财务会计。R/3 适用的服务器平台是 Novell、Netware、NTServer、OS400、Unix；适用的数据库平台是 IBMDB2、Informix、MSSQLServer、Oracle；支持的生产经营类型是按定单生产、批量生产、合同生产、离散型、复杂设计生产、按库存生产、流程型。其用户主要分布在航空航天、汽车、化工、消费品、电器设备、电子、食品饮料等行业。

目前，排名世界500强的企业，有一半以上使用的是SAP公司的软件产品。因R/3的功能比较丰富，各模块之间的关联性非常强，所以不仅价格偏高，而且实施难度也高于其他同类软件。R/3适用于那些管理基础较好经营规模较大的企业，普通企业选择R/3时，要充分考虑软件适用性和价格因素。

SAP前几年推出了mySAP电子商务解决方案，它能将企业的不同合作伙伴集成在同一个电子商务平台上，让企业在此平台上管理、调整和协调销售活动、市场推广和客户服务。基于门户的mySAP CRM解决方案还能提供额外的业务环境和各种基于角色的新工作平台，帮助客户服务和市场销售人员更好地查看和管理关键业务信息，使他们能够更好地服务于客户，实现业务目标。

2. Oracle Applications

Oracle公司是全球最大的应用软件供应商，成立于1977年，总部设在美国加利福尼亚州。Oracle主打管理软件产品Oracle Applications R11i是目前全面集成的电子商务套件之一，能够使企业经营的各个方面全面自动化。Oracle适用的服务器平台是DEC Open VMS、NT、Unix、Windows 95/98；适用的数据库平台是Oracle；支持的生产经营类型是按订单生产、批量生产、流程式生产、合同生产、离散型制造、复杂设计生产、混合型生产、按订单设计、按库存生产。Oracle企业管理软件的主要功能模块包括：销售订单管理系统、工程数据管理、物料清单管理、主生产计划、物料需求计划、能力需求管理、车间生产管理、库存管理、采购管理、成本管理、财务管理、人力资源管理、预警系统。Oracle Application R11i的核心优势在于它的集成性和完整性。

Oracle凭借"世界领先的数据库供应商"这一优势地位，建立起构架在自身数据库之上的企业管理软件，其核心优势就在于它的集成性和完整性。用户可以从Oracle公司获得任何所需要的企业管理应用功能，这些功能集成在一个协同技术体系中。

3. Baan Series

荷兰Baan是一个为项目型、流程型及离散型产业供应链提供ERP系统和咨询服务的公司。Baan公司产品套件为Baan Series。软件类别包括Configurators、需求计划、ERP、MRPⅡ、高级供应链管理。Baan公司还提供了Orgware——一套组织工具和软件工具，它能帮助企业减少实施时间和成本，并能帮助企业实现对系统的不断改进。Baan ERP适用的服务器平台是NT、OS/400、Unix、Windows 95/98、IBM S390；适用的数据库平台是IBM DB2、Informix、MS SQL Server、Oracle。Baan Series支持的生产类型有按订单装配、批量生产、按订单设计、合同生产、客户服务行业、离散型、复杂设计生产、按订单制造、按库存生产、混合型生产、连续型、大批量生产。适用行业主要包括航空航天、汽车、化工、机器制造等。

Baan提出了动态企业建模（Dynamic Enterprise Modeling，DEM）的思想，并在Baan的ERP软件系统中加以实现。Baan通过Orgware系统软件作为企业建模工具，动态建模技术有利于保障成功实施ERP系统，便于今后重新构建业务框架。

7.4.2 国内流行 ERP 软件产品

国内 ERP 软件产品较多，其中应用较多的是金蝶公司推出的 K/3 和用友公司推出的 ERP-U8。

金蝶 K/3 ERP 系统主要由三大子系统组成：K/3 财务管理系统、K/3 工业管理系统、K/3 商贸管理系统。三大子系统包括供应链管理、客户关系管理、价值链管理、知识管理四个功能管理系统，涉及供应市场、消费市场、资本市场、知识市场四个企业外部环境的信息管理，共 22 个应用模块及 10 个具有网络功能的应用模块。其中，K/3 ERP 财务管理系统突出面向大、中型企业和集团型企业用户的应用功能；K/3 ERP 工业管理系统适应不同规模的工业企业的控制与管理；K/3 ERP 商贸管理系统则针对商业企业。

用友 ERP-U8 管理软件以 MRP 为核心，将企业的资料管理、规划、营销、供应、生产、财务等六大管理职能融合为一个有机整体。该系统集物流、生产、财务等管理功能为一体，合理计划与有效控制，全面严格的采购质检管理，决策支持帮助快速科学决策。

习 题

7-1 ERP 系统具有哪些特点？

7-2 请简述 ERP 软件中企业生产模块所包含的功能。

7-3 请说明 ERP 软件的实施流程。

7-4 在实施 ERP 时如何进行数据准备？

7-5 如何对 ERP 软件实施效果进行评估？

第8章　车间作业计划

车间作业计划是在MRPⅡ计划输出的车间制造订单的基础上，在车间层次对零部件生产计划分解至工序级的一种具体执行计划。作为车间组织生产的指挥棒，车间作业计划是优化配置车间各类制造资源，保证车间高效、均衡和有序生产的关键环节。

8.1　车间作业计划概念

车间作业计划是MRPⅡ计划分解和细化到具体工序的执行计划，它具体地规定了各个工序开工和完工的时间与数量。它是根据零组件工艺路线和工序加工周期，并按照车间在制品进展情况和实际生产能力等进行综合编制的。车间作业计划是完成企业生产计划的延本保证，同时也是拉动车间生产准备和生产调度工作的重要依据。

8.1.1　车间作业计划概念

车间作业计划是零部件生产的具体执行计划，它是企业生产计划的延续和具体落实。在时间上，它将企业的年度、季度、月份计划任务细化到月、周、天、工作班的任务；在对象上，将各种零部件生产任务，分解至零件的各加工工序；在执行单位上，将企业的任务细分到车间、工段班组、直至每台设备。车间作业计划的任务是按照零部件需求计划的时、量、期和工艺要求，将生产资源进行优化配置，形成各作业单位在时间周期内的进度日程计划。

通过制订车间作业计划，可以使企业实现如下目标：

- 满足交货期要求；
- 使在制品库存最小；
- 使平均流程时间最短；
- 提供准确的作业状态信息；
- 提高机器/人工的利用率；
- 减少调整准备时间；
- 使生产和人工成本最低。

为保证在规定的交货期内提交满足顾客要求的产品，必须在生产订单下达到车间时，将订单、设备和人员分配到各工作中心或其他规定的地方。典型的车间作业计划功能包括：决定订单顺序（Priority），即建立订单优先级，通常称之为排序；对已排序的作业安排生产，通常称之为调度（Scheduling），调度结果是将形成的调度单或派工单下发至各工作中心。

车间作业计划是由车间计划员来完成的。作业计划员的决策取决于以下因素：每个作业的方式和规定的工艺顺序要求，每个工作中心上现有作业的状态，每个工作中心前面作业的排队情况，作业优先级，物料的可得性，当天较晚发布的作业订单及工作中心资源的能力。

车间作业计划编制完成后，以派工单的形式下发至各个加工工段、班组或加工设备。对于物料或零组件来讲，有的经过单个工作中心，有的经过两个工作中心，有的甚至可能经过三个或三个以上的工作中心，经过的工作中心复杂程度不一，直接决定了车间作业计划的难易程度。这种影响因素还有很多，在制订车间作业计划过程中，通常要综合考虑下列因素的影响：①作业到达的方式；②车间内机器的数量；③车间拥有的人力资源；④作业移动方式；⑤作业的工艺路线；⑥作业在各个工作中心上的加工时间和准备时间；⑦作业的交货期；⑧批量的大小；⑨不同的调度准则及评价指标。

8.1.2 生产车间分类

根据生产流程和生产工艺的特点，一般将生产车间分为作业车间、流水车间和混合车间。不同车间作业方式不同，相应的车间作业计划编制方法也不同。

1. 作业车间

作业车间（Job Shop）是最传统的一类车间。在作业车间内，不同零部件的加工工艺不同，要求的设备和工装也不尽相同。机械加工类车间就属于典型的作业车间，产品由众多零部件装配而成，这些零部件全部或者大部分是自行制造，可能有一部分是外购的。一般来讲，作业车间按照工艺专业化布置，一个车间或工段里布置着类似的加工设备，不同产品的同类零部件在同一车间或工段内制造，所加工的零部件按照工艺流程流过不同的车间或工段。

2. 流水车间

流水车间（Flow Shop）是一种应用越来越广的、不同于作业车间的车间类型。在流水车间里，机器和操作工通常处理标准的、连续的物流。操作工总是对每批生产任务进行同样的操作。流水车间一般是大批量生产车间或具有连续生产布局的车间。车间的布局，即机器、工作台及装配线等的排列方法，是为便于产品流动而设计的。流程工业（如化工、石油加工、油漆等）是流水车间的典型例子。每种产品，尽管材料规格不同，整个车间总是采用同样的流程。由此可知，此类生产车间的作业计划比较简单。

3. 混合车间

混合车间（Hybrid Shop）是作业车间与流水车间的混合。在混合车间既有作业车间的成分，也有流水车间的成分，也就是说，在零部件的加工过程需要分别经过一般作业加工和流水作业加工。实际生产中，纯粹的流水车间不多，大部分车间具有混合性。显然，混合车间的作业计划比较复杂。

8.1.3 车间作业计划分类

车间作业计划很大程度上与生产系统的批量有关。大批量生产系统所需方法与单件小批量生产需要的方法有着本质的区别。

1. 大批量生产系统的车间作业计划

大批量生产系统的特征是标准化的设备和活动，产品获得大量完全相同或者高度近似的操作。为了取得劳动力与设备的高效利用，该生产系统的目标是使产品以平滑的速度流过整个系统。大批量生产系统往往是一个流动系统，在这些系统中进行的作业计划就是流动排程。大量生产的产品有汽车、计算机、电视机、玩具等。为了提高大批量生产系统的物流速度，大量采用自动化程度较高的工具和设备。

流动系统设计中有一个重要内容：生产线平衡。它主要是为各个工作区分配其所需的任务，使得它们既符合技术限制，又与各个岗位工作时间相平衡。高度平衡的系统使设备、人员的利用率达到最大，同时也使产出率达到最高。

在建立流动系统的过程中，设计人员必须充分考虑操作工人对于工作任务专门化的潜在不满。高的工作效率往往来自将工作分成一系列比较简单的任务，并将它们分配给不同的工人。因而产生的作业肯定很令人厌烦，单调的工作容易引起疲倦、旷工、人员调整等问题，而所有这些后果都有可能降低生产率，中断平滑作业流。

尽管流动系统的这些固有特点和作业计划有关，但仍然存在许多进度安排问题。由于实际上很少有完全只投入一种产品的流动系统。许多系统都必须面对各种各样的规格与型号。如果要使车间平滑运作，就必须协调好物料流与工作流。这需要合理安排输入、加工过程、输出与采购。除了获得平滑流动之外，避免过量存货也很重要。规格与型号的每一个变化都存在某些不同的存货需求，因此需要额外安排工作。

考虑作业计划还有一个原因，那就是生产系统可能发生中断使产出低于预期。中断源可能是设备故障、物料短缺、意外事故、人员缺乏等。在实践中，增加产出率弥补中断损失往往不可能，因为流动系统的产出率是一定的。于是，通常需要采用分包或加班工作策略，尽管短期分包往往不太可行。

相反情况也可能引发进度安排问题。当期望产出低于需求比率时，应该缓解产出率，系统运行速率是难以改变的，因此只能减少工作时间。例如，某生产线应该临时每天运作7小时，而不是平常的8小时。

大批量生产系统通常需要自动化或专业化的加工设备。大量、一致的产出是大量生产系统最好的运作模式。设备停开和调整准备通常需要较大的成本开支。以下因素往往影响大批量生产系统：

(1) 流程与产品设计。在此，成本与可制造性很重要，获得穿越系统的平滑流也同样重要。

(2) 预防性维护。将设备维持在良好的运作状态，能够使引发作业流中断的故障率降低。

(3) 故障发生时的快速维修。这一点需要专家与关键备件储备。

(4) 最佳产品组合。利用线性规划等技术确定最佳输入混合，以最小成本获得期望产出。

(5) 将质量问题降低到最小。质量问题的破坏性极大，往往需要停产直到问题解决。而且一旦产出不能达到质量要求，不但会有产出损失，已经投入的劳务、材料、时间以及其他资源也全部白费。

（6）供应的可靠性与时间安排。缺乏供给是明显的中断源，必须避免。但另一方面，如果用囤积供给物的方法解决的话，又会引起很高的持有成本。缩短供应提前期、制定可靠的供应进度安排、认真计划需求等都很有用。

2. 中批量生产系统的车间作业计划

中批量生产系统的产出水平介于标准的大批量生产系统产出量与单件小批量生产系统产出量之间。与大批量生产系统一样，中批量生产系统生产的也是标准产出。产品制造的目的是储存而不是特定订单。然而，这种情况下的产出量还没有达到需要持续生产的地步，间歇性生产更经济。因此，中批量生产系统的工作中心定期地从一项作业转换到另一项作业。但与单件小批量生产相比，其运作规模比较大。采用这种系统生产的产品有罐头食品、烘焙物品、化妆品等。

该系统涉及三个基本问题：作业运作规模、作业时间选择和作业排序。有时利用库存管理中的经济生产规划模型或类似方法，就能解决中量生产系统运作规模问题，能使换产成本、存货成本降到最低。

换产成本在这里是一个需要重点考虑的因素。首先，换产成本取决于正在处理的作业的订单量。类似的作业在换产时的变化也会相对小一些。例如，印刷车间的作业可能会按照墨水的颜色进行排序，以减少所需的换产次数。这说明考虑作业排序就有可能减少换产成本和时间。这同样也使排序工作变得更加复杂，它需要削减任何序列组合的作业换产成本。

另外，企业致力于减少换产时间时，需要让设备转换时的停工期更短。解决的方法有离线调整准备、组合部件、模块化装备以及可以满足不同处理要求的柔性设备。

其他困难还包括作业并不总是像模型假设的形式变化。有些产品的耗用快于预期，需要尽快补充。另外，由于需要生产多种产品，按照最优的运作间隔来安排产品生产进度也是不太可能的。

另一种常用方法是基于主进度计划进行的生产，这是根据顾客订单与需求预测制定的。从事组装生产的企业可以用 MRP 方法确定各部件的数量与作业时间选择。然后，管理者对计划生产需求与计划生产能力进行比较，并据此制定一份切实可行的进度安排。从事加工而非组装的企业应该使用稍微不同的方法，MRP 提供的时间阶段信息在此作用不大。

3. 单件小批生产系统的车间作业计划

单件小批生产系统与大量、中量生产系统有相当大的差异。产品根据订单生产，订单也因加工需求、所需材料、加工时间、加工顺序、备货的不同而差异很大。因此，单件小批生产的作业计划通常非常复杂，因为车间不可能在接到实际工作订单之前制定进度安排。

单件小批生产系统的车间作业计划编制存在两个基本问题：怎样分配各工作中心的工作量？使用哪种作业处理顺序？

1）负荷

负荷是指将工作分配到各加工中心。负荷决策包括将特定任务分配给各工作中心以及各工作中心的各台机器。当某项工作加工过程只发生在一个特定中心时，负荷分配没什么困难。但是当两项或两项以上工作发生于同一个特定中心，并且好几个工作中心都能够完成所需工作时，问题就出来了。这时需要使用一些向工作中心分配负荷的方法。

在分配过程中，主要寻找那些能使处理成本与换产成本最小，工作中心的空闲时间最少，作业完成时间最短或对环境依赖性最小的方法。

2）负荷分配方法

常用的向工作中心分配负荷有两种方法：无限负荷与有限负荷。

无限负荷将作业分配到各工作中心，不管每个中心的生产能力多大。无限负荷的一个可能后果就是在某些或全部工作中心形成排队；有限负荷为每个工作中心计划实际工作的开始和结束时间，同时考虑各工作中心的生产能力与作业处理时间，使负荷不超载，有限负荷的结果是各工作中心运作小时数的详细计划。

基于有限负荷的进度安排有时需要经常更新，也许是每天更新，根据各个工作中心的操作延迟、额外附加新作业、撤销附加新作业、撤销当前作业等实际情况而定。无限负荷下，管理者需要对超载工作中心做出反应。这些反应包括：将工作转移到其他时间或工作中心；加班加点；将一部分工作外包等。后两种反应实际上是增加生产能力，满足工作要求。

3）作业排序

作业排序有两种常见方法：前向排序与后向排序。

- 前向排序：车间在接收订单后，对订单所需作业按从前向后的顺序进行排序，该排序方法可以确定各作业完成的最早日期。
- 后向排序：从未来某个日期（如交货期）开始，按从后向前的顺序对所需作业进行排序。该方法可以确定各作业必须开工的最晚时间。

当遇到“完成这项工作需要花多少时间?”的问题时，采用前向排序。当遇到“在不影响按时完成的前提下，这项工作最晚什么时间开始?”的问题时，则采用后向排序。

8.2 作业排序问题

作业排序是指合理安排生产运作的各项活动作业、生产运作资源使用、生产运作设施配置的时间表等。作业排序需要解决多个工件的加工优先次序问题，同时还要解决同一设备上不同工件的加工顺序等问题，以实现合理的作业排序，使生产过程更加经济、合理，效率得到进一步的提高。

8.2.1 作业排序的概念

1. 作业排序与作业计划的关系

作业排序（Job Sequencing）是指为每个工作中心、每台设备、每个员工具体确定每天的工作任务和工作顺序的过程。也就是说，作业排序要解决不同工件在同一设备上的加工顺序问题，不同工件在整个生产过程总的加工顺序问题，以及设备和员工等资源的分配问题。作业排序需要解决设备与工作之间的关系，归纳起来，也就是“服务者”与“服务对象”之间的关系。

作业排序与作业计划不是同义语，两者是有区别的，概念和目的都是不同的。作业计划是安排零部件（作业、活动）的出产数量、设备及人工使用、投入时间及出产时间。作业排序只是确定作业在机器上的加工顺序。可以通过一组作业的代号排列来表示该组作业的加工顺序，而编制作业计划，则不仅包括确定作业的加工顺序，而且还包括确定机器加工每个作业的开始时间和完成时间。因此，在实际生产中，指导工人生产活动的是作业计划。但是，编制作业计划的主要工作之一就是要确定最佳的作业顺序，而且，在通常情况下都是按最早可能开（完）工时间来编排作业计划的，当作业加工顺序确定之后，作业计划也就确定了。因此，在多数教科书和实际生产中，一般对“作业排序”和“作业计划”不加以严格区分。

2. 作业排序的目标

当执行物料需求计划生成的生产订单下达至生产车间后，需将众多不同的工作，按一定顺序安排到机器设备上，以使生产效率最高。在某机器上或某工作中心决定哪个作业首先开始工作的过程就是作业排序或优先调度排序。

不同的作业排序，可能会导致结果差别很大。众多实例表明，采用不同的加工顺序，就可能产生不同的任务完成时间。因此，科学的作业排序对于提高整个加工过程的效率，缩短工件的加工时间至关重要。在进行作业排序时，需要用到优先调度规则。这些规则可能很简单，它仅需根据一种数据信息对作业进行排序。这些数据可以是加工时间，也可以是交货期内货物到达的顺序。合理的作业排序需要在一定的排序目标下进行，作业排序的目标主要包括：

（1）满足交货日期的需求。满足交货日期的需要是作业排序最基本的目标。能否在规定的日期前向客户交付产品是检验作业排序成功与否的一个重要评判标准。在现代供应链管理中，客户往往将交付的可靠性作为评判和选择供应商的一个重要指标，它直接影响客户的满意度。

（2）降低在制品库存，加快流动资金周转。有效的作业排序，可以加快工件在整个生产过程中的流动速度，减少工件的生产加工时间，也就能够相应地降低在制品库存，从而释放在制品库存所占用的资金，改善流动资金的周转情况。

（3）缩短提前期。一般来说，对于客户而言，提前期的稳定性要比提前期的长度更为重要，但提前期的长度也是一个影响客户选择供应商的重要因素。尤其在市场多变的环境下，企业之间的竞争是基于时间的竞争，谁的速度快，谁就能在市场上占据领先地位。缩短提前期，也就是缩短客户的等待时间，从而提高了客户的满意度。

（4）降低机器设备的准备时间和准备成本。任何企业生存的第一位目标就是获取利润。增加利润的两条基本途径在于：增加销售额和降低成本。通过作业排序，达到满足交货期和缩短提前期这两个目标，在一定程度上都能够提高客户的满意度，从而促使企业的销售额的增加。而降低机器设备的准备时间和准备成本的目标则是从成本角度设定的。小批量多品种生产带来了频繁的设备调整问题，从而导致机器设备较长的准备时间和较高的准备成本，因此，在作业排序时，要在满足交货时间要求的条件下，尽量延长机器的连续加工时间。

(5) 充分利用机器设备和劳动力。充分利用机器设备和劳动力是作业排序的又一个为降低运作成本而设定的目标。低劣的作业排序经常会导致机器设备和劳动力之间的负荷不均衡，某些设备出现工作积压，而另外一些设备则出现闲置的情况。有效的作业排序要尽量避免这种情况的发生，使整个生产过程均衡、连续、有序。

3. 作业排序的复杂性

确定最佳作业顺序看似容易，只要列出所有的顺序，然后从中挑出最好的就可以了，但是实现这种想法几乎是不可能的。例如，考虑32项任务，有32！种方案，假设计算机每秒钟可以检查10亿个顺序，全部检查完毕需要8.4×10^{15}个世纪。如果只要16项任务，同样按计算机每秒钟可以检查10亿个顺序来计算，也需要8个月。以上问题还没有考虑其他的约束条件，如机器、人力资源、厂房场地等，如果加上这些约束条件，所需要的时间就无法想象了。所以，很有必要寻找一些有效的算法来解决这类难题。

8.2.2 作业排序问题的分类和表示

1. 作业排序问题的分类

作业排序问题有多种不同的分类方法。

根据行业的不同，排序问题可以分为制造业的排序问题和服务业的排序问题。制造业的排序问题是解决工件在生产过程中的加工次序问题，而服务业中客户的参与以及服务产品的不可储存性，使得服务业的排序问题主要是解决如何安排服务能力以适应服务需要。

根据排序的对象分类，可分为劳动力（或服务者）排序和生产作业（或服务对象）排序。劳动力排序主要确定机器设备或服务人员何时工作，生产作业排序则主要是将不同工件安排到不同的设备上，或为不同的服务对象安排不同的服务者。

根据提供服务的服务者的数量，可分为单服务者的排序问题和多服务者的排序问题。但服务者排序问题是指单队单服务台排队问题，而多服务者排序问题是指单队多服务台或多队多服务台的排队问题。在制造业中，则可分为多种工件在单台设备上的加工排序问题和在多台设备上的加工排序问题。

对于多台设备的排序问题，又可以根据加工路线分为单件作业排序和流水作业排序问题。单件作业排序问题是指工件的加工路线不同的多设备排序问题。流水作业排序问题是指所有工件的加工路线完全相同的多设备排序问题。

按照工件到达的工作地的具体情况，可分为静态作业排序问题和动态作业排序问题。当在进行作业排序时，所有需要加工的工件都已经到达，则在排序时可以进行确定性的排序，这种情况称为静态作业排序问题。如果加工工件是陆续到达的，则在进行排序时要随时考虑新的情况，调整排序，这种情况称为动态排序。

以上是一些基本的排序分类，除此之外，还有多种分类方式，例如根据加工时间和其他参数，可分为确定型排序问题和随机排序问题；根据排序的目标不同，也有不同的分类。

2. 作业排序问题的表示

排序问题必须建立合适的模型，Conway等人提出了排序问题的通用模型，即任何排序问题都可以用此模型描述，该模型是 $n/m/A/B$，其中 n 表示作业数量，n 必须大于 2，否则不存在排序问题；m 表示机器数量，m 等于 1 为单台机器的排序问题，m 大于 1 则为多台机器的排序问题；A 表示车间类型（其中 F 表示流水车间排序，P 表示流水车间排列排序问题，G 表示单件车间）；B 为目标函数，目标函数可以是单目标，也可以是多目标。

8.2.3 单台机器的作业排序模型

当 n 个作业全部经由一台机器处理时，属于 n 个作业单台机器的排序问题，即 $n/1$ 问题，这里的作业可以理解为到达工作中心的工件。模型如图 8-1 所示，J_i 表示作业（$i=1, 2, \cdots, n$）。

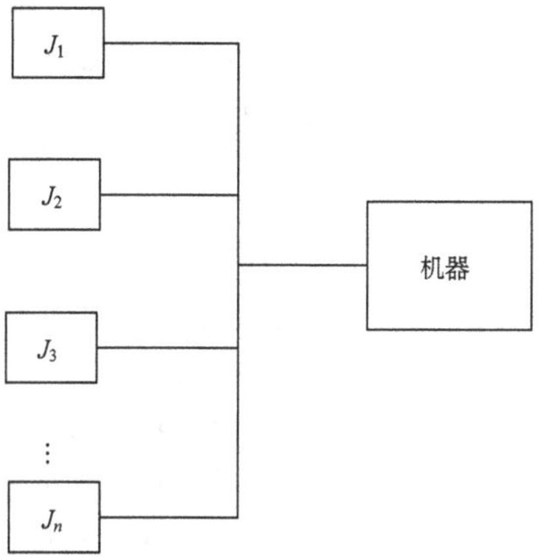

图 8-1 n 个作业单台机器的排序模型

n 个作业单台机器的排序目标如下：

（1）平均流程时间最短。平均流程时间即 n 个作业经由一台机器的平均流程时间。若已排定顺序，则任何一个作业，假设排在第 k 位，其流程时间 $F_K=\sum_{i=1}^{K}p_i$，其中 p_i 表示作业 i 的加工时间；总的流程时间为 $\sum_{K=1}^{n}F_K$，全部作业的平均流程时间为

$$\overline{F}=\frac{\sum_{K=1}^{n}F_K}{n}=\frac{\sum_{K=1}^{n}\sum_{i=1}^{K}p_i}{n}=\frac{\sum_{i=1}^{n}(n-i+1)p_i}{n} \tag{8-1}$$

相应的目标函数为 $\min\overline{F}$，即

$$\min\overline{F}=\min[np_1+(n-1)p_2+(n-2)p_3+\cdots+2p_{n-1}+p_n] \tag{8-2}$$

（2）最大延迟时间、总延迟时间（或平均延迟时间）最小。单个工作中心的延期时间为 T_i，如果以最大延迟时间为最小，则其目标函数为

$$\min T_{\max}=\max\{T_i\} \qquad (i=1,2,\cdots,n)$$

若以总延迟时间为最小，则目标函数为 $\min\sum_{i=1}^{n}T_i$。

8.2.4 常用优先作业排序规则

进行作业排序，需要利用优先调度规则，这些规则比较适用于以工艺专业化为导向的场合。优先规则通常以定量的数值来描述，常用的排序规则有以下几种。

（1）先到先服务（First Come First Served，FCFS）按订单到达工作中心的先后顺序来执行加工作业，先来的先进行加工。在服务业，通常利用这种规则以满足顾客的要求，有时这种规则的实施要利用一些排队论的方法来配合。与此类似的还有后到先服务（Last Come First Served，LCFS）规则。

（2）最短作业时间（Shortest Operation Time，SOT）规则是指所需加工时间最短的作业首先进行，然后是加工时间第二最短的，如此类推，即按照作业时间的反向顺序来安排订单。也将 SOT 规则称为最短加工时间（Shortest Processing Time，SPT）规则。通

常在所有的作业排序规则中，最短加工时间规则是经常使用的规则，它可以获得最少的在制品、最小的平均工作完成时间以及最短的工作平均延迟时间。

(3) 剩余松弛时间（Slack Time Remained，STR）是将在交货期前所剩余的时间减去剩余的总加工时间所得的差值，剩余松弛时间值越小，越有可能拖期，故STR最短的任务应最先进行加工。

(4) 每个作业的剩余松弛时间（STR/OP）。STR是剩余松弛时间，OP表示作业的数量，则STR/OP表示平均每个作业的剩余时间，这种规则不常用，因为该规则计算的每个作业剩余松弛时间只是一个平均的松弛时间，而每个作业的剩余松弛时间应该是不同的。

(5) 最早到期日（Earliest Due Date，EDD）规则是指根据订单交货期的先后顺序来安排订单，即交货期最早则应最早加工，将交货期最早的作业放在第一个进行。这种方法在作业时间相同时往往效果非常好。

(6) 紧迫系数（Critical Ratio，CR）是用交货期减去当前日期的差值除以剩余的工作日数。即

$$CR=\frac{\text{到期日}-\text{现在日期}}{\text{正常制造所需要的剩余提前期}} \tag{8-3}$$

CR值有如下几种情况：

- CR=负值，说明已经拖期；
- CR=1，说明剩余时间刚好够用；
- CR>1，说明剩余时间有富裕；
- CR<1，说明剩余时间不够。

需要说明的是，当一个作业完成后，其余作业的CR值会有变化，应随时调整。紧迫系数越小，其优先级越高，故紧迫系数最小的任务先进行加工。

(7) 最少作业数（Fewest Operations，FO）规则是指根据剩余作业数来优先安排订单，该规则的逻辑是：较少的作业意味着有较少的等待时间，该规则的平均在制品少，制造提前期和平均延迟时间均较少。

上述排序的规则适用于若干作业在一个工作中心上的排序，这类问题被称为“n作业—单台工作中心的问题”或“$n/1$问题”，理论上，排序问题的难度随着工作中心数量的增加而增大，而不是随着作业数量的增加而增大，对n的约束是，它必须是确定的有限的数。下面以例8.1说明上述的排序规则。

例8-1 现有5个订单需要在一台机器上加工，5个订单到达的顺序为A、B、C、D、E，相关的数据如表8-1所示。

表8-1 5个订单的原始数据

订单	交货期/天	加工时间/天	剩余的制造提前期/天	作业数
A	7	1	5	5
B	5	2.5	6	3
C	6	4.5	6	4
D	8	5	7	2
E	9	2	11	1

分析：分别采用先到先服务规则、最短作业时间规则、最早到期日规则、剩余松弛时间规则、每个作业的剩余松弛时间规则、紧迫系数规则、最少作业数规则进行排序，并对排序的结果进行比较分析。

(1) 先到先服务。订单按照到达的先后顺序决定优序，到达的顺序为 A、B、C、D、E。则总的流程时间为 1＋3.5＋8＋13＋15＝40.5（天），平均流程时间＝40.5/5－8＝1（天），计算结果如表 8-2 所示。

表 8-2 先到先服务的计算结果

订单	交货期/天	加工时间/天	作业数	流程时间/天	延迟时间/天
A	7	1	5	0+1=1	−6
B	5	2.5	3	1+2.5=3.5	−1.5
C	6	4.5	4	3.5+4.5=8	2
D	8	5	2	8+5=13	4
E	9	2	1	13+2=15	6

将每个订单的交货日期与其流程时间相比较，发现只有 A 和 B 订单能按时交货。订单 C、D 和 E 将会延期交货，延迟时间为负的表示不会延迟，3 个订单的延期时间分别为 2、4 和 6 天。总的延迟时间为 2＋4＋6＝12（天），每个订单平均延迟时间为 12/5＝2.4（天）。

(2) 最短作业时间。订单加工顺序为 A、E、B、C、D。总的流程时间为 1＋3＋5.5＋10＋15＝34.5（天）。平均流程时间为 34.5/5＝6.9（天）。A 和 E 将准时完成，订单 B、C 和 D 将延迟，延迟时间分别是 0.5、4 和 7 天。总的延迟时间为 0＋0＋0.5＋4＋7＝11.5（天），每个订单平均延迟时间为 11.5/5＝2.3（天）。计算结果如表 8-3 所示。

表 8-3 最短作业时间的计算结果

订单顺序	交货期/天	加工时间/天	作业数	流程时间/天	延迟时间/天
A	7	1	5	0+1=1	−6
E	9	2	1	1+2=3	−6
B	5	2.5	3	3+2.5=5.5	0.5
C	6	4.5	4	5.5+4.5=10	4
D	8	5	2	10+5=15	7

(3) 最早到期日。订单加工顺序为：B、C、A、D、E。只有订单 B 按期完成，总的流程时间为 2.5＋7＋8＋13＋15＝45.5（天），平均每个订单流程时间为 45.5/5＝9.1（天）。订单 B 按期完成，订单 C、A、D 和 E 将延迟，延迟时间分别为 1、1、5 和 6 天。总的延迟时间为 0＋1＋1＋5＋6＝13（天），平均延迟时间为 13/5＝2.6（天）。计算结果如表 8-4 所示。

表 8-4 最早到期日的计算结果

订单顺序	交货期/天	加工时间/天	作业数	流程时间/天	延迟时间/天
B	5	2.5	3	0+2.5=2.5	−2.5
C	6	4.5	4	2.5+4.5=7	1
A	7	1	5	7+1=8	1
D	8	5	2	8+5=13	5
E	9	2	1	13+2=15	6

(4) 剩余松弛时间。订单加工顺序为：C、B、D、A、E。只有订单 C 按期完成，总的流程时间为 4.5＋7＋12＋13＋15＝51.5（天），平均每个订单流程时间为 51.5/5＝10.3（天）。订单 B、D、A 和 E 将延迟，延迟时间分别为 2、4、6 和 6 天。总的延迟时间为0＋2＋4＋6＋6＝18（天），平均延迟时间为 18/5＝3.6（天）。计算结果如表 8-5 所示。

表 8-5 剩余松弛时间的计算结果

订单顺序	交货期/天	加工时间/天	松弛时间/天	流程时间/天	延迟时间/天
C	6	4.5	1.5	0+4.5=4.5	−1.5
B	5	2.5	2.5	2.5+4.5=7	2
D	8	5	3	7+5=12	4
A	7	1	6	12+1=13	6
E	9	2	7	13+2=15	6

(5) 每个作业的剩余松弛时间。订单加工顺序为：C、D、A、B、E。只有订单 C 按期完成，总的流程时间为 4.5＋7＋8＋13＋15＝47.5（天），平均每个订单流程时间为47.5/5＝9.5（天）。订单 B、A、D 和 E 将延迟，延迟时间分别为 2、1、5 和 6 天。总的延迟时间为0＋2＋1＋5＋6＝14（天），平均延迟时间为 14/5＝2.8（天）。计算结果如表 8-6 所示。

表 8-6 每个作业剩余松弛时间的计算结果

订单顺序	加工时间/天	交货期/天	作业数	松弛时间/天	每个作业剩余松弛时间/天	流程时间/天	延迟时间/天
C	4.5	6	4	1.5	0.375	0+4.5=4.5	−1.5
B	2.5	5	3	2.5	0.83	2.5+4.5=7	2
A	1	7	5	6	1.2	7+1=8	1
D	5	8	2	3	1.5	8+5=13	5
E	2	9	1	7	7	13+2=15	6

(6) 紧迫系数。订单顺序为 E、B、C、D、A。总的流程时间为 2＋4.5＋9＋14＋15＝44.5（天），平均每个订单的流程时间为 44.5/5＝8.9（天）。订单 E 和 B 能按期完成，订单 C、D 和 A 的延期时间分别为 3、6 和 8 天，总的延迟时间为 0＋0＋3＋6＋8＝17（天），平均延迟时间为 17/5＝3.4（天）。计算结果如表 8-7 所示。

表 8-7 紧迫系数计算结果

订单顺序	加工时间/天	交货期/天	作业数	剩余制造提前期/天	紧迫系数	流程时间/天	延迟时间/天
E	2	9	4	11	0.82	0+2=2	−7
B	2.5	5	3	6	0.83	2+2.5=4.5	−0.5
C	4.5	6	5	6	1	4.5+4.5=9	3
D	5	8	2	7	1.14	9+5=14	6
A	1	7	1	5	1.40	14+1=15	8

(7) 最少作业数。订单加工顺序为：E、D、B、C、A。只有订单 E 和 D 能按期完成，总的流程时间为：2+7+9.5+14+15=47.5（天），平均每个订单流程时间为：47.5/5=9.5（天）。订单 B、C、A 将延迟，延迟时间分别为 4.5、8、8 天，总的延迟时间为 0+0+4.5+8+8=20.5（天），平均延迟时间为 20.5/5=4.1（天）。计算结果如表 8-8 所示。

表 8-8 最少作业数计算结果

订单顺序	加工时间/天	交货期/天	作业数	流程时间/天	延迟时间/天
E	2	9	1	0+2=2	−7
D	5	8	2	2+5=7	−1
B	2.5	5	3	7+2.5=9.5	4.5
C	4.5	6	4	9.5+4.5=14	8
A	1	7	15	14+1=15	8

上述七大规则的排序结果总结如表 8-9 所示。

表 8-9 几种排序结果的对比

排序规则	订单顺序	平均流程时间/天	平均延迟时间/天
LCLS	ABCDE	8.1	2.4
SOT	AEBCD	6.9	2.3
EDD	BCADE	9.1	2.6
STR	CBDAE	10.3	3.6
STR/OP	CDABE	9.5	2.8
CR	EBCDA	8.9	3.4
FO	EDBCA	9.5	4.1

由表 8-9 可知，采用最短作业时间规则进行排序所获得的结果最好，对于“$n/1$”排序问题，无论是采用本例中的评价指标还是采用如等待时间最小等其他指标，最短作业时间都能获得最佳的方案，因此，该规则被称为“在整个排序学科中最重要的概念”。

当然，最终采取什么样的排序方式，将取决于决策部门的目标是什么，通常的目标有：满足顾客或下一道工序作业的交货期；平均延迟的订单数最少；极小化流程时间（作业在工序中所耗费的时间)；极小化在制品库存；延迟时间极小化；极小化设备和工人的闲置时间。这些目标也不是绝对的，因为有的订单可能强调交货期，而有的订单可能对交货期的要求不高，有的则可能强调设备的利用率，等等。完成这些排序的目标，还必须取决于设备及人员的柔性，而获得这种柔性则与作业方法的改善、设施规划、缩短作业交换期、员工的多能训练、制造单元技术、群组技术等相关。

8.2.5 *n*/2 排序问题

$n/2$ 排序问题是指 n 种工件在两台设备上进行加工的排序问题。假设有 n 种工件的加工要经过两台设备，并且所有工件的加工路线都相同。在这种情况下，全部完工时间是一个关键的评价标准，排序的目标是使全部完工时间最短。

对于 $n/2$ 排序问题，约翰逊（S. M. Johnson）于 1954 年提出了一个有效算法，用于解决多种工件在两台设备上加工的流水作业排序问题，这就是著名的约翰逊算法。约翰逊算法的适用条件是：

- 排序的目标函数是要使全部完工时间最小；
- 工件在两台设备上的加工顺序完全相同；
- 所有工件同时到达第一台设备等待加工；
- 每种工件在每台设备上的加工时间均已知。

约翰逊算法的基本思路是：尽量减少第二台设备上的等待加工的时间，因此，在第二台设备上加工时间长的工件先加工，在第二台设备上加工时间短的工件后加工。

约翰逊算法的步骤如下：

① 先做 n 个工件在两台设备上的加工时间的工时矩阵 M，即

$$M=\begin{bmatrix} a_{11} & a_{12} & \cdots & a_{1n} \\ a_{21} & a_{22} & \cdots & a_{2n} \end{bmatrix}$$

式中，a_{ij} 为工件 $j(j=1，2，\cdots，n)$ 在设备上 $i(i=1，2)$ 的加工时间。

② 在工时矩阵 M 中找出最小元素 a_{ij}，若最小元素不止一个，可任选其一。

③ 如果最小元素 a_{ij} 在上行，即最短的加工时间出现在第一台设备上，则对应的工件应该排在最前位置；如果最小元素 a_{ij} 在下行，即最短的加工时间出现在第二台设备上，则对应的工件排在最后位置。

④ 从加工时间矩阵划去已经排序的工件，然后对余下的工件重复步骤②和步骤③，直到全部工件都被安排完。

表 8-10　6 个产品在两台设备上的加工时间

产品	设备	
	车床	磨床
A	3	5
B	7	2
C	4	7
D	6	4
E	8	6
F	9	5

例 8-2　有 6 个产品（A、B、C、D、E、F）需要在车床和磨床上加工，加工顺序是先撤＝车后磨，每个产品所需的加工时间如表 8-10 所示。管理者希望找到一个最优的排序方案。

运用约翰逊算法，对该问题进行作业排序，使所有工件的加工总时间最少。首先做出 6 种工件在车床和磨床上的加工工时矩阵 M，即

$$M=\begin{bmatrix}3&7&4&6&8&9\\5&2&7&4&6&5\end{bmatrix}$$

在 M 中寻找到的最小值为 2，对应的产品为 B，对应的设备为磨床，因此，应将产品 B 排在最后加工。在 M 中划去产品 B，得到余下的工时矩阵 M_1，即

$$M_1=\begin{bmatrix}3&4&6&8&9\\5&7&4&6&5\end{bmatrix}$$

在 M_1 中寻找到的最小值为 3，对应的产品为 A，对应的设备为车床，因此，应将产品 A 排在最早加工。在 M 中划去产品 A，得到余下的工时矩阵 M_2，即

$$M_2=\begin{bmatrix}4&6&8&9\\7&4&6&5\end{bmatrix}$$

在 M_2 中寻找到的最小值为 4，对应的产品为 C 和 D，对应的设备为车床和磨床，因此，应将产品 C 排在产品 A 之后加工，而将产品 D 排在产品 B 之前加工。在 M 中划去产品 C 和 D，得到余下的工时矩阵 M_3，即

$$M_3=\begin{bmatrix}8&9\\6&5\end{bmatrix}$$

在 M_3 中寻找到的最小值为 5，对应的产品为 F，对应的设备为磨床，因此，应将产品 F 排在产品 D 之前加工，而将产品 E 排在产品 C 之后加工。因此，加工排序为 A-C-E-F-D-B，总的加工时间为 39 小时。

采用约翰逊算法得到的排序必定是最优排序，但不能说最优排序一定就是按照约翰逊算法得到的。例如上述问题中，C-A-F-E-D-B 的排序顺序并不符合约翰逊算法，但它是上述问题的一个最优排序解。因此，约翰逊算法只是一个充分条件，不是必要条件。

8.3 车间作业调度问题

车间作业调度是先进制造系统实现管理技术、运筹技术、优化技术、自动化与计算机技术发展的核心。有效的调度方法与优化技术是实现先进制造和提高生产效益的基础和关键。改善车间调度方案，可以大大提高生产效益和资源利用率，进而增强企业的竞争能力。

8.3.1 车间作业调度问题概念

车间作业调度问题是在一定的时间内，进行可用共享资源的分配和生产任务的排序，以满足某些指定的性能指标。简单地说，车间作业调度问题就是按照时间分配资源来完成任务的问题。

车间作业调度问题一般可以描述为：针对某项可以分解的工作，在一定的约束条件下，如何安排其组成部分（操作）所占用的资源、加工时间及先后顺序，以使产品制造时间或者成本等最优。

影响调度问题的因素很多，正常情况下包括：产品的投产期、交货期（完成期）、生产能力、加工顺序、加工设备和原材料的可用性、批量大小、加工路径、成本限制等。这

些都是所谓的约束条件。有些约束条件是必须满足的，如交货期、生产能力，而有些达到一定的满意度即可，如生产成本。这些约束在进行调度时可以作为确定性因素考虑。而对于设备故障、原材料供应变化、生产任务变化等非正常情况，都是事先不可预见的，在进行调度时大多作为不确定性因素考虑。

车间作业调度中涉及的车间资源包括：原料、设备、人力、资金、能源等，资源的详细分配受到产品的生产工艺的限制。

车间作业调度的性能指标可以是成本最低、库存费用最少、生产周期最短、生产切换最少、三废最少、设备利用率最高等。实际车间作业调度的性能指标大致可以归结为三类：

(1) 最大能力指标。包括最大生产率、最短的生产周期等，它们都可以归结为在固定或者无限的产品需求下，最大化生产能力以提高经济效益。在假定存在连续固定需求的前提下，工厂通过库存满足产品的需求，调度问题的主要目标是提高设备的利用率、缩短产品的生产周期，使工厂生产能力最大，因此，这类调度问题可以成为最大能力调度问题。

(2) 成本指标。包括最大利润、最小化运行费用、最小投资、最大收益等，其中收益指产品销售收入，运行费用包括库存成本、生产成本和缺货损失等。

(3) 客户满意度指标。包括最短的延迟、最小提前或者拖后惩罚等。

在传统的调度中，一般以平均流通时间最小、制造周期最短、满足交货期为调度目标，而实际生产中，由于提前完成的产品必须保存到交货期，而拖期产品必须交付违约金，因此，在实际调度中更加重视提前或者拖后惩罚调度。

车间作业调度问题受到车间管理方法的影响，在不同的管理方法下，调度问题的优化目标、优化策略及其优化数学模型都不同。几乎每一个生产环境都是唯一的，很难用一个生产环境的调度方案去解决另一个生产环境的调度问题。由于生产环境的动态性、生产领域知识的多样性、调度问题的复杂性，必须将人、数学方法和信息技术结合起来分析探讨生产领域的管理调度问题。

由于车间作业调度问题在企业实践中的重要性以及在理论研究上的挑战性，长期以来也是研究热点问题，所以有必要了解车间作业调度问题在学术上的表达。

车间作业调度就是对一个可用的加工机床集在时间上进行加工任务集分配，以满足一个性能指标集。从数学规划的角度看，车间调度问题可表示为在等式或不等式约束下，对目标函数的优化。典型的车间调度问题包括一个要完成的作业集，每个作业由一个操作集组成，各操作的加工需要占用机床或其他资源，并且必须按一些可行的工艺次序进行加工。每台机床可加工工件的若干操作，并且在不同的机床上能加工的操作集可以不同。调度的目标是将作业合理地安排到各机床，并合理安排作业的加工次序和加工开始时间，使约束条件被满足，同时优化一些性能指标。实际制造系统，还要考虑刀具、托盘和物料搬运等的调度问题。

8.3.2 车间作业调度问题分类

按照不同的标准，可以将调度问题分为不同类型。最常用的分类方法是按照机器、工件和目标函数的特征分类。按照机器的种类和数量不同，可以分成单台机器的调度问题和多台机器的调度问题。对于多台机器的调度问题，按照工件加工路线的特征可以分为

Job Shop调度问题和 Flow Shop 调度问题。工件的加工路线不同，是单件作业调度问题的基本特征；而所有工件的加工路线完全相同则是流水作业调度问题的基本特征。

车间作业调度问题的分类方法很多，主要有以下几种：

（1）根据加工系统的复杂度，可分为单机、多台并行机、Flow Shop 和 Job Shop。

单机调度问题是所有的操作任务都在单台机器上完成，为此存在任务的优化排队问题，对于单机调度有比较成熟的方法。多台并行机调度问题更加复杂，因而优化问题更加突出。Flow Shop 调度问题假设所有作业都在同样的设备上加工，并有同样的加工操作和加工顺序，Flow Shop 调度问题相对成熟。Job Shop 调度问题是最一般的调度类型，不限制作业的操作加工设备，并允许作业加工具有不同的加工路径，工件的加工路线不同。

（2）根据性能指标，分为基于费用的调度和基于性能的调度两类。

（3）根据生产环境特点，可将调度问题分为确定性调度和随机性调度。

（4）根据作业的加工特点和按照工件达到车间的情况不同，可将调度问题分为静态调度和动态调度。

静态调度是指所有工件都已经到达，所有待安排加工的工件均处于待加工状态，因而进行一次调度后，各作业的加工次序就被确定，在以后的加工过程中就不再改变。动态调度是指如果工件是陆续到达，作业依次进入待加工状态，各种作业不断进入系统接收加工，同时完成加工的作业又不断离开，还要考虑作业环境中不断出现的动态扰动，如作业加工超时、设备故障等。因此，动态调度要根据系统中作业、设备等的状况，不断地进行调度。实际调度往往是 Job Shop 型，并且是动态的。

（5）按照目标函数的情况，还可以划分为单目标调度与多目标调度。

以往研究的调度问题，大多属于单目标调度，而对于多目标调度则相对较少。例如，同是单台机调度，目标是使平均流程时间最短和目标是使延期完工的工件数量最少，实质上是两种不同的调度问题。可以就“时间—成本”两个目标进行讨论，进行双目标调度。

8.3.3 单机调度问题

最简单的车间作业调度问题就是确定由一台机器加工 n 个工件的最优顺序问题，它又可以分为准备时间与工作顺序无关、准备时间与工作有关两类。准备时间与工作有关的单机调度问题非常复杂，这里不做讨论。如果准备时间与工作顺序无关，可将准备时间纳入加工时间，作为加工时间的一部分考虑，问题相对比较简单。它可以归结为 n 个工件的一个调度问题，显然有 $n!$ 个进度表可供选择。但所有进度表都有相同的总需求时间 $F_{\max}$，$F_{\max}$ 由 n 个工件的作业时间 t_i 的和构成，与 $n!$ 个不同顺序无关，所以 $F_{\max}$ 不能作为评价标准。对于其他评价标准，有以下几个定理成立。

定理 8.1 对于单机调度问题，如从加工时间最短的工件开始顺序排序（最短加工时间（SPT）规则），则平均流程时间 $\bar{F}$ 最小。

证：设 t_1，t_2，…，t_n 为 n 个工件的加工时间，其中包括必要的准备时间，引用符号“$<>$”表示顺序表中的位置，如 $t_{<1>}$ 表示在顺序表中第一个位置的作业的加工时间，将工件加工时间非减顺序排列为：

$$t_{<1>} \leqslant t_{<2>} \leqslant \cdots \leqslant t_{<n>}$$

$$F_{<k>} = \sum_{i=1}^{k} t_{<i>}$$

$$\overline{F} = \frac{\sum_{k=1}^{n} F_{<k>}}{n} = \frac{\sum_{k=1}^{n}\sum_{i=1}^{k} t_{<i>}}{n} = \frac{\sum_{i=1}^{n}(n-i+1)t_{<i>}}{n}$$

注意：式中（$n-i+1$）是一个递减序列，而 $t_{<1>}$ 是一个非递减序列，可以用代数方法证明，$\overline{F}$ 取得最小值。

定理得证。

该定理的最优性还可以用另一种很有用的方法加以证明，即相邻对交换法（Adjacent Pairwise Interchange）。

在很多情况下，所有工件并不是同样重要，设每个工件有一个表示重要性的权值 W_j，希望确定 n 个工件的顺序是平均加权停留时间最小（WSPT 规则）。

$$\overline{F}_w = \frac{\sum_{i=1}^{n} W_i F_{<i>}}{n}$$

只要按照以下顺序进行排序即可

$$\frac{t_{<1>}}{W_1} \leqslant \frac{t_{<2>}}{W_2} \leqslant \cdots \leqslant \frac{t_{<n>}}{W_n}$$

显然，这是 SPT 规则的推广，可以应用以上介绍的方法证明。

定理 8.2 对于单机调度问题，如果从交货期最短的工件开始顺序进行排序（最早交货期（EDD）规则），则最大交货期延迟 $L_{\max}$ 或最大交货期延误 $T_{\max}$ 最小。

证：采用相邻对交换法进行证明。设顺序 S 不符合 EDD 规则，则在 S 中一定存在一对相邻的工件 J_i 和 J_j，J_j 在 J_i 之后，但 $d_i > d_j$。将 J_i 和 J_j 互换，其余保持不动产生一新顺序。则

$$L_i(S) = t_B + t_i - d_i \qquad L_j(S') = t_B + t_j - d_j$$

$$L_j(S) = t_B + t_i + t_j - d_j \qquad L_i(S') = t_B + t_j + t_i - d_i$$

根据已知条件 $L_i(S) > L_i(S')$ 和 $L_j(S) > L_j(S')$，有

$$L_j(S) > \max\{L_i(S'), L_j(S')\}$$

令 $L = \max\ \{L_k \mid k \in A \text{ 或 } k \in B\}$，

由于 L 在 S 和 S' 中的相同，于是

$$L_{\max}(S) = \max\{L, L_i(S), L_j(S)\} \geqslant \max\{L, L_i(S'), L_j(S')\} = L_{\max}(S')$$

也就是说，将工件 J_i 和 J_j 互相交换不会增加 $L_{\max}$ 值，实际上反而使 $L_{\max}$ 减少，由此可得，EDD 规则将使最大交货期时差最小。

类似地，可以证明定理的后半部分

$$T_{\max}(S) = \max\{0, L_{\max}(S)\}$$

$$T_{\max}(S') = \max\{0, L_{\max}(S')\}$$

$$T_{\max}(S) \geqslant T_{\max}(S')$$

定理得证。

定理 8.3 对于单机调度问题，如果有 $T_{max}=0$ 的工件存在，在此条件下，在交货期比尚未排序的所有工件的作业时间之和较大的工件中，将加工时间最大的工件放在最后位置，反复比较，可以得到在 T_{max} 为 0 的条件下，使 $\bar{F}$ 最小的最优工件顺序（Smith 规则）。

由定理 8.2，应用最早交货期规则能使 T_{max} 最小，如果 $T_{max}=0$，这就是所有的工件能在交货期内完工的情况。定理 8.3 指出存在着保证继续符合交货期而比最早交货期顺序更好的顺序。也就是，在主要的评价标准无误期的条件下，可以使平均停留时间达到最小，其条件如下：

① $d_H \geqslant \sum_{i=1} t_i$

② 对于 $d_j \geqslant \sum_{i=1} t_i$ 的所有 j，$t_H \geqslant t_j$ 成立。将工件 J_H 定在顺序之后，反复进行。

条件①表示该工件放在最后处理也不会产生拖期；条件②表示该工件是不产生拖期的工件中具有最大作业时间的一个。以上的条件可以叫做在交货期的约束条件下按 SPT 规则的排序法。

例 8-3 考察表 8-11 所示的五个工件单机调度问题。

表 8-11 单机调度

工件序号	1	2	3	4	5
作业时间/天	3	7	1	5	4
交货期/天	23	20	8	6	14

这里，总需要时间 $F_{max}=\sum_{i=1}^{5} t_i = 20$ 是一定的，与五个工件的顺序有关。因此，如前所述，使总需要时间最小不能作为调度的评价标准。

在实际问题中，SPT 规则是经常使用的规则。这时，工件顺序为 J_3-J_1-J_5-J_4-J_2，根据定理 8.3，平均停留时间 $\bar{F}$ 最小。

由定理 8.2，使最大交货期时差或拖期 L_{max} 或 T_{max} 最小的最优工件顺序为最早交货期顺序 J_4-J_3-J_5-J_2-J_1，很容易看出，按此顺序则 $T_{max}=0$。因此，在继续保持此条件的情况下，作为第二评价准则，可以根据定理 8.3 找出使平均停留时间 $\bar{F}$ 最小的工件顺序，即 J_3-J_4-J_1-J_5-J_2，这时 $\bar{F}=9.8$，而按 EDD 规则的工作顺序，$\bar{F}=11.6$，但是对于按 SPT 规则得到的工件顺序则有 $\bar{F}=9.2$，这时 $T_{max}=7$。

8.3.4 流水车间调度问题

流水车间调度问题（Flow Shop Scheduling problem，FSP）一般可以描述为：n 个工件在 m 台机器上加工，一个工件包括 k 道工序，每道工序要求不同的机器加工。n 个工件在 m 台机器上的加工顺序相同，工件 i 在机器 j 上的加工时间是给定的，设为 t_{ij}（$i=1, 2, \cdots, n$；$j=1, 2, \cdots, m$）。调度的目标函数是求 n 个工件的最优加工顺序，使最大流程时间最小。

对于流水车间调度常常做如下假设：

（1）每个工件在机器上的加工顺序相同，且是确定的；

(2) 每台机器在每个时刻只能加工某个工件的某道工序；

(3) 一个工件不能同时在不同机器上加工；

(4) 工序的准备时间与顺序无关，且包含在加工时间之中。

例 8-4 多台机器加工多个工件的最优加工次序。

假设有 A、B、C、D 四种工件，都需要进行先车后铣，其加工时间如表 8-12 所示。其中，A、B、C、D 是调度问题的 4 个工件，车床和铣床为 2 台机器，分别为 M_1 和 M_2，车和铣为两工序，分别为工序 1 和工序 2。

表 8-12 车和铣加工时间

工序名称	车床工时/h	铣床工时/h
A	15	4
B	8	10
C	6	5
D	12	7
合计	41	26

在调度中，一般用三元组（i，j，k）表示工件 i 的工序 j 在机器 k 上加工。如果按照 A-B-C-D 次序加工，则加工进度即工序加工随时间分配的顺序可以用甘特图表示，如图 8-2所示。

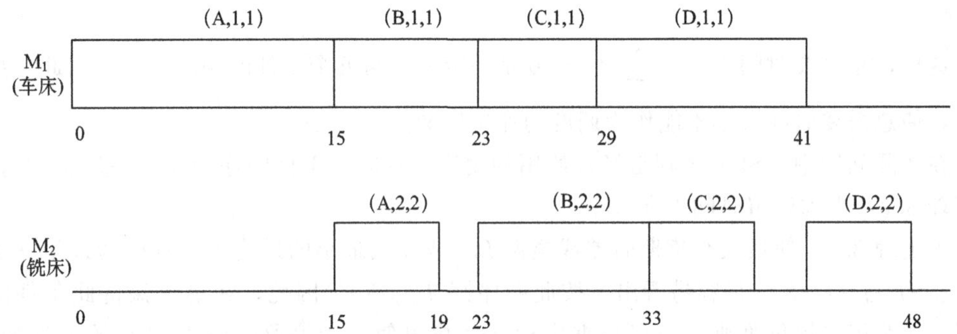

图 8-2 A-B-C-D 次序加工的甘特图

图 8-2 中，方框表示操作，方框长度表示操作（i，j，k）的加工时间 t_{ijk}。

在甘特图上，一种可行的调度应该确保方框位置满足工序优先顺序要求，并且方框之间不发生重叠。生产调度的目的是找出总加工时间最短的甘特图。对于上面的这个任务，如果将加工顺序改为 B-D-C-A，则相应的甘特图如图 8-3 所示，可见，原加工方案的总加工时间为 48h，而新加工方案的总加工时间为 45h，所以比原方案优越。

如果某给定的工件在一台或者多台机器上的加工时间为 0，则成为广义流水车间调度问题；否则，成为纯流水车间调度问题。在过去 40 年时间里，人们主要关注的是纯的确定型流水车间调度问题。

流水车间调度问题可以分为：确定型、随机型和模糊型。在确定型流水车间调度问题

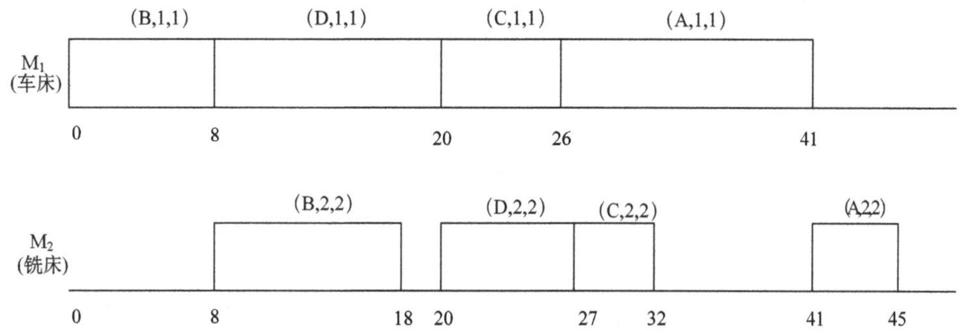

图 8-3 B-D-C-A 次序加工的甘特图

中，假定工件的加工时间是已知的确定量；在随机型流水车间调度问题中，加工时间按照一定的概率分布；在模糊型流水车间调度问题中，每个工件的交货期是一个模糊数，表示决策者对工件完工时间的满意度。

在实际工业生产中，往往存在多条相互独立的生产线，分配到某一生产线的产品不能再转移到另一条生产线上生产，成为并行 Flow Shop 调度问题。多数实际调度问题都可以简化为并行 Flow Shop 调度问题，其决策内容分为两部分，一是组合部分，即产品在各条生产线上的分配和各生产线上的产品生产顺序；二是连续部分，即各条生产线上产品运行时间和生产循环周期。

8.3.5 作业车间调度问题

作业车间调度问题（Job-shop Scheduling Problem，JSP）可以描述为：给定一个工件的集合和一个机器的集合，每个工件包括多道工序，每道工序需要在一台给定的机器上非间断地加工一段时间；每台机器一次最多只能加工一道工序；调度就是把工序分配给机器上某个时间段。问题的目标是找到最小时间长度的调度。

JSP 是一类满足任务配置和顺序约束要求的资源分配问题，是最困难的组合优化问题之一。资源和任务分别是一些机器和作业。作业可由若干称为操作的子任务组成。已知每个任务中诸操作在机器上加工的优先顺序和所需时间，要求给出作业调度，使得目标函数值（如总的加工时间最短或机器最长加工时间最短等）达到最小。与 FSP 相比，由于 JSP 的每个工件的加工工序可以是不同的，因此，JSP 比 FSP 更加复杂。

作业车间调度问题的目的是对作业进行有效的排序，因此，将作业定义为某个产品的某个工序，该问题的数学问题描述为：

设生产系统生产 n 个工件，表示为集合 $N=\{1, 2, \cdots, n\}$，生产系统内有 m 台机器，表示为集合 $M=\{1, 2, \cdots, m\}$，每个工件需要经过若干个工序完成，若 O_{ikq} 表示第 i 个工件的第 k 个工序在第 q 台机器上加工，其开始加工时间和需要加工的时间分别记为 S_{ikq} 和 T_{ikq}；工件 i 的最后一道工序的开始加工时间和需要加工的时间分别记为 S_{ie_iq} 和 T_{ie_iq}；工件 i 的投料时间和交货期分别记为 r_i 和 d_i；P_i 是工件的有序工序对集合 $[O_{ikp}, O_{ikq}]$，其中，O_{ikp} 优先于 O_{ikq}；R_q 是使用机器 q 的所有工序 O_{ikq} 的集合。如果目标函数为最小化最大完工时间，或者最小生产周期，即如何安排加工使得加工所有产品的时间最

短，则 JSP 问题可以采用整数线性规划模型描述为

$$\min J = \max(S_{ie_i m} + T_{ie_i m}), i \in N \tag{8-4}$$

s. t.

$$S_{ilq} - S_{ikp} \geqslant T_{ikp}, [O_{ikp}, O_{ikq}] \in P_i, k, l \in \{1, \cdots, m_i\}, i \in N \tag{8-5}$$

$$S_{ilq} - S_{ikp} \geqslant T_{ikq} \text{ 或 } S_{ikq} - S_{jlp} \geqslant T_{jlq}, [O_{ikq}, O_{jkq}] \in R_q, i, j \in N, q \in M \tag{8-6}$$

$$r_i \leqslant S_{ijq} \leqslant d_i - T_{ijq}, i \in N, q \in M, j \in \{1, \cdots, n_i\} \tag{8-7}$$

其中，式（8-5）表示工序顺序约束，而且同一工件的不同工序不能同时加工；式（8-6)表示资源约束，每台机器同一时刻只能加工一个工件；式（8-7）表示投料时间和交货期约束。

上述问题做了一下假设：所有的任务在零时刻都是可用的，并且无设备故障，任务在机器上执行的时间事先已知。

例 8-5 多台机器加工多个工序的最优加工次序。

假设有 3 种工件，在车床 M_1、铣床 M_2、刨床 M_3 上加工，其加工顺序和加工时间如表 8-13、表 8-14 所示。一种调度方案的甘特图如图 8-4 所示。

表 8-13 加工顺序

工件	加工顺序		
	1	2	3
1	M_3	M_1	M_2
2	M_2	M_3	M_1
3	M_2	M_1	M_3

表 8-14 加工时间

工件	车床工时/h	铣床工时/h	刨床工时/h
1	4	2	7
2	3	5	6
3	2	4	3

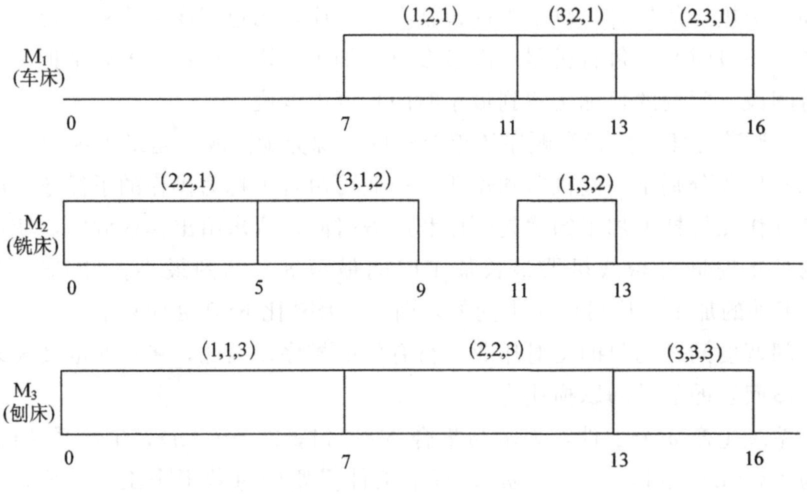

图 8-4 调度方案甘特图

对于作业车间调度问题，已经提出了许多最优化求解方法，但是由于它是一个非常难解的组合优化问题，多数现有的最优化算法都只适合用于规模较小的问题。

作业车间调度问题被证明属于 NP 难题，在数学界被公认是最困难的组合优化问题之

一。目前提出了许多启发式算法解决简单的作业车间调度问题，但是至今为止，尚未有保证性能的启发式算法，一些方法只有在某些特殊场合才适用。很多研究表明，寻找作业车间调度问题的最优解是非常困难的，最有工程意义的求解算法是放弃寻找最优解的目标，转而试图在合理、有限的时间内寻找到一个近似的、有用的解。近年来，概率的局域搜索方法成为求解 JSP 的重要算法，如遗传算法、模拟退火及禁忌搜索。

8.3.6 动态重调度问题

动态重调度也叫动态调度（Dynamic Scheduling）和再调度（Rescheduling），是指在调度环境和任务存在着不可预测的扰动情况下的调度方案，它不仅依赖于事前调度环境和任务，而且也与当前状态有关。

车间作业调度问题分为静态调度和动态调度两大类。静态调度是在已知调度环境和任务的前提下的所谓事前调度方案，在实际生产过程中，虽然在调度之前进行了尽可能符合实际的预测，但由于生产过程诸多因素难以预先精确估计，如处理单元和物料等资源的变化、操作处理时间的变化，往往影响调度计划，使得实际生产与静态调度的进度表不符，需要进行动态调整。特别是市场需求变化会引起产品订单变化，例如产品数量的变化，交货期的变化等。另一方面，生产设备故障、能源短缺、加工时间变化等都可能使得原先的调度不符合实际要求。

为了适应实际生产过程的不确定性和随机性，一般采用周期性调度和再调度相结合的策略，定义一些关键事件，如设备故障等，当关键事件发生时，立即重新调度，否则周期性调度，即进行所谓的动态调度，或者称为再调度。

动态调度有两种形式：滚动调度（Rolling Scheduling）和被动调度（Reactive Scheduling）。滚动调度是指随着时间推移在一个接一个的时间段内动态进行生产调度。被动调度是指当生产过程发生变化，原来的调度不再可行时所进行的调度修正。

被动调度是在原有的静态调度的基础上进行的，因此，它的调度目标是尽可能维持原调度水平，性能指标下降越小越好。滚动调度既可以在原先的静态调度的基础上进行，也可以直接进行，其最终目的都是在当前优化区域内得到最优或者近优调度。

动态调度必须符合实时性要求，所以更关心在线计算能力问题。为了能够在有效的时间内得到一个较为合理的调度，一般希望将问题的规模减少，在一个时间段较小的问题空间得到一个较好的解答，因此，大多数采用启发式方法和基于预测的滚动优化方法。

动态调度大多数是由于加工时间的变化引起的，少数是由于订单的变化和设备故障等引起的。对于由于加工时间的变化引起的动态调度，由于其批量和加工顺序一般是根据最早的最优调度设定好的，因此，这种情况下，一般不再需要重新分配批量和加工顺序，只是调整各加工任务的加工时间起始时间，尽量得到一个近优调度，或者保持原有调度的性能指标。由订单变化或者设备故障引起的再调度问题，至少会引起部分加工顺序的变化，原有的加工批量一般保持不变，重点是调整加工时间。

滚动调度的滚动优化区域的设定和预测模型是非常关键的。滚动优化区域的设定主要是由优化算法的计算速度和调度的实时性决定，既可以将时间区域段作为划分标准，也可以将加工任务数作为划分标准。预测输出一般为产品的完成时间，决策变量则为一些加工任务的起始加工时间和加工单元的安排。滚动调度虽然不是全局最优调度，但由于实时性好，能够适应动态的调度环境，更为实际生产所接受。滚动调度需要准确的预测模型，但在实际生产中难以得到，因此，应该充分利用调度专家经验指导调度问题的建模和求解。

8.4 智能优化调度方法简介

求解调度问题的研究方法通常可分为精确求解（优化调度）方法和近似求解（启发式调度）方法两大类。其中精确求解方法包括解析方法、穷举方法、分支界定等，精确求解方法可以得到全局最优解，但其求解速度较慢，只能解决小规模的调度问题；而近似方法包括基于规则的方法、基于人工智能的方法、基于仿真的方法、随机搜索方法等，近似方法求解速度较快，但不能保证调度解的最优性。

近年来，智能优化调度方法在解决车间作业调度时展现出了优良性能，所以成为热门调度方法，典型的智能优化调度方法有遗传算法、禁忌搜索、模拟退化、粒子群算法、蚁群算法等，以下将分别加以介绍。

8.4.1 遗传算法

遗传算法（Genetic Algorithm，GA）是模拟生产在自然环境中的遗传和进化过程而形成的一种自适应全局优化概率搜索算法。它最早由美国密执安大学的 Holland 教授提出，起源于20世纪60年代对自然和人工自适应系统的研究。20世纪70年代，De Jong 基于遗传算法的思想在计算机上进行了大量的纯数值函数优化计算实验。在一系列研究工作的基础上，20世纪80年代由 Goldberg 进行归纳总结，形成了遗传算法的基本框架。

生物的进化过程主要是通过染色体之间的交叉和染色体的变异来完成的。与此相对应，遗传算法中最优解的搜索过程也模仿生物的这个进化过程，使用所谓的遗传算子作用于种群中，进行遗传操作，从而得到新一代种群。遗传算法主要的遗传操作包括选择、交叉和变异。

(1) 选择：根据各个个体的适应度，按照一定的规则或方法，从第 t 代种群 $P(t)$ 中选择出一些优良的个体遗传到下一代种群 $P(t+1)$ 中。

(2) 交叉：将种群 $P(t)$ 中的各个个体随机搭配成对，对每一对个体，以某个概率（称为交叉概率）交换它们之间的部分染色体。

(3) 变异：对种群 $P(t)$ 中的每一个个体，以某一概率（称为变异概率）改变某一个或某一些基因座上的基因值为其他的等位基因。

图 8-5 是遗传算法的运算过程示意图。

当然迄今为止，遗传算法已经有很多变型和改进算法，但是其基于生物进化和遗传思想实现优化过程的机制是没变的。区别与传统优化算法，它具有以下特点：

(1) 遗传算法将问题参数编码成染色体后进行进化操作，而不是针对参数本身，这使得遗传算法不受函数约束条件的限制，如连续性、可导性等。

(2) 遗传算法的搜索过程是从问题解的一个集合开始的，而不是从单个个体开始的，具有隐含并行搜索特性，从而大大减小陷入局部最优的可能。

(3) 遗传算法使用的遗传操作均是随机操作，同时遗传算法根据个体的适配值信息进行搜索，而无需其他信息，如导数信息等。

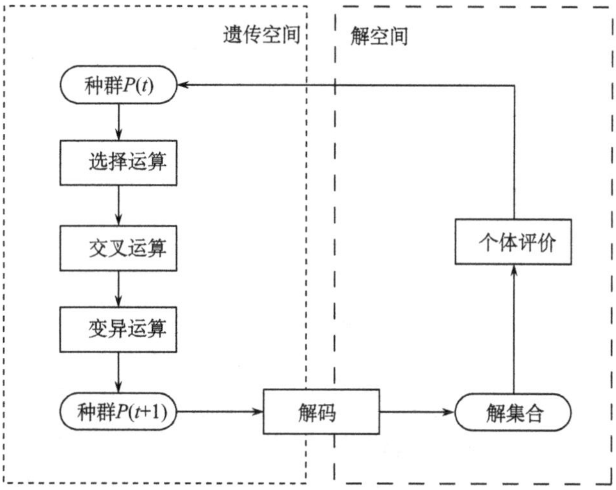

图 8-5 遗传算法的运算过程示意图

(4) 遗传算法具有全局搜索能力，最善于搜索复杂问题和非线性问题。

遗传算法的优越性主要表现在：

(1) 算法进行全空间并行搜索，并将搜索重点集中于性能高的部分，从而能够提高效率而不容易陷入局部极小。

(2) 算法具有固有的并行性，通过对种群的遗传处理可以处理大量的模式，并且容易并行实现。

由于遗传算法具有一些其他算法无法比拟的优点，使得遗传算法已经在很多领域得到广泛应用。Davis 首次将遗传算法用于解决调度问题。它将问题的解表示成染色体的适者生存过程，通过染色体群的一代代不断进化，包括选择、交叉和变异等操作，最终收敛到“最适应环境”的个体，从而求得问题的最优解或满意解。

8.4.2 禁忌搜索算法

禁忌搜索（Tabu Search，TS）的思想最早由 Glover 于 1986 年提出，它是对局部领域搜索的一种扩展，是一种全局逐步寻优算法，是对人类智力过程的一种模拟。禁忌搜索算法通过引入一个灵活的存储结构和相应的禁忌准则来避免迂回搜索，并通过藐视准则来赦免一些被禁忌的优良状态，进而保证多样化的有效搜索以便最终实现全局最优。相对于遗传算法，禁忌搜索是又一种搜索特点不同的元启发式算法。禁忌搜索的流程如图 8-6 所示。

禁忌搜索是一个为优化组合问题寻求近似最优解的启发式算法。它是为跳出局部最优而设计的一种确定性算法，在陷入局部最优时做上升移动。禁忌搜索是一个效率较好的启发式算法，它能找到调度问题不少算例的最优解。但禁忌搜索要面对很多的问题，如初始解问题、邻域结构问题、搜索策略和禁忌表的长度问题等。只有很好地解决了这些问题，禁忌搜索算法才能表现得更好。

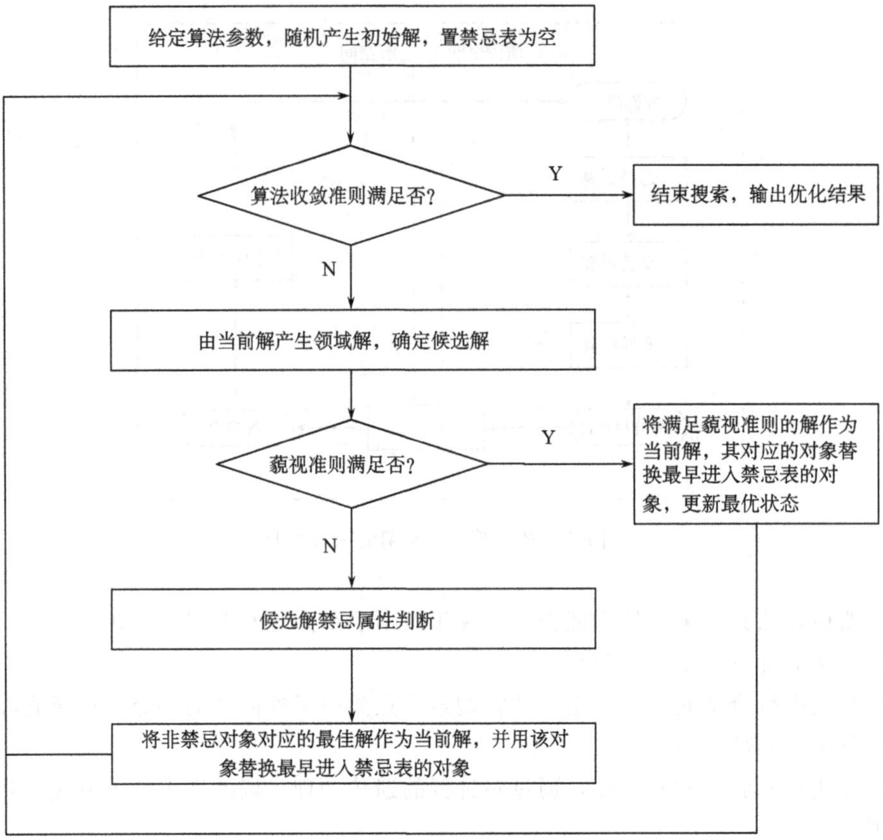

图 8-6 禁忌搜索的流程图

8.4.3 模拟退火算法

模拟退火算法（Simulated Annealing，SA）是基于 Mente Carlo 迭代求解的一种全局概率型搜索算法，是一种串行优化算法，适用于大型组合优化问题的求解。模拟退火算法的思想最早由 Metropolis 等提出，1983 年，Kirkpatrick 等将其用于组合优化。

模拟退火算法的核心在于模拟热力学中液体的冻结与结晶或金属溶液的冷却与退火过程，其出发点是基于物理中固体的退火过程与一般组合优化问题之间的相似性。物理退火过程由加温过程、等温过程和冷却过程三部分组成。固体在恒定温度下达到热平衡的过程可以用 Mente Carlo 方法加以模拟，这种方法简单，但是计算量很大。

Metropolis 等在 1953 年提出重要性采样法，即以概率接受新状态。在温度 t，由当前状态 i 产生新状态 j，两者的能量分别为 E_i 和 E_j，若 $E_j < E_i$，则接受新状态 j 为当前状态；否则，若概率 $p_r = \exp[-(E_j - E_i)/tk]$ 大于 [0，1] 区间的随机数，则仍旧接受新状态 j 为当前状态，若不成立，则保留状态 i 为当前状态，这称为 Metropolis 接受准则。

组合优化问题可以描述为：令 $\Omega = \{s_1, s_2, \cdots, s_n\}$ 为所有状态构成的解空间，$C(s_i)$ 为状态 s_i 对应的目标函数值，要求寻求最优解 s^*，使得 $\forall s^* \in \Omega$，$C(s^*) = \min C(s_i)$。基于 Metropolis 接受准则的物理退火过程与组合优化过程存在相似性，两者对应关系如表 8-15 所示。

模拟退火算法从某一初始温度开始，伴随温度参数的不断下降，结合概率突跳特性，在解空间随机寻找全局最优解，即能够以随机搜索技术从概率的意义上找出目标函数的全局最优解。模拟退火算法可以用马尔柯夫链的遍历理论从数学上进行描述，并且可以证明会以概率1收敛到全局最优解。在搜索最优解的过程中，模拟退火算法除了可以接受优化解外，还用一个随机接受准则（Metropolis准则）有限度地接受恶化解（ill-conditioned），并且接受恶化解的概率慢慢趋向于0，这就使得算法可能从局部最优中跳出，尽可能找到全局最优解，并保证了算法的收敛。

表8-15　组合优化过程与物理退火过程相似性对照

物理退火	组合优化
粒子状态	解
能量最低态	最优解
熔解过程	设定初温
等稳过程	Metropolis 抽样过程
冷却过程	控制参数下降
能量	目标函数

模拟退火算法的步骤可以描述如下：

① 给定初温 $t=t_0$，随机产生初始状态 $s=s_0$，$k=0$。

② Repeat：

i) Repeat；

—产生新状态 $s_j=\mathrm{Genete}(s)$；

—if min $\{1, \exp[-(C(s_j)-C(s_i))/t_k]\}\geqslant \mathrm{Random}[0, 1]$，$s=s_j$；

—Until 抽样稳定准则满足。

ii) 退温 $t_k+1=\mathrm{Update}(t_k)$，并令 $k=k+1$。

③ Until 算法终止准则满足。

④ 输出算法求解结果。

从上述步骤可知，新状态产生函数、新状态接受函数、退温函数、抽样稳定函数和退火结束准则以及初始温度是影响算法性能的主要环节。工程应用表明，模拟退火算法具有通用性强、实现容易、初值鲁棒性强等优点。但是，为寻求到最优解，算法要求较高的初温、较慢的降温速率、较低的终止温度以及各温度下足够多次的抽样，因此，算法求解过程较长。另外，由于模拟退火算法对整个搜索空间的状况了解不多，不会自动进入最有希望的搜索区域，从而使得模拟退火算法的运算效率不高。

8.4.4 粒子群算法

粒子群算法（Particle Swarm Optimization，PSO）源于对鸟群捕食行为的研究。一群鸟在随机搜索食物，如果这个区域内只有一块食物，那么找到食物最简单有效的方法就是搜寻目前离食物最近的鸟的周围区域。PSO就是从这种模型中得到启示并用于解决优化问题。粒子群算法中，每个优化问题的解都是搜索空间中的一只鸟，称之为“粒子”，每个粒子都有自己的位置和速度（决定飞行的方向和距离），还有一个由被优化函数决定的适应度值。各个粒子记忆，追随当前的最优粒子在解空间中搜索。在每一次迭代中，粒子通过跟踪两个极值来更新自己：一是粒子本身所找到的最优解，这个解叫做个体极值pbest，另一个是整个种群目前找到的最优解，这个解叫做全局极值gbest。在找到这两个最优值时，每个粒子根据如下的公式来更新自己的速度和位置。粒子 i 的信息可以用 D 维向量表示，位置表示为 $X_i=(x_{i1}, x_{i2}, \cdots, x_{id})$，速度为 $V_i=(v_{i1}, v_{i2}, \cdots, v_{id})$，

则速度和位置更新方程为

$$v_{id}(t+1)=w\times v_{id}(t)+c_1\times \text{rand1}()\times[\text{pbest}_{id}(t)-x_{id}(t)]$$
$$+c_2\times \text{rand2}()\times[\text{gbest}_{id}(t)-x_{id}(t)]$$
$$x_{id}(t+1)=x_{id}(t)+v_{id}(t+1)$$

式中，c_1、c_2 为正常数，称为加速因子，分别调节向全局最优粒子和个体最优粒子方向飞行的最大步长。若太小，则粒子可能远离目标区域；若太大，则会导致突然向目标区域飞去或飞过目标区域。合适的 c_1、c_2 可以加快收敛且不易陷入局部最优，通常取 $c_1=c_2=2$；rand1() 和 rand2() 为 [0，1] 之间的随机数；w 称惯性因子，w 较大适于对解空间进行大范围探察，w 较小适于进行小范围挖掘。上式由三部分组成，第一部分是粒子先前的速度，说明了粒子目前的状态；第二部分是认知部分，表示了粒子本身的思考；第三部分为社会部分。三个部分共同决定了粒子的空间搜索能力。第一部分起到了平衡全局和局部搜索的能力；第二部分使粒子有了足够强的全局搜索能力，避免局部最小；第三部分体现了粒子间的信息共享。在这三部分的共同作用下粒子才能够有效地到达最好位置。粒子群算法的程序框架可以描述如下：

```
初始化粒子群 G
while (迭代次数<规定迭代次数) do
    计算每个粒子新位置的适应度；
    若粒子的适应度优于原来的个体极值 pbest，设置当前适应值为个体极值 pbest
    根据各个粒子的个体极值 pbest 找出全局极值 gbest；
    按式更新自己的速度 G；
    按式更新当前的位置 G；
end while
```

8.4.5 蚁群算法

蚁群算法（Ant Colony Algorithm，ACA）是受到蚂蚁启发而提出的一种智能算法，在车间作业调度等方面得到广泛应用。蚂蚁能够在没有任何提示下找出窝巢与食物之间最短路径，并能随环境变化而适应性地搜索出新路径。经过昆虫学家的观察和研究发现，蚂蚁是通过信息激素（Pheromone）进行信息传递，相互协作，蚂蚁能感觉信息素的存在和分辨信息素强度，并由信息素指引前进的方向。当某些路径上经过的蚂蚁越多，留下的信息激素强度就越大，后来蚂蚁选择该路径的概率就越大，信息激素强度进一步增大，蚁群的集体行为表现出一种自催化现象，其原理是正反馈机制，可以将蚁群理解为增强型学习系统。

蚂蚁行为特性的隐喻为调度问题研究开辟了新的思路，启发人们提出了具有工程应用价值的蚁群算法，它是一种新型全局搜索寻优算法，具有正反馈、协同性、鲁棒性、并行性等特点，可求解传统方法难以求解的非线性、非连续、多目标、多约束优化问题。

蚁群算法已经引起国际上众多学者的密切关注，显示出广阔的应用前景。然而，蚁群算法是正反馈原理和启发式的有机结合，在构造解的过程中，利用随机选择策略，使得算法的进化速度较慢；正反馈原理旨在强化性能较好的解，却容易出现过早停滞现象。图 8-7能更具体地说明蚁群系统的原理。

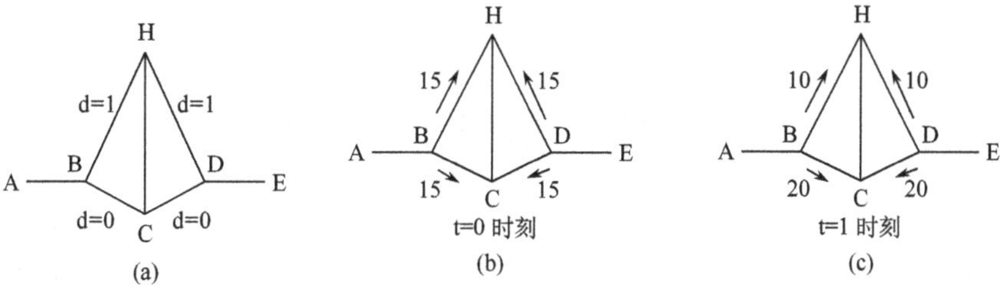

图 8-7 蚂蚁系统原理图

设 A 是巢穴，E 是食物源，HC 为一障碍物。由于障碍物存在，由 A 外出觅食或由 E 返回巢穴的蚂蚁只能经由 H 或 C 到达目的地，各点之间的距离如图 8-7 所示，假设蚂蚁以 1 单位长度/单位时间的速度往返于 A 和 E，每经过一个单位时间各有 30 只蚂蚁离开 A 和 E 到达 B 和 D（图 8-7（a））。设每个时间单位有 30 只蚂蚁由 A 到达 B，有 30 只蚂蚁由 E 到达 D 点，蚂蚁过后留下的信息素物质量为 1。在初始时刻，由于路径 BH、BC、DH、DC 上均无信息素存在，位于 B 和 D 的蚂蚁可以随机选择路径。从统计的角度可以认为它们以相同的概率选择 BH、BC、DH、DC，因而 15 只选择往 C，15 只选择往 H（图 8-7（b））。

经过一个时间单位后，路径 B、C、D 被 30 只蚂蚁爬过，而路径 B、H、D 上则只被 15 只蚂蚁爬过，在路径 B、C、D 上的信息量是路径 B、H、D 上信息量的二倍。之后，又有 30 只蚂蚁离开 B 和 D，$t=1$ 时刻，将有 20 只蚂蚁由 B 和 D 到达 C，有 10 只蚂蚁由 B 和 D 到达 H（图 8-7（c））。随着时间的推移，蚂蚁将会以越来越大的概率选择路径 B、C、D，最终完全选择路径 B、C、D，从而找到由蚁巢到食物源的最短路径。由此可见，蚂蚁个体之间的信息交换是一个正反馈过程。

由上述分析可见，蚁群算法的核心有三条。①选择机制：信息素越多的路径，被选中的概率越大；②信息素更新机制：路径越短，信息素增加越快；③协作机制：个体之间通过信息素进行信息交流。

习 题

8-1 请分析作业计划、作业排序、作业调度的联系与区别。

8-2 请问不同种类车间作业计划的差异在哪？

8-3 请问除了书上介绍的排序规则，还有哪些？

8-4 请思考 $n/3$ 排序的解决思路。

8-5 请对比不同调度的区别。

8-6 遗传算法求解调度问题时如何编码？

8-7 请列举车间作业调度方法。

第 9 章　车间作业控制

车间作为整个企业的效益源泉，它是保证零部件高效、均衡和平稳生产的基础环节。车间在完成作业计划编制后，如何保质、保量、按时完成作业计划任务是车间作业控制的关注重点。而及时准确掌握零部件生产进度，严格控制零部件生产品质，合理配置零部件生产所需的材料、刀具、工装等制造资源，严格控制生产成本，以及建立有效的绩效管理机制和 6S 管理等，都是现代制造车间作业控制的基本内容。

9.1　生产进度控制

车间作业计划是整个车间组织生产的龙头和指挥棒，合理、高效的车间作业控制则是保证作业计划顺利执行的关键所在，而生产作业控制的核心则是进度管理。所谓进度管理就是依据作业计划书的数量和时间要求，及时、准确掌握在制品加工进度，并及时矫正生产进度，以保证零部件交货期要求和作业计划任务的顺利完成。在实际生产中，一般采用生产作业核算和生产调度来进行生产进度控制。

9.1.1　生产作业核算方法

生产作业核算是生产作业控制的重要内容。它记录和核算作业计划的完成情况，如产品或零部件的投入量/产出量、工序进度、在制品占用量等。其主要作用是及时反馈生产一线的加工进度，及时掌握计划进度与实际进度之间的偏差，以便进行科学合理的生产调度。

生产作业核算的基本方法是依据加工跟踪卡或加工过程记录卡收集生产一线零部件加工进度，将其及时汇总建立在制品跟踪台账，并将计划数和实际数进行比对，以便车间管理人员及时掌握零部件生产进度。以下是几种常用的作业核算方法。

(1) 坐标图法：表示零部件计划产量和实际产量随时间变化情况。通过计划量和实际产出量的对比分析，可以清晰、直观地掌握零部件加工进度的实际运行质量和动态，如图 9-1 所示。其中，对于某一零部件而言，其计划日产量可以从作业计划书中得到，而实际累计产出量可以通过累加零件入库票或零件终检记录而得到。坐标图法主要适用于对零部件层次的统计分析，在实际管理中，根据零部件生产周期的长短，可以选择以日、周、旬、月、季等时间粒度的统计方式。

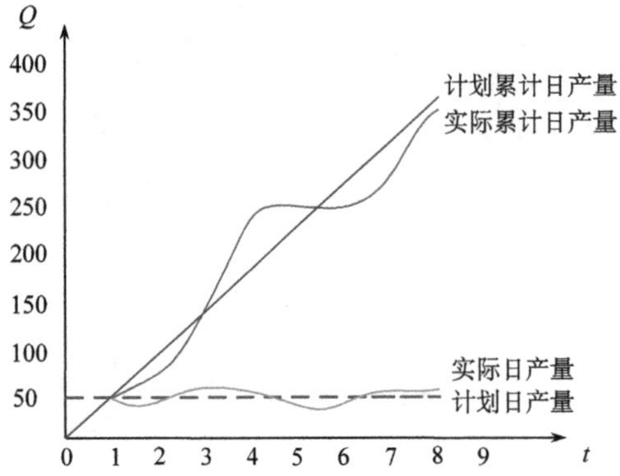

图 9-1　坐标图法

（2）投入产出进度表：表示零部件生产中的毛料或原材料投入量和实际成品产出量随时间的变化列表，参见表 9-1 和表 9-2。通过“一头一尾”的投入产出分析，可以清晰地掌握原材料的计划投入量和实际投入量，以及成品的计划产出和实际产出量。因为在实际生产中，车间受原材料供应、批量生产、零件尺寸特性等影响，往往出现原材料投入量少于或多于计划量的情况，因此，原材料的实际投入量和计划投入量之间存在偏差。在实际车间管理中，由于 Excel 具有强大的统计分析和图表功能，因此，建议车间计划员、工段计划员或核算员采用 Excel 方式建立投入产出表，并由此表可以直接产生各种直方图、柱状图、曲线图、饼状图等。

表 9-1 投入产出进度表（一）

日历		1		2		3	
		当日	累计	当日	累计	当日	累计
计划	投入	50	50	50	100	50	150
	产出	45	45	45	90	45	135
实际	投入	50	50	50	100	50	150
	产出	45	45	40	85	40	125

表 9-2 投入产出进度表（二）

产量		50	10	150	200	250	300	350	400
投入	计划								
	实际								
产出	计划								
	实际								

（3）甘特图：表示车间在制品的工序计划进度和实际进度之间的比较曲线，参见图 9-2。相对于坐标图和投入产出进度表而言，该方法更适用于描述粒度更细的工序级的加工进度。通过各工序的计划进度和实际进度之间的比较，可以及时反映工序加工动态，尤其是可以及时反映拖期、停滞工序位置，以便尽早对问题工序进行针对性处理。

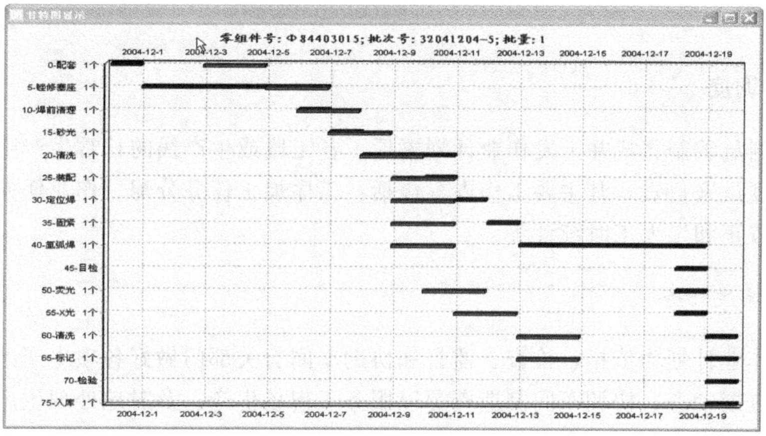

图 9-2 甘特图

（4）条形图：表示不同零件产出量或同一零件不同批次的加工进展情况。该方法尤其适用于表示存在装配关系的零部件加工进度，以及同一零件不同批次的加工进度。参见图 9-3 和图 9-4。通过相关零件或批次的加工进度比较，可以及时发现短板零件，以便及时调整、平衡各零件或批次的加工进度和投入量，从而减少缺件零件和保证整机准时配套。

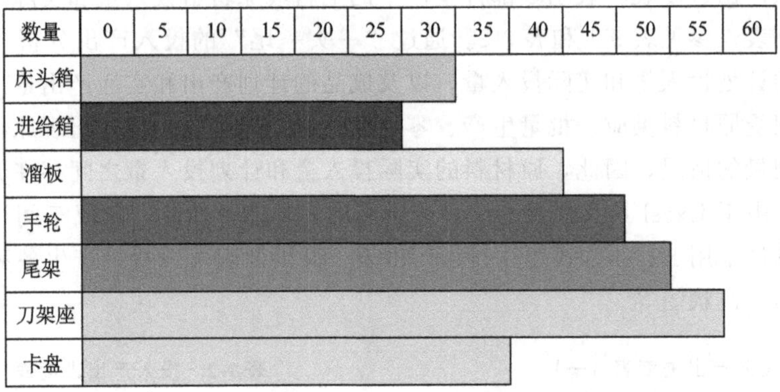

图 9-3 机床部件条形图示例

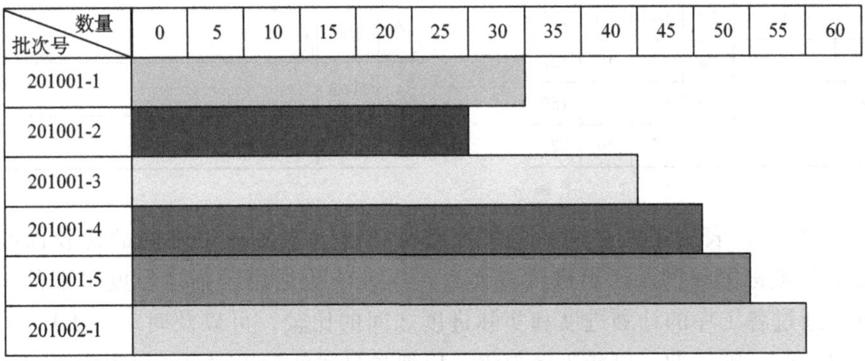

图 9-4 同一零件不同批次的条形图示例

9.1.2 生产调度

车间计划员编制完成并下发作业计划书后，各工段或生产线的日常生产则主要由工段计划员或调度员来负责，其主要工作内容包括：工序加工任务分配、作业任务调整、生产进度跟踪与校正和工人工时统计等。

1. 生产调度任务

以生产作业计划为依据，检查、监督和协助车间有关部门做好各项生产准备工作，全面掌握生产进展动态，协调车间制造资源以服务于现场生产；及时地处理生产运行过程中的问题或矛盾，充分利用多余产能，必要时根据现场情况对作业计划书作适当地调整和补充，以保证生产各环节协调、有序和高效运转。

2. 生产调度原则

- 计划性原则：以作业计划为依据，均衡、全面地完成计划任务。
- 预见性原则：以预防为主，防患于未然。坚持“四抓—四早”原则，即抓早、抓紧、抓细、抓实；早布置、早检查、早监督、早控制。

- 及时性原则：当机立断的作风，敢于负责的精神。
- 统一性原则：高度集中统一指挥。
- 群众性原则：深入实际，深入第一线。分配任务时：交任务，指关键；处理问题时：民主，倾听群众意见；调度决定前：尽可能经过群众酝酿。

3. 生产调度措施

- 建立健全调度工作制度，如值班、报告、例会、现场办公、班前班后小组会等；
- 建立健全调度机构，现代化生产必须有强有力的生产调度系统，厂部、车间、工段、班组以及有关生产部门都要建立生产调度组织；
- 适当配置和充分利用各种生产调度设备，如通信设备、远距离文件传送设备；
- 充分利用信息化系统或工具来辅助收集现场数据。

9.2 车间成本控制

产品价格决定着企业在市场上的竞争力，车间作为承担零部件生产的执行环节，其生产成本控制好坏直接决定着最终产品的价格高低，因此，对零部件生产过程的成本管控是企业降低生产成本的关键环节之一。

9.2.1 车间成本控制主要内容

车间生产成本主要由直接材料、直接人工和间接费用三部分组成。直接材料是指加工零部件所需的原材料或耗材；直接人工是指生产过程中所耗费的人力资源；间接费用则是指生产过程中使用的厂房、机器、车辆及设备等设施的折旧费和其他工装、刀具等辅料。

1. 直接材料成本控制

车间对材料的控制要抓住两头，即：领料发料和实际消耗核查。领料属于辅助生产活动，一般是由车间专人负责，这样既可节省操作工人的时间，又可严把定额领料关；核查实际消耗可以发现材料定额是否合理，加工过程是否存在浪费。因此，要求车间管理人员抓好班组的日报工作，深入班组掌握第一手的材料消耗情况，协助班组做好日常的成本预测，以便及时发现问题，迅速研究改进措施，达到事中控制的目的。

2. 直接人工成本控制

直接人工成本主要是指操作工人的工时费。由于车间人工成本与产出量成正比，因此，人工成本在传统上作为可变成本，车间产量越高，需要花费的工人人工费就越高。通过优化生产工艺、改进操作方法、改进生产组织方式等措施都可以降低单位时间的工时费率。

3. 间接费用控制

车间间接费用是除直接材料费和直接人工费以外的其他间接费用，由于该部分费用涉及面广且定额标准很难制定，因此对该部分的成本控制相对直接成本要复杂一些。一般情况下，对于刀具、工装等辅助材料，以及车间二线管理人员工资等，其消耗费用比较容易计算，但其他科目则很难准确计算消耗费用。对于这类定额不准的费用部分，可以通过设置车间费用明细账，登记每一笔费用支出明细，通过较长时间的积累和统计，可以确定出较为准确的消耗定额；车间对燃料动力，即对水、电、气的管理也应有定额。此外，燃料动力消耗水平与加工工艺有关，改进工艺可以降低能耗。

9.2.2 车间成本核算

车间成本核算是企业成本核算的基础，同时也是产品成本的重要组成部分。工业企业的车间成本核算，是把车间在一定时期内发生的生产费用进行归集并分配成本项目，根据成本核算对象计算产品的实际总成本和单位成本。车间成本计算方法应视车间的生产特点和管理要求而定，生产过程不同、工艺规程不同，对确定成本对象、成本核算等都有直接影响。下面以离散制造型车间常用的平均成本核算法为例进行说明，具体成本核算流程如图 9-5 所示。对一个车间的产品而言，其生产成本核算流程如下：

① 根据车间人员工资表计算该会计期间内的直接人工费；依据工具领用凭证、设备维修记录、水电气支出单据等汇总该会计期间内除原材料费用以外的车间所消耗的间接制造费用。归集人工费和间接制造费用，形成该会计期间内的产品加工总费用。

② 依据加工过程流水卡、工时核算表等统计汇总车间在该会计期间的总工（机）时。

③ 根据会计期间的总费用和总工时，计算该会计期间的车间工时费率为

某会计期间的工（机）时费率＝该期间的加工总费用/该期间的总工（机）时

④ 根据产品所消耗的工（机）时总量和该会计期间的工（机）时费率，分别计算出在制产品和完工产品的制造费，再考虑两种产品各自的材料费用，则可以分别统计出在制产品和完工产品的总成本。

机加车间产品核算流程如图 9-5 所示。

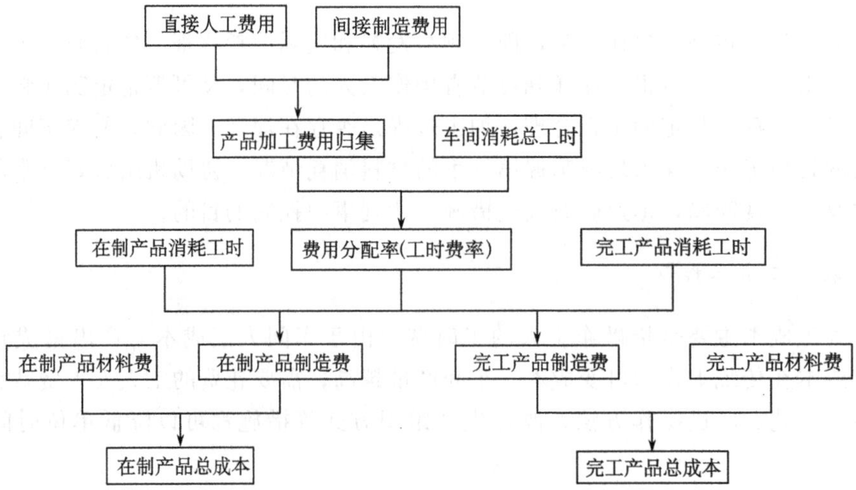

图 9-5 机加车间产品核算流程

上述平均成本核算法属于传统的核算方法，其优势是计算简单实用，但它将车间所消耗的制造费用按照单一的工人工时（机器机时）分配标准将费用分摊到各个产品中，这种核算方法模糊了获利产品和亏损产品、增值作业和非增值作业等之间的界限，不利于车间制定和调整合适的生产策略。

9.2.3 作业成本法

作业是企业的各种活动，作业成本法（Activity Based Costing，ABC）是以作业为基础，通过对作业成本动因的分析和确认来计算产品的生产成本，并为企业作业管理提供更为相关、相对准确的成本信息的一种成本核算方法。作业成本计算法作为一种新型的成本核算方法，在企业的成本核算过程中，已经逐渐显示出其特有的优势。

1. 作业成本法的基本原理

作业成本法的理论基础是“产品消耗作业，作业消耗资源”。因此，作业成本计算的基本原理可以概括为：依据不同成本动因分别设置不同的作业成本库，再分别以各种产品所消耗的作业量分摊其在该成本库中的作业成本，然后，分别汇总各种产品的作业总成本，计算各种产品的总成本和单位成本。

作业成本计算不再是简单的就成本论成本，而是将重点放在成本发生的前因后果上。由此可见，作业成本计算在进行成本核算时，突破“产品”这个界限，将着眼点放在作业上，以作业为核心，依据作业对资源的消耗情况将所消耗资源的成本分配到作业，再由作业依据成本动因追踪到产品的形成和积累过程，由此而得出最终产品成本，图 9-6 描述了作业成本法的基本原理。

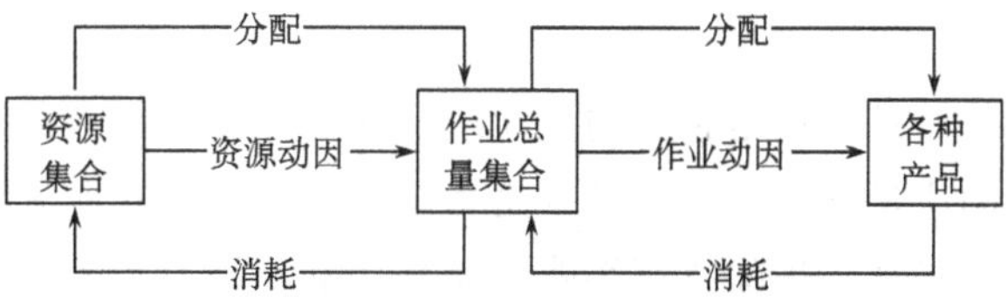

图 9-6　作业成本法基本原理图

2. 作业成本法的核算结构

用作业成本法进行产品成本核算时，把直接材料、直接人工费用等直接成本直接归入产品，而把间接制造费用按照成本动因的不同区分为数量驱动的制造费用和非数量驱动的制造费用两类。对于数量驱动的制造费用，按数量基础分配到相关的产品中。对于非数量驱动的制造费用则根据“作业消耗资源，产品消耗作业”的基本思想，进行两阶段成本分配：在第一阶段，把那些非直接成本归集到作业；在第二阶段，每一类作业的成本以选定的成本动因按比例分配到产品中。因此，成本动因通常是作业消耗量的一个衡量标准。图 9-7 描述了作业成本核算系统的结构图。

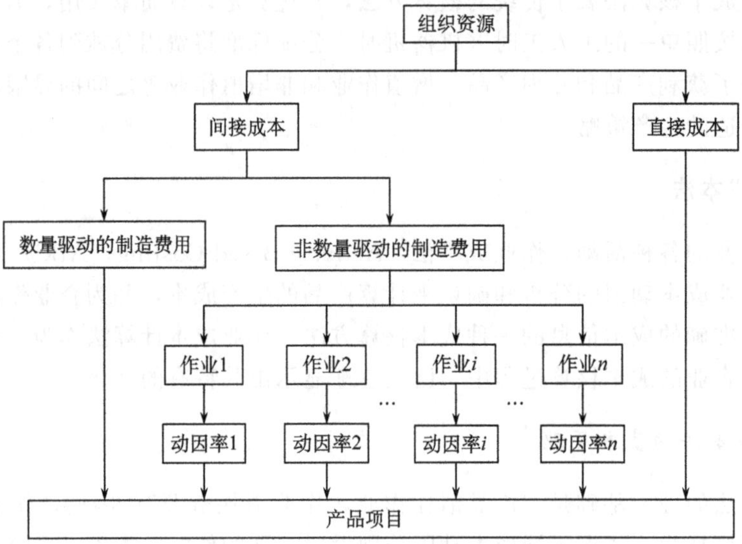

图 9-7 作业成本核算结构图

9.3 生产过程质量控制

产品质量是企业的生命线，而要保证最终产品质量，则必须加强对车间零部件生产过程的质量管控。质量控制是为了达到质量要求所采取的作业技术和活动，其目的在于监控生产过程，排除所有影响产品品质的不满意因素，从而保证最终产品的质量达标。

9.3.1 质量管理发展三阶段

1. 质量检验阶段

20 世纪初，人们对质量管理的理解还局限于质量检验。质量检验所使用的手段是各种检测设备和仪器，并对所有产品实施百分之百的检验，采用的方式是严格把关。其间，美国出现了以泰勒为代表的“科学管理运动”。“科学管理”提出了在人员中进行科学分工的要求，并将计划职能与执行职能分开，中间添加检验环节，以便监督、检查对计划、设计、产品标准等项目的贯彻执行，从而产生了一支专职检验队伍，构成了一个专职的检查部门。

2. 统计质量管理阶段

传统的质量检验属于事后把关式，其弊端是无法在生产过程中起到预防和控制的作用；而且，这种所有产品都检验的方式存在检验费用较大的问题，这在大规模生产情况下尤为突出。1924 年，美国的休哈特提出了控制和预防缺陷的概念，他将数理统计方法引入到质量管理中，并成功地创造了“控制图”，使得质量管理推进到新阶段。休哈特认为质量管理不仅要搞事后检验，而且在发现有废品产生先兆时就进行分析改进，从而预防和避免出现废品。因此，控制图的出现，是质量管理从单纯事后检验转入检验加预防的标志。

3. 全面质量管理阶段

统计质量管理过分强调质量控制的统计方法，使人们误认为“质量管理就是统计方法”；另外，它对质量的控制和管理只局限于制造和检验部门，忽视了其他部门工作对产品质量的影响。

20 世纪 50 年代以来，随着火箭、宇宙飞船、人造卫星等大型、精密、复杂装备的出现，对产品的安全性、可靠性、经济性等要求越来越高，质量问题随之更为突出。在此背景下，全面质量管理（Total Quality Control，TQC）应运而生。TQC 要求人们运用“系统工程”的概念，把质量问题作为一个有机整体加以综合分析研究，实施全员、全过程、全企业的全面质量管理。质量发展三个阶段的比较如表 9-3 所示。

表 9-3 质量管理三阶段比较

单纯质量检验	统计质量管理	全面质量管理
对标准负责限于保证既定标准	基本按既定质量标准进行控制	把满足用户需要放在第一位，不仅保证或维持质量，而且着眼于提高
以事后把关为主	从事后把关发展到监控生产过程，重在预防控制	防检结合，以防为主，重在管理影响产品质量的各项因素及各个环节
限于生产制造过程	从制造发展到设计	施行设计、生产、辅助和使用的全过程管理
依靠检验人员	依靠技术、检验等管理部门	施行全员、全过程管理
主要用技术检验方法	主要用统计方法	施行改善经营管理、专业技术研究和应用数据统计的三结合管理
管理对象限于产品质量	管理对象包括产品质量和工序质量	管理对象包括产品和工序质量，还包括供应、服务等质量
缺乏标准化	限于控制部分的标准	施行严格标准化，不仅贯彻成套技术标准，而且要求管理业务、管理技术和管理方法标准化

9.3.2 工序质量控制

对于零件生产车间来讲，其主要生产对象是在制品，而在制品的质量控制重点则是工序，工序质量是保证最终零件质量的前提和基础，因此，车间质量控制的重点和核心是工序质量控制。考虑到质量检验的经济性及工序检测项目的差异性等因素，在实际生产中不可能做到面面俱到。遵循瓶颈管理的思想，选择重点零件的重点工序进行严格检验，无疑是一种高效合理的检验措施。

为此，首先需要对生产过程各工序进行全面分析、比较，根据其轻重主次遴选出关键质量特性指标后，合理选择 SPC 的控制图种类对生产过程质量数据进行统计和分析。

1. 关键质量特性指标

所谓关键质量特性指标或质量检测点，就是把在一定时期内、一定条件下，需要特别加强监督和控制的重点工序和重点检测项目指标，明确列为质量管理的重点对象，并使用各种必需的手段、方法和工具，对其加强管理。

正确选择质量检测点，抓住关键工序和关键检测项目，是实行工序质量控制的前提。另外，就一个产品、零件来讲，究竟设置多少个质量检测点，需要在对它的整个工艺加工流程分析的基础上才能确定下来。然后核定操作流程，制定检验项目和明细，并根据需要确定是否需要建立管理图、加强专检等，以保证工序质量稳定良好。在进行关键质量特性指标设置时，一般遵循以下原则：

- 关键工序、关键部位，即关系产品或零件主要性能、使用安全的重点工序；
- 工艺本身有特殊要求，对下道工序加工或装配有重大影响的加工项目；
- 质量不稳定，出现不合格品较多的加工部位和项目；
- 用户通过质量试用，试验反馈回来的不良项目；
- 客户定制的个性化关键质量特性项目；
- 对于试制零件，或工序中采用新设备、工艺更改等情况下，需要对首件进行全面检验。

总之，凡是生产过程中的关键环节、质量上的薄弱环节、加工环境改变等，一般都要设立质量检测点，明确了检测重点，就可使质量管理工作有的放矢、事半功倍。

2. 统计过程控制

统计过程控制（Statistical Process Control，SPC）是指应用数理统计的方法，分析过程的样本统计数据，以此判断生产过程的波动是否处于可接受状态，在必要时调整过程参数，以降低产品质量特性值过多偏离目标值，使整个过程维持在仅受偶然因素影响的稳定受控状态。SPC 强调过程在受控和有能力的状态下运行，从而使产品和服务稳定地满足顾客的要求。

控制图是一种最有效的 SPC 工具，同时也是 SPC 的技术基础。控制图是指利用概率统计原理，在普通坐标纸上做出两条控制线和一条中心线，然后把按时间顺序抽样得到的特性值，以散点图的形式依次描绘在坐标图上，从点的动态分布情况来分析工序质量及其走势。

控制图的基本格式如图 9-8 所示。横坐标是以时间先后排列的样本序号，纵坐标为产品质量特性值或样本统计量。中心线一般标记为 CL（Control Limit），两条控制界限一般用虚线表示，在中心线上面的控制界限为上控制线，记为 UCL（Upper Control Limit），在中心线下面的控制界限为下控制线，记为 LCL（Lower Control Limit）。

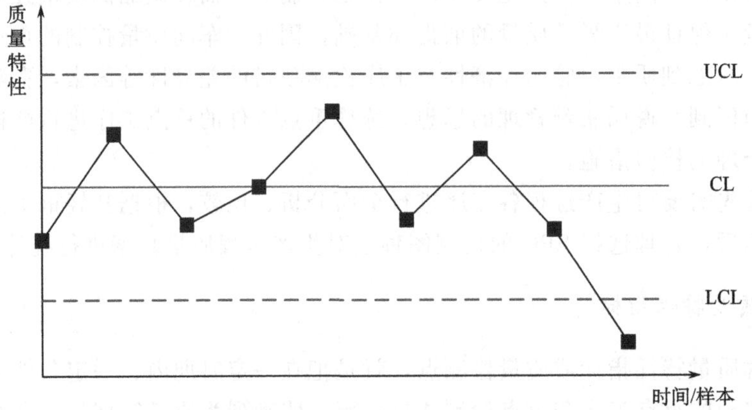

图 9-8 控制图示例

3. 控制图的运用

车间实施质量控制一般分为两个阶段，即分析阶段和监控阶段。在这两个阶段所使用的控制图分别为分析用控制图和控制用控制图两类。

1）分析用控制图

分析用控制图的目的是使生产过程处于统计控制状态和使工序能力充足。若经过分析后，生产过程处于统计控制状态且满足质量要求，则把分析用控制图转为控制用控制图；若经过分析后，生产过程仍处于非统计控制状态，则需要查找导致失控的异常原因，加以消除并去掉异常数据点，重新计算中心线与控制线；若异常数据点比例过大，则应改进生产过程，再次收集数据，重新计算中心线和控制线；若经过分析后生产过程虽然处于统计控制状态，但不满足质量要求，则应调整生产过程的有关因素，直到满足要求方能转变为控制用控制图。

2）控制用控制图

监控阶段的主要工作是运用控制用控制图进行监控。此时控制图的控制界限已经根据分析阶段的结果而确定下来，通过将生产过程的样本数据及时绘制到控制图上，并密切观察控制图的变化趋势。控制图中的点的波动情况可以显示出生产过程受控或失控，如果发现失控，必须寻找原因并尽快消除其影响。监控可以充分体现出 SPC 预防控制的作用。

在工厂的实际应用中，对于每个控制项目，都必须经过以上两个阶段，并且在必要时重复进行这样从分析到监控的过程。设计与使用控制图流程如图 9-9 所示。

9.3.3 6σ 质量管理

6σ 质量管理不仅是一个质量上的标准，更代表着一种全新的管理理念，在经营的所有领域追求“无缺陷”的质量。6σ 管理是“寻求同时增加顾客满意度和企业经济增长的经营战略途径”，是使企业获得快速增长和竞争力的经营方式。它不是单纯的技术方法的应用，而是一整套系统的理论和实践方法。

1. 6σ 的含义

零部件根据工艺要求都有相应的判断基准，即规格。规格有规格上限 USL 和规格下限 LSL，如果超过了 USL 或 LSL 就认为是缺陷。如果分布的离散程度越大，超过 USL 或 LSL 的个体越多，则不合格品就越多。

σ（中文译名“西格玛”）作为测量的统计单元，它是反映产品和服务波动性的一种度量，统计学中称之为标准偏差。对于加工过程而言，σ 值是指示过程状况良好程度的标尺。σ 值越高，则过程缺陷率越低，当 σ 值增大时，成本降低，过程周期时间缩短，客户满意度提高。

作为一种统计测量基准，6σ 质量标准是在理想状态下，USL 和 LSL 的位置位于距离分布中心的 ±6σ 处的状态。根据统计，6σ 模式在过程没有偏移的情况下，缺陷率只有 3.4PPM，这个标准可以说接近零缺陷，是一种非常高的合格标准。表 9-4 为 6σ 水平与缺陷率的对应关系表。

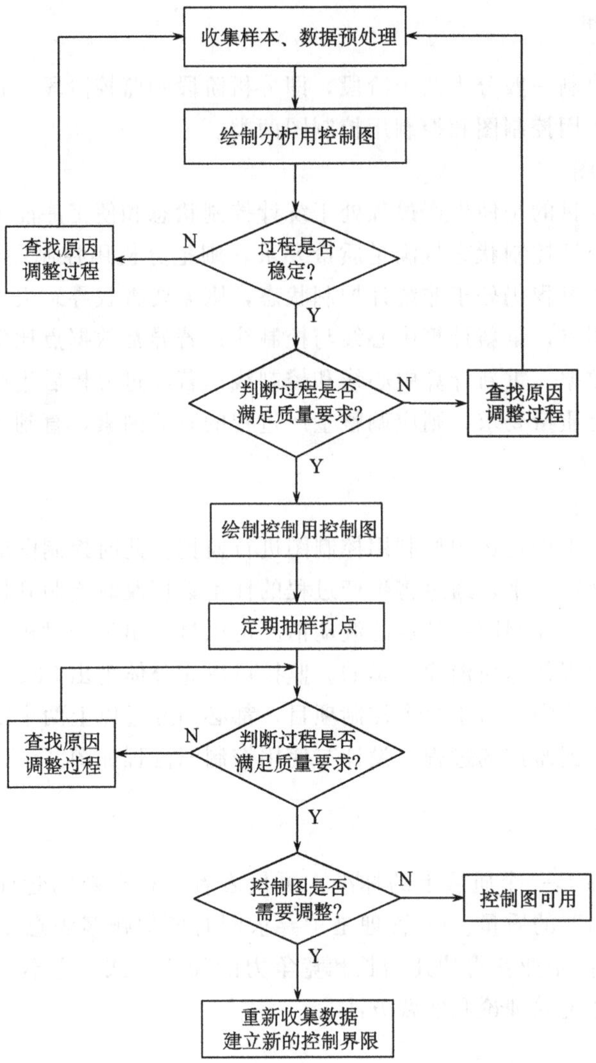

图 9-9　控制图的设计与使用流程图

2. 实施6σ管理三步骤

成功实施6σ从以下步骤开始：6σ管理（MFSS）、6σ计划（DFSS）和6σ过程（PFSS）。

1）6σ管理（MFSS）

6σ管理的一大特点是要创建一流的基础设施，确保企业提高绩效活动具备必要的资源。6σ管理的全面推行要求整个企业从上至下使用同样的6σ语言和采用同样的6σ工具。因此，建立一支符合项目开展要求的6σ专业队伍是必需的。一般管理成员组成如图9-10所示。

表 9-4　6σ水平与缺陷率的关系

σ水平	缺陷率 PPM（PPM：一百万分之一）
2	308700
3	66810
4	6210
5	233
6	3.4
9	0.0018

(1) 倡导者（Champion）：一般由企业高级管理层组成。通常由行政总裁、总经理、副总经理组成，性质为兼职。主要职责为调动和提供企业内外部的各项资源，确认和支持 6σ 管理全面推行。

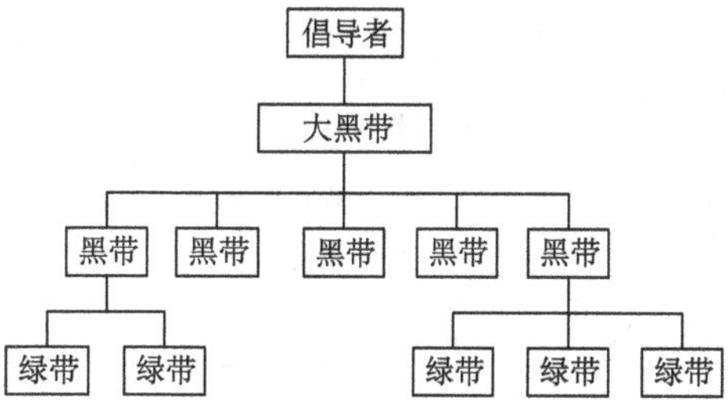

图 9-10　6σ 管理的成员组成结构图

(2) 大黑带（Master Black Belt）：与倡导者一体协调 6σ 项目的选择和培训。该职位为全职 6σ 管理人员。职责：理顺人员，组织、协调和执行项目实施。

(3) 黑带（Black Belt）：为企业全面推行 6σ 管理的中坚力量。该职位为全职 6σ 管理人员，职责为具体执行和推广 6σ 管理。

(4) 绿带（Green Blet）：为兼职人员，通常为企业各基层部门的骨干或负责人，他是企业内部推行 6σ 管理众多底限收益项目的负责人。

2) 6σ 计划（DFSS）

6σ 成功的关键是要求找出合适的（突破性）项目，即应做项目界定，这是成功实施 6σ 的基础和前提。界定（Define）即识别、评估和选择正确的项目，其主程序参见图 9-11。

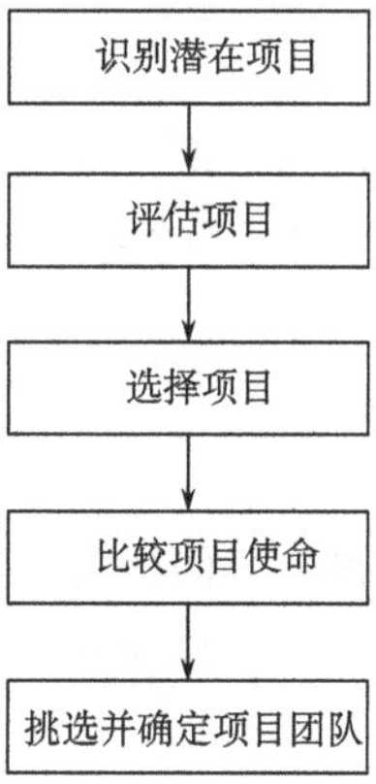

图 9-11　界定项目的主程序框图

在界定阶段，要识别潜在的 6σ 项目。项目的信息有多种来源，包括来自顾客（内部和外部）的调查报告。为了避免局部优化，黑带和大黑带们必须对项目进行评价和选择。然后准备项目使命，进行目标比较并得到倡导者和大黑带层的认可。大黑带要为项目挑选最适合的人组成团队，并安排必要的优先顺序。

项目选择和评估准则会有很多，但最基本的应该是企业或部门的劣质成本，以及产品或服务形成过程的流通合格率分析。

(1) 劣质成本（Cost Of Poor Quality，COPQ）：是指不为过程增值的那一部分运行成本。它既包括非符合性成本，又包括符合性成本不增值的一部分。由于 6σ 管理的根本目的是提高效益，因此，减少不增值的劣质成本是识别项目以及挑选评估直至界定项目的重要依据和标准。

(2) 流通合格率（Rolled Throughout Yield，RTY，又称动态生产能力）：RTY 是 6σ 项目界定又一个经常采用的重要工具，RTY 是指在每个过程中首批生产合格产品的能力。这是一个暴露“隐藏工厂”的有力数据，也是提示劣质成本存在的有效方法。通过 RTY 可以帮助对产生缺陷的过程领域步骤，以及它们对整个过程的影响有更清晰的了解。

3) 6σ 过程（PFSS）

6σ 过程可描述为四个阶段：M（Measure）、A（Analysis）、I（Improve）和 C（Control）。在项目界定之后，依照 MAIC 过程实施 6σ 管理。四个阶段的要求见表 9-5。

(1) 测量：即对现行系统进行测量。要建立有效、可靠的测量系统，对实现改进目标的各个过程的输入和输出进行测量和数据的收集。

表 9-5 MAIC 四阶段要求表

过程	阶段要求
M（测量）	识别关键产品特性和过程参数，了解过程并测量性能
A（分析）	确定关键的过程业绩和决定因素
I（改进）	策划设计优化过程业绩
C（控制）	实施和监控以保持成果

（2）分析：即对所收集的数据通过直方图、控制图等统计工具进行分析、评价或检验其性能。将评价性能结果与企业内的类似过程或产品进行水平比较，或者将其与更高性能的企业进行比较。基于这一分析，就可以确定该性能是否需要改进。

（3）改进：即对需要改进的性能通过使用简单的统计工具和方法，如交叉工作组、头脑风暴法、风险分析、量具分析、分层法、因果图、排列图、散布图等实施改进。也可以采用实验设计、稳健设计、响应曲面、仿真分析等技术方法。

（4）控制：即改进之后实施的控制。该阶段主要是监控是否达到了改进效果。控制图是监控长期改进效果的一种十分有效的方法。进而，可将已得到改进的结果标准化或规范化，并将成功的经验在全企业范围内推广和应用。在该阶段的工作完成后，就要确定新的改进目标，进入新的改进循环过程，持续不断地改进。

9.4 车间物料管理

车间物料包括原材料、在制品、半成品和成品等，车间物料管理的目标是保证车间物料顺畅的输入、周转和输出，同时根据精益管理的思想，在保证现场正常生产的前提下，加快车间物流速度，降低车间物料库存成本。

9.4.1 车间物料流

车间零部件加工过程实质上是从物料投入到成品产出的物料流动过程，车间作为企业的基础单位，它是企业物料流的交汇点，因此，它与企业各个部门之间存在信息交互。典型的机械制造车间物料流如图 9-12 所示。

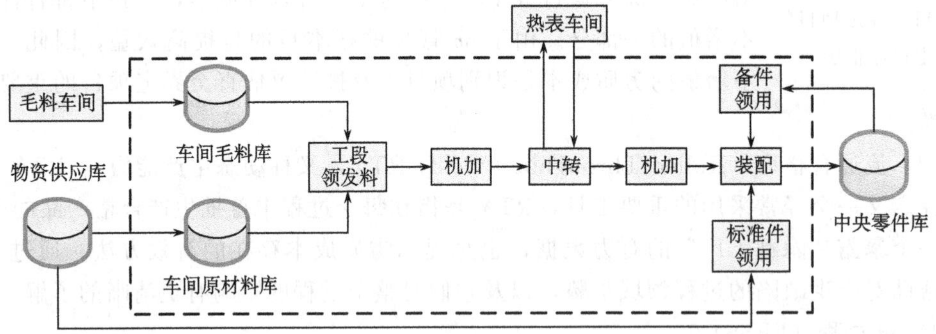

图 9-12 机械制造车间物料流

企业层的物资供应部门根据 MRPⅡ计划、材料定额、现有库存量、安全库存、采购周期和经济批量等综合平衡后制定材料需求计划，依据材料需求计划采购相应的物料存储在企业层的物资供应库，以供各车间的生产用料；车间在接到上级生产管理部门下达的零部件生产任务后，凭领料单到物资供应库领取生产所需数量的原材料或者毛料。

车间领回的物料根据作业计划的时间安排，投放到生产工段开始加工。对于机加零件，在加工过程中需要通过零件中转，委托专业的热处理、表面处理或特种加工车间进行零件特殊处理后，返回承制车间继续精加工。车间在进行部件装配时，需从物资供应库领取装配所需的标准件，从中央零件库领取装配所需的零备件，进行最终部件装配，零部件经终检合格后流入企业层的中央零件库，以备最终产品的整机配套或装配。至此，伴随着车间加工对象的最终完成，车间物料流动随之进入下一循环。

9.4.2 材料消耗定额

材料消耗定额（Material Consumption Quota）是指在一定的生产技术和生产组织的条件下，为制造单位产品或完成某项生产任务，合理地消耗材料的标准数量。一般工业企业的材料消耗定额是用绝对数来表示的。简单来讲，材料定额就是生产单件产品所消耗的标准材料量。例如：制造一台机床需要多少公斤钢材，加工一个计算机机箱需要多少公斤板材。

在机械制造和其他装配式生产企业中，由于装配式生产的特点，材料消耗定额又可分为单项定额和综合定额。单项定额一般是指制造某一种零件的材料消耗定额；综合定额实际上是单项定额的汇总，一般是指整机产品（如电视机、机床等）的材料消耗定额。这两种定额既互有联系，又有各自不同的作用。单项定额主要应用于为生产车间发送材料的依据，也可以用来核算和分析实际消耗与定额消耗的差异；综合定额主要用于编制企业级的材料需求计划。

1. 材料消耗定额作用

材料消耗定额作为一个企业进行产品定价及报价、成本核算的重要基础数据，是反映企业生产技术和经营管理水平的重要标志。为促使企业更好地使用和节约材料物资，最大限度地提高材料利用率，制定经济合理的材料消耗定额，这对于企业从生产准备、投料制造，一直到最终产品产出的整个生产过程都具有重要作用。

- 材料消耗定额是正确核算各类材料需求量，编制材料采购计划的重要依据。工业企业的材料需求或采购计划，主要是根据计划期内的生产任务和单位产品的消耗定额，计算出各类材料的需求量，再考虑材料现有库存量而确定的。因此，消耗定额是确定材料需求量的重要基础数据。
- 材料消耗定额是组织限额发料、监督材料合理使用的工作标准。有了经济合理的消耗定额，才能使企业供应部门按照生产进度，定时、定量地组织材料供应，实行严格的限额发料制度，并在生产过程中对消耗情况进行有效控制，监督材料消耗定额的贯彻执行，千方百计地节约使用材料。
- 材料消耗定额是制定储备定额和核定流动资金定额的计算尺度。工业企业在计算材料储备定额和流动资金的储备资金定额时，都有一个“每日平均需求量”指标，而“每日平均需求量”又取决于每日平均生产量和单位产品的材料消耗定额两个因素。由此可见，单位产品材料消耗定额的高低，直接关系到材料储备定额和储备资金的数量。因此，要制定切实可行的材料储备定额和储备资金定额，必须要有经济合理的材料消耗定额。

2. 材料消耗定额的制定方法

根据企业生产特点、技术条件和不同生产类型，正确地选择定额制定方法，是关系到企业能否快、准、全地制订经济合理的材料消耗定额的重要问题。目前，企业常用的材料消耗定额制订方法有：技术分析法、统计分析法和经验估计法。

1）技术分析法

技术分析法是根据产品或零件设计图纸、工艺规格、材料利用等有关技术资料来分析计算材料消耗定额的一种办法。这种方法的特点是，在研究分析产品设计图纸和生产工艺的改进，以及企业经营管理水平提高的可能性的基础上，根据有关技术资料，经过严密、细致地计算来确定的消耗定额。例如，在机械加工行业中，通常根据零件图纸和工艺文件，对零件的形状、尺寸、材料进行分析，先计算其净重部分，然后，对各道工序进行技术分析确定其工艺损耗部分，最后将这两部分相加即可得出该零件的材料消耗定额。

运用技术分析法计算出来的定额一般比较准确，但工作量较大，技术性较强，并不是每个企业的每种材料都能做到。因为采用技术分析法计算消耗定额的先决条件，需要比较齐全的各种技术资料，而且计算过程比较繁杂，所以在使用上受到一定的限制，不能要求企业的所有材料都用这种方法计算消耗定额。凡是产量较大、技术资料比较齐全的产品，制订消耗定额应以技术分析法为主。随着企业技术管理水平的不断提高，这一方法的使用范围也将不断扩大。

2）统计分析法

统计分析法是根据某一产品原材料消耗的历史数据与相应的产量统计数据，计算出单位产品的材料平均消耗量，在这个基础上考虑到计划期的时间因素，确定材料的消耗定额。因此，一定时间内某种产品的材料平均消耗量计算如下：

单位产品的材料平均消耗量 = 产品材料消耗总量 / 相应时期的该产品产量

采用上式计算材料平均消耗量，必须注意材料消耗总量与产品产量计算期的一致性。如果材料消耗总量的计算期为一年，那么产品产量的计算期必须也是一年。根据以上公式计算出的平均消耗量，还应进行适当调整才能作为最终的消耗定额。统计分析法主要适用于大量、成批生产型企业的材料消耗定额制定，以及需要对老产品的定额进行修订等情况。

计划期的调整因素，主要是指通过一定的技术措施可以节约材料消耗的某些因素，这些因素应在上述计算公式的基础上作适当调整。例如，生产某种产品所耗用的甲材料，按上述公式计算的平均消耗量为10kg，考虑到计划期内某项工艺改进措施推广应用后将可以节约该材料10%，则计划期的消耗定额应为9kg。

3）经验估计法

经验估计法是由材料定额员、工艺人员和有经验的操作工人，根据产品（零件）的图纸、工艺规程或实样，凭过去的生产经验进行分析，并考虑到所使用的设备、工具、工装、材料及其他生产技术组织条件，直接估算材料定额的一种方法。

该方法的优点是手续简单，方法容易掌握，制定时间短、工作量小；缺点是准确性差、缺乏先进性。它适用于多品种、小批量、单件生产类型企业，以及新产品试制、一次生产和零星任务等场合。

一般而言，凡是有设计图纸和工艺文件的产品，其主要原材料的消耗定额可以用技术分析法计算，同时参照必要的统计资料和生产一线操作工人的实践经验来制定。辅助材料、燃料等的消耗定额，大多采用统计分析法或经验估计法来制定。但是，无论采用何种方法，在制定消耗定额时，都必须遵循管理人员、技术人员、工人相结合的制订原则，共同审查和确定各种材料的消耗定额。

9.4.3 在制品管理

在制品（Work In Process，WIP）可以定义为从投料开始至成品完工入库之前的各状态下的物料。它包括车间半成品以及正在机床上加工的零部件。广义在制品包括正在加工的产品和准备进一步加工的半成品，狭义在制品仅指正在加工的产品。图 9-13 为在制品示意图。

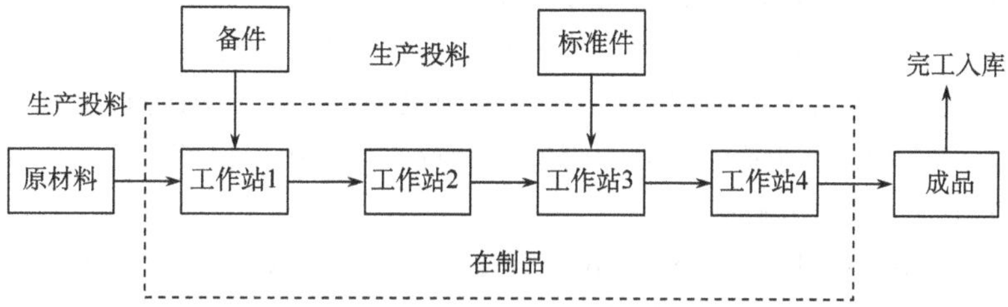

图 9-13　在制品示意图

在制品管理就是对在制品进行计划、协调和控制的工作。在多品种小批量生产类型的制造企业，由于自制零件数量多，批量没有规律性，生产周期长，中间中转环节多；另外，在制品承载了主要的材料费和人工费。因此，生产现场在制品的流速是反映一个车间管理水平的重要标志，加快车间在制品流速、合理控制在制品流向是车间管理人员的重要职责。

在多品种小批量型企业中，搞好在制品管理工作有着重要的意义，它是调节各个车间、工段（生产线）和各道工序之间的生产，组织各个生产环节之间平衡的一个重要杠杆。合理地控制在制品、半成品的储备量，可以节约流动资金，缩短生产周期，减少和避免积压。

做好在制品管理工作，要求对在制品的投入、产出、领用、发出、保管、周转做到“五有”，即：有数、有据、有手续、有制度、有秩序。

- 有数就是要对在制品建档记账；
- 有据就是收发进出要有凭证；
- 有手续就是收发进出要有核对、签署、登录手续；
- 有制度就是对在制品要建立一套原始记录管理制度，及时入账，经常对账等制度；
- 有秩序就是要把在制品管得井井有条（地面整洁、规划合理，摆放整齐、有秩序，先进先出）。

为了有效地进行在制品和半成品的管理，必须认真做好以下几方面的工作：

1）建立和健全在制品收发领用制度

在制品的收发领用，要有入库单、领料单等原始凭证，计量、签署、登账等要严格执行按计划限额收发在制品制度；在制品的收发应当遵循“先进先出”的原则，使库存的半成品经常新旧更迭，质量常新；车间内部在制品的流转通过工艺路线等予以控制；发放装配用的零部件要按照配套明细单的规定配发；建立在制品增减数字管理制度（发出、报废、代用、补发、回用等要做好账物卡的登记工作）。

2）正确及时记账、核对在制品数量

在工作地之间、工段之间、工段与车间内部仓库之间、车间之间、制造车间与半成品库（毛坯库）之间，在制品、半成品的收发数量必须及时记账，及时结清账存，还要建立定期的对账制度，做到账实相符和账账相符，从而可以正确地掌握车间内部和车间之间在制品的流转情况。

妥善处理好零部件的报废、代用、补发、回用等事宜也是在制品管理工作中的重要内容之一。这方面管理不好，常常会造成有账无物或有物无账。在成批生产条件下，采用累计编号计算方法，这类问题尤为重要。凡是零件报废或被代用，应当在账簿中及时减掉；凡是废品修复回用（或用于其他产品上），则应当及时加上。这项管理工作看似简单，实际上十分琐碎，稍有疏忽遗漏，就会造成生产中断和零件积压浪费。

3）合理存放和保管在制品

对车间现场在制品可以采用ABC分类管理方法，对“A类零件”应当尽量缩小批量，严格控制投入产出的期和量；在制品在车间工作地、仓库中存放时，要摆放整齐，存放文件要因件、因地制宜；库存在制品一般要按照品种、规格分类分区存放；为避免在制品在存放保管中的丢失、损坏、变质、混号，应根据每种在制品的特性建立各种保管制度，例如挂牌、刷油防锈、通风防潮、防止曝晒，有的要注意轻拿轻放等，对精密零件更要严格保管。

仓库在在制品管理工作中起着十分重要的作用。在制品仓库往往是几个生产单位的联结点，各单位在生产上的联系通过在制品仓库进行衔接。因此，库房被称为企业生产管理部门的眼睛。仓库不仅要做好保管、存放、配套、发送等工作，而且要严格按照作业计划的规定发放和接收在制品，拒收或拒发计划外的在制品。

4）做好在制品清点盘存工作

在制品和半成品在生产过程中不断流动变化，其数量有增有减。为确切掌握其数量，除需要经常记账核对以外，还要做好清点、盘存工作。根据清点、盘存的数据，对清点中超过定额的储备应当积极进行处理，尽量不浪费已消耗的劳动。清点、盘存工作的范围、方法和时间应根据具体情况而确定。全企业的清点、盘存工作可以定期（如按季、半年）进行。车间内部在制品的盘点工作的频次应小一些，如按月、旬、周等，以便及时发现和解决问题。

9.5 车间工具管理

在机械加工行业，通常刀具、工装、量检具等工艺设备所占费用是整个产品生产成本的10%～20%，甚至更高。近年来，随着制造企业数控机床应用的普及，与之相配套的数控刀具应用量随之增大。由于进口刀具价格普遍较高，因此，关注工具管理、细化工具管理、降低工具消耗成本是制造企业必须面临的重要课题。

9.5.1 工具管理特点

工具是指企业在生产某种产品过程中，为了实现工艺规程要求所需用的各种工具和附加装置的总称，包括刀具、夹具、量具、模具、辅具和工位器具等。工业企业中的工具管理是工具的计划、制造、供应、保管、刃磨、翻新以及工具技术监督等一系列工作的总称。作为生产准备工作的重要环节，工具管理是贯彻工艺规程的物质基础，其管理好坏不仅影响产品的质量、新产品的研发周期和生产效率，而且直接影响企业的经济效益和现场生产的顺利进行。

在生产制造型企业中，工具按照用途可以分为通用工具和专用工具。

- 通用工具指在加工零件过程中具有通用性，与具体产品型号没有直接关系的工具，包括五金工具、金刚石及其制品、硬质合金刀片、常规测具和刃具以及磨具磨料等。通用工具由企业物资供应部门直接从市场上进行采购。
- 专用工具指根据工艺路线安排，加工某一零件过程中必须与之配套使用的相关工具。包括专用夹具和模具、部分量具和刀具等。专用工具在不同产品和零件之间不具有通用性，仅用于所属零件的加工使用。与通用工具不同，专用工具一般不能通过市场直接购买，而是由企业自行制造或外委制造。

工具以实物形式在工具总库、工具室、工段、质检、刃磨、返修等部门流动。在流动过程中，各相关部门在自身职责范围内记录工具的使用状况，包括静态信息（工具编码、编号、规格、单价等）和动态信息（入库时间、借出时间、借出人、用于加工何零件、损坏与否等）。

车间工具管理具有以下主要特点：

（1）品种、规格众多。相对于零部件类型而言，加工对应的零部件所需的工具种类和数量更多。据对某生产厂家新产品试制车间统计，仅使用的刀具就多达8000余种，钻头一项就可分为普通钻头、加长钻头、非标钻头、英制钻头、硬质合金钻头共5大类400余规格。

（2）工具准备的提前性。由于工具管理属于生产准备环节，相对零部件加工而言，加工所需的工具必须提前于零部件生产。因此，对于企业新制的专用工具，应该预留足够的提前期，以备零件加工所需。

（3）以工具号为主线进行一体化管理。在零件管理中，一般以零件号为主线，而工具管理则以工具编号为主线，对工具从启用、借用、配发、归还、返修、报废等的全生命周期进行一体化管理。

（4）必要的收发记录台账。与车间在制品和物料管理类似，车间工具管理必须建立完备、准确的工具台账和流水账，保证账物相符，并在工具数量台账的基础上，建立工具管理的资金账目。

（5）工具管理的定期性。是指工具的定检、核算、盘点，以及工具需求计划的定期编制与上报。由于量具和零部件检验的直接关联性，需要对其定期进行定检和标定，以保证量具自身的测量精度。

9.5.2 工具消耗定额

工具消耗定额就是企业生产一定数量的产品所需要消耗工具的标准量。所谓标准量是指生产1台件、100台件所需的工具数量，单位是：x 件/把刀（套）或 x 把刀（套）/100台件。作为一项重要技术经济指标，工具消耗定额是保证按比例均衡生产，确定车间(库/室)、机台的工具消耗量及工具周转量、计算产品成本、组织工具供应和采购的重要依据之一。因此，它不仅是技术管理的一部分，同时也是车间财务管理不可或缺的基础工作之一。

工具消耗定额应该是“平均先进水平”的定额。这样的定额才能真正用于确定工具需求量的计算，才能作为编制工具总库最高储备及最低储备，以及车间（分厂）工具周转量定额的依据。通过工具消耗定额，生产准备部门依据定额将生产所需工具供应至工作地，工人按照定额有计划地合理使用工具，实现工具管理的供、管、用三者统一，最终达到降低消耗、节约资金的目的。

1. 工具消耗定额的制定原则

定额的计算与编制，其准确程度和可达到的水平，应该是平均先进水平，即保证操作工人加工零部件所需的工具供应；工具总库、工具室留有一定数量的最低储备；工具车间(工具分厂）又要保证不间断地留有余地的供应。由于工具在使用过程中意外损坏是不可避免的，在制定定额时单纯考虑极限寿命，一味追求先进水平，势必造成管理与供应之间矛盾的加剧。

因此，在计算和确定定额时，主要应考虑该种工具从开始使用，经过多次刃磨或修复，直至达到报废标准为止，所能加工的时间或加工零件总数，即工具使用寿命。此外，在计算或执行定额中还应考虑工具类别、使用情况、产品数量、专业化程度、工具意外损耗率或使用系数等因素。在编制工具制造计划及产品生产计划时，还应将定额降低10%～15%，为生产车间工具的使用及工具制造计划留有余地，以备紧急任务中途插入或意外损失因素所用。

2. 工具消耗定额的制定方法

在机械制造企业中，从切削加工的形式上可分为车削、铣削、刨削、磨削、钻削、滚齿、插齿、拉削、剃齿、刨齿、钳加工等。在生产批量上又分为单件、小批、大中批量等类型。由于加工方式和生产批量的不同，加上各工厂的设备条件、个人素质及技术水平诸多因素的不同，在编制工具消耗定额时要考虑选用切合实际的方法，还要依据各单位的具体情况来选定。工具消耗定额的编制大致有五种方法：经验估算法、类比法、实际调研法、平均消耗统计法和技术计算法。以下以平均消耗统计法为例进行说明。

平均消耗统计法是指工具平均消耗量除以该类工具所加工产品的年产量，所得数据为工具的年消耗定额，用公式表示为

$$N = \text{产品年产量} / \text{工具年平均消耗量}$$

- 在已经开展了工具消耗统计的单位，可以应用该方法。根据工具管理部门的原始凭证或流水账，将每年各类工具全部消耗量进行分类分号统计。

- 上述统计法中的工具消耗资料，不单纯是工具总库发出数量，还应考虑各工具分库的消耗量，即：

各类工具消耗量 = 各分库全年该种工具报废数 + 分库工具新旧程度折算的数量

- 对于该类工具数所加工的全年产品数量应为

年产品数量 = 全部产品入库数 + 各工序产品报废数 + 半成品数量

- 统计中应按每一种产品或零件分别进行统计（分工具类别、工具号），即得出各种、各号工具的平均使用寿命。

用平均消耗统计法所编制的定额可简称为资料统计定额。该方法的特点是：应用简单，使用方便，无需复杂和难度较大的计算。因此，在实际生产中，平均消耗统计法应用较为普遍。

9.5.3 生产准备包管理

在一般制造企业中，影响产品制造总工期的因素（除产品设计外）主要有两个：一个是生产准备时间，另一个是实际生产时间。产品生产过程中实际加工的时间占5%，另外95%的时间用于工序周转、等待加工等过程中。因此，根据精益生产的“零切换”要求，企业要尽可能压缩生产准备时间。

1. 生产准备

零部件加工制造之前都需要一些必要的生产准备工作，在生产中需要哪些物资，需要多少，什么时间需要，用什么方式获得生产物资，以及如何作好技术支持、质量检验等，都是生产准备所要做的工作。因此，只有做好了生产准备，才能使生产过程顺利进行，而且也只有做好生产准备工作，才能对生产过程各环节实施有效的控制和管理。

在传统的生产管理中，生产准备只是对生产所需物资的量的准备，用庞大的物资储备量来保证生产所需。然而，根据精益生产的基本理念，生产准备是指：工业企业为了在必要的时间里，生产出必要数量的必要产品而作的一切必要的准备工作。这里必须强调“必要性原则”，因为企业的最终目标是寻求利润最大化，而企业一切不必要的活动都会带来经济损失，从而影响企业的利润目标。

生产准备在时间上必须强调“准时”，即在时间上不能提前，也不能延后，提前会造成提前期内的经济损失，而延后就无法实现生产的准时化；而生产准备在数量上必须强调“准确”，数量过多会造成多余工具占用企业流动资金，数量不足又影响现场正常生产。因此，准时、准确的生产准备既可以保证现场生产顺利进行，又可以最大限度减少流动资金占用。

2. 生产准备包

传统的生产准备属于被动服务式管理，即生产工人根据派工任务安排，凭领用单据到车间技术资料、工具管理部门领取生产所需的图纸和工具，这种方式工作效率较低，而且滞后性较大；随着车间生产节奏的不断加快，工序间往往因为一项工装不到位而耽搁2至3天甚至1周的时间，这种现象严重影响了零部件的加工周期。

生产准备包管理是各生产技术业务准备部门提前做好生产准备并为生产一线“送货上门”的服务性管理。它是车间工艺室、工具室、材料室和资料室根据车间或工段的作业计划安排要求，在开工前，以工艺规程的有关工序要求，提前把所需的工装、工具和技术资料等配套并集中在“生产准备包”内，按照指定的时间、地点整包送达生产现场，让生产工人（客户）使用完整、完好和清洁的工装工具等，满足生产工人（客户）的需求。

生产准备包管理推广实施的目标是要缩短生产准备时间，减少等待浪费，提高生产效率，确保每项服务和产品按日、周、月计划完成，同时也可以避免因工具领用不当而出现零部件加工质量问题，最终实现生产现场的均衡、有序和高效生产。

9.6 员工绩效管理

美国哈佛大学教授詹母斯在对按时计酬研究中发现：在缺乏激励的环境中，员工只能发挥出其工作潜能的20%～30%，而在有着良好激励机制的组织中，同样的员工能发挥出工作潜能的80%～90%。从中可以看出，员工绩效管理对于挖掘员工工作潜能，调动员工工作积极性，进而促进企业生产效益具有重要意义。

9.6.1 绩效考核

建立公平合理的奖惩机制，调动和发挥车间员工的积极性，挖掘车间员工的工作潜能，这是车间作业控制的重要内容。而绩效考核则是激励员工工作积极性的重要举措。在车间管理中，通过绩效考核来建立长效的激励机制，以调动员工的积极性和工作热情。

1. 绩效考核的含义

绩效考核又称绩效考评、绩效评价、业绩评估等，它是考核主体对照工作目标或绩效标准，采用科学的考核方法，评定员工工作任务的完成情况、员工工作职责的履行程度和员工的发展情况，并且将评定结果反馈给员工的过程。绩效考核主要包括三层含义：

- 绩效考核是从企业经营目标出发对员工工作进行考核，并使考核结果与其他人力资源管理职能相结合，推动企业经营目标的实现；
- 绩效考核是人力资源管理的组成部分，它运用一套制度性的规范、程度和方法进行考核；
- 绩效考核是对组织成员在日常工作中所表现的能力、态度和业绩，进行以事实为依据的评价。

2. 绩效考核原则

1）公平、公开原则

从评估指标的设立和考评方法的选用都必须遵循公平、公开的原则。在考评前将评估标准公开，可以使员工了解评估的程度，取得员工在评估过程中的支持；使员工对自己在绩效评估中的结果有正确的预期；避免因暗箱操作造成员工对评估结果的不信任。

2）客观性原则

客观性原则实际上就是坚持定性和定量相结合的方法，以定量方法为主，尽量采用客观性强的考评指标。对于那些难以定量的岗位的评价，可以采用相对方法进行。绩效考核应当建立在客观事实基础上，对事不对人；其次要做到把被考核者与既定标准做比较，而不是在人与人之间进行评论。

3）及时反馈原则

考评的目标之一就是让员工清楚自己的工作情况，进而不断的改进工作以发挥自己的最大潜能，因此结果一定要向员工反馈，肯定成绩，说明不足并提供改进的参考意见。如果没有反馈环节，绩效考核就变成为了考核而考核，失去了其能力开发的功能，也就失去了其考核的最终意义。

4）可靠性与正确性原则

可靠性又称信度，是指某项测量的一致性和稳定性。绩效考核的信度是指绩效考核方法应保证收集到的人员能力、工作结果、工作行为和工作态度等信息的稳定性和一致性，信度强调不同评价者对同一评估对象的评价结果应该大体一致。

正确性又称效度，是指某项测量有效地反映其所测量内容的程度。绩效考核的效度是指绩效考核方法测量人的能力与绩效内容的准确性程度，它强调的是内容效度，即考核能反映特定工作内容（行为、结果和责任）的程度。

5）可行性与实用性原则

可行性是指任何一次考核方案所需的时间、人力、物力、财力都要在客观环境条件所允许的范围内。在制定考核方案时，应根据考核目标，合理设计，并对方案进行可行性分析。

6）定期与制度化原则

绩效考核是一个连续的管理过程。只有程序化、制度化地进行绩效评价，才能真正地了解和发掘员工的潜能，才能发现部门中的问题，从而有利于部门的有效管理。

3. 绩效考核方法

绩效考核一般分为系统的绩效考核方法和非系统的绩效考核方法两大类。

系统的绩效考核方法是指由企业战略目标到员工个人绩效目标逐级分解并进行系统考核的方法，这类考核方法多与企业的战略目标、企业文化、经营目标、核心能力培养等目标相关。目前常用的方法有：目标管理法、标杆超越法、关键业绩指标法及平衡计分卡法。

非系统的绩效考核方法则是针对具体的工作任务，在员工个人绩效层面上设计评估工具并进行绩效考核的方法。该方法适用于一个部门内的人员考核，常用方法有以下几种。

（1）排序法：它是一种采用相对标准进行评价的方法，当员工的工作业绩或结果难以量化时可以选用此方法。

（2）关键事件法：企业主管将每个员工在工作中特别好的表现和特别差的表现记录下来，在一段时间内，通过这些特别事件来分析员工工作绩效的好坏。该考核方法可以结合其他评价方法使用。

（3）强制比例法：根据正态分布原理，在考评分布中，可以强制设定各等级人员的所占比例。该方法可以有效避免由于考评人的个人因素而产生的考评误差，常用于相同职务的员工较多，且难以实施量化考核的场合。

（4）图表评估法：是各种评估方法中最为简便、使用最多的一种方法。这种方法运用不同的维度将相关绩效的各种因素列举出来，然后设定每种因素对应的绩效等级，再针对每个员工给出在每个因素上所处的绩效等级。这种方法的实质是“化整为零”。

(5) 行为锚定等级评价法：实质上是将图表评估法和关键事件法相结合的一种方法。为每个职务的各考核维度都设计出一个评分量表，并有一些典型的行为描述性说明词与量表上的一定刻度相对应和联系，以作为评估时的参考依据。

(6) 360 度评估法：就绩效考核而言，考核方式一般可分为 6 项：上级考核、同事考核、下级考核、自我考核、客户评价、专家考核。将这 6 项考核方式结合起来，并选择性地加以利用，则能够形成一个 360 度的考核环境，从而全面而准确地评价和考核被评价对象。

(7) 综合法：将各类绩效考评的方法进行综合运用，以提高绩效考评结果的客观性和可信度的一种方法。在实际工作中，很少有企业或部门使用单独一种考评方法来进行绩效考核工作。

9.6.2 绩效管理

绩效管理与绩效考核是不同的，绩效考核是事后考核工作结果，而绩效管理则是以目标为核心，对人力资源进行合理规划、组织和实施，以期实现事前计划、事中管理、事后考核为一体的科学化管理。

1. 绩效管理的含义

绩效管理是把对组织绩效的管理和对员工绩效的管理结合在一起的体系，可以定义为：绩效管理通过把每一个员工或管理者的工作与集体的整体使命联系在一起，强化了一个企业或组织的整体经营目标。

绩效管理依据员工和其主管之间达成的协议来实施双向互动式的沟通。其实质是通过持续的沟通以提高企业绩效，在实现企业的目标同时促进员工共同发展。这里的协议是指：对员工的工作职责和工作绩效如何衡量，员工和主管之间如何共同努力以维持和提高员工的工作绩效，员工工作对企业目标实现的影响，找出影响绩效的障碍并加以排除等问题做出明确的要求和规定。

2. 绩效管理的作用

绩效管理在人力资源管理中起着核心作用，它为人力资源管理中许多环节的决策、调整和操作提供依据。其具体作用如下：

- 有利于员工了解自己的工作实际，发现不足并开发潜能。
- 为员工的激励、奖惩与培训等提供客观依据。
- 为薪酬制度的设立和调整提供客观依据。
- 为人力资源决策提供参考和依据。根据绩效管理的反馈信息，可以采取相应的人事决策与调整工作。

3. 绩效考核和绩效管理关系

在实际操作中，大多数企业对员工的绩效管理还停留在“考”、“评”、“奖”、“罚”等层面，并且将主要精力和时间花费在如何设计绩效考核表，如何对员工工作结果进行衡量上，但对于诸如：为什么要考核这些项目，这些考核项是否为员工所接受，考核的可行性、考核的目的是什么，考核对企业整体绩效改善有多大帮助等深层次问题认识不够。

另外，这种自上向下的绩效考核方式往往得不到一线员工的理解与支持，员工容易产生抵触和敷衍情绪，从而导致绩效考核工作流于形式。事实上，绩效不是考核出来的，而是通过一个科学体系管理出来的。

绩效管理需要绩效考核，但绩效考核并不等同于绩效管理，二者有着本质的区别：绩效考核是关注过去，关注评判问题，属于自上向下式的事后管理，这种考核方式造成员工做事时不知道该做什么、如何做、怎样更好地做；绩效管理则是关注未来、解决问题，它不仅认可员工的业绩，更激励员工对于企业的贡献和价值。它是一个计划的过程、帮助的过程、持续发展的过程。科学的绩效管理是一个系统的过程，从设定指标到持续不断的绩效沟通与辅导、绩效考评、绩效面谈及结果的运用，是一个完善的 PDCA 循环流程。绩效管理和绩效考核的区别如表 9-6 所示。

表 9-6 绩效管理与绩效考核的区别

绩效管理	绩效考核
一个完整的管理过程	管理过程中的局部环节和手段
侧重于信息沟通与绩效提高	侧重于判断和评估
伴随管理活动的全过程	只出现在特定时期
事先沟通与承诺	事后的评价

9.6.3 员工绩效管理

生产部门的员工绩效是指生产部门员工的工作结果（业绩）和工作行为。生产部门的员工绩效受多种因素的影响，主要分为内在因素和外在因素。内在因素包括员工的工作能力及潜力，工作能力取决于个人天赋、教育和培训，在既定的工作态度下，工作能力对员工的绩效影响较大，而工作潜力则决定了员工工作绩效提高的可能性；外在因素包括环境和激励制度，环境主要是指不能由员工所决定的客观条件，比如材料供应、意外事故等，激励制度则是为激励员工工作积极性所制定的各种激励措施。

1. 生产部门员工绩效的特点

综合来看，员工绩效主要有以下几个特点：

(1) 计划性。生产部门员工绩效在工作结果方面需要根据生产计划的安排来决定，员工要按照生产计划的任务完成绩效，带有强制性的特点，这也决定了生产部门的员工绩效是可控制的，变数小。

(2) 内联性。生产部门的岗位工作之间是相互联系的，这是因为生产部门的作业是流水作业，每个岗位都受其他岗位的影响。生产部门员工绩效的内部关联性决定了生产部门员工的绩效受其他岗位的影响很大。

(3) 环境制约性。这里所说的环境是指生产条件、岗位要素、企业定额及突发状况等。其他部门的员工绩效虽受外界环境的影响，但更多取决于员工自身，而生产部门的员工绩效则直接受这些外界环境的制约。

2. 员工绩效管理体系

绩效管理是一个系统的完整的过程，它体现了管理中重要的 PDCA（计划—实施—评估—反馈）循环思维方式。这个循环周期通常包括四个步骤：绩效计划、绩效实施与管理、绩效评估和绩效反馈面谈，这四个部分构成了一个完整的绩效管理体系。图 9-14 为员工绩效管理体系模型。

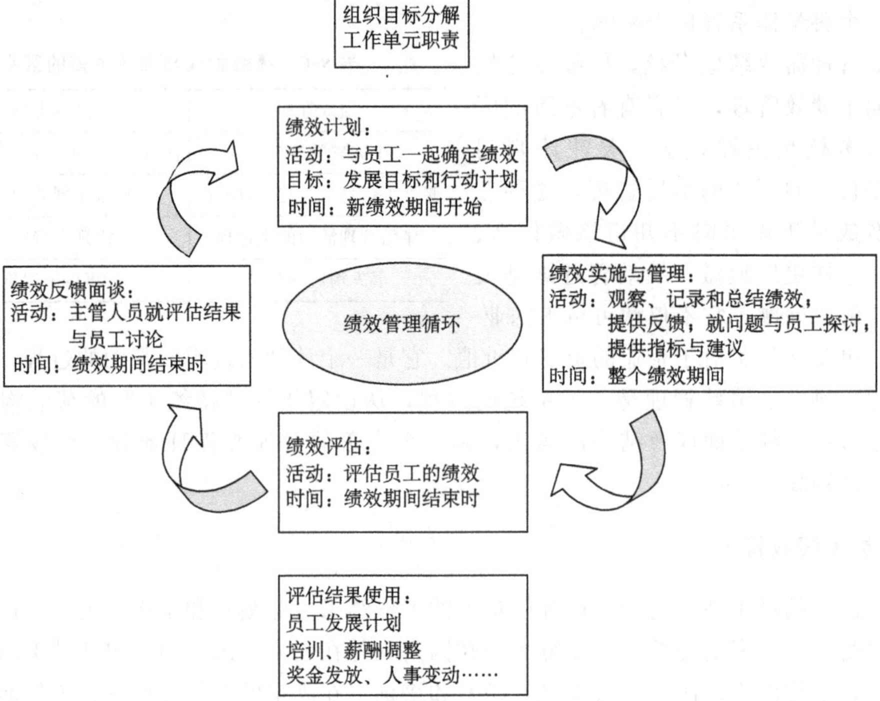

图 9-14　员工绩效管理体系模型

1）绩效计划

绩效计划是整个绩效管理过程的起点。绩效计划是管理人员与员工合作，对员工下一考核期内应该履行的工作职责、各项任务的重要性等级和授权水平、绩效的衡量、管理人员提供的帮助、可能遇到的障碍及解决办法等一系列问题进行探讨，并达成共识的过程。

因此，绩效计划在帮助员工找准路线、认清目标方面具有一定的前瞻性。它是整个绩效管理体系中最重要的环节。生产部门的员工绩效计划，就是根据生产计划，将生产计划有效地分解到每个员工，从而得出每个员工的绩效计划。

2）绩效实施与管理

绩效实施与管理就是对员工工作过程中的绩效完成情况不断进行观察与指导，并实施有效控制的环节。它在整个绩效管理过程中处于中间环节，也是绩效管理循环中耗时最长、最关键的一个环节，这个环节的好坏直接影响着绩效管理的成败。在绩效管理过程中，要不断对员工进行观察，了解员工的绩效完成情况，并随时对员工的绩效完成情况进行辅导。对员工正确的绩效行为要及时肯定，使其得到加强，对员工不正确的绩效行为，要及时矫正，使其得到提高。

3）绩效评价

在绩效管理过程中，要对员工的绩效完成情况进行定期评价。通过一系列的绩效评价指标来评价员工在一段时间内的绩效计划完成情况。绩效评价环节中要确立评价的目的，选择评价对象，建立不同岗位的工作评价标准和评价方法。其中，工作评价标准要根据具体的评价对象和评价目的来选择，客观和可观察是工作绩效评价标准的两个基本要求。一般来说，绩效评价标准可以概括为以下三种类型，如表 9-7 所示。

表 9-7 生产部门的员工绩效评价标准类型和内容

基于员工特征的标准	基于员工行为的标准	基于员工工作结果的标准
专业知识	完成任务	销售额
身体状况	服从指令	废品率
业务技能	维护设备	完成工时
忠诚型	维护记录	出勤率
团队协作能力	遵守规则	服务客户数量
创造力	按时出勤	客户满意度
领导力	提交建议	安全生产周期

4）绩效反馈面谈

绩效面谈是绩效管理中一个重要沟通环节，做得不好很容易流于形式，也让很多参与评价者感到头痛，主要原因在于其不知道如何进行绩效面谈，如何做准备，没有很好地掌握绩效面谈的技巧和方法。

绩效反馈面谈是员工工作绩效评价的反馈形式，其目的有两方面：一方面是为了让员工了解评价的结果，以及评价者认为这种结果产生的原因；另一方面是为了积极与员工沟通，为员工进一步改善绩效以及员工的发展提供建议。

9.6.4 KPI 指标分解与平衡计分卡

1. 关键业绩指标

关键业绩指标（Key Process Indication，KPI）是通过对组织或企业内部流程的输入端和输出端的关键参数进行设置、取样、计算、分析，用以衡量流程绩效的一种目标式量化管理指标。KPI 作为绩效管理的关键和基础，它是将企业战略目标分解为可操作的工作目标的工具，部门主管在明确所属部门的主要责任的基础上，可以进一步明确部门员工的业绩衡量指标。

KPI 符合一个重要的管理原则，即“二八原则”，即在一个企业价值创造过程中，存在着“20/80”的规律，即 20%的骨干人员创造企业 80%的价值；而且，“二八原则”同样适用于每一位员工，即 80%的工作任务是由 20%的关键行为所完成。因此，必须抓住 20%的骨干人员的关键行为，对其进行深入分析和衡量，以准确定位业绩评价的工作重心。

确定 KPI 指标必须遵循 SMART 原则，具体如下：

- S 代表具体（Specific），指绩效考核要切中具体的工作指标，切忌笼统模糊；
- M 代表可度量（Measurable），指绩效指标是数量化或者行为化的，验证这些绩效指标的数据或者信息是可以获得的；

- A代表可实现（Attainable），指绩效指标在付出努力的情况下可以实现，以避免设立过高或过低的目标；
- R代表现实性（Realistic），指绩效指标是实实在在的，可以证明和观察；
- T代表时限性（Time bound），注重完成绩效指标的特定期限。

KPI指标中的硬指标一般来源于客观性、易量化的业务指标（如收入、用户数量、利润等）。而软指标则基于企业管理和持续发展的需求，可以包括以下内容：

- 客户满意度，包括企业内部客户和外部客户；
- 新产品（业务）开发或响应速度；
- 流程规范及流程遵循程度，是否运行通畅；
- 企业文化；
- 团队协作氛围；
- 人才培养与技能提升；
- 劳动态度；
- 人员结构及流动比例。

2. 平衡计分卡

平衡计分卡（Balanced Score Card，BSC）是由美国学者Robert S. Kaplan和David p. Norton提出的一整套用于评估企业经营业绩的指标体系，它是从客户、财务、内部管理、成长性四个方面来综合评估一个企业或组织的目标和绩效。它不仅是一个指标评价系统，而且还是一个战略管理系统，其优点是既强调了绩效管理与企业战略之间的紧密关系，又提出了一套具体的指标框架体系。因而一经诞生，就在人力资源管理、战略管理领域掀起了一阵应用旋风。

1）平衡计分卡的结构框架

平衡计分卡从四个角度出发，弥补了传统财务指标的不足，能使企业在了解财务结果的同时，对自身发展能力的增强和无形资产管理方面的进展实施有效监督。BSC考核角度来源于组织的战略目标和竞争需要，以企业的长期战略目标为中心，包括：学习创新与成长性、内部业务流程、客户价值和财务四套指标。BSC的四个角度从不同视角出发，代表了不同利益相关者的观点，是对劳动的四种形态的全面表述与衡量，参见图9-15。

（1）学习创新与成长性角度——员工观点。从创新和学习角度评价企业运营状况，如可用新服务收入所占比例、提高指数、员工建议数、员工人均收益等指标。学习和成长是任何战略的基础，从这个角度，公司可以开发支持公司战略的文化、员工的能力、技巧和技术。

该角度的出发点是针对“潜在形态的劳动”，即员工潜在的劳动能力，包括体力和脑力两个方面，是一种未发挥出来的劳动。潜在形态的劳动是一切价值的基础。

（2）内部业务流程角度——内部观点。从内部业务角度评价企业运营状况，如投标成功率、废品率、安全事件指数、项目业绩指数等指标。如果企业有一个清晰的财务和顾客角度的描述，就应采用这种方式来实现差异化顾客价值定义，提高生产率，实现财务目标。

内部业务流程角度代表的是“流动形态的劳动”。这是潜在形态的劳动正在得以发挥的劳动形态，是处于潜在形态和物化形态劳动中间的过渡形态的劳动。流动形态的劳动包

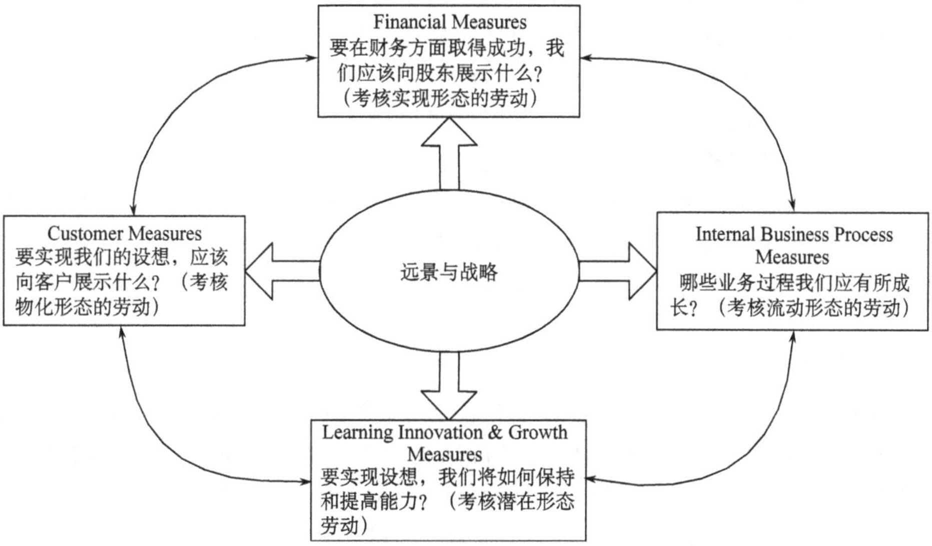

图 9-15　平衡计分卡的结构框架

括有效劳动和无效劳动两部分。对内部流程的关注就是要尽量减少无效劳动的比重，从而提高有效劳动的比重，并以此提高组织的效率。

（3）客户价值角度——客户观点。从顾客角度来评价企业运营状况，如客户获得率、客户保持率、客户满意度指数、市场份额、价格指数、客户排名调查等指标。这些指标创造了一个清晰的顾客远景，在这个远景中能识别顾客的需要及其对公司的期望。

流动形态的劳动会转化成“物化形态的劳动”，即凝固化、对象化的劳动。顾客价值角度正是对物化形态劳动的综合表述与衡量。

（4）财务角度——投资者观点。财务指标，即企业的产出，如资本报酬率、现金流、项目盈利性等指标。赢利性公司的最终目标是股东价值的最大化，而股东价值的增长主要是通过收入增长和生产率的提高来实现的。财务角度代表了“实现形态的劳动”。即物化在产品中的、已经伴随着产品价值的实现而得以实现的劳动。企业要得以生存发展，其成员的劳动就必须得以实现。因而财务角度是企业成员劳动的最终转化形态，是劳动的最终目的所在。

2）平衡计分卡的平衡关系

平衡计分卡中的所谓“平衡”主要是指在以下几个方面保持平衡：

- 短期目标和长期目标之间；
- 在财务和非财务指标之间；
- 在外部衡量（股东和客户）和内部衡量（内部流程/学习和成长）之间；
- 在所求的结果和这些结果的执行动因之间；
- 在有形资产和无形资产之间；
- 在强调客观性测量和主观性测量之间。

平衡计分卡是建立在一个较为完整而明确的价值链基础上，并通过该价值链在各部门的影响传递来实现平衡。在传统目标管理下，经理被要求对建立的财务目标负责，而平衡计分卡作为一种新型的目标管理系统，扩大了目标管理的内涵，它不仅包括财务目标，而且包括经营过程的提高目标，顾客满意的目标和学习与提高的目标。

平衡计分卡的“平衡”不是“平均”。首先，平衡是相对的，而不平衡是绝对的，完全的平衡就会因丧失活力而导致平均主义，因而平衡计分卡绩效管理系统不必完全的平衡；其次，对不同的利益相关者而言，其利益诉求不尽相同，在企业管理中的影响力也不相同，因而对平衡计分卡四个角度的重视程度必然有所不同；再次，在企业不同的发展阶段，其战略的侧重也会有所差别，所以企业的发展应该经历一条不平衡的道路；最后，没有局部的重点，就没有整体的平衡，企业管理中的 20/80 法则也是不容忽视的。

3. 基于平衡计分卡的 KPI 指标分解

KPI 指标分解是由企业远景目标逐层分解至可操作的员工个体。最上层源于企业的远景和战略目标，在分解的过程中始终是以目标为导向，形成不同层次的 KPI 指标体系。企业依据其决策目标和上级设定目标，同时分析确定 KPA，在此基础上采用平衡计分卡对目标进行价值逻辑分解，逐级分解以目标为导向的 KPI 指标体系，直至员工个体，并使之成为绩效考核的指标依据。

KPA（Key Process Area）意为关键过程领域，这些关键过程领域指出了企业需要集中力量进行改进和解决问题的过程。人力资源管理角度的 KPA（Key Performance Action）意为关键绩效行动或关键行为指标。即当一件任务暂时没有找到可以量化的 KPI 时，可以对完成任务的几个关键过程进行分解来进行评判，此时会形成多个目标，对这些目标进行绩效评价以达到考量的结果。在 KPA 的执行分解检查过程中，可以逐步梳理出 KPI 指标。

在 KPI 指标分解时常用的方法是平衡计分卡的方式，依据平衡计分卡的客户、财务、内部管理、成长性四个方面来制订公司级、部门级的测评指标时，必须打破部门之间的壁垒和界限，紧密围绕以客户为中心、面向产出的流程来设计测评指标。只有这样才能防止局部最优而企业整体运作欠佳的局面。表 9-8 为 IBM 公司某服务器产品线根据平衡计分法制订的 KPI 指标表。

表 9-8 IBM 公司某服务器产品线的 KPI 指标表

财务指标	客户满意度	内部业务运作	组织学习与成长
(1) 新产品销售所占比例 (2) 老产品毛利增长率 (3) 人均毛利	(4) 外部： • 产品综合满意度 (5) 内部： • 生产：BOM 准确率、ECO 更改率 • 采购：器件替代、ITEM 增长率、独家供应商 • 售后服务：资料和培训、产品缺陷维修成本、问题及时解决率、信息文档准确率	(6) 规划准确度（当年立项和撤项投入比例） (7) 新产品开发周期 (8) 计划完成率 (9) 产品成熟度（包括可生产性、可维护性、可靠性、可安装性等） (10) 问题及时解决率 (11) 产品投入产出比 (12) 技术重用度	(13) 系统工程师占研发人员的比例 (14) 产品经理任职资格提升 (15) 产品开发团队满意度

4. 基于平衡计分卡的 KPI 指标体系设计

要建立 KPI 体系，首先，需要明确企业的远景和战略目标，并在企业会议上利用头脑风暴法和鱼骨分析法找出企业的业务重点，也就是企业价值评估的重点。然后，再找出这些关键业务领域的关键绩效指标，即企业级 KPI。接下来，各部门的主管依据企业级 KPI 建立各自部门级 KPI，并对相应部门的 KPI 进行分解，确定相关的要素目标，分析绩效驱动因素（技术、组织、人），确定实现目标的工作流程和评价指标体系。随后，各部门的主管和部门的 KPI 人员再将 KPI 进一步细化，分解为更细的 KPI 及各职位的业绩衡量指标，这些业绩衡量指标就是员工考核的要素和依据。图 9-16 为采用平衡计分卡方法来设计一个公司的 KPI 指标体系。

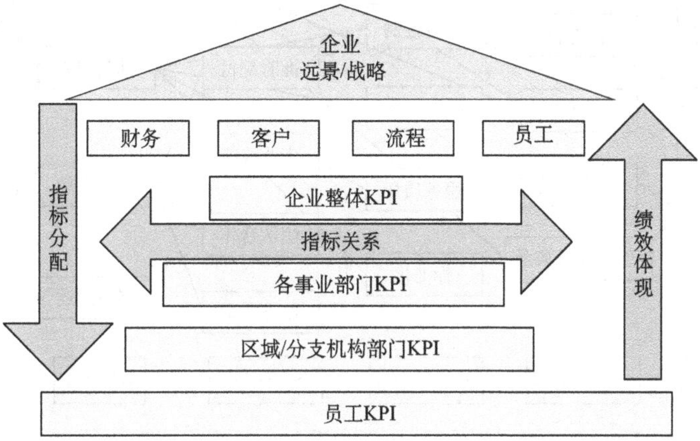

图 9-16 基于平衡计分卡的 KPI 指标体系设计与分解

采用平衡计分卡设计好企业的 KPI 指标后，就能够很好地实现从战略目标到业绩管理，如表 9-9 所示，根据企业的战略目标设计了提高市场份额、增加客户盈利、减少客户流失等指标，然后就可以设定具体的目标值和可以采取的行动，通过这些具体的行动来指导员工达成业绩目标，保证企业整体战略目标的顺利实现。

表 9-9 从战略目标到业绩管理

战略目标	KPI	具体目标	行动
提高市场份额	市场份额	＞80％	争取新客户
增加客户盈利	ARPU　销售渠道成本	＋5％　－10％	个性化促销　销售渠道优化
减少客户流失	流失率	＜5％	改进客户服务
增加新业务收入	新业务收入	＋20％	Up-Selling　Cross-Selling

5. 平衡计分卡和浮动薪酬

为了将企业和个人的利益完全挂钩，必须将平衡计分卡和企业的浮动薪酬制度结合起来。员工的个人报酬不仅和个人的平衡计分卡相结合，还要同部门、企业的平衡计分卡相结合，只有这样才能激活整个团队紧密围绕企业的战略目标和 KPI 指标而努力工作。如图 9-17 所示，员工的基本工资、浮动工资和奖金分别与企业的效益、各产品的效益、部门绩效和个人绩效相关联。

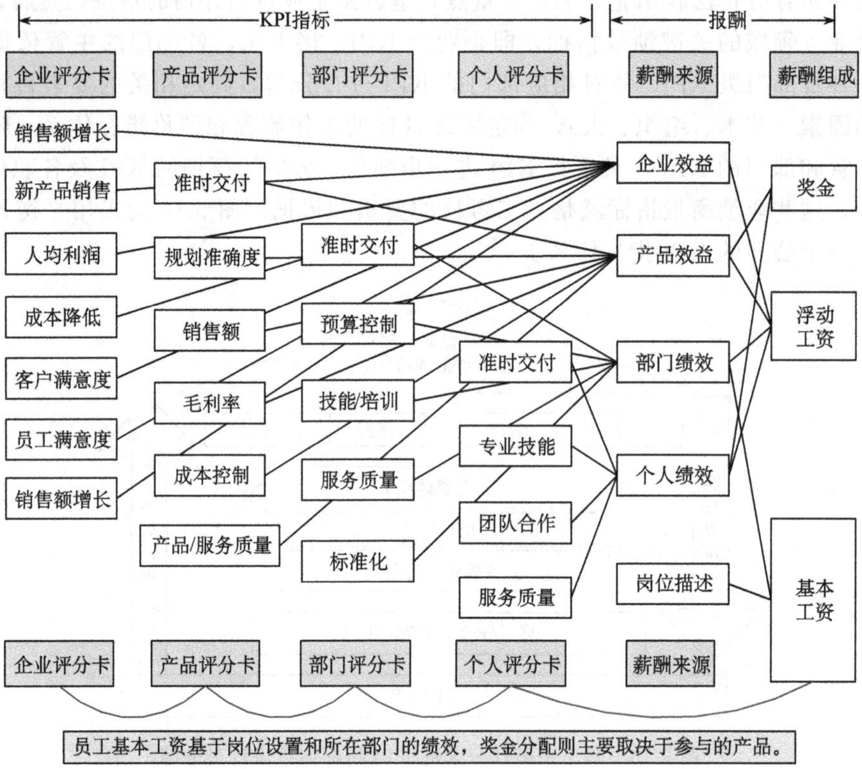

图 9-17 平衡计分卡与浮动薪酬制的关系图

9.7 6S 管 理

6S 是现代工厂行之有效的现场管理理念和方法，它是实现现场精细化管理的基础，其实质是一种强调纪律性和执行力的企业文化。6S 作用是提高效率，保证质量，使工作环境整洁有序，预防为主，保证安全。

9.7.1 6S 的含义和内容

1. 6S 含义

所谓 6S，是指对生产现场各生产要素（主要是物的要素）所处状态不断进行整理、整顿、清洁、清扫、提高素养及安全的活动，如表 9-10 所示。6S 管理由日本企业的 5S 扩展而来，因其日语的罗马拼音均以“S”开头，因此简称为“6S”。

表 9-10 6S 的含义

中文	日文	英文	典型例子
整理	SEIRI	Organization	定期处置不用物品
整顿	SEITON	Neatness	30 秒内找到所需物品
清扫	SEISO	Cleaning	自己的区域自行负责清扫
清洁	SEIKETSU	Standardization	明确每天的 6S 时间
素养	SHITSUKE	Training	严守规定、团队精神
安全	SAFETY	Safety	严格遵章作业

2.6S 的内容

6S 包括整理、整顿、清扫、清洁、素养和安全 6 个方面的内容，参见图 9-18。

(1) 整理：将工作区域的任何物品区分为有必要和非必要两种，除了有必要的留下来，其他物品都需清除。目的是腾出空间，空间活用，防止误用，创建清爽的工作场所。物品有无必要的判断依据是根据企业自身的诸如工艺规范、工艺定额、工时定额和储备定额等来确定。

(2) 整顿：将工作区域保留下来的必需品按照规定位置摆放整齐并加以标识。目的是使工作场所井井有条，减少寻找物品的时间，整齐的工作环境可以消除过多的积压物品。整顿的实施应具备相应的管理流程，履行非必需品整顿处理的相关手续，做好记录并备案。

(3) 清扫：将工作场所内看得见与看不见的区域清扫干净，保持干净、亮丽的工作场所。目的是稳定品质，减少工业伤害。清扫是改善环境的重要行动和措施，是消除生产现场跑冒滴漏的群众性基础管理工作。

(4) 清洁：维持上面 3S 成果。保持良好的工作环境以促进现场的有序生产。

(5) 素养：每位员工养成依据规则做事的良好习惯，培养积极主动的工作精神。目的是培养具有良好习惯和遵章守纪的员工，营造团队精神。素养是企业文化的组成部分和企业形象的重要体现。

(6) 安全：重视全员安全教育，树立安全第一、预防为主的安全生产观念。目的是构建安全生产环境。

图 9-18 6S 的内容

9.7.2 实施6S的好处

6S管理看似简单，但却包含了企业管理的各个层面：从现场环境到物料管理，从工艺改善到品质管理，从工作行为到员工态度等。但企业在推行6S管理中，往往存在意识上的误区：很多管理者感觉6S管理主要是打扫卫生，仅仅是生产现场的划线标识，没有意识到6S成功实施与企业的产品品质、生产成本和生产效益等息息相关。一线员工常常将生产和6S对立起来，认为工作任务繁重，天天加班赶进度，没有时间做6S。实际上，6S的成功实施具有以下诸多好处。

1）提升企业形象

实施6S管理，有助于企业形象的提升。整齐清洁的工作环境，不仅能使企业员工的士气得到激励，还能增加客户的满意度，从而吸引更多的客户与企业进行合作。因此，良好的现场管理是吸引客户、增强客户信心的最佳广告。

2）提升员工归属感

6S活动的实施，还可以提升员工的归属感，使之成为有较高素养的员工。在干净、整洁的环境中工作，员工的尊严和成就感可以得到一定程度的满足。由于6S要求进行不断的改善，因而可以增强员工进行改善的意愿，使员工更愿意为6S工作现场付出爱心和耐心，进而培养“爱厂如家”的主人翁精神。

3）减少浪费

实施6S的目的之一是减少生产过程中的浪费。由于企业中各种不良现象的大量存在，在人力、场所、时间、士气、效率等诸多方面给企业造成了很大浪费。6S可以明显减少人员、时间和场所的浪费，降低产品的生产成本，其直接结果就是为企业增加利润。

4）保障安全

安全生产是企业管理的重要目标之一。实施6S可以使工作场所宽敞明亮，杜绝物品的随意摆放，保证现场通道畅通，各项安全措施落实到位；另外，通过6S管理的长期推进，可以培养员工认真负责的工作态度，也会减少安全事故的发生概率。

5）提高效率

6S活动可以帮助企业提升整体的工作效率。优雅的工作环境，良好的工作气氛以及有素养的工作团队，都可以让员工心情舒畅，更有利于发挥员工的工作潜力。另外，物品的有序摆放也减少了物料的搬运时间，工作效率随之得以提升。

6）保障品质

员工认真细致的工作态度是保障产品品质的基础。实施6S就是为了消除工厂中的不良现象，防止工作人员马虎行事，可以使产品品质得到可靠的保障。

习　题

9-1 请给出四种生产作业核算的常用方法，并说明各自特点和适用场合。

9-2 生产调度的基本原则是什么？

9-3 车间成本主要包括哪些内容？

9-4 SPC和单纯质量检验的区别是什么？

9-5 关键质量特性指标的选择原则是什么？

9-6 材料消耗定额和工具消耗定额的区别是什么？

9-7 车间做好在制品管理需要做好哪些方面的工作？

9-8 绩效考核和绩效管理有什么本质区别？

9-9 关键业绩指标的 SMART 原则具体指什么？

9-10 请指出关键业绩指标和平衡计分卡之间的联系和区别？

第 10 章　车间信息化管理

生产车间作为制造企业的物化中心，它不仅是企业 MRPⅡ计划的具体执行者，也是生产一线制造信息的反馈者，更是大量制造实时信息的集散地，因此，车间的信息化管理是整个企业信息化的基础平台。车间组织生产由管理和技术两轮驱动，而车间信息化则以生产管理为主的制造执行系统和工艺设计为主的计算机辅助工艺规划作为两大支撑平台。夯实车间信息化基础才能保证整个企业物料流、资金流、信息流的有序和高效。

10.1　企业信息化三层结构

10.1.1　企业生产运作的三层结构

美国先进制造研究机构（Advanced Manufacturing Research Inc.，AMR）于 1992 年提出了三层的企业集成模型，将企业分为三个层次：计划层（MRPⅡ/ERP），执行层（MES），控制层（Control）。计划层强调企业的计划，它以客户订单和市场需求为计划源，充分利用企业内部的各种资源，降低库存，提高企业效益；执行层强调计划的执行，通过 MES 把 MRPⅡ/ERP 与企业的现场控制有机地集成起来；控制层强调设备的控制，如 PLC、数据采集器、条形码、各种计量及检测仪器、机械手等的控制。

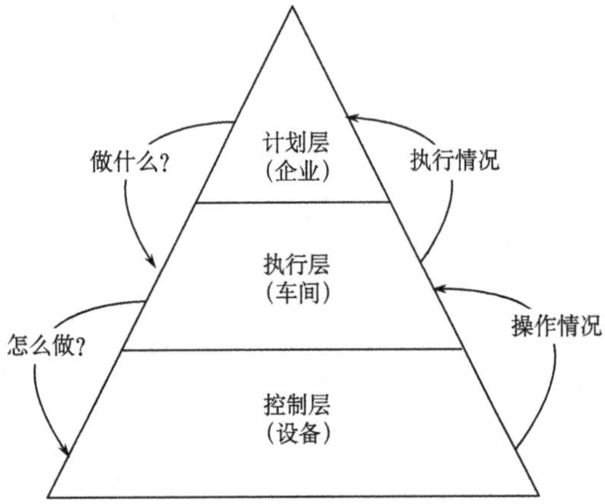

图 10-1　企业生产运作的三层结构

在企业的生产运作管理流程中，一般分为三个层次，即计划层、执行层和控制层，参见图 10-1。计划层根据客户订单、库存和市场预测情况，安排生产和组织物料。执行层根据计划层下达的生产计划、物料的到位情况和控制层的设备状态等情况，制定车间作业计划，安排控制层的加工任务，对作业计划和任务执行情况进行汇总和上报；当生产计划变更、物料短缺、设备发生故障、出现加工质量等问题时，执行层会对作业计划进行及时调整，保证生产过程正常进行。执行层位于企业计划层与控制层之间，它承载大量的信息传递、交互与处理的过程。控制层又称为设备层，完成产品零件的加工或装配。

10.1.2　企业信息化现状

目前，我国企业信息化应用的总体水平仍然不高，许多企业根据自身的特点和财力情况，在信息化建设中有重点地分别推进。如在离散型企业中，有的注重产品研发、有的注重生产管理、有的则注重财务管理等等；对于一些流程型的企业，信息化的建设主要围绕供应、销售和财务管理来进行。因此，各企业信息化应用水平、实施的内容也不均衡。

在很多实施了信息化建设的企业中，系统集成和资源共享水平还比较低，在企业内部还存在着“信息孤岛”的现象。其突出表现是许多企业只重视物质供应、产品设计、生产计划、销售和财务管理等企业层的信息化建设，忽视产品在车间制造过程管理等执行层的信息化建设，使得企业的计划层与控制层之间缺乏有效的联系和沟通，两者间出现了信息断层，参见图 10-2。

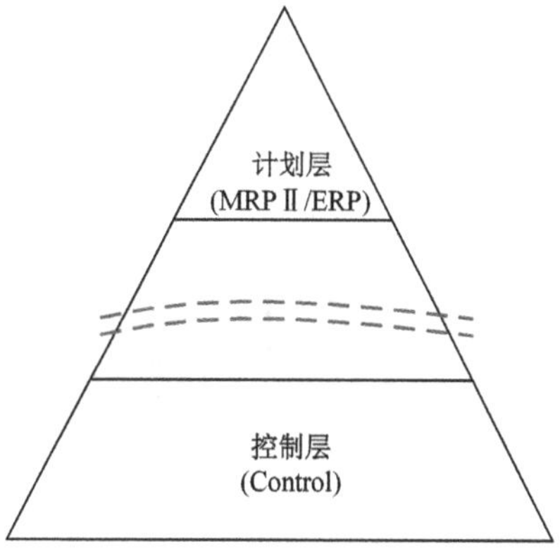

图 10-2　企业三层结构的信息断层

车间执行层的信息断层导致企业物资供应、产品设计、生产计划、产品销售与车间作业之间脱节，计划层的静态和动态信息不能及时地传达至车间，而车间中的零件在制品、加工设备、物料需求、人员配置，以及计划的执行和完成情况等信息也无法及时反馈给上面的计划层。在市场需求越来越多地趋于大批量订制和多品种少批量订单方式时，企业表现出对市场反应不够灵敏，对客户的个性化订单也不能够及时满足，直接导致企业在市场竞争中处于被动地位。

目前，国内离散制造企业经过多年的信息化建设，在设计数字化和管理信息化方面已取得明显成效，CAD/CAPP/CAM/PDM、MRPⅡ/ERP 等信息技术得到广泛应用，基本解决了企业“生产什么”、“生产多少”和“什么时候开始生产”的问题。但是，由于对生产过程这个重要环节的信息化建设比较薄弱，在生产管理与过程之间的数字化通道不畅通，无法实现计划层与控制层之间的信息交换，影响到企业如何有效地组织生产过程。因此，企业也迫切需要 MES 解决“如何组织生产”问题。未来企业信息化建设的重点，应该落在它的执行层，即 MES。

10.1.3　企业信息化三层结构模型

AMR 通过对大量企业的调查研究和归纳总结，于 20 世纪 90 年代初首次提出了“制造执行系统”的理念。ARM 的调查结果表明，在企业的计划层普遍采用 MRPⅡ/ERP 为代表的企业管理信息系统，在企业的生产控制层则采用 SCADA（Supervisory Control And Data Acquisition）和 HMI（Human Machine Interface）为代表的生产过程监控软件系统，在计划和控制层之间则是由制造执行系统（Manufacturing Execution System，MES）构成的执行层，MES 作为计划和控制层之间的桥梁，实现计划和控制层之间数据交换。因此，AMR 组织提出了由计划层、执行层和控制层组成的企业信息集成模型，如图 10-3 所示。

在企业的三层结构模型中，MES 在计划管理层与底层控制之间架起了一座桥梁，以实现两者之间的无缝连接。一方面，MES 可以对来自 MRPⅡ/ERP 的生产计划信息分解、细化，形成作业指令，控制层按照作业指令完成生产加工过程；另一方面，MES 可

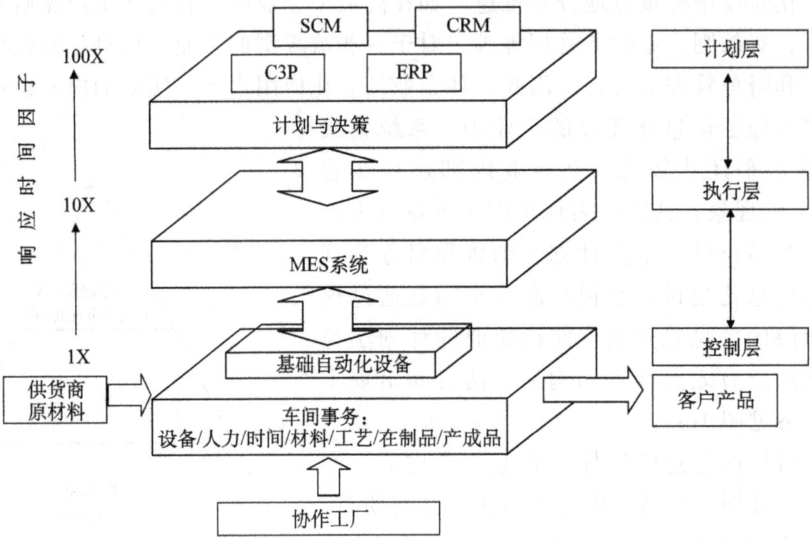

图 10-3　企业信息化的三层结构模型

以实时监控底层设备的运行状态、在制品及作业指令的执行情况，并将它们及时反馈给计划层。企业信息化的三层结构模型的信息流动状况，如图 10-4 所示。

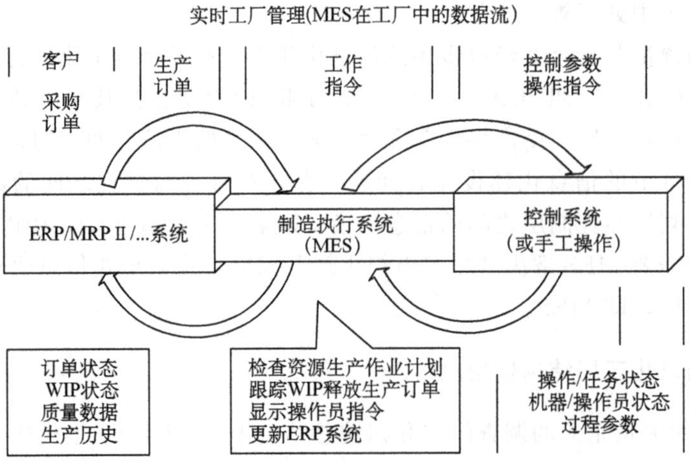

图 10-4　企业三层结构模型的信息流

因此，MES 是实现企业计划层与控制层之间信息畅通的必由之路。通过 MES 把生产计划与车间作业现场控制联系起来，解决了上层生产计划管理与底层生产过程之间脱节的问题，打通了企业的信息通道，使企业的生产计划的执行过程实现了透明化，为企业快速响应市场奠定了良好的基础。

10.2 MES 技 术

制造企业主要关心三个问题：生产什么？生产多少？如何生产？企业层的 MRPⅡ/ERP 回答了前两个问题，而“如何生产”则是制造执行系统来掌控。MRPⅡ实质上属于一种需求计划，而 MES 的核心则是具体的执行计划，即：在车间作业计划指导下，实现车间加工设备、人员、工装刀具、生产物料等制造资源的优化配置。

10.2.1 离散制造车间运作流程

制造车间类似于一个小型制造企业，它内部包含生产管理、技术准备、财务、质量、仓库等多个部门，如生产管理科、计划调度室、各生产工段、工艺室、工装刀具室、检验室、财务室和半成品库/毛料库等科室。围绕零部件生产，车间业务覆盖从车间任务接收开始，作业计划排产、工艺技术图纸和工艺规范的准备、工装刀具的准备、毛料/零备件的准备、工段班产派工、现场加工、工序检验、成品检验，一直到最后的财务成本核算，如图 10-5 所示。

车间作为企业的物料流、资金流和信息流的交汇点，车间与企业各部门之间也存在着大量的信息交互。如生产处向车间下发年/季/月的生产计划，而车间则向生产处定期汇报车间在制品加工进度；车间质检室根据企业质量处的质量体系问题和检验标准进行工序检验，同时将车间各类质量问题或质量报表向上级部门汇报；车间工艺室需要与企业的设计部门进行技术图纸的沟通和更改，检验室需要将现场加工中的质量问题向设计部门反馈；车间终检完成的零部件成品需入库至企业的中央零件库保存，车间又需要从中央零件库领取装配所需的零备件；车间库房需要从企业的物资供应部门领取生产所需的原材料，并向供应部门定期上报材料的需求清单；车间资料室需要从企业的档案馆领取加工图纸；车间零部件的中间工序可能需要其他车间进行外协加工；车间工具室需要向企业的工具总库领取生产所需的夹具、专用刀具等，并向上级生产准备部门上报工具需求计划。

离散制造车间的生产以车间计划为龙头和驱动，通过车间订单任务接收、零部件计划制定、工序计划生成、生产准备、作业排序、生产派工、现场加工、质量检验、进度跟踪、成品入库、成本核算等步骤，实现零部件生产的全过程管理与控制。图 10-6 为某机械制造车间的实际作业流程。

制造车间以工厂层 MRPⅡ下达的车间零部件生产任务作为车间生产的数据来源，采用“零件月计划、工序月、周、日计划”四级递阶控制模式，实现对车间订单任务的逐层分解和细化；以工序月、周计划为驱动，实现原材料、零备件、生产用料、刀具、夹具、量具等生产准备的并行化；通过系统的闭环控制和相互关联，实现车间生产各环节的信息反馈和过程管理。

另外，考虑到车间作为企业的具体执行单元，生产现场各类动态和随机因素较多，因此，车间计划调整不可避免。工序周、日计划作为四级递阶控制的具体执行层，其计划结果可以直接组织现场生产，同时现场加工进度、各种意外因素又直接影响二者计划的编制。因此，工序周、日计划的适时调整和合理编制对保证车间现场的有序、均衡生产非常关键。

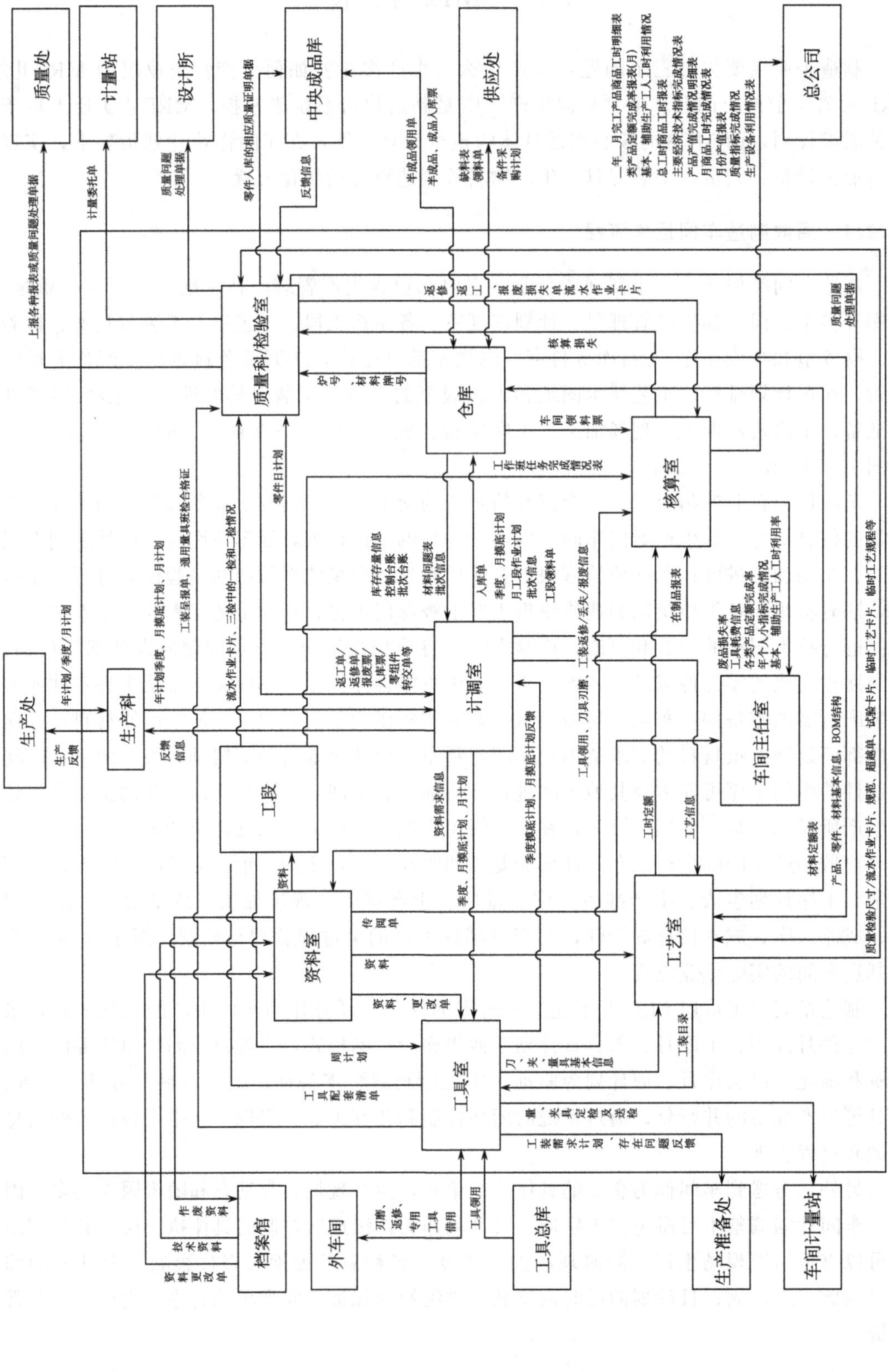

图 10-5 离散制造车间内外部关系图

工序周、日计划调整的具体方法为（图 10-6）：通过采集（条码扫描、数据采集终端或人工方式）生产现场在制品加工进度，形成每日在制品报告，结合新作业任务和在制品日报告编制和调整隔天的工序日计划；如果通过工序日计划的调整仍不能满足现场要求，可以依据最新的在制品报告和例外情况对工序周计划进行调整。对于车间临时的定单任务和报废情况，可以根据时间紧急程度在工序周、日计划编制和调整时一并考虑，也可以纳入下月零部件计划任务进行安排。

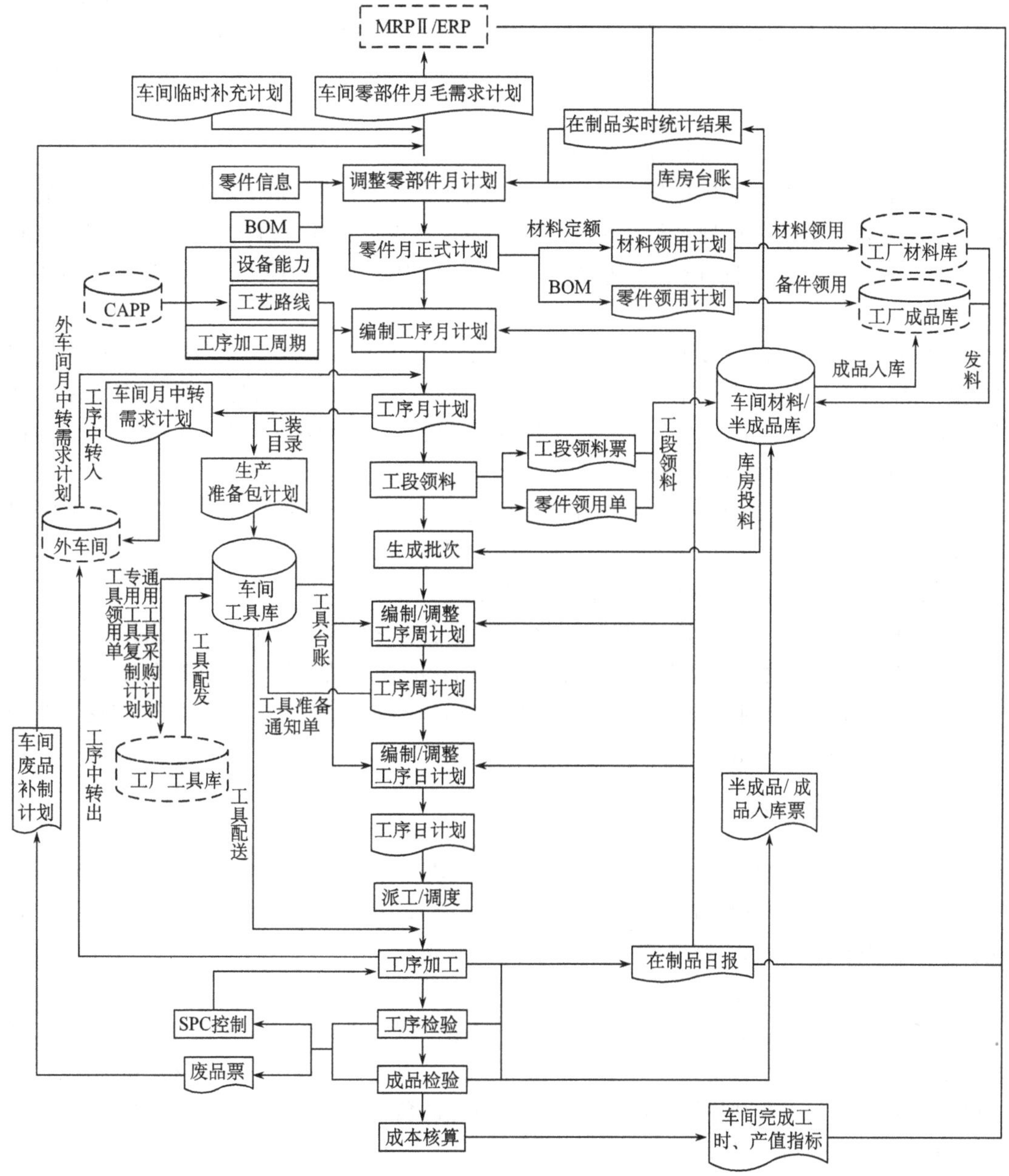

图 10-6 离散制造车间作业流程

10.2.2 MES 内涵

由美国牵头发起成立的制造执行系统协会（Manufacturing Execution System Association，MESA）组织，给 MES 定义：“MES 能通过信息传递对从订单下达到产品完成的整个生产过程进行优化管理。当工厂发生实时事件时，MES 能对此及时做出反应、报告，并用当前的准确数据对它们进行指导和处理。这种状态变化的迅速响应使 MES 能够减少企业内部没有附加值的活动，有效地指导工厂的生产运作过程，从而使其既能提高工厂及时交货能力，改善物流的流通性能，又能提高生产回报率。MES 还通过双向的直接通信在企业内部和整个产品供应链中提供有关产品行为的关键任务信息。”

从定义中可以看出，MES 具有如下特征：

（1）MES 在整个企业信息集成系统中承上启下，是生产活动与管理活动信息沟通的桥梁。MES 对企业生产计划进行“再计划”，“指令”生产设备“协同”或“同步”动作，对产品生产过程进行及时的响应，使用当前准确的数据对生产过程进行及时调整、更改或干预等处理。

（2）MES 采用双向直接的通信，在整个企业的产品供需链中，即向生产过程人员传达企业的期望（计划），又向有关的部门提供产品制造过程状态的信息反馈。MES 采集从接受订货到制成最终产品全过程的各种数据和状态信息，目的在于优化管理活动。它强调是当前视角，即精确的实时数据。

（3）MES 是围绕企业生产这一为企业直接带来效益的价值增值过程进行的，MES 强调控制和协调。

MESA 组织在 MES 定义中强调了三个观点：

- MES 是对整个车间制造过程的优化，而不是单一的解决某个生产瓶颈；
- MES 必须提供实时收集生产过程中数据的功能，并做出相应的分析和处理；
- MES 需要与计划层和控制层进行信息交互，通过企业的连续信息流来实现企业乃至整个供应链的信息集成。

10.2.3 MES 功能模型

MESA 组织归纳总结出 MES 的 11 个功能模块，分派生产单元、资源配置与状态、作业/详细调度、产品跟踪与谱系、人力管理、文档控制、性能分析、维护管理、过程管理、质量管理和数据采集/获取模块，如图 10-7 所示。

1）分派生产单元模块

以任务、订单、批次、数量以及作业指令对生产流程进行管理，针对生产过程中出现的突发问题及时修改作业指令，调整加工顺序。还可以通过重新安排生产和补救措施，改变已下达的计划，以及利用缓冲区来控制生产单元的负荷。

2）资源配置与状态模块

管理车间的制造资源，如设备、工具、物料、辅助设备以及派工单、领料单、工序卡等相关作业指令和文件，提供设备的实时状态，确保设备正常开工所必需的资源，对生产过程所需的资源都有详细的记录，以保证车间滚动作业计划的顺利执行。

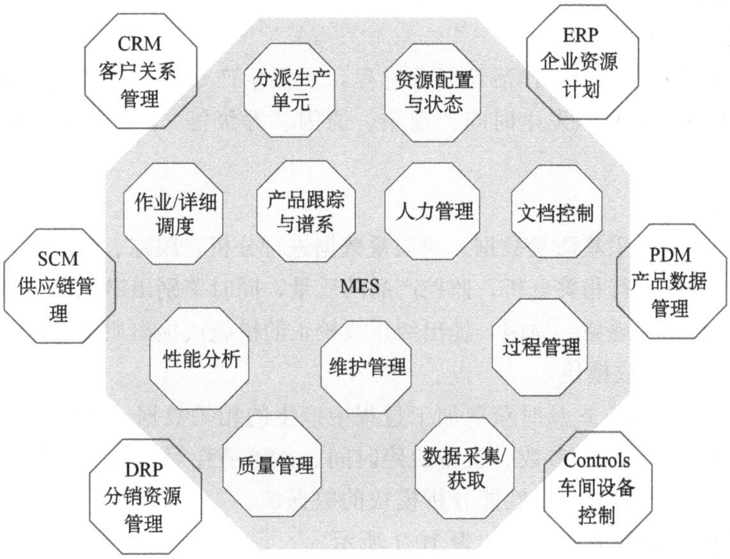

图 10-7 MESA 组织定义的 MES 功能模型

3）作业/详细调度模块

按照在制品的优先级、属性、几何和工艺特征安排加工顺序或路径，使得设备的调整或准备时间最少。根据不同的加工路径以及加工路径的重叠与并行情况，通过计算出加工时间或设备负荷，从而获得较优的加工顺序或路径。

4）产品跟踪与谱系模块

管理加工过程（从原料、在制品、零部件到成品）中每个生产单元的在制品，实时记录在制品的状态、物料（供应商、批号、数量等）消耗状况、在制品暂存、返工、报废、入库等情况，在线提供计划的实际执行进度，反映出制品和产品的当前状态情况，追溯产品在加工过程中的各项记录。

5）人力管理模块

记录员工的作息时间、操作技能、变动和调整情况、员工的间接活动（如领料、备料、准备时间等），作为成本分析和绩效考核的依据。

6）文档控制模块

统一管理与生产单元、生产过程相关的文档/表单，如作业指令、操作指导书、工艺文件（配方）、图纸、标准操作规程、加工程序、计划任务文档、质量信息记录文档、质量体系文档、批次记录、工程变更通知、交接班记录、批量产品记录、工程设计变动通知，以及文档的历史记录和版本等。

7）性能分析模块

实时提供实际产出、预计产出、生产周期、在制品和产品的完工情况、质量数据统计分析结果、与历史数据对比结果、资源利用率、车间直接费用等。

8）维护管理模块

对生产过程中的设备（含刀具、夹具、量具、辅具）进行管理，记录设备的基本信息（加工范围、精度、对象、持续工作时间等），设备当前状态（设备负荷、可用性），设备维修计划，设备故障和维修情况。

9）过程管理模块

监测生产过程中的每项操作活动以及过程，使得生产单元有序按时地执行作业指令。记录异常事件的详细信息（发生时间、现象、原因、等级等），并对异常事件做出报警或自动纠正处理。

10）质量管理模块

在生产过程中实时采集质量数据，对质量数据进行分析、跟踪、管理和发布。运用数理统计方法对质量数据进行相关分析，监控产品的质量，同时鉴别出潜在的质量问题；对造成质量异常的操作、相关现象、原因，提出纠正或校正的措施或提出质量改进意见和计划。

11）数据采集/获取模块

通过手工或自动等方式及时获取加工过程中产生的相关数据，如加工对象、批次、数量、时间、质量状态、过程参数、设备启停时间、能源消耗等。这些数据可能存在于生产单元相关的文档/记录中，它是性能分析模块的数据源。

这 11 个功能模块的简要说明如表 10-1 所示。

表 10-1　MES 的 11 个功能模块简要说明

序号	功能模块名称	功能模块英文名称	功能模块简介
1	分派生产单元	Dispatching Production Units	管理和控制生产单元的流程
2	资源配置与状态	Resource Allocation and Status	管理车间资源状态及分配信息
3	作业/详细调度	Operations/Detail Scheduling	生成作业计划，安排作业顺序
4	产品跟踪和谱系	Product Tracking and Genealogy	提供在制品的状态信息
5	人力管理	Labor Management	提供员工操作状态信息
6	文档管理	Document Control/Specification Management	管理、控制与生产单元相关的记录
7	性能分析	Performance Analysis	提供最新的生产过程信息
8	维护管理	Maintenance Management	跟踪和指导设备及工具的维护活动
9	过程管理	Process Management	对生产过程进行监控
10	质量管理	Quality Management	记录、跟踪和分析产品及过程的质量
11	数据采集/获取	Data Collection/Acquisition	采集生产过程中各种必要的数据

10.2.4　MES/MRPⅡ/CAPP 集成

MES 的两大数据来源为：工厂层 MRPⅡ下达的车间生产计划任务和车间内 CAPP 系统提供的工艺信息。MRPⅡ系统根据 MES 反馈的在制品信息、半成品库存信息、零件生产周期、生产完成情况、设备状态/能力/负荷等信息，下达车间的生产计划，从而保证了车间计划任务的可行性和合理性；MES 作为 MRPⅡ系统的具体执行层，进一步分解和细化了计划任务，从而弥补了 MRPⅡ系统在车间级管理与控制功能上的不足，如图 10-8 所示。

MES 可以检索工厂层的物料、工具和中央零件库的库存台账，并依据各级计划产生的领料单从这三大系统中领取生产所需的原材料、工装和零备件等。

CAPP 根据 MES 提供的物料、工具等规格、状态、库存情况以及设备型号、状态、

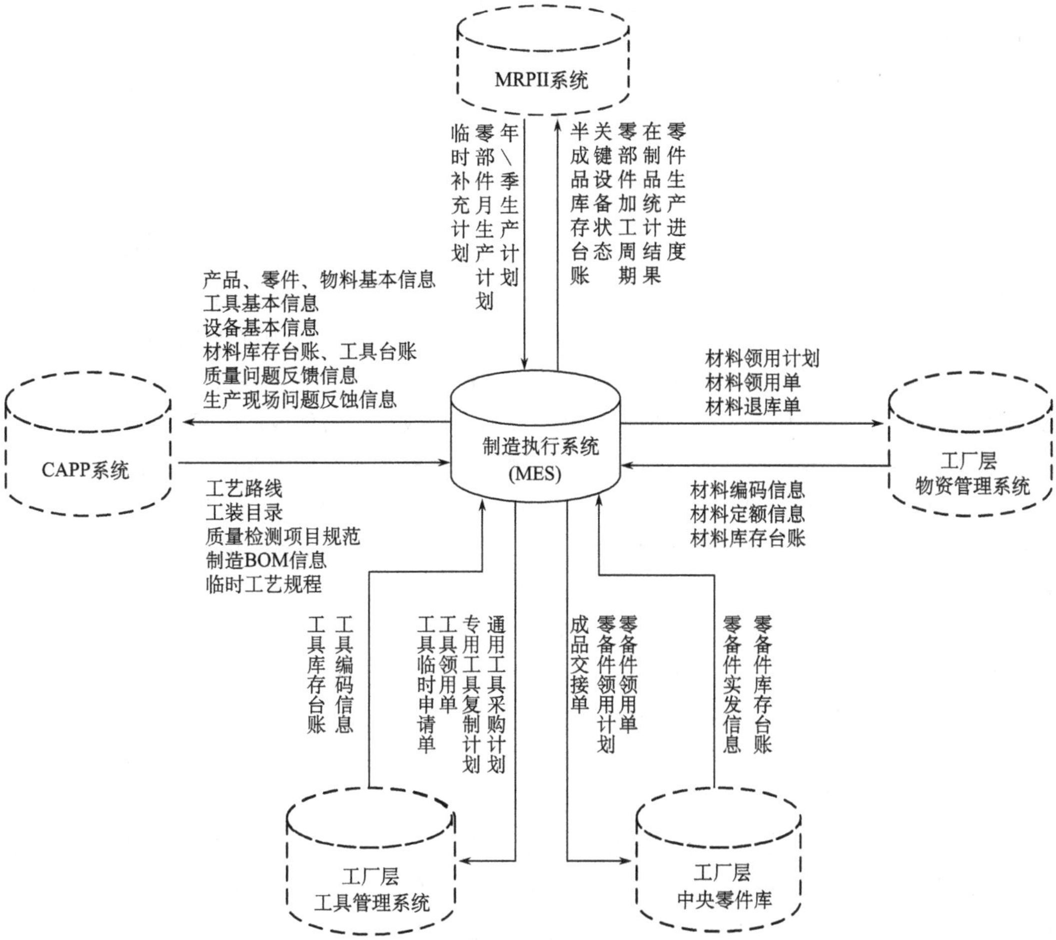

图 10-8　MES/ERP/CAPP 的集成关系

利用情况等信息，确定更为合理的工艺路线；MES 依据 CAPP 系统提供的工艺路线进行工序分解，利用工装目录进行生产准备包管理。

10.2.5　MES 实施效益分析

MES 是通过对企业生产组织和管理的实践进行总结后发展起来的应用系统，因此，从本质上讲，它并不是什么高深的理论，带有很强的可操作性。实践的经验证明，MES 对企业生产制造平台的优化确有许多明显帮助和指导作用。主要表现在：

（1）由于 MES 对过程实时事件具有比 ERP 更高的响应能力，并具有对过程的实时状况向 ERP 报告的功能，使用其中的工序详细调度功能，通过相应的作业排序或作业调度程序来优化作业计划，MES 能帮助 ERP 将企业的实际生产作业计划制定得更细致、定义得更精确，同时也具有更高的可操作性，可以极大地提高生产过程的作业效率和作业性能。

（2）由于 MES 反映了作业人员、机器、设备、物料和工具等资源的使用状态的实时信息，并就刚刚完工的作业活动向 ERP 和有关人员报告。因此，使用其中的资源状态管理功能，MES 除能及时提供更翔实的资源可用量信息，以便于 ERP 制定更可行的资源计划，同时，也使有关人员不仅可及时了解到作业效率、资源效率等实际状况，还可以对作业中隐藏的问题，运作效率改善等进行及时的处理和更正。

(3) 通过生产单元分配功能的使用，MES 能将生产产品的原物料连同作业指令一起送达相应的加工单元，以指令开始一个工序或工步的操作，极大地提高了生产流程的协同性，减少了加工设备的待料时间，提高了设备利用效率。

(4) 通过文档管理和标准控制功能的使用，MES 能将产品加工所需的产品数据、产品标准、工艺规程或相关信息连同作业指令一起送达相应的加工单元，并对活动的过程、结果和环境等进行符合规定要求的信息收集和记录。这不仅改善了流程的协同性，产品标准、产品数据、工艺规程等控制的有效程度，也改善了产品生产过程中文档管理符合规定要求的程度。

(5) 通过产品跟踪和清单管理功能的使用，MES 能监视工件在任意时刻的位置和状态，收集和记录产品或组件加工工序、加工结果的数据，形成每个组件或产品可追溯性记录，以便在必要时，企业向客户证实产品的质量、追溯问题的根源或评估问题的严重程度等。

(6) 通过性能分析功能的使用，MES 能将在产品制造过程中实际测定的结果与过去历史记录、企业的目标或客户的要求进行相关比较，在线显示或者输出相应的报告，辅助管理者进行对产品性能、过程运作进行改进和提高。

(7) 通过作业人员管理功能的使用，MES 能及时提供作业人员的状态和相关的信息(工时、出勤率等)，并基于人员资历、工作模式、业务需求等相关信息，辅助管理者对作业人员进行有效的安排。这不仅有助理与作业人员的有效安排，同时，这项功能的重大意义在于，在 MES 的平台上，实现了人员、物料、设备、信息和工具在生产作业计划中的集成，充分保证和改善了生产作业流程的协同性。

(8) 通过设备维护管理功能的使用，通过对状态的监控和数据的收集，MES 不仅能及时提出设备维护的指导性意见，同时，还能辅助有关人员对设备进行有效管理和维护的各项工作，保证企业机器设备和相关资产的正常运转或运作。

美国 MESA 协会的调查统计数据如表 10-2 所示。

表 10-2 美国 MESA 协会的调查统计数据

改善项目	统计数据			
缩短制造周期时间	平均降低：	35%	降低幅度：	10%～80%
降低或消除资料进入的时间	平均降低：	32%	降低幅度：	0～90%
减少在制品 WIP	平均降低：	35%	降低幅度：	0～100%
缩短数据采集和统计时间	平均降低：	67%	降低幅度：	0～200%
改善产品质量	平均降低：	22%	降低幅度：	0～65%
减少书面作业和蓝图作业的浪费	平均降低：	55%	降低幅度：	0～100%

10.3 CAPP 技术

工艺设计是连接产品设计与产品制造过程的桥梁。在制造企业的技术部门，CAD 解决了企业“做什么”的问题，而 CAPP 则回答了具体某个零部件“怎么做”的问题。工艺设计是车间组织生产的前提和基础环节，因此，从车间信息化角度看，CAPP是MES重要的数据来源和运行基础。

10.3.1 工艺设计特点

在制造企业中，工艺设计与许多制造活动密不可分，它是诸多制造信息的交汇点。与工艺设计相关的主要制造活动及工艺设计与其相互交换的信息如图10-9所示。

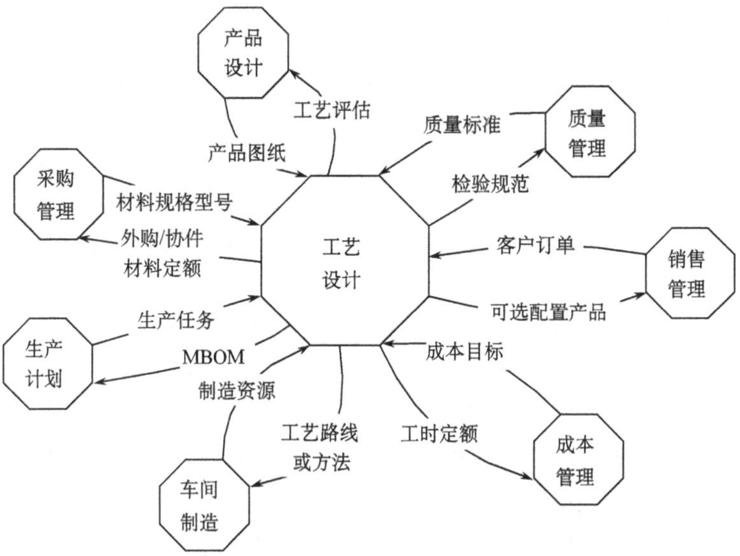

图10-9　工艺设计是诸多制造活动的交汇点

- 产品设计：产品设计部门设计好零部件图纸后，由工艺部门从工艺实现角度来评估图纸的可加工性和实现的难易程度。
- 质量管理：由企业的质量管理部门制定相关的工艺设计标准和规范，工艺设计部门依据质量标准来设计零部件、工序的检测项目和规范，质检部门依据这些工艺检验规范来检测零部件或工序的质量水平。
- 销售管理：企业销售部门向工艺部门提供客户订单要求和技术指标要求，工艺部门向销售部门提供满足客户要求的可配置零部件或产品模块。
- 采购管理：由工艺部门向采购管理部门提供加工或装配零部件所需的标准件、外协件，以及材料定额；根据采购部门提供的可选的材料规格、型号等，工艺部门依据这些材料制定工艺加工路线或方法；采购部门依据工艺设计所提供的外购/协清单进行采购或外协，并依据材料定额等制定材料采购计划，同时依据材料定额控制车间领发料。
- 生产计划部门：生产计划部门向工艺部门下发工艺设计的时间节点要求，工艺部门向生产计划部门提供MBOM，以便其编制MRPⅡ计划。
- 车间制造：生产车间向工艺部门提供编制零部件加工工艺所需的设备、刀具、工装的型号、参数等数据，工艺部门依据这些数据编制零部件工艺路线和加工方法，以指导车间的日常生产。

- 成本管理：成本管理部门向工艺部门下发成本控制目标和范围，工艺部门向财务部门提供工时定额等基础数据，以便进行成本核算或产品估价。

工艺设计成为诸多制造活动的交汇点意味着工艺设计面临两方面的困难：一方面是工艺设计所依据的条件更加具有复杂性、不确定性和动态性等特点；另一方面是工艺输出内容更多、形式更加复杂。这些困难在 CAPP 系统中表现为信息源更多、输出表格更多、系统集成更加困难等。

10.3.2 CAPP 的内涵

计算机辅助工艺设计（Computer Aided Process Planning，CAPP）是指借助于计算机软硬件技术和支撑环境，利用计算机进行数值计算、逻辑判断和推理等功能来制定零件加工工艺过程。借助于 CAPP 系统，可以解决手工工艺设计效率低、一致性差、质量不稳定、不易优化等问题。

计算机辅助工艺过程设计也常被译为计算机辅助工艺规划。国际生产工程研究会（CIRP）提出了计算机辅助规划（Computer Aided Planning，CAP）、计算机自动工艺过程设计（Computer Automated Process Planning，CAPP）等名称，CAPP 一词强调了工艺过程自动设计。实际上国外常用的一些，如制造规划（Manufacturing Planning）、材料处理（Material Processing）、工艺工程（Process Engineering）以及加工路线安排（Machine Routing）等在很大程度上都是指工艺过程设计。计算机辅助工艺规划属于工程分析与设计范畴，是重要的生产准备工作之一。

CAPP 的作用是利用计算机来进行零件加工工艺过程的制订，把毛坯加工成工程图纸上所要求的零件。它是通过向计算机输入被加工零件的几何信息（形状、尺寸等）和工艺信息（材料、热处理、批量等），由计算机自动输出零件的工艺路线、检验规范和工序内容等工艺文件的过程。

由于计算机集成制造系统（Computer Integrated Manufacturing System，CIMS）的出现，计算机辅助工艺规划上与计算机辅助设计（Computer Aided Design，CAD）相接，下与计算机辅助制造（Computer Aided Manufacturing，CAM）相连，是连接设计与制造之间的桥梁，设计信息只有通过工艺设计才能生成制造信息，设计只能通过工艺设计才能与制造实现功能和信息的集成。因此，CAPP 是将产品设计信息转换为各种加工制造、管理信息的关键环节，是企业信息化建设中联系设计和生产的纽带，同时也为企业的管理部门提供相关的数据，是企业信息交换的中间环节。

10.3.3 CAPP 的功能

从国内外 CAPP 系统综合来看，CAPP 主要包括以下功能：

- 接收或生成零件图纸或信息；
- 检索典型或标准工艺图纸或规范；
- 选择加工方法；
- 制定加工路线；
- 选择机床、刀具、夹具的型号、参数等；
- 确定切削用量；

- 计算切削参数、工时定额和加工费用等；
- 计算工序尺寸和公差，确定毛坯类型和尺寸；
- 绘制工序图；
- 生成工艺文件；
- 刀具路径规划和 NC 编程；
- 加工过程可视化仿真。

上述功能并不是所有 CAPP 系统都具备的，有些 CAPP 系统只具备其中的某些功能。图 10-10 为某国产 CAPP 软件的接收 CAD 产品数据、工艺图纸设计、工艺卡片设计和检测规范设计的部分功能界面。

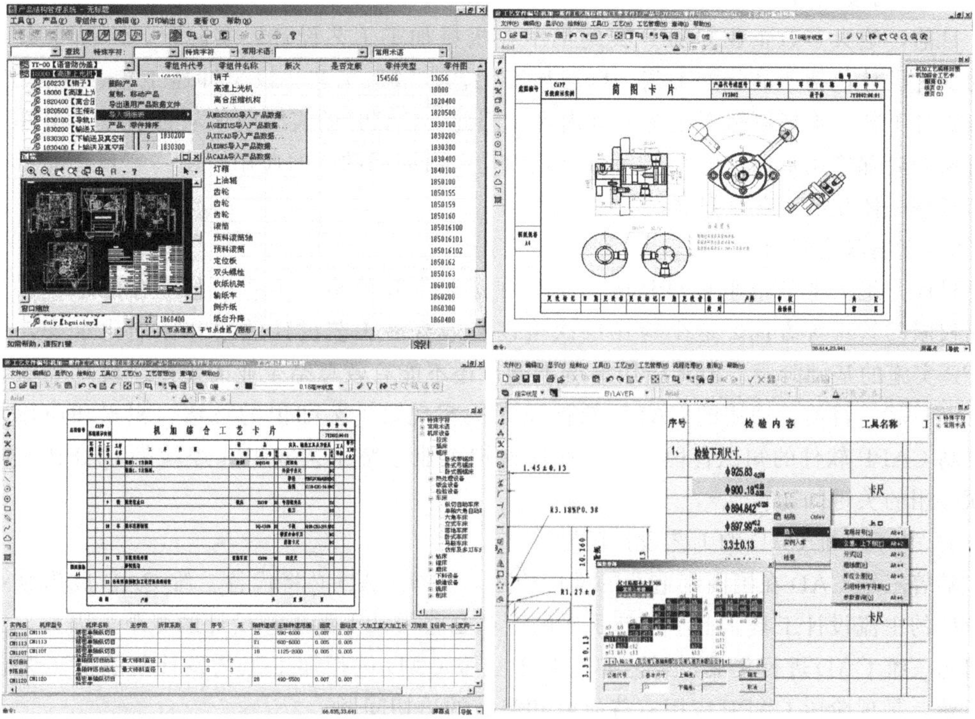

图 10-10　CAPP 部分功能界面

10.3.4　CAPP 实施效益

CAPP 实施效益如下：

(1) 有利于工艺规程的合理化、标准化和最优化。CAPP 的设计过程实际上就是一个标准化的过程。CAPP 系统将工艺专家的集体智慧融合到工艺规程设计的软件中，使得工艺方案更趋合理和优化，而且计算机处理工艺过程其结果的一致性更好，避免了各个工艺设计者的主观倾向，有利于实现工艺规程的标准化。

(2) 提高工艺规程的设计效率。采用 CAPP 可减少手工抄写和绘制的工作量及错误，计算机自动生成的工艺文件简洁、统一、可读性好。因此，大大提高了工艺人员的工作效率，加快工艺规程设计的速度，缩短技术准备时间。

(3) 可获得良好的经济效益。采用 CAPP 系统后，可以减少工艺设计费用，降低制造成本。据国外应用企业统计，采用 CAPP 软件后，工艺设计劳动量可减少 20%～40%，工艺设计费用降低 20%～50%，总制造成本降低 9.6%。

(4) 有利于 CAD/CAPP/CAM 的集成。CAPP 是连接 CAD 和 CAM 的桥梁和纽带，只有实现工艺设计的自动化，才能真正实现 CAD/CAPP/CAM 的一体化。CAPP 发展的方向是 CAD/CAPP/CAM 的一体化和智能化，这也是制造自动化技术发展的需要。

10.3.5 CAPP 实施问题

近年来，随着企业信息化的深入推进，CAPP 软件在实施过程中应重点注意以下问题。

1) 应用覆盖面问题

目前，绝大多数企业 CAPP 实施集中在机械加工工艺设计。实际上，产品生命周期内的工艺设计包括产品装配工艺、机械加工工艺、锻造工艺、钣金冲压工艺、焊接工艺、热表处理工艺、毛坯制造工艺等各类内容。因此，CAPP 的实施应该从目前以零组件为主体对象的局部应用走向以整个产品为对象的全生命周期的全面应用，最终实现产品工艺设计与管理一体化的工艺信息系统。

2) 应用深度问题

目前，绝大部分企业 CAPP 应用停留在工艺卡片编辑、工艺信息统计汇总、工艺流程和权限的管理等方面，这个应用层次可以有效提高工艺设计效率和标准化水平，属于 CAPP 实施的基础阶段，但其应用深度不够，还不能有效总结企业的工艺"设计经验"和"设计知识"。目前，通用的 CAPP 软件还无法实现对工艺知识的总结、积累和应用，如何提高 CAPP 软件的知识管理水平，如何保护企业总结工艺知识和经验是 CAPP 实施向纵深应用的关键问题。

3) 基于三维 CAD 的工艺设计问题

随着三维 CAD 在国内制造业的推广应用，三维 CAD 必将代替二维 CAD 成为企业产品设计的主流设计工具。上游设计手段的变革必将带动下游工艺设计的变革。因此，工艺如何与三维 CAD 进行集成，工艺如何基于三维 CAD 进行加工工艺设计与装配工艺设计等问题，是现阶段 CAPP 应用有待研究和突破的迫切问题。

4) CAPP 与其他应用系统的集成问题

工艺是设计和制造的桥梁，工艺数据是产品全生命周期中最重要的数据之一，工艺数据同时是企业编排生产计划、制定采购计划、生产调度的重要基础数据，在企业的整个产品开发及生产中起着重要的作用。CAPP 需要与企业的各种应用系统进行集成，包括 CAD/PDM/ERP/MES 等等。由于不少企业 CAD、CAPP、ERP 的应用是分阶段、不同时期应用的，目前还存在着信息的孤岛，因此，开展 CAPP 与企业其他应用系统的集成，充分挖掘工艺数据的价值也是企业信息化的重要内容。

5) CAPP 与 PDM 中的管理功能冲突的问题

近年来，随着 CAPP 功能的不断扩展，一些 CAPP 软件逐渐增加了工艺管理的内容，包括权限管理、流程管理、更改管理，并在工艺部门得到了一些应用。商品化的 PDM 系统本身提供了完善的角色权限管理、流程管理、任务管理等功能，因此，这种局面带来了一个不容回避的问题，即：CAPP 自身的管理功能和 PDM 的管理功能发生了冲突，这种功能冲突和重叠给企业集成带来了困惑，也造成了企业在信息化过程中的重复投资，因此，如何合理规划和集成 CAPP/PDM 也是企业信息化建设需要解决的重要课题。

10.4 DNC 技术

近年来，随着制造企业的数控化程度越来越高，如何将这些离散的数控加工单元进行集成化控制，将企业信息流延伸至生产一线的加工设备，以提高数控设备的利用率，这是众多生产车间信息化建设面临的重要课题之一。DNC 系统连接数控设备和上层计算机，是实现 CAD/CAM/MES 集成的纽带和设计制造一体化的桥梁，可显著地提高这些智能化设备的使用效率、整体生产水平与管理水平、集成化生产能力及敏捷制造能力。

10.4.1 DNC 概念与组成

DNC 是用一台或多台计算机，对多台数控设备设施综合控制的一种方法，它是现代制造系统在制造自动化领域的一个重要发展。

- 直接数字控制（Direct Numerical Control）又称群控。它是指将若干台数控设备直接连接在一台中央计算机上，由中央计算机负责 NC 程序的管理和传送，以实现将 NC 程序下传至数控机床。
- 分布式数字控制（Distributed Numerical Control）。DNC 系统实施分级控制，由数控机床的数控系统与 DNC 系统主机进行信息交互，DNC 主机也可与其他计算机进行信息交互，实现 NC 程序的双向传输、数据采集、状态监视等功能。
- 柔性 DNC（Flexible Distributed Numerical Control）。DNC 系统不仅用计算机来管理、调度和控制多台 NC 机床，而且还与 MES/CAD/CAPP/CAM、物料传输和存储、生产计划与控制相结合，最终形成柔性分布式控制。

图 10-11 为一个基本 DNC 的组成结构。其中包括以下组成部分：

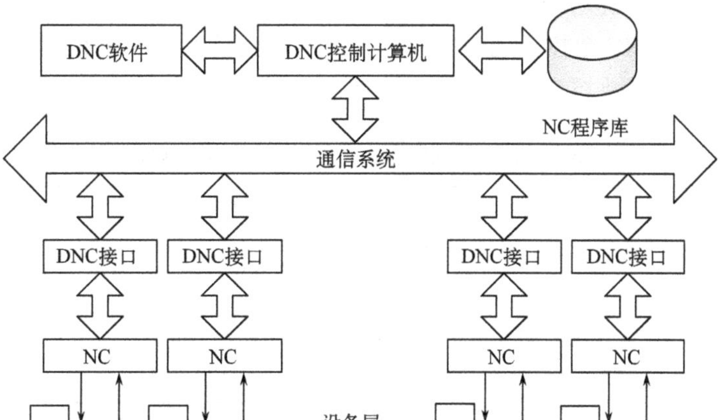

图 10-11 DNC 组成

- DNC 控制计算机；
- 通信介质（双绞线、同轴电缆等）；
- 通信接口；
- NC 或 CNC 数控设备；
- DNC 软件系统（包括：通信与数据采集、NC 程序管理等）。

10.4.2 DNC 分类及功能

1）按 DNC 功能划分

DNC 包括四个主要功能：下传 NC 程序、上传 NC 程序、状态采集与反馈、远程控制。按照 DNC 的功能强弱，可将其分为初始 DNC、基本 DNC、狭义 DNC 和广义 DNC。具体划分如表 10-3 所示。只具备第一种功能的叫初始 DNC；具备前两种功能的叫基本 DNC；具备前三种功能的称为狭义 DNC；包含所有四种功能的称为广义 DNC。

表 10-3 DNC 功能分类

分类	功 能	复杂程度
初始 DNC	下传 NC 程序	简单
基本 DNC	NC 程序的管理和双向传输	一般
狭义 DNC	NC 程序的管理和双向传输、状态采集和反馈	中等
广义 DNC	NC 程序的管理和双向传输、状态采集和反馈、远程控制	复杂

早期的 DNC 采用 DNC 主机取代纸带阅读机，因而只有下传 NC 程序这一种功能。20 世纪八、九十年代生产的数控系统绝大多数配有 RS232C 通信接口，这类数控系统可实现上、下传 NC 程序这两种功能。20 世纪 90 年代后生产的数控系统很多都带有专门的 DNC 接口，能实现上述所有功能，如 FANUC0、FANUC15、FANUC18 等系统。

2）按 CNC 数控系统划分

DNC 的使用受 CNC 数控系统的影响较大，不同数控系统和通信接口导致 DNC 的功能存在差异。根据具体数控系统的不同，可将 DNC 划分为以下几种，如表 10-4 所示。

表 10-4 按 CNC 数控系统划分的 DNC 系统

分类	通信接口	可实现的 DNC 形式	典型数控系统
经济型数控系统	纸带阅读机接口、磁带录音机接口	基本 DNC（外接 DNC 接口板）	早期单板机改装的数控系统
无 RS232 串口的数控系统	并行纸带阅读机接口、穿孔接口、PLC 接口	基本 DNC、狭义 DNC、广义 DNC（均需外接 DNC 接口板）	FANUC7M
有 RS232 串口的数控系统	RS232 接口、PLC 接口	基本 DNC、狭义 DNC、广义 DNC（外加 DNC 接口板）	FANUC6M CINCINNATIA2100E
有 DNC 通信接口的数控系统	DNC 接口	基本 DNC、狭义 DNC、广义 DNC	FANUC0 FANUC15

10.4.3 机床联网方案

由于各数控车间（或工厂）的规模不等、工作习惯不同，机床联网方案也不尽相同，以下介绍两种常见的机床联网方案。

1. 多串口服务器应用型

(1) 特点：采用一台多串口设备服务器实现对多台数控机床的连接。在企业局域网内的任意一台计算机都可以直接控制该网络内的任意一台机床，如图10-12所示。

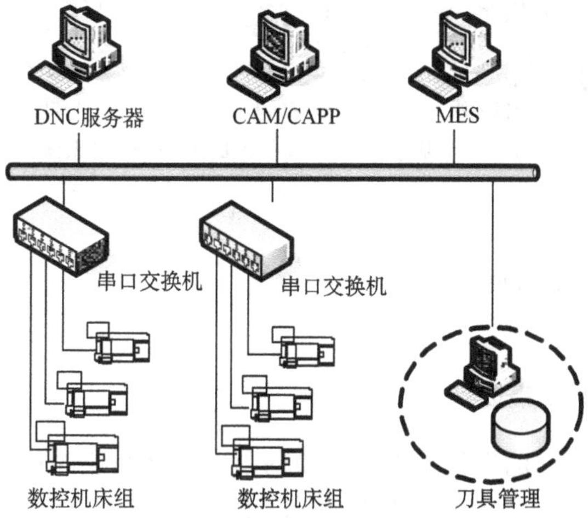

图10-12　基于多串口服务器的DNC网络系统

(2) 优点：

- 网络构建成本较低。
- 灵活性好，机床可以按照需要任意分组，可由不同计算机控制不同数量的机床。

(3) 缺点：

- 当多串口设备服务器发生故障时，会影响多台设备。
- 受RS232传输距离的限制，超过15m时，必须增加长距离接收器。

2. 单串口服务器应用型

(1) 特点：每台串口数控机床上都分别装有一台单串口设备服务器，实现任意设备与以太网直接相连，达到在以太网上的任意一台计算机，都可以直接控制任意一台数控设备，如图10-13所示。

(2) 优点：

- 灵活性好，机床设备可以按照需要任意分组，由不同的计算机控制不同数量的机床。
- 可靠性高，采用星型连接方式构建的DNC网络，即使单串口服务器出现故障，影响的只是一台设备。

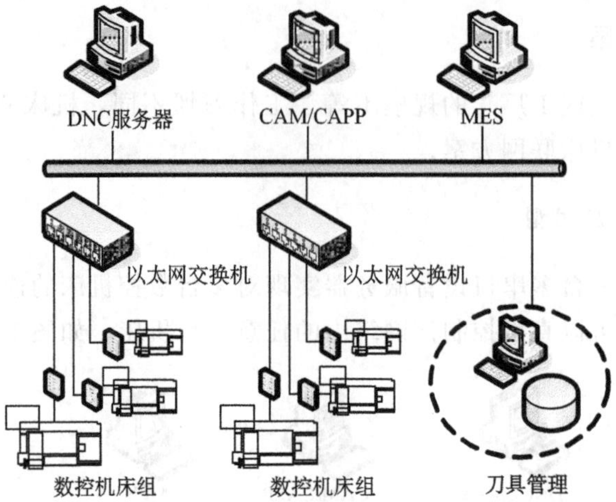

图 10-13 基于单串口服务器的 DNC 网络系统

（3）缺点：

- 需要建设标准的局域网。
- 构建成本较高。

10.4.4 DNC/MES/PDM 集成

通过 DNC 将生产车间的数控加工设备联网，即可将企业的信息流延伸至企业的最末端。而 MES 是整个车间的生产指挥枢纽，PDM 或 CAM 系统又提供了数控加工所需的 NC 程序和文件。如何将 MES、PDM 和 DNC 有效集成，是打通车间管理层和底层设备之间信息流的关键环节。

MES 系统负责制定作业计划，并依据作业计划下达具体的加工任务和时间等信息给 DNC，DNC 根据任务和时间安排从 PDM 或 CAM 系统中读取加工所需的 NC 文件，并将该 NC 文件传递至 MES 所制定的加工设备。数控设备在加工任务时，通过 DNC 可以将机床的运行工况和零部件加工进度反馈至 MES。最终实现在合适的时间、将正确的 NC 程序传递至正确的数控机床上，并实时反馈零部件生产进度，达到车间信息闭环控制的目的。DNC/MES/PDM 三者集成关系参见图 10-14。

A. 1. MES 将作业指令下发给 DNC，其中作业指令包括：零件号、工序号、设备号、工艺版本、工段编号、工艺规程编号、开始时间、结束时间等。

A. 2. DNC 接收到作业指令后，在 DNC 数控库中检索有无作业指令所匹配的 NC 程序。如果已有 NC 程序，则直接调用该 NC 程序并下传至加工设备，并向 MES 返回下传的 NC 程序编号；如果没有对应的 NC 程序，则通知 MES。

B. 1. 在 MES 中，当操作工人需要切换加工任务时，应及时通知 DNC。

B. 2. DNC 接到 MES 切换加工任务的通知后，及时卸载原加工工序所对应的 NC 程序。

C. 1. 当 NC 程序版本发生更改时，PDM 调用 DNC 提供的接口函数，通知 DNC 下载相应的 NC 程序。

C. 2. DNC 根据 PDM 的通知消息从 PDM 中下载相应的 NC 程序。

D. 1. DNC 向 MES 实时反馈机床运行状况。

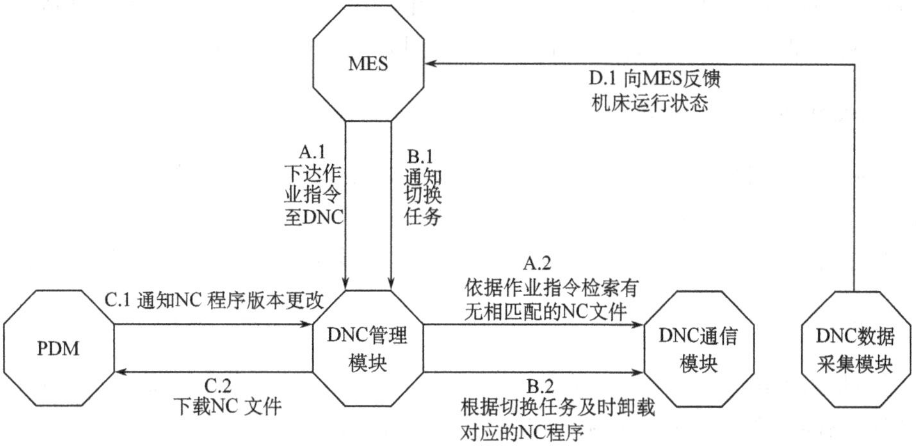

图 10-14 DNC/MES/PDM 的信息集成

10.4.5 DNC 应用原则

将 DNC 引入数控车间后，可以将分散的数控加工设备整合起来，另外，NC 文件是数控加工的核心，通过 DNC 可以规范、正确、安全、高效地管理和调用 NC 文件，这样既可以提高数控加工设备的利用率，同时可以减少 NC 文件传输的出错率，以保证零部件加工质量。不同企业实施 DNC 的目的不同，但通常都有如下原因：

- 消除程序读入装置维护所需的费用；
- 减少 NC 程序的导入错误；
- 规范 NC 程序管理；
- 便于有效监控数控机床运行状态；
- 有利于实时监控零部件加工状态和进度；
- 增加加工系统的柔性；
- 相对于 FMS 的高投入，DNC 相对投入较小。

一般来讲，车间在使用了一定数量的数控机床后，由于上述原因，通常会产生引入 DNC 的需求，但从经济和技术上综合考虑，引入 DNC 的原则一般有：

- 车间内的数控机床数量。车间内有 4～6 台 NC 机床或更多时。
- NC 程序数量。当车间的 NC 程序数量较大，且 NC 程序的处理速度要求较快时。
- NC 程序管理。当手工管理 NC 程序的效率低下，且容易出错时。
- NC 程序长度。当数控机床的程序存储器容量不能满足 NC 程序文件存储量时。
- NC 程序切换频繁程序。当加工批量较小，需要频繁切换 NC 程序，为提高 NC 程序切换效率，减少 NC 程序出错率，则应考虑引入 DNC 系统。

10.5 自动识别与数据采集

由于车间数据采集具有实时性要求高、信息量大、覆盖面广等特点，传统手工录入方式存在效率低、易出错和滞后性等问题，而数据来源的滞后和不准确会直接导致上游信息系统计算结果的滞后和错误，因此，准确、及时的生产一线数据是保证车间制造执行系统(MES)正确、平稳、有序运行的前提和基础，同时也是车间信息化的基础性工作。

10.5.1 自动识别与数据采集技术简介

常见的自动识别与数据采集技术包括条形码技术、磁卡识别技术、射频识别技术、生物统计识别技术、光学字符识别、机器视觉识别、磁性墨迹识别等。在生产管理和物流管理行业中，目前广泛应用的自动识别技术主要有：条形码、磁卡识别和射频识别技术。

1. 条形码技术

条形码是由美国 N. T. Woodland 在 1949 年首先提出的。条形码是由一组粗细不同、依据一定的编码规则（码制）编制而成的平行线条图形，用以表达一组数字或字母符号信息的图形标识符。

作为一种最成熟的识别技术，条形码是自动识别技术中应用最广泛和最成功的技术。由于条形码具有成本低、标准体系完善、实施难度小等优点，在物流管理、商业流通、图书管理等行业应用非常普遍。

然而，条形码技术也存在以下缺陷：

- 只能近距离读取静态物体，对于移动中的物体不能准确识别；
- 条形码存储容量较小；
- 读取速度较慢；
- 一次扫描只能读取一个条码，不能实现批量扫描或读取；
- 环境适应性低，当条形码受损或被弄脏后，扫描仪就无法辨认目标。

2. 磁卡识别技术

常用的磁卡是通过磁条记录信息的，而磁条则是应用了物理学和磁力学的基本原理。磁卡识别技术的优点是数据可读/写，即具有现场改变数据的能力；数据的存储量一般能满足需要；使用方便、成本低廉。这些优点使磁卡技术的应用领域十分广泛，如信用卡、银行 ATM 卡、现金卡（如电话磁卡）、自动售货卡、公共汽车票等。磁卡技术的缺点是数据存储的时间长短受磁性粒子极性的耐久性限制，使用寿命较短；信息容量小，常常依赖于外界的数据库；另外，磁卡存储数据的安全性相对较低，如磁卡在接触磁性物质后就有可能造成数据丢失。

3. 射频识别技术

射频识别（Radio Frequency Identification，RFID）技术是一种非接触式、无线的自动识别方法，它是利用射频信号通过空间耦合（交变磁场或电磁场）来实现无接触信息传递，并通过所传递的信息达到识别目的的一种自动识别技术。它由比米粒还小的感应标签和一套读/写装置组成。射频识别系统最大优点就是无线、非接触，不局限于视线的范围。故其识别性能比一般的光学系统要好，更是大大优于接触式识别系统。具体来讲，RFID 具有以下技术优势：

- 非接触自动识别，克服了其他识别技术需要近距离或接触读取的缺点；

- 可对高速移动的物体进行远距离识别；
- 编码容量大，可以实现对单一物品的唯一编码识别，能够对单品进行跟踪管理；
- 可实现批量数据的瞬时同时读取，适应了供应链中信息量大幅增长而读取速度要求更快的现状；
- 可读/写，并可多次读/写，能够循环使用；
- 智能化程度相对较高，具有缺货提示、位置报警等功能是其他识别技术所不具备的；
- 环境适应性强，具有更为广泛的应用领域。

条形码、磁卡和 RFID 三种自动识别技术的性能比较，如表 10-5 所示。

表 10-5　三种常用自动识别技术的性能比较

比较项目	条形码	磁卡（条）	RFID
读取速度	1～2 个/s（手工）	1 个/s（手工）	150～1000 个标签/s
误读率	1/15000～1/100000000	无	无
数据密度	3～5 个字符/cm	约 20 个字符/cm	数据总量：64～2K 字节
尺寸	45×5（mm）	宽 13mm（磁条）	20×20（mm）～5×80（mm）
识别系统价格	低	中	高
识别距离	接触－1m	必须接触使用	接触－10m
优点	价格低、种类多、非接触式识别	数据可更改	可在复杂环境下使用，标签可以被遮挡，非接触式识别、数据可更改
缺点	数据不可更改、易污损影响识别	必须接触式识读	发射接收装置价格较高

10.5.2 条形码技术

1. 条形码

条形码（Barcode）是一种可印刷的机器语言，它是利用印刷的条符宽度、条符间的间隔宽度，以及各间隔之间的相对位置来进行编码，并与后台数据库结合使用，以实现识别扫描对象的目的。条形码包括一维和二维条码两种，其中，基本的一维条形码结构如图 10-15 所示。

由图 10-15 可见，一个完整的一维条码的组成次序依次为：静空区（前）、起始符、数据符、校验符、终止符及静空区（后）。

图 10-15　一维条形码结构图

- 静空区（Clear Area），是条码左右两端外侧与空的反射率相同的限定区域，它是阅读器进入准备阅读的标志，在两个条码距离较近时则有助于对它们加以区分，其宽度通常不小于 6mm（或 10 倍模块宽度）。
- 起始符（Start Character）/终止符（Stop

Character)，是条码开始和结束的若干条、空，用以标志条码的开始与终止，为条码识别和阅读方向提供信息。

- 数据符（Data Character)，是条码中间的条、空结构，包含条码所表达的特定信息。

2. 二维条码

二维条码（2-dimensional Barcode）是按照一定的规律在平面（二维方向）内分布黑白相间的图形，用以记录数据的特定几何图形符号，如图 10-16 所示。二维条形码能够在横向、纵向两个方向同时表达信息，因此能在较小的面积内表达较大容量的信息。

图 10-16　二维条形码

二维条码可以分为堆叠式/行排式二维条码和矩阵式二维条码。

1）堆叠式/行排式二维条码

堆叠式/行排式二维条码（又称堆积式二维条码或层排式二维条码），其编码原理是建立在一维条码基础之上，按需要堆积成两行或多行。它在编码设计、校验原理、识读方式等方面继承了一维条码的一些特点，识读设备、条码打印与一维条码技术兼容。但由于行数的增加，需要对行进行判定，其译码算法与软件也不完全相同于一维条码。代表性的堆叠式二维条码有：Code 16K、Code 49、PDF417 等。

2）矩阵式二维条码

矩阵式二维条码（又称棋盘式二维条码）是通过黑、白像素在矩形空间内的不同分布进行编码。在矩阵相应元素位置上，用点（方点、圆点或其他形状）的出现表示二进制“1”，点的不出现表示二进制“0”，点的排列组合确定了矩阵式二维条码所代表的意义。矩阵式二维条码是建立在计算机图像处理技术、组合编码原理等基础上的一种新型图形符号自动识读处理码制。具有代表性的矩阵式二维条码有：Code One、Maxi Code、QR Code、Data Matrix 等。

一维条码虽然提高了资料收集与资料处理的速度，但由于受到信息容量的限制，它仅能标识商品，而不能描述商品，因此，一维条码必须与后台数据库和网络结合起来一起使用。由于二维条码具有高密度、大容量、抗磨损等特点，其相对一维条码而言，具有以下优势：

- 二维条码信息密度高、信息容量大、编码能力强。可以将照片、指纹、掌纹、视网膜、声音、签名、文字等凡可数字化的信息进行编码。具备在有限面积上表示较大信息量的功能。
- 二维条码可以对“物品”进行精确描述，并给予物品唯一的防伪编码并标识于产品或包装上，这种优势可以实现在远离数据库和不便联网的场合实现数据采集。
- 二维条码容易印制、成本低、纠错能力强、译码可靠性高，并且具有极强的防伪功能，它可以实现机器识读和防伪两项重要功能，并被广泛应用于身份证、驾驶证、护照、签证等各类证卡系统。

一维条形码和二维条形码的性能比较如表 10-6 所示。

表 10-6 一维条形码和二维条形码的性能比较

项目	一维条形码	二维条形码
资料密度与容量	密度低、容量小	密度高、容量大
错误侦测及自我纠错能力	根据校验码进行错误侦测，但无错误纠正功能	有错误校验及纠正功能，并可根据实际应用设置不同的安全等级
垂直方向的携带信息	垂直方向不携带信息，只为了方便识读，并弥补印刷缺陷或局部损坏	携带信息，可以对印刷缺陷或局部污损进行纠正和识别
主要用途	用于对物品的标识	用于对物品的描述
数据库与网络依赖性	必须与数据库和网络结合起来使用	可不依赖数据库和网络而单独应用
识读设备	可用线扫描器识读，如扫描枪、线性CCD、光笔	对于堆叠式可用线扫描器和图像扫描仪识读，矩阵式则只能用图像扫描仪识读

3. 条形码码制及编码原则

条形码码制决定了条形码内的条和空的排列规则，也就决定了条码所代表的含义，不同的码制拥有不同的应用领域。当前常见的一维码码制有 EAN（European Article Number）码、128 码、39 码、交叉 25 码、UPC 码和 93 码等。

目前使用频率较高的几种码制是 EAN、UPC、39 码、EAN128 码和交叉 25 码。其中，EAN 码是国际通用符号体系，它们是一种定长、无含义的条码，主要用于商品标识；UPC 码主要用于北美地区；EAN128 码是由国际物品编码协会和美国统一代码委员会（Universal Product Council，UPC）联合开发、共同采用的一种特定的条码符号，它是一种连续型、非定长、有含义的高密度代码，用以表示生产日期、批号、数量、规格、保质期、收货地等更多的商品信息；另有一些码制适用于一些特定的场合，如库德巴码（Code Bar）用于图书馆、血库、包裹等的跟踪管理；25 码用于包装、运输和国际航空系统为机票进行顺序编码。

在确定条形码码制后，接下来就应该对据以编码对象进行编码，一般条形码编码原则为：

- 唯一性：同种规格同种物品对应同一个物品代码，同种物品不同规格则对应不同的物品代码。根据物品的不同性质，如重量、包装、规格、气味、颜色、形状等赋予不同的物品代码。
- 永久性：物品代码一经分配则终身有效且不能更改。当这种物品不再生产，其对应的物品代码只能搁置起来，而且不能重复启用再分配给其他物品。
- 无含义：为了保证代码有足够的容量以适应物品频繁的更新换代需要，最好采用无含义的顺序码。

4. 条形码扫描方式

根据使用环境的不同，常用的识别条形码的扫描器包括枪式数据采集器、固定式数据采集器和便携式数据采集器三种，参见图 10-17（a）、（b）、（c）。

图 10-17　常用的识别条形码的扫描器

1）枪式数据采集器

枪式数据采集器是将采集到的条码信息通过连接线直接传递给计算机，其功能主要是用于扫描和采集条码，而识别结果则通过与其相连的计算机来显示。这种条码方式应用面较广，如：商业流通领域、图书管理系统等众多领域。

2）固定式数据采集器

固定式数据采集器与枪式采集器具有一样的功能，二者唯一区别是固定式数据采集器的识读方式是固定的。这种数据采集方式主要应用于大量、快速物品或人员流通领域，如超市 POS 机、机场机票识别等。

3）便携式数据采集器

便携式数据采集器本身不但具有枪式采集器的功能，同时装有一个嵌入式操作系统，自带电源和存储器，自行保存和显示采集结果，并具有与上位计算机有线或者无线的通信功能。该采集方式适用于远距离存储、有线或无线传输等场合。

在条形码扫描和识别时，上述三种数据采集器必须和后台数据库服务器紧密结合起来使用。数据采集器扫描条码后，根据条码编号通过网络访问数据库，从数据库中找出与该条码号对应的相关物品的明细信息，并将该物品的明细信息展示在客户端。图 10-18 给出了数据采集器和 PC 机器、数据库服务器的联合工作方式。

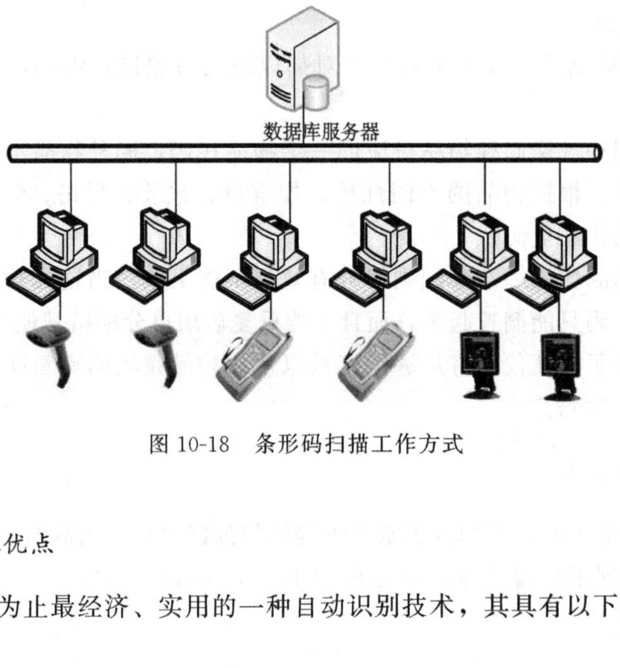

图 10-18　条形码扫描工作方式

5. 条形码技术优点

条形码是迄今为止最经济、实用的一种自动识别技术，其具有以下技术优点：

- 信息采集速度快。与键盘输入相比，条形码输入速度是键盘输入的 5 倍。
- 可靠性高。键盘输入数据出错率为三百分之一，利用光学字符识别技术出错率为万分之一，而采用条形码技术误码率低于百万分之一。
- 采集信息量大。传统的一维条码可包含几十个字符的信息量，而二维条码则可以携带数千个字符的信息，并具有一定的自动纠错能力。
- 灵活、实用。条码标识既可以作为一种识别手段单独使用，也可以和有关识别设备组成一个系统实现自动化识别，还可以和其他控制设备连接起来实现自动化管理。
- 操作简单、成本低。条形码标签易于制作，对设备和材质没有特殊要求，识别设备相对便宜且操作简单。

10.5.3 RFID 技术

RFID 技术是 20 世纪 90 年代开始兴起的一种自动识别技术，RFID 是一种利用射频信号通过空间耦合（交变磁场或电磁场）实现无接触信息传递，并通过所传递的信息达到识别目的的技术。

1. RFID 典型结构

典型的 RFID 系统由电子标签、读/写器、天线和中间件四部分组成，如图 10-19 所示。

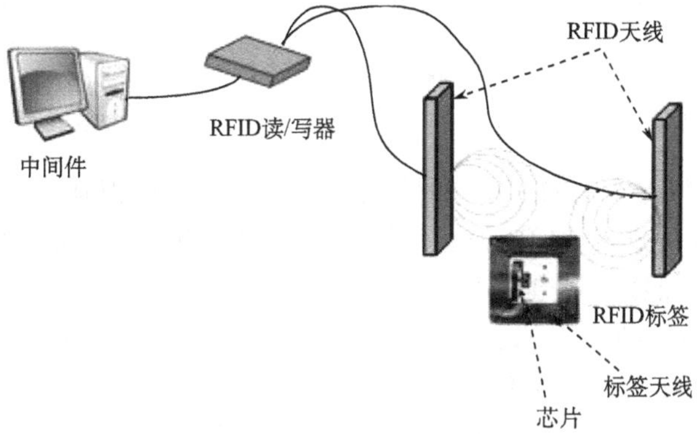

图 10-19 RFID 的组成

（1）电子标签（RFID Tag）：由耦合元件及芯片组成，标签含有内置天线，用于和射频天线间进行通信。

电子标签是 RFID 系统的数据载体，每个标签都有着唯一的电子编码。标签相当于条形码中的条码符号，用来存储需要识别和传输的信息。电子标签存储着需要被识别物品的相关信息，并附着在被识别的物品上。它所存储的信息通常可以被射频读/写器通过非接触方式读/写获取。这些信息可依据需要分别进行管理，并可随不同的需要制成新的标签。标签内的信息被改写的同时也可被永久锁死保护起来。电子标签体积很小，可以印制在纸张、塑料、木材、玻璃、纺织品等包装材料上，也可以直接制作在商品标签上。

(2) 读/写器 (RFID Reader)：读/写电子标签信息的设备。

读/写器是负责读取或写入标签信息的设备，它可以单独实现数据读/写、显示和处理等功能，也可以与计算机等联合完成对电子标签的操作。读/写器的基本功能是提供与射频标签进行数据传输的途径；因为射频标签中除了存储需要传输的信息之外，还含有一定的附加信息，如错误校验信息等，因此，读/写器还具备提供复杂的信号状态控制、奇偶错误校验与更正等功能。

(3) 天线 (RFID Antenna)：在电子标签和读/写器间传递射频信号。

天线是射频标签和读/写器的空间接口。控制机向读/写器发射作业指令，读/写器射频模块通过控制阅读器的电流量将指令以电磁波的形式发射出去，形成电磁场，当标签进入阅读器的可识别范围中时，标签天线感应电磁波耦合，并对标签内部的电容进行充电，以驱动标签芯片工作，在标签芯片和阅读器之间建立了无线通信，为完成标签信息到阅读器的数据传输建立了连接。当阅读器感应到标签回传的射频波时，阅读器控制电路对该信号进行解调，并通过阅读器将数据传回控制机，从而完成了标签的自动识别工作。

(4) 中间件 (Middleware)：RFID 硬件和应用程序之间的桥梁。

中间件扮演着 RFID 硬件和应用程序之间的中介角色，从应用程序端使用中间件提供的一组通用应用程序接口 (API)，即能连接到 RFID 读/写器并读取 RFID 标签数据。RFID 中间件是一种面向消息的中间件，RFID 相关数据是以消息的形式，从一个程序以异步方式传送到另一个或多个程序。RFID 中间件包含的功能不仅是传递信息，还包括安全性、错误恢复、解译数据、数据缓存、数据广播、定位网络资源等高级服务。由于 RFID 中间件屏蔽了 RFID 硬件的多样性和复杂性，能够为上层应用程序提供强大的支持，从而可以拓展 RFID 应用范围。

2. RFID 分类

RFID 一个显著特点是 RFID 标签的工作频率就是 RFID 识别系统的工作频率。RFID 标签的工作频率不仅决定着 RFID 识别系统工作原理 (电感耦合还是电磁耦合)、识别距离，还决定着 RFID 标签及其阅读器实现的难易程度和成本高低。

RFID 识别应用所占据的频段或频点在国际上有公认的划分标准。其典型的工作频率有：125kHz，133kHz，13.56MHz，433MHz，860～960MHz，2.45GHz，5.8GHz 等。RFID 各主要频段的应用、性能等的比较如表 10-7 所示。

表 10-7 RFID 各主要频段的应用和性能比较

分类	低频	中高频	超高频
频段	30～300kHz	3～30MHz (典型 13.56MHz)	0.3～6GHz
阅读距离	<1m	<1.5m	<10m
典型应用	动物识别、工具识别等	电子车票、电子身份证、电子锁防盗等	移动车辆识别、仓储物流应用
特点	造价相对较低，可以穿透水、有机组织等；存储数据量较少。适合低速、近距离识别应用	可以选用较高的数据传输速率；电子标签天线设计相对简单；标签一般制成标准卡片形状	读/写距离大；可以支持多标签读/写；适合于高速识别应用

3. RFID 应用

目前，RFID 技术在物流管理、防伪识别、邮政/航空包裹分拣、集装箱运输管理、交通运输收费、门禁管理、身份识别、产品标识、动物标识等方面已经得到了一定的应用。

1）物流管理

RFID 在物流领域应用的一个典型案例是配送中心的交接运输过程。当货物进入配送中心的入口端时，工作人员在卸货的同时，需要根据订货单要求对货物进行调配，并确定货物的出货模式及目的地。采用传统的基于货物与信息隔离的分拣方法，工作人员无法确定货物与订货单的对应关系，以及各货物的运输方式和目的地。

采用 RFID 技术后，工作人员在收到货物的同时，利用阅读器及时获取随货物同时到达的物流信息，并自动传入信息系统，以获得货物相关的各种详细信息。这样可加快货场的物流速度，全程监控和跟踪货物的流动情况，从而降低物流过程中的库存积压、延期交货、送货不及时、库存与运输不可控等风险，加强供应商、物流商、批发商、零售商在组织物流过程中的协调与配合。

2）产品防伪

产品伪造问题一直困扰着国内外的商家，而现有的防伪技术，如条形码和激光防伪标签等存在可复制性的问题。RFID 电子标签有其特有的唯一 ID 号码，标签内编写的程序可按特殊的应用进行随时读取和改写；另外，RFID 具有体积小、成本低、便于封装、内置存储器等优点。这些优点尤其适合于产品标识和防伪应用领域。

防伪技术要求难以伪造且制作成本低。RFID 标签的单个成本相对便宜，但标签内的芯片制造成本高、工艺复杂，只有批量大到一定规模才能保证单个标签的低成本，这一点无疑增加了标签伪造的难度。因此，RFID 技术应用于产品防伪领域具有其自身的技术优势。

3）邮政、航空包裹分拣

瑞士邮政有 20 个分拣中心，拥有 45000 个带轮子的容器来运输和装载邮件、邮包，在所有容器上都安装了 RFID 标签，在 20 个分拣中心安装了 600 个固定式 RFID 读/写器。瑞士邮政采用 RFID 系统的目的有两个，一是跟踪这些容器在什么地方，以更好地管理固定资产；二是跟踪容器里的货物，是不是去了正确的分拣中心。从这个应用案例可以看到，采用 RFID 技术对高价值设备（容器）及其内容物的管理肯定是将来的发展方向。

4）生产线自动化

将 RFID 技术引入产品装配流水线，可以实现自动控制和提高生产效率。例如：德国宝马汽车公司在汽车装配流水线上应用 RFID 技术实现了客户化定制。即根据客户的个性化需求，从上万种内、外部选项中遴选自己喜欢的颜色、发动机、轮胎等汽车配件。通过在流水线上安装 RFID 系统，使用可重复使用的射频卡，而该射频卡上带有详细的汽车定制要求，在每个工作点处都有阅读器，从而保证了多种型号汽车在同一流水线上进行有序、高效的混线生产。

5）高速公路自动收费及交通管理

高速公路自动收费系统是 RFID 技术最成功的应用之一。目前我国高速公路发展速度非常快，而现在的人工收费系统却常常造成交通堵塞。将 RFID 系统应用于高速公路自动收费，能够在携带射频卡的车辆高速通过收费站的同时自动完成收费，可以有效解决交通堵塞问题。例如，广东省佛山市安装了 RFID 系统用于自动收取路桥费以提高车辆通过速度，车辆可以在 250km 的时速下用少于 0.5ms 的时间被识别，并且正确率达 100%，从而大大缓解了公路瓶颈处的交通压力。

4. RFID 技术存在问题

RFID 在技术先进性方面具有明显优势，但其应用的普及程度远没有条形码高，主要原因如下：

- RFID 标签和识读设备的价格较高，尤其对于大规模推广应用而言，这笔投资费用较大。
- 编码体系国际标准尚未统一成为 RFID 发展的一大障碍。目前，针对 RFID 的物流应用存在 UID 编码体系和 EPC 电子产品编码标准两种编码体系，而且在此基础上，又衍生出各国家各行业的诸多编码体系。
- 要使用 RFID 全部的功能，不仅需要硬件（标签和阅读器等）制造、无线数据通信与网络、数据加密、自动数据收集与数据挖掘等技术的支撑，而且还必须与企业的 ERP、MES 和库存管理系统集成起来。而这种多系统之间的信息集成环境不可能一步到位，从而限制了 RFID 本身功能的充分发挥。

以上 RFID 在推广应用上的缺点限制了其应用领域。目前，在大型的库存管理以及贵重物品的管理方面使用 RFID 技术比较现实。同样，在价值本身就很低的存货管理或者小型库存管理系统中，条形码就可以满足需求，而无需一味追求使用新技术。可以预见：在未来一段时间内，条形码和 RFID 并存的局面将是数据采集的主要特征。

10.5.4 数据采集技术在生产车间的应用

相对于物流企业、商业流通行业而言，数据采集技术在生产车间的应用普及度较低。流水线型生产线的自动化程度较高，其数据采集的自动化程度较高，但对于大量离散型制造车间而言，因其多品种、小批量的生产特点，决定了这类车间的数据采集较为困难，但同时又非常必要。在车间实际应用中，自动识别技术主要应用在人员扫描、工具扫描、出入库扫描、设备扫描和生产过程跟踪等方面。

1. 车间数据分类

车间的生产要素众多，根据零部件生产的不同阶段，可以将车间作业数据划分为三类：

- 静态数据。一般指生产活动开始前需要准备的数据，如毛坯、零件、员工、设备、刀具、工装、图纸等。这里的静态是指变化频度较小，而这类数据一般是作为基础数据，只需维护一次。
- 动态数据。是指在车间生产活动中频繁发生变动的数据，如零部件的加工进度、物料收发、工具借用归还、质检状态等。这些数据需要随时进行维护和更新。
- 决策数据。是根据车间管理的实际需要，由计算机系统综合上述静态、动态数据，经过归类、统计、分析计算而形成的各类数据报表，以服务于车间管理人员进行科学决策。

在实际使用中，静态数据一般作为基础数据，如：零件编号、人员编码、刀具编码等；动态数据则是车间实际的业务数据，它是以静态数据为基础，通过对过程数据的及时采集来获取生产一线的各种生产动态；而决策数据则来源于生产过程中的动态数据，同时又服务于动态数据。

在车间生产过程中，以静态数据为基础，及时采集动态过程数据，并最终形成决策数据，这一过程是非常重要的，其意义在于：

- 及时准确采集车间当日的在制品生产数据，是次日的车间排产、工具准备、技术准备、下达作业指令等的基本保证。
- 对现场采集来的大量数据进行归类、统计、分析、计算，形成各类辅助决策的有用信息，以便监控、跟踪和调整生产节奏，及时解决各类问题，保证现场生产的有序和高效。
- 车间数据采集不仅满足了车间日常管理的需要，还可以积累和统计非常准确的零部件和工序的加工周期，从而为车间计划制定、MRPⅡ计划制定、工序定额修订、财务管理、合同管理、销售管理等提供准确的基础数据支持。

2. 基于条形码技术的零部件批生产过程监控

随着客户定型化需求的日益增加，多品种、小批量生产已经成为目前制造业的主流形态。而零部件的分批生产给不同批次的零部件跟踪带来了不小的困难。传统的人工现场跟生产方式存在工作量大、数据不及时等问题，而将条形码技术引入零部件生产过程的数据采集无疑是一种明智的选择。以下针对实际制造车间的零部件批生产过程监控进行介绍。

1）条码编码规则选择

在多品种小批量生产车间，零部件加工是以批为单位进行加工的，零件批次信息是每一批零件的跟踪档案，同时也是零件质量管理的基本单位。因此，批次号是追踪车间零部件加工的基本单位。然而，由于企业的实用习惯，大量零件的批次号包含中文、希腊字符等特殊字符，批次号命名不够规范。

为了采用条形码进行标识，根据条码编码的无含义原则，该车间的批次号的条形码编码规则由批次生产时刻的时间确定，即：由“年—月—日—时—分—秒—毫秒—顺序号”生成批次号对应的条码号。例如：某零件于 2006 年 6 月 1 日 12 时 2 分 36 秒 193 毫秒生成第一个批次，则自动生成的条码号为：0606011202361931。这样既保证了条码号的绝对唯一性，同时又保证了零部件批次和条码的同时生成。如图 10-20 所示。

图 10-20 零件批次号的条码编码结果

2）条码载体选择

在设计好条码编码规则后，如何选择条码载体也是很关键的环节。由于零件实物需要加工或装夹等原因，其表面或端面不适宜粘贴条形码，而在制品管理又需要动态跟踪零部件实物的流动情况。因此，条码载体必须选择与零件实物一起流动的介质来承担。零件加工过程跟踪卡（或流水记录卡）作为传统车间管理中记录零件加工过程的纸质卡片，它跟随零件实物从投料开始一直到零件入库全过程，并记录下零件在加工过程中的履历。

因此，条码载体可以选择加工过程跟踪卡，可以将条形码和加工跟踪卡一起打印出来，或者单独打印条码标签后将其粘贴在跟踪卡片上。这样，随着零件各工序状态的改变，可以通过操作工人及时扫描加工过程跟踪卡上的条码，得到该零件对应的批次明细，并结合手工录入加工数据、质检结果等信息，从而及时、完整地记录和反馈零件的整个加工过程。

3）生产过程监控体系的建立

在设计好条码编码规则和条码载体后，在实际应用中，再结合操作工人的及时扫描和手工录入数据，就可以及时获取生产一线的在制品加工进展情况。只有准确、及时地采集生产过程数据，才能为构建车间级、企业级的生产过程监控体系奠定基础。图 10-21 所示为某离散制造企业的数据采集与监控平台结构。

首先，通过各加工设备旁的条码扫描枪获取该机床上零件的加工状态，汇总各机床上的零件加工进度，可以形成各工段或生产线的在制品加工进度。进而，综合各工段或生产

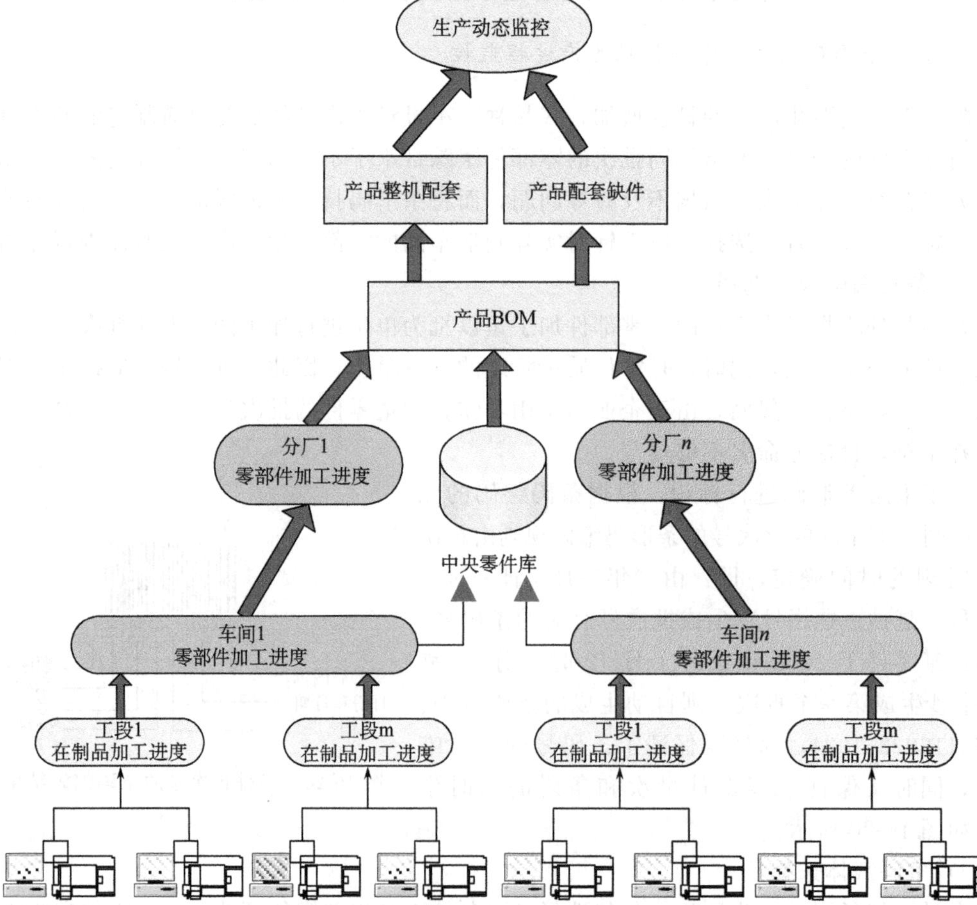

图 10-21 数据采集及信息监控平台结构

线数据，依据零部件号进行跨工段数据汇总，形成各车间或各分厂的零部件加工进度。依据产品整机BOM结构，考虑企业级中央零件库的零部件成品存量，以及各车间或分厂的零部件加工进度，可以计算出整个企业的产品整机配套数量和配套缺件数量，最终为掌握整个企业生产动态提供及时、准确的数据支撑，并形成自下向上的数据采集反馈线和自上而下的加工进度监控线。

习　题

10-1　请给出企业信息化三层结构模型以及各层相互之间的关系。

10-2　MES的含义及其观点是什么？

10-3　简述MES的功能模块。

10-4　请指出MES和MRPⅡ、CAPP之间的集成关系。

10-5　实施CAPP应注意的哪些问题？

10-6　请给出两种DNC机床联网方案及其各自的优缺点。

10-7　请对一维条形码和二维条形码的性能进行比较。

10-8　条形码技术和RFID技术二者各自的优缺点是什么？

10-9　请指出MES、CAPP、DNC三者之间的关系。

第 11 章　先进制造技术

近年来，制造企业面临着诸如信息化、网络化、精细化和绿色节能等带来的新机遇和新挑战，而这些新环境又对企业的生产经营环境、经营目标、经营方式和手段等带来了新变革，在这种背景下，先进制造技术应运而生。以下对精益生产、约束理论、大规模定制、绿色制造、网络化制造和智能制造等内容进行介绍。

11.1　精益生产

精益生产（Lean Production，LP）来源于日本的丰田生产方式，是美国麻省理工学院（MIT）在《国际汽车计划》（International Motor Vehicle Program，IMVP）的研究项目中总结日本企业成功经验后提出的。

11.1.1　精益生产的发展与概念

精益生产中“精”表示精良、精确、精美；“益”表示利益、效益。精益生产强调需求牵引、及时制造、相互合作以及消除浪费和减少成本，注重现场改善。精益生产综合了大量生产与单件生产方式的优点，力求在大量生产中实现多品种和高质量产品的低成本生产。

第二次世界大战以后，日本的汽车工业刚刚起步，但当时风靡世界的依旧是福特制的大规模生产方式。当时福特厂每天能生产 7000 辆轿车，比丰田公司一年的产量还要多，日本企业还无法与美国同台竞争。为此，日本丰田汽车公司的丰田英二和大野耐一多次访问考察美国底特律的福特汽车制造公司。通过大量的观察和分析，认为丰田并不适合走福特大批量生产之路，而且“那里的生产体制还有改进的可能”。另外，受到美国超市运行模式（缺货后及时补货）的启发，以大野耐一为代表的创造者们，根据日本企业自身的特点，在分析总结美国福特大量流水生产方式利弊的基础上，创立了一种独特的多品种、小批量、高质量和低消耗的生产方式——丰田生产方式，并且逐渐显示出强大的生命力和创造力。

美国麻省理工学院教授詹姆斯·沃麦克博士于 1990 年出版了《改变世界的机器》，这是第一本由西方人深入探讨丰田汽车管理模式的书籍，把丰田生产方式定名为 Lean Production，表达了丰田生产方式精益求精、以简代繁的特点，并指出了精益生产的重大历史意义，认为这是制造工业的又一次革命。该研究成果迅速引起了全球汽车业的轰动，并掀起了一股学习精益生产方式的热潮。精益生产方式的提出，把丰田生产方式从生产制造领域扩展到产品开发、协作配套、销售服务、财务管理等各个领域，贯穿于企业生产经营活动的全过程，使其内涵更加全面，更加丰富，对指导生产方式的变革更具有针对性和可操作性。

1996 年，丹尼尔·琼斯和詹姆斯·沃麦克合著了《精益思想》，该书弥补了前一研究成果如何学习精益生产的不足，论述了学习丰田方法所必需的关键原则，并且通过例子讲述了各行各业均可遵从的行动步骤，进一步完善了精益生产的理论体系。

精益生产可定义为：通过系统结构、人员组织、运行方式和市场供求等方面的变革，使制造系统快速适应市场需求的变化，并精简生产过程中一切无用、多余的东西，最终使包括市场供销在内的制造各方面达到最好的效果。

11.1.2 精益生产的体系结构

如果把精益生产体系看做是一幢大厦，那么大厦的基础就是计算机网络支持下的小组工作方式。在此基础上的三根支柱就是：

- 准时制生产（JIT），它是缩短生产周期，加快资金周转和降低成本，实现零库存的主要方法；
- 成组技术（GT），它是实现多品种、小批量、低成本、高柔性，按顾客订单组织生产的技术手段；
- 全面质量管理（TQM），它是保证产品质量、树立企业形象和达到无缺陷目标的主要措施。

精益生产体系结构如图 11-1 所示。

1. 精益生产的基本目标

1）零库存

存在大量库存的生产系统会掩盖系统中各种管理问题：设备故障造成的停机，加工质量造成的废品或返修，计划不周造成的生产脱节等。表面上生产在均衡进行，实际上整个生产系统可能已千疮百孔，更可怕的是，如果对生产系统的各种问题熟视无睹，长此以往，紧迫感和进取心将丧失殆尽。因此，JIT 认为库存是“万恶之源”，是生产系统设计不合理、生产过程不协调、生产操作不良的证明，并提出“向零库存进军的口号”。

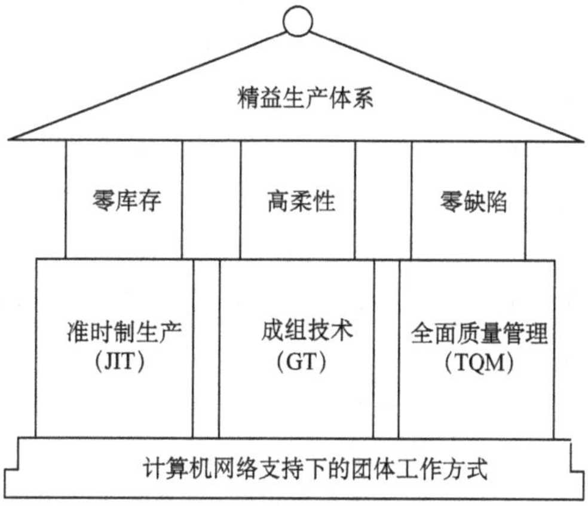

图 11-1 精益生产体系结构

2）高柔性

高柔性是指企业的生产组织形式灵活多变，能适应市场需求多样化的要求，及时组织多品种生产，以提高企业的竞争能力。面对市场多变化这一新问题，精益生产方式必须以高柔性为目标，实现高柔性与高生产率的统一，精益生产必须在组织、劳动力、设备三方面表现出较高的柔性。

（1）组织柔性：在精益生产方式中，决策权力是分散下放的，而不是集中在指挥链上，它不采用以职能部门为基础的静态组织结构，而是采用以项目小组为基础的动态组织结构。

（2）劳动力柔性：市场需求波动时，要求劳动力也要作相应调整。精益生产方式的劳动力是具有多面手技能的多能工，在需求发生变化时，可通过适当调整操作人员的操作来适应短期的变化。

(3) 设备柔性：与刚性自动化的工序分散、固定节拍和流水生产的特征相反，精益生产采用适度的柔性自动化技术（数控机床与多功能的普通机床并存）。一方面，由于工序相对集中，没有固定节拍以及物料的非顺序输送的生产组织方式，使精益生产在中小批量生产的条件下，接近大批量生产方式。另一方面，由于刚性自动化所达到的高效率和低成本，使精益生产同时具有刚性自动化所没有的灵活性。

3) 零缺陷

传统的生产管理很少提出无缺陷的目标，一般企业只提出可允许的不合格百分比和可接受的质量水平。它们的基本假设是：不合格品达到一定数量是不可避免的。而精益生产的目标是消除各种引起不合格品的原因，在加工过程中每一工序都要求达到最高水平。

2. 精益生产体系的支柱

1) 准时制生产（JIT）

(1) JIT 的概念。

JIT（Just In Time）本来表达的含义是："在需要的时候，按需要的量生产所需的产品"。当今的时代已经从"只要生产得出来就卖得出去"进入了一个"只能生产能够卖得出去的产品"的时代。对于企业来说，各种产品的产量必须能够灵活地适应市场需求量的变化，否则，由于生产过剩会引起人员、设备、库存费用等一系列的浪费。而避免这些浪费的手段就是实施准时生产，只在市场需要的时候生产市场需要的产品。JIT 是实现零库存目标，彻底杜绝浪费的有效手段。它以准时生产为出发点，首先暴露出生产过量的浪费，进而暴露出其他方面的浪费（如设备布局不当、人员过多等），然后对设备、人员等资源进行调整。如此不断循环，使成本不断降低，计划和控制水平也随之不断简化与提高。

(2) JIT 的优点。

JIT 生产管理方式与传统生产管理方式相比，具有以下优点：

- 无滞留。由于生产过程中各工序的操作者都按同步的节拍操作，生产进度不是按传统方式下以最慢的节奏控制，而是受"拉动"控制，使生产速度能保持在平均速度上。当某道工序结束时，整个生产同步进入下道工序，在生产过程中无滞留时间。
- 无积压。生产过程实现同步化，不仅上下道工序在时间上衔接紧凑，在空间上也减少了在制品的库存与积压，节省了费用与生产空间。
- 提高了操作者的积极性。由于是按照一个统一的原则对整个生产系统进行管理，就增加了操作者的集体感。当操作者处在这样一种集体行动中，会产生相互激励的精神，其生产积极性就会得到提高。
- 有利于生产管理功能的整体优化。JIT 不仅考虑局部生产的同步化，而且考虑整个企业生产的同步化问题。它克服了传统方法中质量管理、设备维修和技术工艺管理相脱节的弊端，形成个人、班组、工序、车间乃至全厂层层配套的管理网络系统。

（3）拉式生产。

① 拉式生产原理。JIT 生产方式采用的是拉式生产方式。与推式生产相反，拉式生产是从市场需求出发，由市场需求信息决定产品组装，再由产品组装拉动零部件加工。每道工序或每个车间都按照当时的需求向前一道工序或上游车间提出需求，发出工作指令，上游工序或车间完全按照这些指令进行生产。这时物流和信息流是结合在一起的，整个过程相当于从后工序向前工序拉动，故这种生产方式被称为拉式生产。图 11-2 为拉式生产的物流和信息流。从图可以看出，生产计划部门只指定最终产品计划，计划下达到最后车间或工序，其他车间或工序按照下游车间或后工序的指令来确定生产。

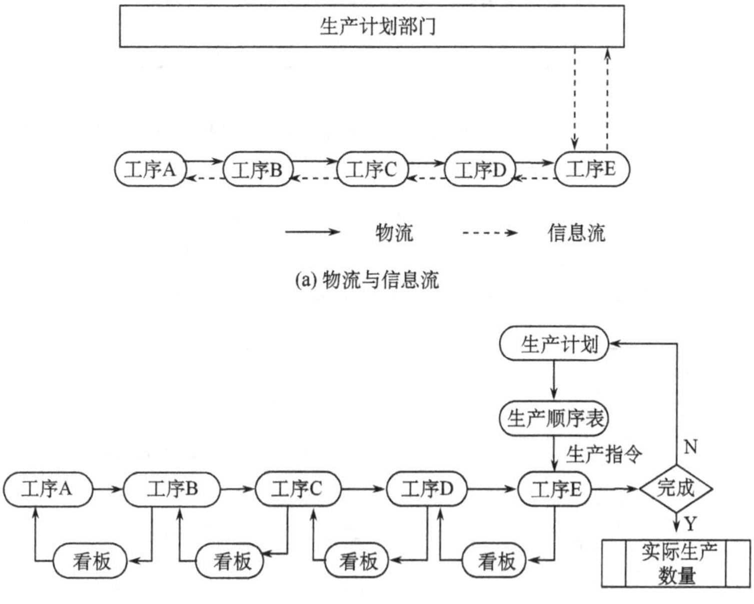

(a) 物流与信息流

(b) 生产指令传递

图 11-2　拉式生产物流与信息流程图

在拉式生产计划中，由于只将生产计划下达到最后一道工序，使得计划的制订与控制变得更加简单，但增加了操作过程中生产单元之间的协调难度。为了能更有效地实施拉式生产计划，早期的精益生产先驱发明了“看板”（Kanban）这一简单的工具，依靠看板作为信息传递的载体，在各工序、车间、协作厂之间传递生产指令或搬运指令。

② 拉式生产分析。按照拉式生产的原则，每道工序都按下道工序的要求，在适当的时间，按需要的品种与数量进行生产，就不会出现计划产量和实际产量不符的现象了，也就不用出现中间库存。拉式生产系统可以真正实现按需生产。因此，精益生产采用拉式生产系统，生产指令由最后一道工序开始，在需要的时候依次向前传递，也就使得准时化生产成为可能。特别是在采用看板这种管理工具之后，看板就成为精益生产方式中最为显著的管理工具，在保证适时适量生产中起着至关重要的连接作用。

（4）JIT 与看板管理。

在实现 JIT 生产中最重要的管理工具是看板，看板是用来控制生产现场的生产排程工具。具体而言，是一张卡片，卡片的形式随不同的企业而有差别。看板上的信息通常包括：

零件号码、产品名称、制造编号、容器形式、容器容量、看板编号、移送地点和零件外观等。

① 看板的类型。表 11-1 所示为看板的分类表。

表 11-1　看板类型

序号	分类方法	大类	子类
1	按用途	生产指示看板	工序内看板、三角看板
		领取看板	工序间领取看板、材料领取看板、外协领取看板
		特殊用途看板	特急看板、临时看板、接受订货生产看板、连续看板、公用看板、标签
2	按形式	一般形式看板	卡片
		特殊形式看板	彩色乒乓球、容器、方格标识、信号灯、电子看板等

看板按用途可以划分为生产指示看板、领取看板、特殊用途看板，其中，生产指示看板可分为工序内看板和三角看板，领取看板可分为工序间领用看板、材料领取看板和外协领取看板；按形式可以划分为一般形式看板和特殊形式看板。一般形式看板为卡片；特殊形式看板为彩色乒乓球、容器、方格标识、信号灯等只要能表示生产和搬运信息的任何形式。特殊用途看板和特殊形式看板统称为特殊看板。图 11-3 为两种常用典型看板。

<table>
<tr><td colspan="4">工序内看板</td></tr>
<tr><td>零件号</td><td colspan="3">TT458532</td></tr>
<tr><td>前工序</td><td>成型</td><td>后工序</td><td>组装</td></tr>
<tr><td>收容数</td><td>5</td><td>看板发行张数</td><td>6</td></tr>
<tr><td>看板编号</td><td>4065</td><td>安全库存</td><td>3</td></tr>
<tr><td>车型</td><td>26-55KA</td><td>储位</td><td>M88</td></tr>
</table>

(a) 工序内看板

<table>
<tr><td colspan="2">工序间领取看板</td><td>发型数</td><td>12</td><td>看板代号</td><td>2012</td></tr>
<tr><td rowspan="2">品名</td><td colspan="3" rowspan="2">21-3156HTST</td><td>前工序</td><td></td></tr>
<tr><td>储位</td><td></td></tr>
<tr><td>箱容数</td><td>V18</td><td>交货期限</td><td>1:1:1</td><td>后工序</td><td></td></tr>
<tr><td>备注</td><td></td><td></td><td></td><td>储位</td><td>M120</td></tr>
</table>

(b) 工序间领取看板

图 11-3　两种典型看板

② 看板的功能如下。

- 生产以及运送的工作指令。看板中记载着生产量、时间、方法、顺序以及运送量、运送时间、运送目的地、放置场所、搬运工具等信息，从装配工序逐次向前工序追溯，在装配线将所使用的零部件上所带的看板取下，以此再去前工序领取。“后工序领取”以及“JIT 生产”就是这样通过看板来实现的。
- 防止过量生产和过量运送。看板必须按照既定的运用规则来使用。其中一条规则是：“没有看板不能生产，也不能运送。”根据这一规则，看板数量减少，则生产量也相应减少。由于看板所表示的只是必要的量，因此通过看板的运用能够做到自动防止过量生产以及适量运送。
- 进行“目视管理”的工具。看板的另一条运用规则是：“看板必须在实物上存放”，“前工序按照看板取下的顺序进行生产”。根据这一规则，作业现场的管理人员对生产的优先顺序能够一目了然，易于管理。通过看板就可知道后工序的作业进展情况、库存情况等。

- 改善的工具。在 JIT 生产方式中，通过不断减少看板数量来减少在制品的中间储存。在一般情况下，如果在制品库存较高，即使设备出现故障，不良品数目增加也不会影响到后道工序的生产，所以容易把这些问题掩盖起来。而且即使有人员过剩，也不易察觉。根据看板的运用规则之一“不能把不良品送往后工序”，后工序所需得不到满足，就会造成全线停工，由此可立即使问题暴露，从而必须立即采取改善措施来解决问题。这样通过改善活动不仅使问题得到了解决。也使生产线的“体质”不断增强，带来了生产率的提高。JIT 生产方式的目标是要最终实现无储存生产系统，而看板提供了一个朝着这个方向迈进的工具。

③ 看板管理的五大原则如下。

- 后工序只有在必要时，才向前工序领取必要数量的零部件：需要彻底改变现有流程和方法。
- 前工序应该只生产足够的数量，以补充被后工序领取的零件：在前两条原则下，生产系统自然结合为输送带式系统，生产时间达到平衡。
- 不良品不送往后工序：后工序没有库存，后工序一旦发现次品必须停止生产，找到此品送回前工序。
- 看板的使用数目应该尽量减小：看板的数量代表零件的最大库存量。
- 应该使用看板以适应小幅度需求变动：计划的变更根据市场的需求和生产的紧急状况，依照看板取下的数目自然产生。

④ 看板与 JIT 的关系。看板管理可以说是 JIT 生产方式中最独特的部分，因此有人将 JIT 生产方式称为“看板方式”。但是严格地讲，这种概念也不正确。日本筑波大学的门田安弘教授曾指出：“丰田生产方式是一个完整的生产技术综合体，而看板管理仅仅是实现准时化生产的工具之一。把看板管理等同于丰田生产方式是一种非常错误的认识。”

因为如前所述，JIT 生产方式的本质，是一种生产管理技术，而看板只不过是一种管理工具。决不能把 JIT 生产方式与看板方式等同起来。看板只有在工序一体化、生产均衡化、生产同步化的前提下，才有可能运用。如果错误地认为 JIT 生产方式就是看板方式，不对现有的生产管理方法作任何变动就单纯地引进看板方式的话，是不会起到任何作用的。因此，在引进 JIT 生产方式以及看板方式时，最重要的是对现存的生产系统进行全面改组。

2）成组技术（GT）

成组技术是指以零件结构和工艺相似性为基础，通过利用成组技术的分类编码系统，对产品中的零部件进行分类编码，可以使生产批量得以扩大，提高生产柔性，为多品种小批量的生产类型组织高效率生产打下良好的基础。在成组加工的基础上，精益生产的理念可以得到最大限度的实现。图 11-4 为成组技术示意图。

3）全面质量管理（TQM）

精益生产在贯彻 TQM 时，在产品质量形成的源头即设计阶段就消除缺陷源，把质量管理重点从产品事后检验转为过程控制，从管结果转变到管原因。企业的全体人员都参与质量管理，将不合格产品及发生的原因消灭在萌芽状态，并且坚持每到工序 100% 检验，通过全面质量管理实现“零缺陷”的控制。此外，LP 的全面质量管理不仅是产品合格，还要不断提出新的改进方案。

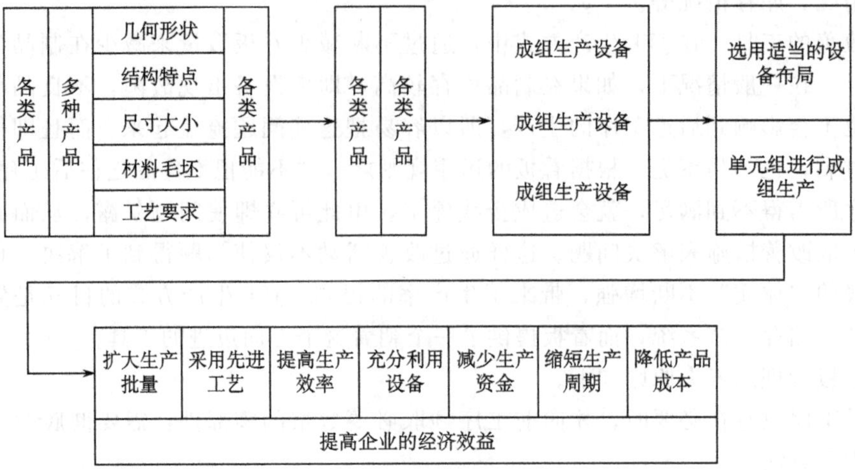

图 11-4 成组技术示意图

11.1.3 精益生产和传统生产方式比较

精益生产方式与传统生产方式相比，从考虑问题的层次、范围、角度和具体的做法方面都有很大的区别，具体如表 11-2 所示。

表 11-2 LP 与传统生产方式的比较

比较内容	大批量生产	精益生产
优化范围	强调市场导向，优化资源配置，每个企业以财务关系为界限，优化自身的内部管理。而相关企业，无论是供应商还是经销商，则以对手相对待	以产品生产工序为线索，组织密切相关的供应链，一方面降低企业协作中的交易成本，另一方面保证稳定需求与及时供应，以整个大生产系统为优化目标
对库存的态度	强调“库存是必要的恶物”	强调“库存是万恶之源”
业务控制观	用人制度基于双方的“雇佣”关系，业务管理中强调达到个人工作高效的分工原则，并以严格的业务稽核来促进与保证，同时稽核工作还防止个人工作对企业产生的负效应	在专业分工时强调相互协作及业务流程的精简(包括不必要的核实工作)——消灭业务中的“浪费”
质量观	将一定量的次品看成生产中的必然结果	基于组织的分权与人的协作观点，认为让生产者自身保证产品质量的绝对可靠是可行的，且不牺牲生产的连续性。其核心思想是，导致这种概率性的质量问题产生的原因本身并非概率性的，通过消除产生质量问题的生产环节来“消除一切次品所带来的浪费”，追求零不良
对人的态度	强调管理中的严格层次关系。对员工的要求在于严格完成上级下达的任务，人被看做附属于岗位的“设备”	强调个人对生产过程的干预，尽力发挥人的能动性，同时强调协调，对员工个人的评价也是基于长期的表现。这种方法更多地将员工视为企业团体的成员，而非机器。充分发挥基层的主观能动性

11.2 约束理论

约束理论（Theory of Constraints，TOC）正视瓶颈的存在，并且立足瓶颈持续改善，使瓶颈产能最大化从而使系统有效产出（Throughput，TP）最大化的生产管理技术。TOC 同时也是辨识系统核心问题，并持续提升系统限制的生产管理哲学，现在已经发展为系统解决问题的一套创新思维流程（Thinking Process）。因此，TOC 不仅是一种全新的管理理念，而且也是一种独特的哲学思想，并且形成了一套创新的思维方式。

11.2.1 约束理论概述

TOC 由以色列物理学家 Eliyahu M. Goldratt 博士于 20 世纪 80 年代创立，前身为最优生产时间表（Optimized Production Timetable），80 年代改称为最优生产技术（Optimized Production Technology，OPT），后又被美国生产及库存管理协会（APICS）称为约束管理（Constraint Management，CM）或同步管理（Synchronous Management）。在中国常常被翻译为瓶颈管理、限制理论、制约法、制约因素，其与短板理论、木桶理论、链条理论等一脉相承。

TOC 组成如图 11-5 所示。TOC 由运作策略工具集、性能测量指标体系和思维流程工具集三部分组成。

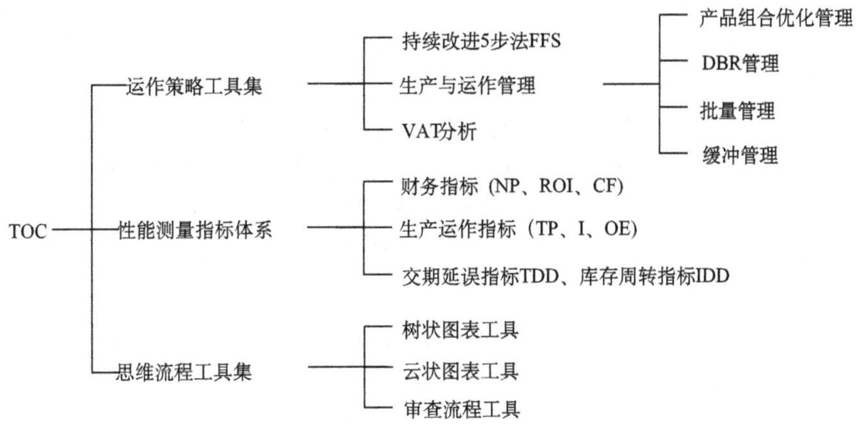

图 11-5　TOC 组成

TOC 的管理思想是首先抓“重中之重”，使最严重的制约因素凸现出来，从技术上消除了“避重就轻”、“一刀切”等管理弊病发生的可能，避免了管理者陷入大量的事务处理当中而不能自拔的情形。但是瓶颈并非一成不变，随着环境的变化，如实际生产过程中出现机器故障、急件、临时插单、刀具破损、物料短缺、工艺路线更改、交货期变动、人员缺勤等随机扰动，都有可能使瓶颈发生飘移。对瓶颈的持续改善，短期的效果是“抓大放小”，长期的效果是大小问题齐抓共管，使企业的整体管理水平持续得到提高。

TOC 虽然产生时间不长，但其研究、应用迅速升温，且已推广到不同的应用领域，如项目管理、成本控制、供应链等。

(1) TOC 引用到项目管理中，用关键链（Critical Chain CC）代替 PERT/CPM (Program Evaluation and Review Technique/Critical Path Method) 中的关键路径，实现项目的计划与控制。

(2) TOC 质疑成本会计是生产问题的根源，提出新的运作指标，将面向成本（Cost World Orientation）的会计改变为面向有效产出（Throughput World Orientation）的会计，逐渐发展为有效产出会计（Throughput Accounting，TA）。

(3) TOC 将任何系统都看作环环相扣的链条，链条最薄弱的一环决定系统的有效产出，TOC 将此应用推广到供应链中，将各节点企业作为链条上的环节，进行供应链优化分析、设计、实施。基于 TOC 发展起来的高级计划与排产（Advanced Planning and Scheduling，APS）是供应链的重要工具。

11.2.2 TOC 运作指标

TOC 认为企业的真正目标只有一个，即在现在和将来都能赚钱。而传统财务评价指标，如净利润（Net Profit，NP）、投资收益率（Return of Investment，ROI）、现金流量（Cash Flow，CF）等存在的决策滞延性、强调局部最优、无法直接指导生产等不足。TOC 质疑成本会计是生产问题产生的根源，提出新的运作指标体系：

(1) 有效产出（Throughput，TP）单位时间内生产产品并且实现了销售而获得的利润，是衡量企业在单位时间内能够出产、销售产品而最终获利能力的指标。在数学计算中，有效产出率等于单位时间内实现的销售收入减去取得相应收入而发生的销售成本。TOC 区别产出品和卖出品，生产出来但未销售出去的产品只能是库存。

(2) 库存（Inventory，I）是一切暂时不用的资源，不仅包括为满足未来需要而准备的原材料、加工过程中的在制品和一时不用的零部件、未销售的产成品以及扣除折旧后的固定资产。库存占用了资金，产生了机会成本及一系列维持库存所需的费用。

(3) 运行费（Operating Expenses，OE）将库存转化为有效产出过程中的一切花费，包括所有的直接费用和间接费用。

TOC 认为企业要实现赚钱的目标，必须在增加产销率的同时，减少库存和运行费。

TOC 将面向成本（Cost World Orientation）的会计，改变为面向有效产出（Throughput World Orientation）的会计，称为产出会计（Throughput Accounting，TA）。TA 运作指标从企业的整体来评价系统改进的效果，把战略目标和系统的实际运作方式很好地结合起来，在使系统总目标最大化的前提下，为企业提供具体的运作决策信息，不但克服了财务指标上述的不足，而且可以和财务指标进行相互转换。

TOC 作业指标与 NP、ROI、CF 的关系为（表 11-3）：

$$NP = T - OE; ROI = (T - OE) / I$$

式中，T 表示销售收入。

表 11-3 作业指标与财务指标的关系

TP	I	OE	NP	ROI	CF
↑	→	→	↑	↑	↑
→	→	↓	↑	↑	↑
→	↓	→	→	↑	↑

注：↑表示增加，↓表示减少，→表示不变。

通常，I 降低可以导致 OE 减少。而 OE 减少，将导致 NP、ROI 和 CF 增加，从而使企业赚钱。但是，通过降低 I 来减少 OE 的作用是随着 I 降低的程度而减弱的。当 I 较高时，减少 I 可以明显减少维持库存费，从而减少 OE。然而，当库存降低到一个较低水平时，再继续降低 I，则对减少 OE 作用不大。因为极限的情况下，也只能把库存和运行费减少到 0，因此要想通过减少库存和运行费来实现多赚钱的目标是有限度的，而通过增加有效产出来增加利润却有着无限的可能。当然，降低库存是有限的并不否认不降低库存，因为降低库存对缩短制造周期、提高企业竞争力具有重要影响。作业指标、财务指标与制造周期的关系如图 11-6 所示。

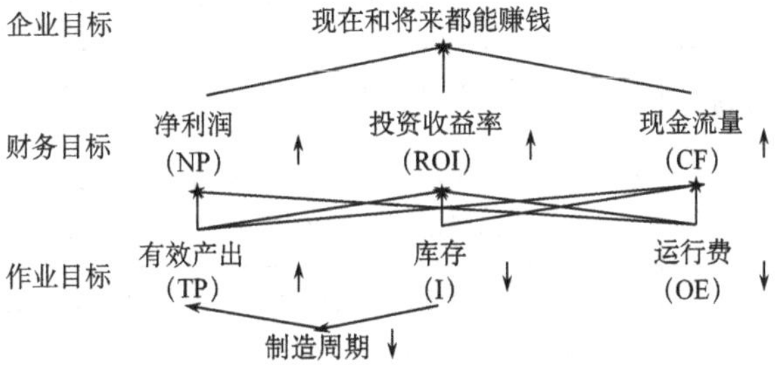

图 11-6 作业指标、财务指标与制造周期的关系

11.2.3 计划与控制系统：DBR

TOC 通过鼓-缓冲-绳子（Drum-Buffer-Rope，DBR）实现生产计划与控制，如图 11-7 所示。DBR 体现了持续提升 FFS 的前三步，通过对瓶颈环节的有效控制，其余环节相继与瓶颈环节同步，寻求顾客需求与企业生产能力的最佳配合，达到物流平衡、准时交货和有效产出最大化的目标。

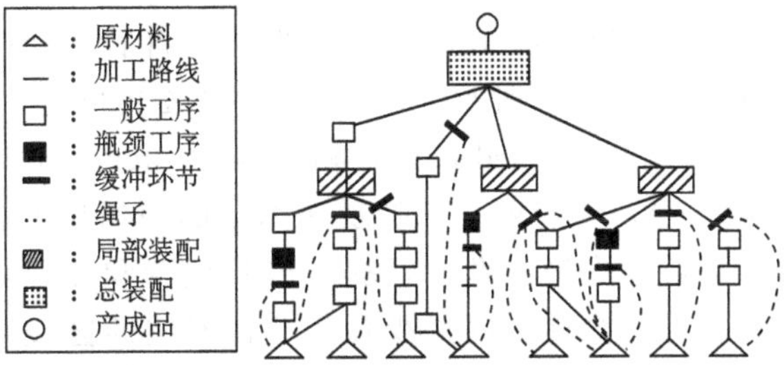

图 11-7 鼓-缓冲器-绳子模型

TOC 计划与控制实施主要包括以下的步骤：

① 把资源及资源利用等信息通过工艺规程全部关联起来，构建生产网络；

② 在生产网络的基础上，辨识系统瓶颈；

③ 以瓶颈为基准，把生产网络划分为瓶颈资源网络和非瓶颈资源网络；

④ 对瓶颈资源的任务按照工艺顺序约束、瓶颈产能约束、交货期、优先调度规则等进行排序；

⑤ 在关键点设置缓冲保护，确保系统的有效产出不受任何影响；

⑥ 设置绳子，确定物料投放计划，控制非瓶颈与瓶颈生产同步；

⑦ 根据瓶颈所设定的生产节奏安排其他环节的生产。

DBR 各要素的目标与作用如表 11-4 所示。

表 11-4　DBR 各要素目标及作用

要素	目标	作　用
鼓（Drum，D）	瓶颈资源利用最高，有效产出最大	（1）敲哪个鼓：标识系统管理、改进的重心 （2）敲的次序：即瓶颈调度，反映系统对瓶颈的利用程度 （3）敲的快慢：即生产节奏，用来控制有效产出，并与非瓶颈配合控制库存
缓冲（Buffer，B）	降低因生产波动而影响系统有效产出的可能性	（1）瓶颈处与非瓶颈处生产波动的减震器（Stock Absorbers），以保护瓶颈调度 （2）保持物流平衡，保持合理的库存水平，防止瓶颈前库存短缺（停工、待料、产品质量、设备故障）以及库存超储或瓶颈库存超量生产
绳子（Rope，R）	库存最小	（1）物料投放机制，不仅传递生产节奏（Drum Schedule），而且控制投料节奏（Rope Schedule） （2）工序间协调、控制机制，控制非瓶颈生产加工，控制在制品库存，实现同步制造

为配合 DBR 的使用和现场管理，TOC 提出了缓冲管理（Buffer Management，BM），它是 DBR 必不可少的组成部分。BM 是生产控制的诊断工具，是瓶颈调度执行受阻的报警系统、提前期的控制工具、最应优先改进环节的指示工具。

缓冲模型如图 11-8 所示，产出链上共有四种作业：瓶颈作业 M、M 之前的加工作业、M 之后的加工作业、要与 M 装配的零部件的之前加工作业。相应地，存在三种形式的缓冲：产能受限资源缓冲（Capacity Constraint Resources Buffer）、装配缓冲（Assembly Buffer）和发货缓冲（Shipping Buffer），以保证投料后生产按鼓的节奏及时到达瓶颈、及时通过瓶颈进行装配、及时交货。每个缓冲区又可分为三个区段：赶工区（Expediting Zone）、警示区（Mentioned Zone）和忽略区（Ignored Zone）。缓冲区中尚未到达的零部件为空洞（Hole），空洞可以反映现场加工的顺畅程度、订单是否及时交货以及时间缓冲大小设置是否适当等问题。根据空洞的位置和多少，可以确立亟须改进的环节，进而主动采取适当的措施，以最少投入（仅对缓冲区域）即可获得最大的现场管理效果。

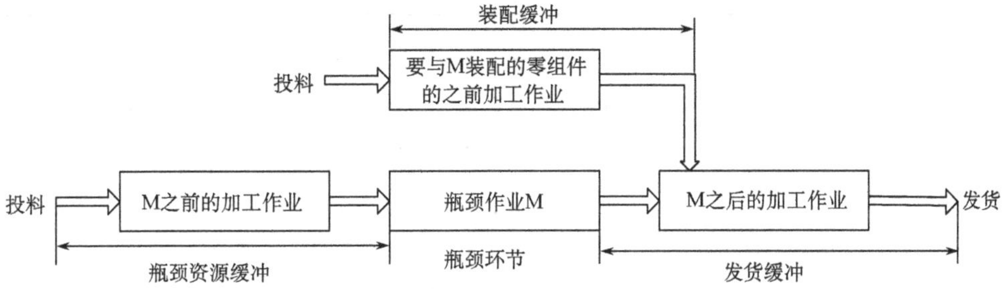

图 11-8 缓冲模型

设置缓冲时需考虑“时间缓冲（Time Buffer)”和“库存缓冲”。“时间缓冲”是将所需的物料比计划提前一段时间提交，以防随机波动。设置缓冲时，要保证瓶颈资源上产出率相对较快的工件在加工过程中不致因为在制品少而停工。另外应考虑加工过程中出现的波动：如约束资源上的实际产出率比原来估计的要快，或者约束资源前的加工工序的产出率比原来估计的要慢，或者出现次品。前道工序的机器是否出现故障。在设置“时间缓冲”时一般要设置一定的安全库存。最后还要考虑在制品库存费用、成品库存费用、加工费用和各种人工费用。要在保证约束资源上加工持续的情况下，使整个加工过程的总费用最小。

11.2.4 TOC 的五大核心步骤与思维流程

TOC 重视瓶颈的重要作用，强调一切活动必须立足瓶颈并首要满足瓶颈的限制，保证瓶颈的充分利用和瓶颈的持续改善。针对瓶颈，TOC 发展了持续改进五步法（Five Focusing Steps，FFS)，其步骤为：

① 辨识（Identify）系统瓶颈；

② 充分利用（Exploit）瓶颈；

③ 非瓶颈配合（Subordinate）瓶颈；

④ 提升（Elevate）瓶颈；

⑤ 打破（Break or eliminate）瓶颈，辨识新的瓶颈，克服惰性（Inertia)，循环（Repeat）FFS，以持续提升。

这五大核心步骤可以让人们有能力以逻辑和系统的方式回答任何想作持续改善时必会问的三个问题：

（1）要改进什么？(What to change?)

（2）要改进成什么？(What to change to?)

（3）怎样使改进得以实现？(How to cause the change?)

TOC 严格按照因果逻辑，提供了一系列技术和工具的思维流程（Thinking Process，TP)，如表 11-5 所示。

表 11-5 TOC 的思维流程

问　题	目　的	TP 工具
改进什么 What to change	辨识系统的核心问题	当前现实树（Current Reality Tree，CRT）
改成什么 What to change to	形成简单、实用的解决方案	消雾法（Evaporating Cloud，EC） 未来现实树（Future Reality Tree，FRT） 负效应枝节（Negative Branches）
怎样实现改进 How to cause the change	实现这些方案	必备树（Prerequisite Tree） 转变树（Transition Tree）

其中当前现实树、未来现实树、负效应枝条、转变树为描述因果关系（或充分条件）的技术工具，消雾法、必备树为描述必然性（或必要条件）的技术工具。

11.2.5 TOC 与其他生产计划与控制方法比较

根据 Byme 的定义，当代有三个最基本的生产计划与控制方法：MRP、JIT 和 TOC，且每个都在工业界有着广泛的应用。MRP/MRPⅡ、JIT/Kanban、TOC /OPT 三者进行分析与比较如表 11-6 所示。

表 11-6 MRP/MRP Ⅱ、JIT、TOC 计划管理与控制比较

项目	MRP/MRP Ⅱ	JIT	TOC
管理方式	以信息管理为基础、集权式信息管理	以经营环境为基础、分权式自主管理	以系统思考程序为基础、瓶颈处集权管理，非瓶颈处分权管理
系统类型	推式系统。接受制造的变量为被动式（Passive）	拉式系统。寻求改善变数为主动性（Active）	瓶颈之前拉式系统、瓶颈之后推式系统。确认核心问题
追求目标	追求预测的准确，整合系统带动改善，有效合理地利用资源，改善计划，压缩库存	杜绝浪费，追求零库存及持续改善与尽善尽美，加快流通率	提升系统限制，仅需对瓶颈站进行改善，增加产销率、降低库存和运营费
系统假设	固定的提前期、无限的生产能力；计划足以应对变化，生产运作顺畅与否与规划好坏关系很大；完全可以通过能力平衡的循环调整达到需求与实际的吻合	通过以人、企业间的协作等措施可以保证生产的稳定；交货点是系统的关键点，一切计划从最后一道工序开始；通过零库存、降低成本做法得到利润	生产波动的绝对性；瓶颈存在的绝对性；瓶颈是系统的制约点；追求物流平衡；减少库存、降低成本对获利作用有限，增加产销率却有无限可能；批量的动态制定
提前期	事先设定。推式计划编排的产物，计划编制的前提。人为控制一定提前期，保证安全生产	不利因素，必须压缩至最短。拉式计划编排无需有此要求	是批量、优先权、生产能力等因素的函数，随生产动态变化。是计划编制产生的结果
计划控制重点	重视企业资源的合理运用及企业生产的主导作用。全盘重视，生成所有零部件的所有计划	重视交货点，控制交货服务水平。按需准时适量生产，保证生产的同步化和均衡化	以瓶颈为核心，抓“重中之重”，保证瓶颈产出的最大化及物料平衡和生产节奏的同步

续表

项目	MRP/MRP Ⅱ	JIT	TOC
工序计划对象	每道工序。计算负担重，仅实现了生产过程开始时的控制，无法实现对生产过程中的监控	最后一道工序。非真正瓶颈抢占系统有限资源，未把有限资源用在最需改善的环节上	瓶颈工序。计划的依赖点是随着实际约束的变化而动态变化，把有限的资源用在最需要改善的环节上
工序计划展开方式	按照预先设定的提前期，采用无限能力计划法，集中展开对各级生产单元以及供应单元的生产与供应指令	采用看板管理方式，按照无限能力排产法，逐道工序地倒序传递生产中的取货指令和生产指令	以瓶颈环节为基准，把瓶颈环节之前、之间、之后的工序分别按拉动、工艺顺序、推动的方式排定，并保证投料节奏和瓶颈生产节奏同步
能力平衡方式	提供粗能力 RCCP 和细能力 CRP 两级能力平衡方式，经过先排计划，再依据经验进行调整，直至满意的反复循环调整，实现生产能力的相对平衡	企业以密切协作的方式保持需求的适当稳定并以高柔性的生产设备来保证生产线上能力的相对平衡。总体能力平衡作为长期规划来处理	承认能力不平衡的绝对性，直接利用瓶颈的能力限制，依据订单优先级修正负荷。系统整体能力的提升是通过持续改善企业链条上最薄弱的环节来实现
剩余能力处理	尽量物尽其用，追求资源合理利用和经济有效，采用一定经济批量和规模，注重设备的高利用率	在消除浪费、降低成本的思想指导下，通常会消减剩余能力，削弱企业在市场上的竞争力	非瓶颈资源的利用（Utilization）应小于其活力（Activation），利用率不应达到100%，允许其资源闲置
生产波动对策	通过保守的提前期、大量的库存、尽可能周密的计划集中安排各环节的人、物等资源以及生产加工，以应对生产波动	通过人员、企业等相互协作，结合看板管理和全面质量管理等，维持零库存下生产能力的相对平衡	承认波动存在的绝对性，并采取 DBR 法来应对生产的波动。通过对瓶颈的持续改善提高整体的能力
工序间出现问题的后果	工序间缺乏动态协调机制，每道工序都严格按照既定计划进行生产，某工序出现问题时导致工序间产量不平衡、在制品库存增加、生产混乱等情况	缺乏中长期计划的指导，某工序出现问题时，前置所有工序处于松弛状态；问题解决后，此前置所有工序都将处于瓶颈的尴尬境地	一旦某道工序加工成为影响系统产出的限制，此工序（或设备）立刻会成为系统新的瓶颈，随之整个生产节奏将会随之发生改变，重新建立一个新的生产物流平衡系统
管理人员现场控制	生产出现问题反映不敏感，解决时往往是物料阻塞已相当严重的时候。注重事前规划，易使管理人员产生惰性，不利于持续改善	生产出现问题反映较敏感，易及时处理。重视现场控制是强调能力平衡的结果。消除一切浪费促使管理人员持续改进	生产出现问题反映敏感，能及时被管理人员发现。瓶颈的漂移和 TOC 自身机制保证了管理的持续改进
系统改进策略	通过问题的被动暴露，经过“加工—问题堆积—解决问题—加工”的循环过程完成改进	通过库存的降低来试探问题的根源，经过“降低库存—暴露问题—解决问题—降低库存”的循环过程完成持续改进	直接找出系统的制约因素，经过“识别瓶颈—瓶颈产出率最大化—打破瓶颈”的循环过程完成持续改进

续表

项目	MRP/MRP Ⅱ	JIT	TOC
订单处理能力	系统产出数量和实际需求数量往往不一致，无法提供准确的订单交货服务信息；不能很好地处理订单选择和执行客户订单驱动	系统产出数量和实际需求数量一致，可以严格保证交货服务水平	订单承诺分析 ATP 提供交货期、订单优先级等信息；订单接收能力分析 CTP 提供接单能否按时完成等信息
计划控制	重视计划，计划与控制分离。编排计划不考虑能力平衡，如果能力不满足再调整计划，计划被动适应现场实际，计划频繁变动使其权威性不高；生产控制滞后于生产实际发生，进行控制时又忽略计划的要求。生成计划时一下全下，计划调整时一改全改	重视现场控制，缺乏中长期计划指导。前道工序一味地盲目跟进和被动顺应后道工序的要求，使整个环节加工情况时好时坏；生产监控始终贯穿于整个生产过程，但生产控制只是被动跟随	计划与控制并重，计划与控制集成一体化。编制计划时考虑了生产中的实际约束，对预控制问题（瓶颈）提前进行了计划；生产统计信息自动反馈到系统中，系统重新判定新的瓶颈，再依据新的瓶颈制订新的生产计划，形成管理控制的闭环
物料需求与采购	采购与供应系统主要根据由计划系统下达的物料需求指令进行采购决策，并负责完成与供应商之间的联系与交易。主要考虑如何保证供应的同时降低费用	将采购与物料供应视为生产链的延伸部分，即为看板管理向企业外传递需求的部分。根据需求组织生产，保证生产链的紧密衔接	物料采购提前期不事先固定，由批量、能力等共同决定，物料的供应与投放则按照一个详细作业计划来实现，即通过“绳子”来同步
物料投放控制	采用计划详细安排各级各个零部件的物料投放计划。因为提前期的不准造成在制品库存积压严重、物料投放更早的恶性循环	采用“看板”控制各个工序具体的物料投放时间、地点、数量等。在需要的时间、地点投放需要数量的物料	采用“绳子”协调各个工序间的物料投放计划，保证整个生产系统物流的平衡，使生产既不出现短缺也不出现超储
库存控制方式	一般设有各级库存，强调对库存管理的明细化、准确化。库存执行的依据是计划与业务系统产生的加工领料单、加工入库单等	生产过程中一般不设在制品库存，前道工序按被取走零部件的数量组织生产进行物料补充，所以库存量较少	合理设置“时间缓冲”和“库存缓冲”，以防止随机波动；通过设定不同的加工批量和运输批量来限制库存的积压
库存	一种资产，用来预防预测的误差、机床的故障、供货商拖期交货等，控制适量的库存。因工序间产量的不平衡、提前期有裕度、订单过早进入车间导致库存量大	一种负债，不利因素，按需准时适量生产，追求零库存。消除库存时未考虑库存对产销率、生产波动、物流平衡等方面的正面影响	瓶颈环节上的库存对生产波动、产销率、物流平衡起积极作用，缓冲区的库存受人为控制；非瓶颈环节上库存是一种可能的限制因素，尽量降低

MRPⅡ适合于宏观调控和长期规划，在企业级发挥着很好的作用，但是其对车间层控制相对薄弱，且其计划与控制相分离，因此，把 MRPⅡ定位在厂级或企业级，负责主生产计划、物料需求计划及各车间零部件的月、周计划。

TOC 擅长于能力管理和现场控制，专注于资源安排，通过瓶颈识别、瓶颈调度，并使其余环节与瓶颈生产同步，保证物流平衡，寻求需求和能力的最佳结合，使系统产销率最大，这是 TOC 的优势所在，也是现今企业缺少的部分。

“瓶颈”的动态漂移及“瓶颈”辨识对任何一个系统都是一个很大的考验，如果把瓶颈识别的范围界定到整个企业，则辨识瓶颈就会增加很大难度。而把瓶颈限制在车间范围内，则通过企业内部自身宏观调控，完全有可能掌控车间层的瓶颈及其漂移。另外，车间层避开了TOC短期优化的不足，进而可以充分利用TOC计划与调度的强大优势，安排作业计划与物料投放计划。而且TOC在编制计划时，并不需要预先设定提前期、批量等参数，一定程度上解决了MRPⅡ在车间层编制计划的尴尬。

因此，把TOC定位在车间级，负责编制车间或工段工序日作业计划与调度，物料投放计划。

JIT擅长于计划执行和成本降低，在降低在制品水平，减少浪费，现场改善等方面具有明显的优势。

但是，JIT一味地强调通过降低成本以获取利润是有限度的，另外，JIT要求能力平衡、需求供应稳定，这对我国企业来讲是一个很高的门槛。

利用TOC理论，在一定时间段建立起来的以瓶颈为核心的、相对稳定的物流平衡系统中，所有非瓶颈资源生产配合瓶颈资源生产，完全满足JIT所要求的生产环境。而且，在上层产生的中长期计划指导下，JIT只在瓶颈需要的时候，按瓶颈需要的数量，生产瓶颈所需的产品，完全可以发挥JIT的按需准时适量的计划执行、生产控制与生产反馈的优势。另外，在上层对产品组合等决策确定以后，生产执行时最大可能降低成本，并不与通过降低成本获取利润有限的观点矛盾，相反，在获取利润一定的前期下，尽可能减少浪费，尤其是瓶颈处的一切浪费，降低成本，将会产生更好的利润，同时体现JIT的思想和发挥JIT的作用。

因此，把JIT定位在生产现场，负责作业计划的执行、生产的控制和现场的反馈等工作。

11.3 大规模定制

大规模定制（MC）是一种在系统整体优化的思想指导下，集企业、顾客、供应商和环境于一体，充分利用企业已有的各种资源，根据顾客的个性化需求，以大量生产的低成本、高质量和高效率提供定制产品和服务的生产模式。

11.3.1 大规模定制的发展与概念

1970年，阿尔文·托夫勒（Alvin Toffler）在《未来的冲击》一书中提出一个设想：以类似于标准化或大量生产的成本和时间，提供满足顾客特定需求的产品和服务。1987年，斯坦·达维斯（Stan Davis）在《完美的未来》一书中将这种生产方式称为大量定制（Mass Customization，MC）。它又称为大批量定制或大规模定制或大规模顾客化生产。1988年，欧洲开始的ESPRIT的扩展未来工厂（Factory Of Future，FOF）研究，主要进行顾客驱动的制造（Customer Driver Manufacturing）方面的基础研究。1993年，约瑟夫·派恩二世（Joseph PineⅡ）在《大量定制——商业竞争的新前线》一书中进行了完整地描述，并将它与大量生产模式进行了比较，从而确定了它的模式概念。

MC的基本思路是基于产品族零部件和产品结构的相似性、通用性，利用标准化模块化等方法降低产品的内部多样性。增加顾客可感知的外部多样性，通过产品和过程重组将产品定制生产转化或部分转化为零部件的批量生产，从而迅速向顾客提供低成本、高质量的定制产品。

11.3.2 大规模定制的特点

21 世纪，大规模定制生产模式的特点可以这样来概括：产品设计模块化、产品制造专业化、生产组织和管理网络化、企业间的合作关系伙伴化。

1）产品设计模块化

产品结构和功能的模块化、通用化和标准化，是企业推陈出新、快速更新产品的基础。模块化产品便于按不同要求快速重组，任何产品的更新换代都不是将原有的产品全部推翻重新设计和制造的。更新一个模块，在主要功能模块中融入新技术，都能使产品登上一个新台阶，甚至成为换代产品，而多数模块是不需要重新设计和制造的。因此，模块化产品的发展已成为制造企业所普遍重视的课题。模块化产品另一个突出的优点在于用户只需更新个别模块即能满足新的要求，不需要重新购买一种新产品。这在自然资源越来越紧张和环境污染越来越严重的今天，无疑是非常重要的。

2）产品制造专业化

在一般机械类产品中，有 70%的功能部件存在着结构和功能的相似性，如果打破行业界线，按成组技术原理（GT 原理）将功能相似的部件和零件分类并集中起来，完全有可能形成足以组织大批量生产的专业化企业的生产批量，这些专业化制造企业承接主干企业开发的产品中各种相似部件、零件的制造任务，并能在成组技术的基础上采用大批量生产模式进行生产。

3）生产组织和管理网络化

通过因特网，系统构建虚拟企业，可实现产品开发、设计、制造、装配、销售和服务的全过程，通过社会供应链管理系统将合作企业连接起来，按大规模定制生产模式实行有效的控制与管理。随着全球制造业的发展，供应链理论已发展成为全球供应链管理理论。通过供应链实现大规模定制生产过程的网络化组织和管理，产品从开发到销售的全过程将得到优化，生产效率的提高和生产成本的降低是不言而喻的。

4）企业间的合作关系伙伴化

在传统的供求关系管理模式下，制造商与供应商之间只保持一般的合同关系，供应链只是制造企业中的一个内部过程，将利用通过合同采购的原材料和零部件进行生产，转换成产品并销售给用户，整个过程均局限于企业内部操作。制造商为了减少对供应商的依赖，彼此间经常讨价还价，这种管理模式的特征是信任度和协作度低，合作期短。但大规模定制生产是以新产品开发，企业与专业化制造企业间的有效合作、互相依存为前提的，构成的网络化虚拟公司的盟主企业与盟员企业间应该能达到双赢的合作关系。

11.3.3 大规模定制模式与大批量生产模式的对比

如表 11-7 所示，大规模定制模式与大批量生产模式的主要区别表现为：多样化和个性化的需求，多元化的细分市场，低成本、高质量、定制化的产品和服务，短产品开发周期，以及短产品生命周期。

表 11-7 大规模定制与大批量生产的比较

要点	大批量生产模式	大规模定制模式
焦点	通过稳定性和控制取得高效率	通过柔性和快速响应来实现多样化和定制化
目标	以几乎人人都能买得起的低价格开发、生产、销售、交付产品和服务	生产、开发、销售、交付买得起的产品和服务，这些产品和服务具有足够的多样性和定制化，几乎人人都能买到自己所想要的产品
关键特征	• 稳定、同一的需求 • 统一的大市场 • 低成本、质量稳定、标准化的产品和服务 • 长的产品开发周期 • 长的产品生命周期	• 多样化和个性化的需求 • 多元化的细分市场 • 低成本、高质量、定制化的产品和服务 • 短的产品开发周期 • 短的产品生命周期
基本原则	• 以工作效率为中心 • 注重低成本和低价格 • 规模经济 • 标准化的产品和可互换的零件 • 流水线 • 专业化程度 • 分层的组织机构和专业管理人员 • 纵向集成	• 以满足客户订单为中心 • 多样化和低成本并重 • 范围经济 • 产品族和产品平台 • 柔性制造和计算机集成制造 • 具有技能和知识的工人 • 扁平的组织机构和授权管理 • 横向集成和综合集成 • 信息技术与网络技术的应用

11.4 绿色制造

绿色制造是一种综合考虑环境影响和资源效率的现代制造模式，其目的是使产品从设计、制造、包装、运输、使用到报废处理的整个生命周期中，对环境的影响（副作用）最小，资源效率最高，即尽可能少用不可再生资源；使环境（尤其是空气和水）的污染最小；能量消耗最少。

11.4.1 绿色制造的发展与概念

绿色制造（Green Manufacturing，GM）又称面向环境的制造（Manufacturing For Environment，MFE）等。绿色制造有关内容的研究可追溯到 20 世纪 80 年代，但比较系统地提出绿色制造的概念、内涵和主要内容的文献是美国制造工程师学会（SME）于 1996 年发表的关于绿色制造的专门蓝皮书 *Green Manufacturing*。1998 年，SME 又在国际互联网上发表了绿色制造的发展趋势的网上主题报告，对绿色制造研究的重要性和有关问题又做了进一步的介绍。

相对于其他制造技术，绿色制造技术具有更广泛的内涵特征，其中包括以下几点：

(1) 绿色制造是三个重要问题领域的交叉。一是制造问题，包括产品生命周期全过程；二是环境保护问题；三是资源优化利用问题。如图 11-9 所示绿色制造是这 3 部分内容的交集。

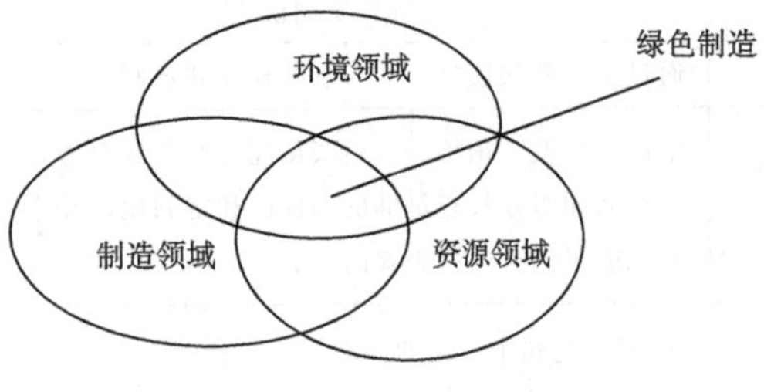

图 11-9 绿色制造的集成

现有制造技术主要考虑了制造问题，及如何降低成本、高质量、快速地为客户提供良好的产品和服务，而忽略了制造过程中所消耗的优先资源问题和环境污染问题，以致导致了目前全球的资源浩劫和生态环境的严重破坏，生态物种不断减少，各种疾病不断出现，危及人类的生存。绿色制造技术是人类对制造业实现可持续发展战略的一种新探索。

(2) 绿色制造强调源头控制的理念。绿色制造区别于一般意义上的环境保护。传统的环境保护措施是防止和治理，即对污染严重的厂矿进行强制性的停产或者高额罚款；或者对已经排放的污染物质进行处理和净化。绿色制造更强调从企业管理和制造技术的层面对制造过程进行创新和变革，以使产品生命周期本身的资源消耗极少化和环境排放物的极少化，从而实现源头控制策略。

(3) 绿色制造外延了产品生命周期的概念。传统的产品生命周期包括产品的设计、制造、装配/包装、运输、分销和使用等阶段，而绿色制造提出了产品全生命周期的概念，进一步考虑了产品原材料采掘、材料制备以及产品报废、回收利用和处理等过程，构成了一个闭环的生命周期。

11.4.2 绿色制造的特点

绿色制造的特点如下：

- 系统性。绿色制造系统与传统制造系统的本质特征区别在于绿色制造系统除保证一般的制造系统功能外，还要保证环境污染最小。
- 突出预防性。GM 是对产品污染的战略，强调以预防为主，通过削减污染源和保证环境安全的回收利用，使废弃物最小化或消失于生产过程中。
- 保持适合性。GM 必须结合企业产品的特点和工艺要求，使 GM 目标结合企业生产经营发展的需要，又不损害生态环境和保持自然资源的潜力。
- 经济性。通过 GM 可节省原材料和能源消耗，降低废弃物处理与处置费用，降低生产成本，增强生产竞争力和国际竞争力。

11.4.3 绿色制造的发展趋势

(1) 全球化——绿色制造的研究和应用中将越来越体现全球化的特征和趋势。

- 制造业对环境的影响往往是超越空间的，人类需要团结起来，保护我们共同拥有的、唯一的地球。
- ISO14000 系列标准陆续出台为绿色制造的全球化研究和应用奠定了基础。
- 随着近年来全球化市场的形成，绿色产品的市场竞争将是全球化的。
- 绿色制造将为我们提高产品绿色性提供技术手段，从而为我国企业消除国际贸易壁垒进入国际市场提供有力的支撑。

(2) 社会化——绿色制造的社会支撑系统需要形成。

绿色制造的研究和实施需要全社会的共同努力和参与，以建立绿色制造所必需的社会支撑系统。

(3) 集成化——将更加注重系统技术和集成技术的研究。

绿色制造涉及产品生命周期全过程，涉及企业生产经营的各个方面，因而是一个复杂的系统工程问题。因此要真正有效实施绿色制造，必须从系统的角度和集成的角度来考虑和研究绿色制造中的有关问题。

(4) 并行化——绿色并行工程将可能成为绿色产品开发的有效模式。

绿色设计今后仍将是绿色制造中的关键技术。绿色设计今后的一个重要趋势就是与并行工程的结合，从而形成一种新的产品设计和开发模式——绿色并行工程。

绿色并行工程涉及一系列关键技术，包括绿色并行工程的系统组织模式、系统支撑平台、绿色设计的数据库和知识库、设计过程的评价技术和方法、绿色并行设计的决策支持系统等。许多技术有待于今后的深入研究。

(5) 智能化——人工智能和智能制造技术将在绿色制造研究中发挥重要作用。

绿色制造的决策目标是将现有制造系统 TQCS 目标体系与环境影响 E 和资源消耗 R 集成，即形成了 TQCSRE 的决策目标体系。要优化这些目标，是一个难以用一般数学方法处理的十分复杂的多目标优化问题，需要用人工智能方法来支撑。另外，绿色产品评估指标体系及评估专家系统，均需要人工智能和智能制造技术。

(6) 产业化——绿色制造的实施将导致一批新兴产业的形成。

除已注意到的废弃物回收处理装备制造业和废弃物收受处理的服务产业外，另有两大类产业值得特别注意：

- 绿色产品制造业。制造业不断研究、设计和开发各种绿色产品以取代传统的资源消耗和环境影响较大的产品，将使这方面的产业持续兴旺发展。
- 实施绿色制造的软件产业。企业实施绿色制造，需要大量实施工具和软件产品，如计算机辅助绿色产品设计系统、绿色工艺规划系统、绿色制造决策系统、产品生活评估系统、ISO14000 国际认证支撑系统等，将会催生新兴软件的产业。

11.5 网络化制造

网络化制造是指面对市场需求与机遇，针对某一个特定产品，利用以因特网为标志的信息高速公路，灵活而快速地组织社会制造资源（人力、设备、技术、市场等），按资源优势互补原则，迅速地组成一种跨地域的、靠电子网络联系的、统一指挥的运营实体——网络联盟。

11.5.1 网络化制造的发展与概念

网络化制造（Network-based Manufacturing，NM）是在网络背景下产生并得到广泛应用的一种先进制造模式，其概念的形成和初步应用是在 20 世纪 90 年代。网络化这种模式是需求与技术的双轮驱动的结果。需求是网络化制造模式生产和应用的基础，技术是网络化制造模式使能的条件。对网络化制造模式的需求一方面来自市场竞争的压力，另一方面来自于企业提高自身经营管理水平的需求。

具体地说，NM 意指企业利用计算机网络实现制造过程以及制造过程与企业中工程设计、管理信息系统等子系统的集成，包括通过计算机网络远程操纵异地的机器设备进行制造。企业利用计算机网络搜寻产品的市场供应信息，搜寻加工任务，发现合适的产品生产合作伙伴，进行产品的合作开发设计和制造，产品的销售等，即通过计算机网络进行生产经营业务活动各个环节的合作，实现企业间的资源共享和优化组合利用，实现异地制造。它是制造业利用网络技术开展产品设计、制造、销售、采购、管理等一系列活动的总称，涉及企业生产经营活动的各个环节。

11.5.2 网络化制造基本特征

NM 的基本特征包括敏捷性、协同性、数字性、直接性、远程性、高效性和多样性等 7 个方面。

(1) 敏捷性。网络化制造系统的敏捷特性具有两个含义：第一是指通过实施网络化制造，提高企业的产品创新能力，缩短产品开发周期和制造周期，而且最快速度响应市场和客户的需求，进而提高企业对市场的敏捷性；第二是企业设计实施的网络化制造系统本身也应该能够根据应用需求的变化，灵活、快捷地对系统的功能和运行方式进行快速重构。

(2) 协同性。网络化制造系统实施应用的主要技术目标是实现协同，这也是网络化制造模式区别于其他先进制造模式的主要特点之一。通过协同的方法和手段来提高企业合作的效率，缩短产品开发周期，降低制造成本，降低整个供应链的交货周期。按照网络化制造协同支持的协同范围和层次，可以将协同分为企业间协同、供应链协同、产品设计协同、产品制造协同、客户与供应商协同。不同层次的协同有不同的技术内涵和目标，也有各自的实施技术和支持环境。

(3) 数字化。由于网络化制造是一种基于网络的制造系统，通过网络传递产品的设计、制造、管理、商务、设备、控制等各种信息，因此，数字化是网络化制造的重要特征，也是实施网络化制造的重要基础。

(4) 远程化。网络化制造在空间上几乎是无限地延伸了企业的业务和运作空间，企业通过利用网络化制造系统，可以对远程的资源和过程进行控制和管理，也可以像面对本地用户一样方便地与远在千万里之外的客户、合作伙伴、供应商进行协同工作。

(5) 高效性。通过网络化制造模式，企业可以直接与用户建立连接，也可使用户直接参与到产品的设计制造过程中，从而减少不必要的中间环节，减少消息传递过程造成的信息失真和时间上的延误。通过网络化制造的方式，企业可直接与供应商建立连接，从而减少中间环节，降低零部件的采购成本，提高效率。此外，网络化制造协同极大地延伸了企业的业务和运作空间，企业对远程资源和业务的处理可以像对本地用户一样方便和高效。

(6) 多样性。结合具体的企业实践，网络化制造系统体现出多种多样的形式。如针对具体企业的需求，可以实施如网络化产品定制系统、网络化产品协同设计系统、网络化协同制造系统、网络化营销系统、网络化供应链管理系统和网络化设备监控系统等多种系统；也可以建立提高整个产业链竞争力的区域供应链和网络化物流配送平台，提高区域资源利用率的区域网络化资源共享和协作平台，提高区域设计协同能力和产品创新设计水平的网络化协同设计制造平台，以及提高市场开拓能力的区域电子商务平台等。

11.5.3 网络化制造技术的发展趋势

分析国内外已有研究，可对网络化制造的发展趋势总结如下。

(1) 网络化制造系统的空间范围不断发展，全球化网络制造系统正在形成。

实施网络化制造所形成的制造系统称为网络化制造系统。例如，CIMS 可看作是基于企业网（现大多是 Intranet）的企业内部网络化制造系统。目前，网络化制造已从基于 Intranet 走向了基于 Intranet/Internet 或 Intranet/Extranet/Internet 的集成，已从企业内部走向了企业外部，并在迅速走向全球，全球化网络化制造系统正在形成。

(2) 网络化制造中信息交换标准协议研究的重要性日益突出。

由于网络化制造的全球化趋势正在形成，作为网络化制造中基础之一的信息交换标准协议的重要性日益突出。目前，与网络化制造相关的部分信息交换协议已经出现，例如联合国负责政策与技术发展的机构组织与国际非盈利性标准联盟正式批准了全球电子商务的新标准——ebXML 等。但整个网络化制造标准协议规范还远远不够，并且有些标准还在讨论之中，因此，网络化制造中的信息交换标准协议还需要深入研究、开发和发展。

(3) 网络化产品协同开发仍将是今后相当一段时间内网络化制造的主要研究课题。

网络化产品协同开发将有利于快速响应市场机遇，有利于迅速组织人力、物力资源，开发出质量优、成本低的新产品，赢得市场竞争。网络化产品协同开发将是未来新产品开发的一种重要技术，意义重大。网络化产品协同开发涉及技术问题多，涉及面广，项目组织、协调和管理难度大，协同设计中数据交互量大，协同开发中的实时性将是一个难点，协同开发过程复杂且过程长，信息交互模式、协同设计模式、过程安全性都是值得深入研究的重要问题。

(4) 网络化制造的集成功能在向深度和广度方向发展。

基于 Intranet 等企业网及其相应的信息传输、交互环境以及数据库环境可实现企业内部的信息集成和功能集成。基于 Intranet/Extranet/Internet 和数据库的环境及相关技术可实现产品开发过程集成、资源集成和企业间集成。

(5) 网络化的市场运作模式将是未来竞争的主要模式。

市场需求的快速变化使企业的生产方式逐渐由面向产品过渡为面向客户，未来的市场竞争主要取决于对市场信息的及时捕获以及对市场需求的快速响应。网络化的市场运作模式将是未来竞争的主要模式，包括基于网络的市场信息获取、基于网络的采购、基于网络的销售与定制、基于网络的项目管理、基于网络的售后服务支持及企业电子商务等。

(6) 网络化制造平台将成为网络化制造的技术支持工具。

由于网络化制造涉及多种高技术的集成，涉及企业内部与外部、产品生命周期全过程、大量高层次人才、大量硬件和软件以及技术和管理的集成，因此能集成多方面资源，具有多种功能的网络化制造平台将成为网络化制造的技术支持工具，能有效地支持企业、区域和行业实施网络化制造。

(7) ASP 和 Agent 模式将成为网络化制造的重要运行模式之一。

应用服务提供商（Application Service Provider，ASP）模式可使企业以较小的投资，通过利用 ASP 提供的信息工具，使用 ASP 提供的应用系统，快速实施网络化制造。Agent是功能实体利益的代表，制造环境中各个 Agent 通过通信网络连接起来，构成一个基于 Agent 的分布式制造环境，实现网络化制造中制造单元的柔性化、智能化与敏捷化。

11.6 智能制造

目前，对于智能制造（Intelligent Manufacturing，IM）比较认同的一种定义是：在制造工业的各个环节，以一种高度柔性与高度集成的方式，通过计算机来模拟人类专家的制造智能活动，对制造问题进行分析、判断、推理、构思和决策，旨在取代或延伸制造环境中人的部分脑力劳动；并对人类专家的制造智能进行收集、存储、完善、共享、集成和发展。

11.6.1 智能制造的发展与概念

智能制造源于人工智能的研究。一般认为智能是知识和智力的总和，前者是智能的基础，后者是指获取和运用知识求解的能力。人工智能就是用人工方法在计算机上实现的智能。近 20 年来，随着产品性能的完善化及其机构的复杂化、精细化，以及功能的多样化，初始产品所包含的设计信息和工艺信息量猛增，随之生产线和生产设备内部的信息流量增加，制造过程和管理工作的信息量也必然剧增，因而促使制造技术发展的热点与前沿转向了提高制造系统对于爆炸性增长的制造信息处理的能力、效率以及规模上。

纵览全球，虽然总体而言智能制造尚处于概念和实验阶段，但各国政府均将此列入国家发展计划，大力推动实施。

智能制造应当包含智能制造技术（Intelligent Manufacturing Technology，IMT）和智能制造系统（Intelligent Manufacturing System，ITS）两部分。

智能制造技术（IMT）是指利用计算机模拟制造专家的分析、判断、推理、构思和决策等智能活动，并将这些智能活动与智能机器有机地融合起来，将其贯穿应用于整个制造企业的各个子系统（如经营决策、采购、产品设计、生产计划、制造、装配、质量保证和市场销售等），以实现整个制造企业经营运作的高度柔性化和集成化，从而取代或延伸制造环境中专家的部分脑力劳动，并对制造业专家的智能信息进行收集、存储、完善、共享、继承和发展的一种极大地提高生产效率的先进制造技术。

智能制造系统是指基于 IMT，利用计算机综合应用人工智能技术（如人工神经网络、遗传算法等）、智能制造机器、代理（Agent）技术、材料技术、现代管理技术、制造技术、信息技术、自动化技术、并行工程、生命科学和系统工程理论与方法，在国际标准化和互换性的基础上，使整个企业制造系统中的各个子系统分别智能化，并使制造系统形成由网络集成的、高度自动化的一种制造系统。

由于智能制造模式突出了知识在制造活动中的价值地位，而知识经济又是继工业经济后的主体经济形式，所以智能制造就成为影响未来经济发展过程的制造业的重要生产模式。

11.6.2 智能制造系统的特点

和传统的制造系统相比，IMS 具有以下几个特征：

1）自组织能力

IMS中的各种组成单元能够根据工作任务的需要，自行集结成一种超柔性最佳结构，并按照最优的方式运行。其柔性不仅表现在运行方式上，还表现在结构形式上。完成任务后，该结构自行解散，以备在下一个任务中集结成新的结构。自组织能力是IMS的一个重要标志。

2）自律能力

IMS具有搜集与理解环境信息及自身的信息，并进行分析判断和规划自身行为的能力。强有力的知识库和基于知识的模型是自律能力的基础。IMS能根据周围环境和自身作业状况的信息进行监测和处理，并根据处理结果自行调整控制策略，以采用最佳运行方案。这种自律能力使整个制造系统具备抗干扰、自适应和容错等能力。

3）自学习和自维护能力

IMS能以原有的专家知识为基础，在实践中不断进行学习，完善系统的知识库，并删除库中不适用的知识，使知识库更趋于合理；同时，还能对系统故障进行自我诊断、排除及修复。这种特征使IMS能够自我优化并适应各种复杂的环境。

4）整个制造系统的智能集成

IMS在强调各个子系统智能化的同时，更注重整个制造系统的智能集成。这是IMS与面向制造过程中特定应用的“智能化孤岛”的根本区别。IMS包括了各个子系统，并把它们集成为一个整体，实现整体的智能化。

5）人机一体化智能系统

IMS不单纯是“人工智能”系统，而是人机一体化智能系统，是一种混合智能。人机一体化一方面突出人在制造系统中的核心地位，同时在智能机器的配合下，更好地发挥了人的潜能，使人机之间表现出一种平等共事、相互“理解”、相互协作的关系，使两者在不同的层次上各显其能，相辅相成。因此，在IMS中，高素质、高智能的人将发挥更好的作用，机器智能和人的智能将真正地集成在一起。

6）虚拟现实

这是实现虚拟制造的支持技术，也是实现高水平人机一体化的关键技术之一。人机结合的新一代智能界面，可用虚拟手段智能地表现现实，它是智能制造的一个显著特征。

综上所述，可以看出IMS作为一种模式，它是集自动化、柔性化、集成化和智能化于一身，并不断向纵深发展的先进制造系统。

11.6.3 智能制造与其他制造模式的关系

1）IMS与人工智能

人工智能的研究，一开始就未能摆脱制造机器生物的思想，即“机器智能化”。这种以“自主”系统为目标的研究路线，严重地阻碍了人工智能研究的进展。许多学者已意识到这一点，提出了人与计算机相结合的智能系统概念。目前国外对多媒体及虚拟技术研究进行大量投资，以及日本第五代智能计算机研制计划的搁浅等实践，就是智能系统研究目标有所改变的明证。

人工智能技术在机械制造领域中的应用涉及市场分析、产品设计、生产规划、过程控制、质量管理、材料处理、设备维护等方面。结果是开发出了种类繁多的面向特定领域的独立的专家系统、基于知识的系统或智能辅助系统，形成一系列的“智能化孤岛”。随着研究与应用的深入，人们逐渐认识到，未来的制造自动化应是高度集成化与智能化的人—机系统的有机融合，制造自动化程度的进一步提高要依赖于整个制造系统的自组织能力。如何提高这些“孤岛”的应用范围和在实际制造环境中处理问题的能力，成为人们的研究焦点。在 20 世纪 80 年代末和 90 年代初，一种通过集成制造自动化、新一代人工智能、计算机等科学技术而发展起来的和新一代制造系统——IMS 便脱颖而出。

2）IMS 和 CIMS

在 CIMS 深入发展和推广应用的今天，人们已经逐渐认识到，要想让 CIMS 真正发挥效益和大面积推广应用，有两大问题需要解决：① 人在系统中的作用和地位；②在不做很大投资对现有设施进行技术改造的情况下，亦能应用 CIMS。现有的 CIMS 概念是解决不了这两个难题的。今天，人力和自动化是一对技术矛盾，不能集成在一起，所能做的选择，或是昂贵的全自动化生产线，或是手工操作，而缺乏的是人力和制造设备之间的相容性，人机工程只是一个方面的考虑。更重要的相容性考虑要体现在竞争、技能和决策能力上。人在制造中的作用需要被重新定义和加以重视。

值得指出的是，CIMS 和 IMS 都是面向制造过程自动化的系统，两者密切相关但又有区别。CIMS 强调的是企业内部物料流的集成和信息流的集成；而 IMS 强调的则是更大范围内的整个制造过程的自组织能力。从某种意义上讲，后者难度更大，但比 CIMS 更实用、更实际。CIMS 中的众多研究内容是 IMS 的发展基础。而 IMS 也将对 CIMS 提出更高的要求。集成是智能的基础，而智能也将反过来推动更高水平的集成。IMT 和 IMS 的研究成果将不只是面向 21 世纪的制造业，不只是促进 CIMS 达到高度集成，对于 FMS、MS、CNC 以至一般的工业过程自动化或精密生产环境而言，均有潜在的应用价值。

习　题

11-1　请描述精益生产的三个子目标。

11-2　请简要论述看板与 JIT 的关系。

11-3　TOC 的九条管理原则是什么？

11-4　请简述 TOC 在生产计划与控制方面与 MRPⅡ和 JIT 的区别。

11-5　大规模定制的特点有哪些？

11-6　大规模定制相比传统大批量生产有哪些优势？

11-7　何为绿色制造，绿色制造有哪些特点？

11-8　你认为我国企业应该如何推行绿色的制造理念？

11-9　网络化制造的基本特征有哪些？

11-10　网络化制造有哪些关键技术？

11-11　何为智能制造，智能制造存在哪些问题？

11-12　谈谈你对先进制造技术的认识，并简要阐述推行先进制造技术的必要性。

参考文献

陈捷，王丹. 2009. 现代企业管理教程. 北京：清华大学出版社

陈启申. 1997. 制造资源计划基础. 北京：企业管理出版社

陈荣秋，马士华. 2009. 生产与运作管理. 2版. 北京：高等教育出版社

陈荣秋，马士华. 2006. 生产运作管理. 北京：机械工业出版社

程控，革扬. 2002. MRPⅡ/ERP原理与应用. 北京：清华大学出版社

崔平. 2008. 现代生产管理. 北京：机械工业出版社

戴朝寿. 2009. 数理统计简明教程. 北京：高等教育出版社

但斌. 2004. 大规模定制：打造21世纪企业核心竞争力. 北京：科学出版社

邓为民. 2004. 作业成本管理系统关键技术研究. 西安：西北工业大学出版社

丁文英，冯爱兰. 2008. 现代生产管理. 北京：冶金工业出版社

冯根尧. 2006. 生产与运作管理. 重庆：重庆大学出版社

顾寄南. 2004. 网络化制造技术. 北京：化学工业出版社

胡建绩. 2004. 企业经营战略管理. 上海：复旦大学出版社

季建华. 2007. 运营管理. 上海：格致出版社

李怀组. 2006. 生产计划与控制. 北京：中国科学技术出版社

梁迪，董海. 2005. 系统工程. 北京：机械工业出版社

刘登平. 2008. 机械制造工艺及机床夹具设计. 北京：北京理工大学出版社

刘飞. 2005. 先进制造系统. 北京：中国科学技术出版社

刘飞. 2001. 绿色制造的内涵、技术体系和发展. 21世纪初机械制造新视野论坛，3：37～42

刘飞，曹华军等. 2005. 绿色制造的理论与技术. 北京：科学出版社

刘飞，雷琦，宋豫川. 2003. 网络化制造的内涵及研究发展趋势. 机械工程学报，39（8）：1～5

刘胜军. 精益生产：现代IE. 深圳：海天出版社

龙子泉，陆菊春. 2002. 管理运筹学. 武汉：武汉大学出版社

罗伯特·巴克沃. 2001. 绩效管理. 北京：中国标准出版社，科文（香港）出版有限公司

梅绍祖. 2004. 流程再造：理论、方法和技术. 北京：清华大学出版社

潘尔顺. 2003. 生产计划与控制. 上海：上海交通大学出版社

齐二石. 2006. 生产与运作管理教程. 北京：清华大学出版社

任建标. 2007. 生产与运作管理. 北京：电子工业出版社

王长琼. 2008. 物流系统工程. 北京：高等教育出版社

王军强，孙树栋，王东成等. 2006. 基于约束理论的制造单元管理与控制研究. 计算机集成制造系统，12（7）：1108～1116

王军强，张翠林，孙树栋等. 2005. MRPⅡ、JIT、TOC生产计划与控制比较研究. 制造业自动化，27（2）：9～13.

王庆明. 2007. 先进制造技术导论. 上海：华东理工大学出版社

王万良. 2007. 生产调度智能算法. 北京：科学出版社

王先旗，安庆衡. 1992. 机械工业企业的工具消耗定额与工具管理. 北京：机械工业出版社

杨叔子，丁洪. 1999. 智能制造技术与智能制造系统的发展与研究. 中国机械工程，3（2）：16～17

杨叔子，吴波，李斌. 2006. 再论先进制造技术及其发展趋势. 机械工程学报，42（1）：1～5

叶春明. 2005. 生产计划与控制. 北京：高等教育出版社

游战清，刘克胜，吴翔等. 2007. 无线射频识别（RFID）与条码技术. 北京：机械工业出版社

约瑟夫·M. 朱兰. 2003. 朱兰质量手册. 北京：中国人民大学出版社

曾芬芳，景旭文. 2001. 智能制造概论. 北京：清华大学出版社

张群. 2009. 生产与运作管理. 北京：机械工业出版社

张振明，许建新，贾晓亮等. 2003. 现代 CAPP 技术与应用. 西安：西北工业大学出版社

赵东彪，朱剑英. 1999. 智能制造技术与系统的发展与研究. 中国机械工程，10 (8)：927～931

赵晓波，黄四民. 2008. 库存管理. 北京：清华大学出版社

周占文. 2005. 新编劳动定额定员学. 北京：电子工业出版社

朱剑英. 2000. 现代制造系统模式、建模方法及关键技术的新发展. 机械工程学报，36 (8)：1～5

朱剑英. 2003. 机械工程智能化的发展趋势. 航空制造技术，5：17～20

Balderstone S J，Mabin V J. 1998. A review of Goldratt's theory of constraints (TOC) —lessons from the international literature [A]. Proceedings of 33rd Annual Conference of the Operational Research Society of New Zealand [C], New Zealand.

Beard T. 1992. Look What's Happened to DNC. Modern Machine Shop (USA), 65 (6)：48～54.

Dilworth J B. 1992. Operations Management：Design，Planning，and Control for Manufacturing and Services. New York：McGraw Hill，Inc.

MESA. 1997. MES Functionalities and MRP to MES Data Flow Possibilities，MESA White Paper 02.

MESA. 2000. The Controls Layer：Controls Definition and MES to Controls Data Flow Possibilities，MESA White Paper 03.

Nahmias S. 2001. Production and Operations Analysis. 4th ed. New York：The McGraw Hill，Inc.

Pyzdek T. 2001. The Six Sigma Handbook. New York：McGraw-Hill.

Schonberger R，Knod E M Jr. 1994. Operations Management：Continuous Improvement. 5th ed. Boston：IRWIN，Inc.

Stevenson W J，张群，张杰. 2009. 运营管理. 北京：机械工业出版社

Stevenson W J. 1993. Production/Operations management. 4th ed. Boston：IRWIN，Inc.

Waters D. 2005. 库存控制与管理. 李习文，等译. 北京：机械工业出版社

附录　常见术语英汉对照表

A

Activity Based Costing（ABC）	作业成本法
Ant Colony Algorithm（ACA）	蚁群算法
Agile Manufacturing（AM）	敏捷制造
Advanced Planning and Scheduling（APS）	高级计划与排产
Assemble-to-Order（ATO）	装配生产方式
Available to Promise（ATP）	可供销售量

B

Batch manufacturing	批量生产
Buffer Management（BM）	缓冲管理
Bill of materials（BOM）	物料清单（离散型制造企业）/产品配方（连续型制造企业）
Business Process Reengineering（BPR）	业务流程再造
Balanced Score Card（BSC）	平衡计分卡

C

Computer Aided Design（CAD）	计算机辅助设计
Computer Aided Manufacturing（CAM）	计算机辅助制造
Computer Aided Process Planning（CAPP）	计算机辅助工艺设计
Computer Aided Engineering（CAE）	计算机辅助工程
Critical Chain（CC）	关键链
Capacity Constrained Resources（CCR）	产能受限资源
Concurrent Engineering（CE）	并行工程
Computer（Contemporary）Integrated Manufacturing System（CIMS）	计算机（现代）集成制造系统
Constraint Management（CM）	约束管理
Critical Path Method（CPM）	关键路径法
Customer Relationship Management（CRM）	客户关系管理
Capacity Requirements Planning（CRP）	能力需求计划/细能力计划

D

Drum-Buffer-Rope（DBR）	鼓-缓冲-绳子
Demonstrated capacity	实际能力
Dependent demand	相关需求
Distributed Numerical Control（DNC）	分布式数字控制
Demand Time Fence（DTF）	需求时界

E

Electronic-Commerce（EC）	电子商务
End item	最终成品
Economic Order Quantity（EOQ）	经济订货批量
Economic Production Lot（EPL）	经济生产批量
Enterprise Resources Planning（ERP）	企业资源计划
Exponential Smoothing（ES）	指数平滑法

F

Forecast	预测
Flow shops	流水车间
Final Assembly Schedule（FAS）	成品装配计划
Fieldbus Control System（FCS）	现场总线控制系统
Five Focusing Steps（FFS）	持续改进五步法
Flexible Manufacturing System（FMS）	柔性制造系统
Fixed Order Quantity（FOQ）	固定批量法
Flow-shop Scheduling Problem（FSP）	流水车间调度问题

G

Genetic algorithm	遗传算法
Gantt chart	甘特图
Green Manufacturing（GM）	绿色制造
Gross Requirements（GR）	毛需求（或总需求）
Group Technology（GT）	成组技术

H

High-variety low-volume manufacturers	多品种小批量生产

I

Inventory	库存
Inventory management	库存管理
Inventory turnover Rate	库存周转率
Independent demand	独立需求
Intelligent Manufacturing (IM)	智能制造
Intelligent Manufacturing System (IMS)	智能制造系统
Intelligent Manufacturing Technology (IMT)	智能制造技术

J

Just In Time (JIT)	准时制生产
Job sequencing	作业排序
Job shops	作业型车间
Job-shop Scheduling Problem (JSP)	作业车间调度问题

K

Key Performance Action (KPA)	关键绩效行动或关键行为指标
Key Process Indication (KPI)	关键业绩指标

L

Low level code	低位码
Lean Production (LP)	精益生产
Lot size	批量
Lead Time (LT)	提前期

M

Mean Absolute Deviation (MAD)	平均绝对偏差
Mean Absolute Percentage Error (MAPE)	平均绝对百分误差
Mass Customization (MC)	大规模定制

Maximum capacity	最大能力
Material consumption quota	材料消耗定额
Manufacturing Execution System (MES)	制造执行系统
Mean Forecast Error (MFE)	平均预测误差
Manufacturing For Environment (MFE)	面向环境的制造
Maximum Part-period Gain (MPG)	最大零件周期收益法
Master Production Scheduling (MPS)	主生产计划
Material Requirement Planning (MRP)	物料需求计划
Manufacturing Resource Planning (MRPⅡ)	制造资源计划
Mean Square Error (MSE)	平均平方误差
Make to Order (MTO)	订货生产
Make to Stock (MTS)	现货生产

N

Network-based Manufacturing (NM)	网络化制造
Net Requirements (NR)	净需求

O

Optimized Production Technology (OPT)	最优生产技术

P

Projected Available Balance (PAB)	预计可用库存量
Planned capacity	计划能力
Product Data Management (PDM)	产品数据管理
Project Evaluation and Review Technique (PERT)	项目计划评审技术
Planning horizon	计划展望期
Product Lifecycle Management (PLM)	产品全生命周期管理
Production line	重复生产类型/生产线
Projected On-Hand (POH)	现有库存量
Planned Order Release (POR)	计划订单投入量
Planned Order Receipts (PORC)	计划订单产出量
Particle Swarm Optimization (PSO)	粒子群算法
Planning Time Fence (PTF)	计划时界

Q

Qualitative forecasting	定性预测
Quantitative forecasting	定量预测

R

Required capacity	需用能力
Rough-cut Capacity Planning (RCCP)	粗能力计划
Radio Frequency Identification (RFID)	射频识别
Repetitive manufacturing	重复式生产
Running Sum of Forecast Errors (RSFE)	预测误差滚动和

S

Scheduling	调度
Sequence	排序
Simulated Annealing (SA)	模拟退火算法
Supply Chain Management (SCM)	供应链管理
Synchronous Management (SM)	同步管理
Simple Moving Average (SMA)	简单移动平均
Statistical Process Control (SPC)	统计过程控制
Supplier Relationship Management (SRM)	供应商关系管理
Scheduled Receipts (SR)	计划接收量

T

Throughput Accounting (TA)	有效产出会计
Time bucket/ Time period	时段
Time fence	时界
Theory of Constraints (TOC)	约束理论/瓶颈管理
Through Put (TP)	有效产出
Total Quality Management (TQM)	全面质量管理
Tabu Search (TS)	禁忌搜索
Time zone	时区

V

Virtual Enterprise（VE）	虚拟企业

W

Work center	工作中心
World Class Manufacturing（WCM）	全球制造方式
Work in Process（WIP）	在制品